Gert Scobel

Der Ausweg aus dem Fliegenglas

Wie wir Glauben und Vernunft
in Einklang bringen können

S. Fischer

»Surely it is a privilege to approach the end still believing in something«
Louise Glück, »Oktober«, in: Louise Glück, *Averno. Gedichte*, München 2007, S. 28

»Deux excès: Exclure la raison, n'admettre que la raison.«
Blaise Pascal, *Pensées*, Fragment 172, in: Blaise Pascal, *Œuvres complètes* II, édition présentée, établie et annotée par Michel Le Guern, Paris 2000, S. 604

2. Auflage November 2010

© 2010 S. Fischer Verlag GmbH, Frankfurt am Main
Printed in Germany
Satz: pagina GmbH, Tübingen
Druck: GGP Media GmbH, Pößneck
ISBN 978-3-10-070214-2

Inhaltsverzeichnis

Worum es in diesem Buch geht

Die Zeit, die wir haben – auch die zum Lesen –, ist begrenzt. Damit wären wir eigentlich bereits mitten im Thema, denn sowohl Glauben und Religion als auch Vernunft, Wissenschaften oder Philosophie haben auf eine ganz fundamentale Weise mit den Grenzen und Begrenztheiten des Lebens zu tun. Doch ich vermute, dass Sie zunächst viel lieber wissen wollen, worum es in diesem Buch geht. Also: Warum sollten Sie Zeit mit diesem Buch verbringen wollen?

Wenn ich noch einmal auf die Begrenztheiten zurückkommen darf: Endlichkeit, Krankheiten, Tod, Grenzen des Wachstums und der Globalisierung, die Krisen der Wirtschaft, aber auch die Grenzen unseres Verstehens und unserer Erkenntnis sowie die Beschränktheiten unserer politischen Systeme, die Rahmenbedingungen unserer Lebensweisen, unsere Bemühungen um Selbstbestimmung, Gerechtigkeit oder Zuwendung zueinander (Sie können diese Liste gerne um die Aspekte erweitern, mit denen Sie sich gerade beschäftigen): All das sind Themen, bei deren Durchdringung sich tiefgreifende Fragen auftun. Diese Fragen bewegen weltweit gläubige Menschen ebenso wie die, die religiös »unmusikalisch« sind oder aus mehr oder minder guten Gründen auch ohne Religion ein verantwortungsvolles Leben führen. Alle Menschen – und das schließt religiöse ebenso ein wie nichtreligiöse – versuchen notgedrungen, die Welt, in der sie – in der wir alle – leben, nicht nur besser zu verstehen, sondern auch besser zu machen (was oftmals schiefgeht). Dieses Bemühen eint uns – auch wenn es sich in den sogenannten Erstweltländern auf einer anderen Stufe des Kampfes um Überleben verwirklicht als in einem Land, in dem Hunger, Wassermangel, Krankheiten, politischer Terror oder Krieg dominieren. Trotz dieser Unterschiede versuchen wir alle bis in unsere alltäglichsten Verrichtungen hinein, möglichst gut mit der Komplexität des Lebens fertigzuwerden. Diese Komplexität ist kein Glaubensartikel. Sie umgibt uns faktisch immer, auch wenn wir sie häufig nicht wahrnehmen. In vielen Fällen überfordert sie uns auch. Dennoch müssen Gläubige wie Nichtgläubige mit ihr zurechtkommen.

Bildhaft gesprochen, befinden wir uns alle (und genaugenommen nicht nur Menschen, sondern alle Lebewesen auf diesem Planeten) in einem Boot. Unabhängig davon, ob wir den Ursprung als einen göttlichen Akt der Schöpfung, als ein singuläres Urknallgeschehen oder als eine ewige Abfolge sich wiederholender kosmologischer Prozesse der Ausdehnung und des Zusammenziehens verstehen wollen: Stets hat uns eine gemeinsame Geschichte der Evolution auf einem Himmelkörper zusammengeführt, auf dem wir durch das Universum navigieren. Je weiter man in der Zeit zurückgeht, umso eher wird man finden, dass es damals weder Vernunft noch Glauben (und irgendwann eben auch keine Menschen) gab. Beides, Glaube und Vernunft, ist erst in einem gemeinsamen Prozess der Entwicklung über Milliarden von Jahren hinweg entstanden, den man Evolution nennen kann, aber nicht muss. Je nach Vorliebe oder Weltanschauung kann man sowohl diesem Prozess als auch dem Boot, in dem wir durchs Universum segeln, verschiedene Namen geben – Namen, die durchaus auch nach der ursprünglichen Schiffstaufe geändert werden können.

Und noch eines verbindet uns: Gleich, ob Sie sich inmitten der Stürme des Lebens eher auf eine Religion – »Ihren« Glauben – oder auf den Verstand, auf Wissenschaft, klare Logik und Rationalität verlassen oder sogar versuchen, von beidem Gebrauch zu machen: Ein gewisses Gefühl des Zweifels, aber auch der Verlassenheit wird Sie in der Regel nicht ganz loslassen. Aus gutem Grund. Denn abgesehen von der bereits angesprochenen beunruhigenden Endlichkeit allen Daseins – selbst der überzeugteste

Glauben an ein ewiges Leben kommt an der ihm vorausgehenden Tatsache des Todes nicht vorbei: Weder die Religionen noch die Erkenntnisse und Forschungsergebnisse der Wissenschaft (und auch nicht das Wachstum der Wirtschaft oder materieller Reichtum) können uns über die üblichen Versprechungen hinaus eine wirkliche Garantie dafür geben, dass unser Leben so, wie wir es jeweils gestalten, ein glücklich(er)es Leben wird. Die sprachliche Wand, die Versprechung und Versprechen (und manchmal auch Verbrechen) voneinander unterscheidet, ist hauchdünn. (Sie lernen solche Familienähnlichkeiten, aber auch die dazu gehörenden Unterschiede am leichtesten durch den spielerischen Gebrauch der Worte kennen, der die unterschiedlichen Möglichkeiten der grammatischen Verwendung deutlich macht. So heißt es im einen Fall »Jemandem etwas versprechen«, im anderen aber »sich versprechen«.)

Kurzum: Die entscheidende Frage lautet, welche Faktoren tatsächlich dazu beitragen, die Grundlage für ein gelungenes, glückliches Leben zu legen. Was befähigt uns, gut mit den vielfältigen Schwierigkeiten und der Komplexität des Lebens umzugehen? Welcher von den beiden Kandidaten – Glauben oder Vernunft – erweist sich dabei als der verlässlichere? Auf welchen sollte man setzen? Und wenn man alles auf einen der beiden Kandidaten setzt: worauf setzt man dann eigentlich? Was, wenn weder der Verstand bzw. die Vernunft noch der Glaube alleine es sind, auf die man sich verlassen kann (oder will)? Ist es nicht ohnehin klüger, sich mit dem Besten aus beiden Welten vertraut zu machen?

Genau dies ist Hintergrund, vor dem das Buch die Frage nach dem Verhältnis von »Glauben« und »Vernunft« – von Religion und Wissenschaft bzw. säkularer Vernunft – stellt. Für die meisten Menschen scheinen zumindest im Westen Glauben und Vernunft diametral entgegengesetzte Welten zu sein, die sich nur in wenigen Punkten berühren. Es scheint also, als könne man nur der einen oder der anderen Seite angehören, ohne dass es einen mittleren Weg gibt.

Im amerikanischen Sprachgebrauch gibt es für eine solche Situation den Ausdruck »to sit on the fence«. Wörtlich übersetzt heißt das »auf dem Zaun sitzen«. Dieser Ausdruck kann sowohl bedeuten, dass man sich nicht entscheiden kann und völlig unschlüssig ist. Es kann aber auch gemeint sein, dass man keiner Partei alleine angehören will und sich stattdessen einen höheren Betrachtungs- oder Aussichtspunkt sucht – den erhöhten Zaun. Dieser ist immer da zu finden, wo die eine Welt an die andere stößt und Abgrenzungen erforderlich sind. Denn Zäune markieren Grenzen und Kampfzonen. Wer jedoch in der Lage ist, sich auch in einer angespannten Situation eine gute Übersicht zu verschaffen und nicht sofort auf eine Seite zu schlagen, wird bald schon feststellen, dass das Leben dies- und jenseits des Zaunes so unterschiedlich nicht ist. Auch Gläubige machen Gebrauch von der Vernunft, während selbst die rationalsten Menschen zugeben müssen, dass es am Ende all ihrer Zweifel etwas gibt, auf das sie sich verlassen müssen. Haben also diejenigen, die glauben, Glauben und Vernunft durchaus miteinander in Harmonie bringen zu können, am Ende recht? Oder verstehen sie im Grunde weder das eine noch das andere richtig und weichem dem Ernst der Lage aus, indem sie versuchen, keinem Lager anzugehören?

Die These dieses Buches ist, dass es sich lohnt, die Unannehmlichkeit des »Zwischen-den-Stühlen-Sitzens« auf sich zu nehmen und nach einer dritten Position Ausschau zu halten. Dieser mittlere Weg ist möglicherweise nicht nur der weisere, sondern auch der langfristig fruchtbarere. Aber ist solch ein Weg angesichts der heftig entflammten Diskussion um die Gottesfrage, den »neuen« Atheismus, die Evolutionslehre, den Fundamentalismus (auch in der christlichen Form) und all die anderen, zuweilen hochmoralischen Fragen, die in Richtung auf eine scharfe Auseinandersetzung zwischen Glauben und Vernunft weisen, überhaupt gangbar?

Selbst bei oberflächlicher Betrachtung wird man einräumen müssen, dass es neuerdings trotz aller Spannungen durchaus eine Annäherung zwischen Wissenschaft und Religion gibt – wobei sich eine solche Annäherung meist eher auf den (westlichen) Buddhismus als auf das Christentum bezieht. Die Entdeckung seltsamer Phänomene der Verschränkungen zwischen entferntesten Elementarteilchen in der Quantentheorie; neue, bislang nicht gelöste Fragen der Kosmologie und Astrophysik, die u. a. auf neuen Daten wie der Entdeckung dunkler Materie und Energie beruhen; aber auch die Entdeckung religiöser Gefühle als Gegenstand der neurowissenschaftlichen Forschung: All das deutet auf eine gewisse »Konvergenz« hin. Noch ist allerdings unklar, wie tragfähig und belastbar eine derartige Annäherung ist. Kann ein »aggiornamento«, wie es Papst Johannes XXIII. und das zweite Vatikanische Konzil (1962–1965) anstrebten, tatsächlich gelingen, indem die Probleme klar angesprochen und an den Tag (it. giorno) gebracht werden, um sie auf diese Weise zu lösen und eine Angleichung des Glaubens an heutige Verhältnisse zu erreichen?

Im Westen herrscht derzeit überwiegend die Meinung vor, dass Religion und Wissenschaft bzw. die Welt des Glaubens und die Welt der Vernunft letztlich nicht miteinander vereinbar sind. Allein der Gottesbegriff bereitet zahllose Probleme. Hinzu kommen weitere, wissenschaftlich kaum zu belegende Annahmen über das Leben nach dem Tod, die Unsterblichkeit der Seele oder die Wiedergeburt, aber auch über die Abstammung und das Wesen des Menschen. Eine Annäherung zwischen Glauben und Vernunft wird für viele zusätzlich erschwert durch eine tendenziell autoritäre Haltung religiöser Führer, wenn es um Fragen der Macht und der Institution geht (etwa Frauen betreffend). Eine in überholten Formeln sich ergehende, unbewegliche Dogmatik erschwert die Diskussion. Mit den gewohnten dogmatischen Antworten ist man kaum in der Lage, den Fragen der Zeit auf Augenhöhe zu begegnen. Weitere Probleme belasten das Verhältnis: eine Geschichte des sexuellen Missbrauchs und des Missbrauchs von Autorität, der Umgang mit Homosexualität – ja generell mit Körperlichkeit und Sexualität – oder der Umgang mit der Vielfalt von Meinungen und Lebensformen innerhalb einer laizistischen, demokratischen und pluralistischen Gesellschaftsordnung.

Dieses Buch will zeigen, dass viele dieser Konflikte zwar faktisch existieren, in weiten Teilen jedoch auf irrigen Annahmen und Illusionen beruhen. Das betrifft sowohl Annahmen über die Struktur und Verlässlichkeit der Vernunft als auch den Kern religiösen Glaubens, der selbst von frommen Vertretern zuweilen nur höchst unzureichend und manchmal gar nicht verstanden wird. Insofern ist das Buch, das Sie in der Hand halten, eine Übersetzungshilfe. Es versucht, einige grundsätzliche Fragen von der Sprache des Glaubens in die Sprache der Vernunft und zurück zu übersetzen. Genau dieses Gemeinsame, das von der einen in die andere Sphäre oder Welt über-setzbar ist, bildet seinen Gegenstand. Allerdings gebe ich zu, dass dieses Buch weder ein erschöpfendes Wörterbuch noch eine streng wissenschaftliche Grammatik ist (die wie die meisten Grammatiken sehr technischer, rein akademischer Natur und daher schwer zu lesen wäre). Dennoch hilft dieses Buch ähnlich einem Sprach- und Reiseführer, sich in den behandelten Welten zurechtzufinden. Es erleichtert dem Leser, besser von der einen in die andere Welt zu übersetzen. Das ermöglicht zweierlei: zum einen statt an einer Ausweitung der Kampfzone zu arbeiten, den einen oder anderen Konflikt im Streit um Gott, Glauben und Vernunft lösen zu können. Zum anderen überwindet die Übersetzung die weitverbreitete Befangenheit des Kirchenpersonals, einzig und allein für die jeweilige Konfession zu sprechen. Es fällt auf, wie wenig der Klerus in der Lage ist, das, wofür er steht, auf eine verständliche Art und Weise zu erklären. Oft bleibt unklar, was ein Kleriker eigentlich wirklich glaubt. Tatsächlich ist Glaube mehr als konfessionelle Bindung, aber auch mehr als private Überzeugung. Wer das Verhältnis des Glaubens zum Wissen nicht durchdacht hat, wird diese und andere Fragen nicht erklären können und eine vernünftige Auskunft schuldig bleiben. Doch das setzt voraus, eine solche Auskunft überhaupt geben zu wollen und sich den Problemen des Übersetzens zu öffnen.

Vermutlich werden Sie dieses Buch umso weniger brauchen, je mehr Sie davon überzeugt sind, bereits alles zu wissen. In diesem Fall haben Sie vermutlich auch die Frage geklärt, ob Sie tatsächlich wissen oder nur zu wissen glauben. Zum Test können Sie für sich ja folgende Fragen beantworten:

- Ist es vernünftig zu glauben?
- Sind Religion und Vernunft miteinander vereinbar? Wenn ja – unter welchen Bedingungen?
- Glauben Sie, dass Glauben und Vernunft einander stets widersprechen? Oder neigen Sie eher zu der Ansicht, dass man sie miteinander in Einklang, in Harmonie bringen kann? Können Sie diese Meinung begründen?
- Falls Sie glauben – was genau verstehen Sie darunter? Und warum glauben Sie?
- Und falls Sie im Gegenteil nicht glauben – was genau bedeutet das für Sie? Und was wäre das Gegenteil zu Ihrer Haltung?
- Wissen Sie die Antwort auf diese Fragen, oder glauben Sie nur, dass Sie sie wissen? Können Sie sie überhaupt wissen? Wie sicher sind Sie sich?
- Glauben Sie an die Kraft der Vernunft? Wenn ja – was genau verstehen Sie darunter? Ist Ihr Glaube vernünftig? Falls ja: Lässt er sich begründen? Woher wissen Sie, ob dieser Glaube an die Vernunft nicht trügt?
- Können Sie die verschiedenen Verwendungen von Wörtern wie »Glauben« oder »Vernunft«, »wissen« und »glauben« klar voneinander unterscheiden?

Falls Sie eine oder mehrere dieser Fragen nicht beantworten können, lohnt sich vermutlich ein intensiverer Blick in dieses Buch.

Zum Anfang: Der Ausweg aus dem Fliegenglas

Erkenntnisgewinn auf offener See

Als ich das erste Mal von meinem Projekt erzählte, das Problem »Glauben und Vernunft« auf eine verständliche Weise darzustellen, etwas Klarheit zu schaffen und das Ganze in manchen Punkten einer Lösung zumindest näherzubringen, erntete ich skeptische Blicke. Vor allem die Theologen waren misstrauisch (und sind es vermutlich geblieben). Dieses Problem anzugehen ist in der Tat nicht ganz einfach. Selbst bei einem flüchtigen Blick in eine gut sortierte Bibliothek, die nicht nur repräsentative Literatur über Philosophie und Theologie bietet, sondern auch Bücher der Naturwissenschaften, Germanistik, Ideengeschichte, Erkenntnistheorie, Logik und einiger anderer verwandter Themen enthält, steht man buchstäblich in einem gigantischen Blätterwald. »Glaube und Vernunft« – das bringt nicht nur bei Google bei der deutschen Suche über eine Viertelmillion Einträge und im Englischen rund 700 000. Das Thema war ohne Übertreibung vermutlich *das* meistdiskutierte Thema des Abendlandes überhaupt. Denn im Grunde kann man die Geschichte der Philosophie und der sich entwickelnden Naturwissenschaften – und die Geschichte der Religionen und der Theologie ohnehin – über Jahrhunderte hinweg entlang dieses einen roten Fadens erzählen: als Geschichte der Auseinandersetzung und schließlich der Emanzipation »der Vernunft« vom »Glauben«. Immer wieder geht es bei diesem erbitterten Streit darum, zu klären, wo wir uns überhaupt befinden und was die verlässlichen Grundlagen unseres Lebens sind. Kurz: Wer sich im Denken kritisch orientieren möchte, gleich ob er Naturwissenschaftler, Gläubiger, Atheist, Philosoph oder Künstler ist, wird nicht umhinkommen, sich mit dieser für die Existenz des Menschen wesentlichen Frage zu befassen, ja, sie zumindest für sich selbst zu beantworten. Doch wer kann schon sagen, dabei auf einigermaßen sicherem Boden zu stehen? Das ist in der Tat viel schwieriger, als es auf den ersten Blick scheinen mag – stehen doch die Grundlagen selbst, der feste Boden, zur Disposition.

Der österreichische Philosoph, Ökonom und Mathematiker Otto Neurath (1882–1945), der in Wien geboren wurde, Mitglied des berühmten Wiener Kreises und ein Zeitgenosse von Ludwig Wittgenstein war, brachte die Lage sehr treffend auf den Punkt. »Wie Schiffer sind wir«, sagte er, »die ihr Schiff auf offener See umbauen müssen, ohne es jemals in einem Dock zerlegen und aus besten Bestandteilen neu errichten zu können.« Was Neurath damit ansprach, war der Umstand, dass nichts ohne Voraussetzungen funktioniert. Was immer wir anfangen, worüber auch immer wir nachdenken, was auch immer wir wahrnehmen, sehen oder fühlen: Es geschieht stets in einem Raum, der durch andere Menschen, durch eine Geschichte und die Evolution des Lebens bestimmt wurde, die uns an eben den Punkt gebracht haben, an dem wir stehen. Doch wie können wir herausfinden, wo wir stehen? Sicher, man könnte unter den Planken nachschauen. Doch das ist kein guter Gedanke, wenn man sich auf hoher See befindet. Wo auch immer man eine Planke herausreißt, muss man sie durch etwas anderes ersetzen; sonst gerät der gesamte Prozess in Gefahr. Mit einem Leck im Boot kommt man nicht weit.

Weder der Wissenschaftler noch der Philosoph oder Theologe (oder wer auch immer!) ist in der Lage, sich wie Baron von Münchhausen am eigenen Schopf aus der Situation zu ziehen, in der er steckt – mag der Morast auch noch so erstickend sein. Wir müssen unser Schiff auf hoher See umbauen. Aber wir können uns nicht aus der See hieven – denn auch dazu bräuchten wir wieder ein Schiff. So muss man immer auf etwas aufbauen, das uns vorausgeht; das jedem Erkennen, jedem Denken vorausgeht.

Verfolgt man die Schritte in die Vergangenheit zurück, so werden sie sich nach Jahrtausenden und Jahrmillionen irgendwo dort verlieren, wo die ersten Fußabdrücke aufrecht gehender Primaten in der Lava eines erkaltenden Vulkans gefunden wurden. Afrika ist die eine Wiege aller Menschen – daran lassen neuste genetische Untersuchungen keinen Zweifel mehr (was die Sache, wenn man sie etwas entspannt und nicht gleich wörtlich nimmt, in eine gewisse Nähe zur Geschichte von Adam und Eva rückt).

Wie aber soll man auf hoher See in einem Schiff, das man nicht verlassen kann, Informationen über die fundamentalsten Dinge, über die Voraussetzungen von allem sammeln? Worauf kann man sich überhaupt berufen (wenn doch die Planken, auf denen man steht, nur wieder Teile eines Schiffes sind, das von den Menschen, die vor uns lebten, gebaut bzw. umgebaut wurde)? Auf Neuraths Schiff gibt es nichts Fundamentaleres als das Schiff selbst und den Ozean, der es umgibt. Es gibt nur eine Möglichkeit, weiterzukommen: Man bindet die eine Planke an die andere. Weniger bildhaft gesprochen: Man verknüpft Informationen und Gedanken so, dass das Ganze schwimmfähig bleibt. »Die Physik ist ein gutes Beispiel für diese Vorgehensweise«, schreibt Christopher von Bülow. »Die Physik erklärt uns z.B., woraus gewöhnliche physikalische Gegenstände bestehen: aus Molekülen, Atomen, Elementarteilchen, Quarks, Strings usw. In gewissem Sinne liefert sie uns ein ontologisches Fundament für die physikalischen Gegenstände, indem sie uns sagt, woraus diese bestehen. Aber sie sagt nicht: ›Wir haben herausgefunden, dass alle Materie aus Atomen (Elementarteilchen ...) besteht; damit ist alles klar.‹ Denn was Atome sind, ist erst recht unklar.«[1] In einer meiner Sendungen über das CERN und die Entstehung des Universums fragte ich meine Gäste nach den neusten, zuweilen abenteuerlich klingenden physikalischen Theorien – und vor allem nach unserem Verständnis von Materie. Die Kernfrage lautet: Was ist eigentlich Materie? Wissen wir das heute? Das Erstaunliche ist ja, dass wir erst seit einigen Jahren wissen, dass wir über Jahrhunderte hinweg lediglich nur einen kleinen Bruchteil dessen gesehen haben, was das gesamte Universum ausmacht. Dennoch dachten wir die ganze Zeit, das, was wir sähen, wäre alles. Nach dem derzeitigen Stand der kosmologischen Theorien trägt Materie nur rund 30 Prozent zur Gesamtbilanz bzw. zur Gesamtdichte des Universums bei. Die uns vertraute Materie, die aus Protonen, Neutronen und Elektronen besteht und aus der Galaxien, Sterne, Planeten, aber auch alle Lebewesen und wir Menschen entstanden sind, macht lediglich knappe fünf Prozent des gesamten Universums aus. Der größte Teil der Welt um uns herum ist also unsichtbar und wird daher Dunkle Materie bzw. Dunkle Energie genannt.

Meine Gäste waren sich schnell einig: Es gibt keine klare Definition von Materie. Wenn Physiker ehrlich sind, geben sie zu: Wir rechnen damit, wir gebrauchen Formeln, wir bauen Fahrzeuge und Atombeschleuniger und vieles mehr – aber wenn Sie uns genau fragen, was Materie, was Energie oder was Information wirklich sind, dann müssen wir passen. »Wirklich« bedeutet hier, dass sich jenseits der Irrtümer und Erkenntnisse von gestern ein neues Verständnis auftut. Doch auch dieses Modell wird nicht das Letzte sein. Es gibt in diesem Sinn keinen sicheren Boden außerhalb unseres Schiffes. Genau das hatte Otto Neurath im Sinn. Wer eine Planke wegreißt, um zu sehen, woraus sie besteht, läuft Gefahr, dass in der Zeit, in der er sie im Labor untersucht, das gesamte Schiff voll Wasser läuft. Man kann einen Begriff daher nur durch einen anderen erklären oder »decken«. Die Möglichkeit, ein verbales Trockendock anzusteuern und die Sache ein für alle Mal zu reparieren, haben wir auf offener See nicht. Und es gibt auch kein weiteres Schiff jenseits von unserem, das wir benutzen könnten, um neue Planken zu holen und alles zu verbessern. All das werden wir nie haben. Auch fliegen können wir nicht. Aber brauchen wir nicht eine solche erhabene Perspektive, um navigieren zu können? Was heißt, »sich zu orientieren«? Wie soll das unter diesen Umständen möglich sein?

Was bedeutet, »sich im Denken orientieren«?

Frühe Zeichnungen des Menschen, Bilder der Himmelskörper, die (in der Tat lebensnotwendige) Aufgabe, den richtigen Zeitpunkt der Aussaat zu bestimmen oder auf hoher See, aber auch an Land richtig zu navigieren, begleitet den Menschen von Anfang an. Natürlich beschäftigte die Frage seit Beginn der Denkgeschichte auch die Philosophen – darunter Immanuel Kant, der sich mit dem Thema in einer kleinen Schrift befasste, die 1786 einige Jahre nach Abschluss der *Kritik der reinen Vernunft* erschien. Sich im Denken zu orientieren, fand Kant, dies überhaupt zu können, sei doch nicht nur die erste Aufgabe, sondern die Leistung der Philosophie, ja der Vernunft und jeder Form von Erkenntnis schlechthin. Dabei hatte Kant durchaus das Bild vom Schiff im Sinn. Denn sich zu orientieren bedeute, so Kant, »aus einer gegebenen Weltgegend (in deren vier wir den Horizont einteilen) die übrigen, namentlich den Ausgang zu finden«.[2] Zur Mittagszeit ist die Sonne im Süden, geographisch orientiere ich mich an Details des Himmels, auch nachts – und ansonsten gilt, dass man vom Gefühl Gebrauch machen muss, das mit dem einfachen Umstand der Wahrnehmung »eines Unterschiedes an meinem eigenen Subjekt, nämlich der rechten und linken Hand«. Doch ist alles Gefühl? Kant streitet das nicht ab, plädiert aber dafür, den Begriff der Orientierung zu erweitern und neben den subjektiven Unterscheidungen auch auf objektive Gegenstände (der Polarstern, den man »ins Auge nimmt«), auf Logik und die Möglichkeiten der mathematischen Orientierung im Raum zurückzugreifen. Doch dabei wird alles immer schwieriger. Denn auch die Vernunft hat ihre Voraussetzungen. Und sie hat nicht das Recht, wie Kant sagt, einfach einen subjektiven Grund, etwas, das ihr gut passt, vorauszusetzen, also anzunehmen und dabei so zu tun, als könne sie diese Annahmen »durch objektive Gründe wissen«. Irrtum und Überredung sind genau das: der Versuch, einen Grund für ein wahres Urteil für objektiv zu halten, obwohl er doch einzig und allein im Subjekt selber liegt. Diese Denkfigur machte Schule. Wie viele religiöse Sätze beanspruchen, objektiv gültig zu sein – und sind doch bei näherem Hinsehen nichts anderes als Privatmeinungen, die erst dann zu Wahrheiten werden, wenn es, wie Kant sagt, möglich ist, diese Überzeugungen so mitzuteilen, dass ihr Fürwahrhalten »für jedes Menschen Vernunft gültig befunden werden kann«.[3] Diese Übereinstimmung muss gerade stattfinden, »*ungeachtet* der Verschiedenheit der Subjekte unter einander«. Was Kant hier formulierte, wurde Jahrhunderte später von Jürgen Habermas in seiner *Theorie des kommunikativen Handelns* ausbuchstabiert. Kants Idee hat bis heute Gültigkeit behalten. »Die Übereinstimmung der Menschen im Rechnen ist keine Übereinstimmung der Meinungen oder Überzeugungen«, bemerkt Wittgenstein in den *Bemerkungen über die Grundlagen der Mathematik*.[4] Es geht also nicht darum, subjektive Überzeugungen, innere Bilder oder Zustände irgendwie (wie eigentlich?) miteinander abzugleichen, einander anzupassen oder abzustimmen. Rechnen funktioniert nicht, weil wir innere Erleuchtungszustände haben, sondern weil wir auf eine bestimmte Art und Weise Regeln folgen und entsprechend *handeln*.

Liegt der Unterschied zwischen einem Menschen, der glaubt, und einem, der allein seiner Vernunft folgt, in seinem Handeln? Ja und Nein, also: nicht notwendigerweise. Denn beide, Glauben und Vernunft, können in einer Notsituation helfen. Und beide orientieren sich an Regeln. Kant wollte auf etwas anderes hinaus: auf den Status unserer Erkenntnis. Das »trügliche Fürwahrhalten« – er spricht von einer bloßen »Begebenheit in unserem Gemüt« – stellt eben keine wirkliche Erkenntnis dar. Wenn ich einen anderen Menschen zum Glauben oder zu einem anderen Glauben zu überreden versuche: Unter welchen Bedingungen und aufgrund welcher Erkenntnisse kann ein solcher Versuch gelingen? Gelingt er auch dann, wenn am Ende nichts außer meinem subjektiven Wollen und meiner eigenen Vorstellung, meiner Erfahrung von der Welt, der Grund des Überredens wäre? Dies ist eine schwache Grundlage. An späterer Stelle werde ich noch einmal ausführlicher auf die wichtige Unterscheidung zwischen Meinen,

Glauben und Wissen zurückkommen. Sie ist sehr hilfreich, um derartige Fragen zu lösen, auch wenn sie leider nicht die Frage beantwortet, was Glauben im religiösen Sinne meint. Das tiefer gehende Problem besteht ja gerade darin, dass das religiöse Glauben nicht in ein Wissen überführt werden kann. Kant spricht in diesem Zusammenhang vom »doktrinalen Glauben«, dessen Kernsatz »die Lehre vom Dasein Gottes« ist.[5] Richtig verstanden sei dieser doktrinale Glauben »ein Ausdruck der Bescheidenheit in *objektiver* Absicht, aber doch zugleich der Festigkeit des Zutrauens in *subjektiver*«.[6] Kant sagt also, dass religiöser Glaube sich in Bescheidenheit üben müsse, wenn es um die Behauptung geht, man könne die Existenz Gottes objektiv, also naturwissenschaftlich beweisen. Auf der subjektiven Seite, der Innensicht der Welt, sei Glaube jedoch ein festes Zutrauen. Alles andere würde bedeuten, mehr über eine andere Welt oder Welturscache zu behaupten, »als ich wirklich aufzeigen kann«. An dieser Stelle sei nur angedeutet, worauf nach Kant die innere Festigkeit des Glaubens hinausläuft: auf den »moralischen Glauben«. Wie im Brief des Paulus an die Römer argumentiert Kant, dass das Sittengesetz zwar allein aus der Kraft der Vernunft erkannt werden kann – aber dadurch noch nicht notwendig ausgeführt wird. Im Gegenteil: Wer sittlich handelt, wer als wahrer Mensch anderen Menschen begegnet, muss ja gerade, wie die christliche Tradition lehrt, damit rechnen, am Kreuz zu enden. Diese Möglichkeit wird, aus verständlichen Gründen, möglichst vermieden. Doch Kant nimmt diesen Hinweis auf das mögliche Scheitern dessen, der sittlich gut handelt, sehr ernst. Dies ist der pragmatische, harte und auch vor der Vernunft immer wieder bestehende Kern des Christentums. Wer gut handelt, dem wird es längst nicht gutgehen. »Da aber die sittliche Vorschrift zugleich meine Maxime ist (wie denn die Vernunft gebietet, daß sie sein soll), so werde ich unausbleiblich ein Dasein Gottes und ein künftiges Leben glauben, und bin sicher, daß diesen Glauben nichts wankend machen könne, weil dadurch meine sittliche Grundsätze selbst umgestürzt werden würden, denen ich nicht entsagen kann, ohne in meinen eigenen Augen verabscheuenswürdig zu sein.«[7] Der Philosoph, der wie kein anderer die Unmöglichkeit eines Gottesbeweises gleich welcher Form logisch glasklar bewiesen hat, wird hier zum Gläubigen –, um seine Sittlichkeit zu retten und sich selbst vor einem Ekel zu bewahren, den erst die Moderne mit Schriftstellern wie Jean-Paul Sartre oder Albert Camus vollends zu beschreiben in der Lage war. Doch dazu später. Denn zunächst geht es ja noch um die Klärung der Frage, was »sich im Denken orientieren« bedeutet. Die Orientierungsfrage verweist auf die Notwendigkeit der Aufklärung. Denn wer sich aufklärt, beginnt, sich im Denken zu orientieren.

Was ist Aufklärung?

Die Vernunft ist für Kant die treibende Kraft dieser Orientierung. Sie hat einerseits das Recht, aber eben auch die Pflicht, »sich im Denken, im unermeßlichen und für uns mit dicker Nacht erfüllten Raum des Übersinnlichen, lediglich durch ihr eigenes Bedürfnis zu *orientieren*«.[8] Übersinnliches lässt sich viel denken, sagt Kant. Daran hat sich bis heute nichts geändert, wobei ich einräume, dass es zu Kants Zeiten deutlich weniger Menschen gab, die der festen Ansicht waren, von Außerirdischen entführt und zu Experimenten missbraucht worden zu sein. Immerhin hat sich auch Kant wiederholt seine Gedanken über Außerirdische gemacht. »So möchte ich wohl alles das Meinige darauf verwetten«, notierte Kant, »daß es wenigstens in irgend einem von den Planeten, die wir sehen, Einwohner gebe.«[9]

Wenn man Übersinnliches, Absurdes, schlicht nicht zu Beweisendes in Hülle und Fülle behaupten kann: Wie kommt man dann weiter? Wie zu einer Klärung? Und was bedeutet es, sich, wie Kant sagt, in einem solchen Fall durch *das eigene Bedürfnis zu orientieren*? Liegt nicht gerade in diesem Wunsch die Anmaßung, der eigentliche Fehler der Vernunft begründet? Sicher: Ein strenger christlicher oder auch islamischer Fundamentalist würde das vermutlich so sehen und am Ende kaum durch ein vernünftiges Argument zu überzeugen sein. Die Literatur zur Frage, was es eigentlich bedeutet, sich überzeugen zu lassen, welche Wahrheitskriterien gelten und welche Maßstäbe und Voraussetzungen in einem kritischen und herrschaftsfreien Diskurs einzuhalten sind (Jürgen Habermas), umfasst inzwischen selbst ganze Abschnitte von Bibliotheken.

Am Ende aber geht es, welchen Standpunkt auch immer man einnimmt, um eben diese Emanzipation des eigenen Bedürfnisses, sagte Kant. Auch der Fundamentalist behauptet ja eben dies: dass man seinen Argumenten (und damit dem Glauben) Glauben schenken und sich von seinen scheinbar wichtigeren Bedürfnissen (die »in Wahrheit« Kräfte des Unglaubens, der Sünde, des getrübten Verstandes sind) emanzipieren müsse. Es geht also um die Frage der Wahrheit und um die Bemühung des Denkens, den »wahren« Bedürfnisses zu folgen. Doch sind diese nicht die Bedürfnisse des Denkens? Worin diese bestehen: Darauf hatte Kant 1784 in seiner Schrift »Beantwortung der Frage: Was ist Aufklärung?« eine inzwischen berühmt gewordene Antwort gegeben, nach der ein ganzes Zeitalter benannt worden ist. Kant beginnt seine Schrift gleich im ersten Satz mit einem Paukenschlag. »Aufklärung«, schreibt er, »ist der Ausgang des Menschen aus seiner selbst verschuldeten Unmündigkeit. Unmündigkeit ist das Unvermögen, sich seines Verstandes ohne Leitung eines anderen zu bedienen. Selbstverschuldet ist diese Unmündigkeit, wenn die Ursache derselben nicht am Mangel des Verstandes, sondern der Entschließung und des Muthes liegt, sich seiner ohne Leitung eines andern zu bedienen. *sapere aude!* Habe Muth dich deines eigenen Verstandes zu bedienen! Ist also der Wahlspruch der Aufklärung.«

Dieser Aufruf ist bis heute gültig. Wer sich orientieren will, wird davon Gebrauch machen müssen. Um das *sapere aude* voranzubringen, scheut Kant vor keiner Kritik. Er zeigt Mut, indem er kein Blatt vor den Mund nimmt. »Faulheit und Feigheit sind die Ursachen, warum ein so großer Theil der Menschen, nachdem sie die Natur längst von fremder Leitung frei gesprochen, dennoch gerne zeitlebens unmündig bleiben ... Es ist so bequem, unmündig zu sein. Habe ich ein Buch, das für mich Verstand hat, einen Seelsorger, der für mich Gewissen hat, einen Arzt, der für mich die Diät beurtheilt, etc., so brauche ich mich ja nicht selbst zu bemühen. Ich habe nicht nöthig zu denken, wenn ich nur bezahlen kann.« Noch nicht einmal das ist heute nötig; das Internet bietet die Möglichkeit, zu surfen, Antworten zu finden, auch ohne zu denken.

Zurück zur Frage der Orientierung. »Den letzten Probierstein der Zulässigkeit eines Urteils«, befand Kant, sei eben »allein in der Vernunft zu suchen«, die der »Wegweiser oder Kompaß« ist, »wodurch der spekulative Denker sich auf seinen Vernunftstreitereien im Felde übersinnlicher Gegenstände orientieren, der Mensch von gemeiner doch (moralisch) gesunder Vernunft aber seinen Weg, so wohl in theoretischer als praktischer Absicht, dem ganzen Zwecke seiner Bestimmung völlig angemessen vorzeichnen kann; und dieser Vernunftglaube ist es auch, der jedem anderen Glauben, ja jeder Offenbarung, zum Grunde gelegt werden muß«. Zumal am Anfang ja nicht irgendein, sondern, wenn man der Offenbarung Glauben schenkt, Gottes Wort war – das dann von Glauben und Vernunft in gleicher Weise erkannt werden kann. Gleich zu Anfang des Briefes an die Römer, eines der ersten Zeugnisse der entstehenden christlichen Theologie, schreibt Paulus in der Übersetzung des Theologen Klaus Berger: »Gott, der Unsichtbare, hat die Welt geschaffen, und wenn man vernünftig nachdenkt, kann man von der Schöpfung, die man sieht, schließen und erkennen, daß er ewig, mächtig und göttlich ist. Die Menschen können sich also nicht herausreden« (oder wie Luther übersetzt: sie haben keine Entschuldigung).[10]

Nebelbänke der Erkenntnis

Kants Standpunkt ist messerscharf und klar: »Nehmt an, was euch nach sorgfältiger und aufrichtiger Prüfung am glaubwürdigsten scheint, es mögen nun Facta, es mögen Vernunftsgründe sein [wir würden heute sagen: gleich, ob es aufgrund von Fakten so scheint oder wegen besonders überzeugender Argumente, aufgrund eines »Diskurses«]; nur streitet der Vernunft nicht das, was sie zum höchsten Gut auf Erden macht, nämlich das Vorrecht ab, der letzte Probierstein der Wahrheit zu sein.«[11] Der Vorteil von Kants Zugang zur Frage nach den grundlegenden Urteilen und der Möglichkeit, am Ende zu wahren Aussagen zu kommen, besteht darin, eine Grenze von innen zu ziehen. Das, was »außerhalb« der Grenzen unserer Erkenntnis ist – Kant nennt es das »Ding an sich« –, können wir nicht erkennen. Wenn wir uns nicht von draußen, nicht von außerhalb oder aus der Sicht der »Welt an sich« sehen können, um zur Wahrheit zu gelangen, dann haben wir nur eine einzige Chance: Wir müssen uns erkennen, indem wir die Grenze von innen ziehen. Innerhalb unseres Erkenntnisvermögens, innerhalb unserer Sprache. Nur so können wir die eine und die andere Seite der Grenze und die Grenze selbst denken. Es ist etwas außerhalb dieser Grenze da, es zeigt sich, es »affiziert«, d. h. berührt uns. Aber es liegt außerhalb der Bedingtheiten unserer Erkenntnis.

Kant, der ein glänzender Stilist sein kann, beschreibt das Problem, auf das er mehrfach innerhalb seiner *Kritik der reinen Vernunft* stößt, so: »Wir haben jetzt das Land des reinen Verstandes nicht allein durchreiset und jeden Theil davon sorgfältig in Augenschein genommen, sondern es auch durchmessen und jedem Dinge auf demselben seine Stelle bestimmt. Dieses Land aber ist eine Insel und durch die Natur selbst in unveränderliche Grenzen eingeschlossen. Es ist das Land der Wahrheit (ein reizender Name), umgeben von einem weiten und stürmischen Oceane, dem eigentlichen Sitze des Scheins, wo manche Nebelbank und manches bald wegschmelzende Eis neue Länder lügt und, indem es den auf Entdeckungen herumschwärmenden Seefahrer unaufhörlich mit leeren Hoffnungen täuscht, ihn in Abenteuer verflechtet, von denen er niemals ablassen und sie doch auch niemals zu Ende bringen kann. Ehe wir uns aber auf dieses Meer wagen, um es nach allen Breiten zu durchsuchen und gewiß zu werden, ob etwas in ihnen zu hoffen sei, so wird es nützlich sein, zuvor noch einen Blick auf die Karte des Landes zu werfen, das wir eben verlassen wollen, und erstlich zu fragen, ob wir mit dem, was es in sich enthält, nicht allenfalls zufrieden sein könnten, oder auch aus Noth zufrieden sein müssen, wenn es sonst überall keinen Boden giebt, auf dem wir uns anbauen könnten.«[12]

Es gibt keinen anderen Boden als den, den wir haben. Dieser Ansatz Kants, zwischen Ozean, den Inseln des Archipels der reinen Vernunft und trügerischen Nebelbänken hin und her zu navigieren, sollte bis heute der bestimmende Denkweg im Westen bleiben. Otto Neuraths Metapher ist dafür der beste Beleg. Doch trotz der Unmöglichkeit, das Schiff zu verlassen, und trotz der Nebelbänke, die als Projektionsflächen für leere Hoffnungen dienen, gibt es etwas Unaussprechliches und Mystisches. Daran hielt Ludwig Wittgenstein mehr als 200 Jahre später fest. Es *zeigt* sich. Doch die Art und Weise, wie es sich zeigt, ist völlig unerwartet und anders, als die westliche Philosophie es sich erträumt hatte. Man kann weder auf Gott noch auf die metaphysischen Dinge, den Sinn oder die letzten Fragen (geschweige denn die Antworten) zeigen. Man kann sie in diesem Sinn nicht sehen wie Tische oder Stühle. Das Einzige, was man zeigen kann, sind die Beulen, die man sich beim Anrennen gegen jene Grenzfragen holt. Die Schmerzen, die den seelischen (oder sonstigen existentiellen) Blessuren folgen, sind echt. Das ist, in gewisser Weise, der Beweis dafür, dass es sich bei all dem nicht um Illusionen handelt. Die Nähe von Wittgensteins philosophischen Bemerkungen zu bestimmten religiösen Haltungen ist unübersehbar. Auch in den Religionen, die ein sogenanntes Bildverbot kennen – also an der Unbegreiflichkeit Gottes festhalten, so wie das Judentum und bestimmte Zweige des Christentums und des Islam –, gibt es ein Leiden an Gott. Er ist sozusagen als Anwesender im selben Raum; aber er ist unerkennbar. Doch so weit geht Wittgenstein nicht. Ihm reicht es, darauf aufmerksam zu machen, dass dort tatsächlich etwas *ist* – auch wenn es schwer, ja unmöglich ist zu sagen, was. »Die Ergebnisse der Philosophie sind die Entdeckungen irgendeines schlichten Unsinns und Beulen, die sich der Verstand beim Anrennen gegen die Grenzen der Sprache geholt hat«, schrieb Ludwig Wittgenstein in den *Philosophischen Untersuchungen.* »Sie, die Beulen, lassen uns den Wert jener Entdeckungen erkennen.«[13] Insofern ist es nur konsequent, dass Wittgenstein der Ansicht war, es gebe »nicht *eine* Methode der Philosophie, wohl aber gibt es Methoden, gleichsam verschiedene Therapien«.[14] Gibt es also eine Therapie, die uns weiterhilft?

Wittgenstein und der Ausweg aus dem Fliegenglas

Kant hatte eine innere Grenzziehung als Therapie vorgeschlagen. Die Vernunft, die wir in uns haben ebenso wie das Sittengesetz in uns sind die Probiersteine der Wahrheit. Kant plädierte dafür, damit aufzuhören, die Grenzen irgendwo dort draußen in einem windigen Ort der Ideen zu suchen. Stattdessen sollten wir suchen, wo wir gerade sind: Im Hier und Jetzt unserer (begrenzten) Möglichkeiten, innerhalb der Grenzen unserer Vernunft und unserer Sprache. Suchten die frühen Griechen bis hin zu den Metaphysikern des Mittelalters die Wahrheit oder Gott noch »dort draußen« und versuchten beides zu erkennen, als handele es sich um eine Art von magischem Gegenstand, einen Stein der Weisen, ein geheimnisvolles Bild, das nicht wie in Platos Höhlengleichnis ein bloßer Schatten auf der Wand wäre, sondern endlich die wahre Wirklichkeit selbst. Kant war nüchtern geworden. Wir sind in uns eingeschlossen, lautete seine Diagnose. Doch statt auf unserer Dummheit und unseren Vorurteilen zu beharren, sollten wir gemeinsam versuchen, uns unseres Verstandes zu bedienen. Und das bedeutet, nicht irgendwo in der Ferne, sondern in uns, im Denken nach den Grenzen suchen, indem wir unser eigenes Erkenntnisvermögen, unsere eigenen moralischen Möglichkeiten, unsere Hoffnungen, Sehnsüchte und Abgründe untersuchen. Das, so Kant, ist Aufklärung. Nicht anderen zu folgen, nicht bloßen Meinungen, Umfrageergebnissen, der *Bild-Zeitung* oder dem Fernsehen, sondern diesem radikalen eigenen Fragen. Sich orientieren heißt, selber zu denken, nicht denken zu lassen.

Doch wie findet man die Wahrheit, wenn es um eine Frage wie Glauben und Vernunft und demnach um eine existentielle, vielleicht Himmel und Hölle bedeutende Grenzziehung (so jedenfalls sah man es noch im Mittelalter und zuweilen auch noch in den heutigen Strafpredigten) geht? Und wie, wenn es um Gott, Gotteswahn, Fundamentalismus und die höchste Erkenntnis überhaupt geht? Wenn es auch um die Frage nach dem Menschen, nach dem Sinn seines Daseins, um Leben und Tod geht? Es sind diese Fragen, an denen sich immer wieder der religiöse Funke entzündet hat und dabei nicht selten die Vernunft auf dem Scheiterhaufen verbrannte.

Wittgenstein verfolgt Kants Weg weiter. Diesen Weg, der längst noch nicht zu Ende gegangen ist, nimmt der Titel »Ausweg aus dem Fliegenglas« auf. Er beruht auf einem Sprachbild Wittgensteins, in dem er andeutete, dass das Thema des Sich-Orientierens, des Zur-Wahrheit-Kommens, aber auch des Verhältnisses von Glauben und Vernunft etwas mit einer Art von Gefangenschaft zu tun hat. In seinem Buch *Philosophische Untersuchungen*, zwischen Bemerkungen, die damit zu tun haben, wie es überhaupt möglich ist, die Schmerzen anderer zu erkennen und zu wissen, dass sie Schmerzen haben und leiden, inmitten einer philosophischen Diskussion seelischer und körperlich bedrohlicher Zustände steht wie ein Fels in der Brandung dieser Satz: »Was ist dein Ziel in der Philosophie? – Der Fliege den Ausweg aus dem Fliegenglas zeigen.«

Ich weiß nicht, wie Sie es im Sommer handhaben, vor allem an warmen Sommerabenden, wenn man noch lange die Türen und Fenster geöffnet hat, aber doch, um zu lesen oder zusammenzusitzen, das Licht einschaltet. Unweigerlich kommen Motten und andere Insekten – und am nächsten Tag finden sich die Fliegen ein, die gegen die Scheiben prallen, hinter denen nun das Licht lockt, das mit einem Mal nicht mehr »drinnen«, sondern »draußen« ist. Die Umkehrung der Blickrichtung um das eigene Bedürfnis, endlich in die Freiheit zu entkommen, macht den größten Unterschied – nicht nur im Leben einer Fliege – aus. Meist habe ich in meinem Arbeitszimmer ein Glas stehen, mit dem ich Fliegen, Motten, seltener Schmetterlinge und Käfer, zuweilen aber auch Raupen und Spinnen einfange. Dann schiebe ich ein Blatt Papier zwischen Glas und Scheibe und bringe die Tiere nach draußen. Da ich es nicht immer sofort mache, muss die eine oder andere Fliege eine Zeit in ihrem Gefängnis verbringen. Das Gemeinste an diesem Gefängnis, das irgendwann im wahrsten Sinne des Wortes aufgehoben werden muss, damit für die Fliege der Ausweg erkennbar und frei wird, ist, dass dieser Ausweg nicht als solcher erkennbar ist. Beim Fliegenglas – einer gläsernen Insektenfalle – gibt es durchaus einen Ausweg – den Weg nämlich, durch den die Fliege angelockt vom Geruch von Früchten oder Zuckerwasser hereingekommen ist. Einmal ins Innere des Glases gelangt, finden die gefangenen Insekten auf diesem Weg nicht mehr hinaus, weil sie aufgrund der gleichmäßigen Helle um sie herum vollständig die Orientierung verlieren.[15] Obwohl der Weg nach draußen also unverändert und unversperrt bleibt – es ist derselbe Weg, der ins das Problem hineingeführt hat –, findet die Fliege nicht mehr hinaus. Sie kann den Weg nicht als Weg erkennen. Dies, scheint Wittgenstein sagen zu wollen, ist auch unser Problem. Je klarer die Scheibe ist, gegen die wir immer wieder angehen, d. h. je unsichtbarer die Grenzen sind, die uns umgeben, desto deutlicher wird zwar das lockende Draußen, das »Jenseits« der Grenze und unseres Eingeschlossen-Seins wahrgenommen. Doch dieses Jenseits erreichen wir nie, obwohl es Antrieb für weitere Ausbruchsversuche bleibt. Wir haben die Übersicht verloren, gerade weil wir es mit einer durchsichtigen Grenze zu tun haben, die uns gefangen hält. Wir stoßen mit dem Kopf immer wieder gegen ein Verhängnis, in das wir, ohne es zu merken, hineingeraten sind. Keine Mauer, keine undurchdringliche Wand, kein Beton, sondern ein durchsichtiges, transparentes Medium, das es zulässt, zu sehen und gesehen zu werden, ist unser Verhängnis. Es sei denn, wir finden den Ausweg. Für Wittgenstein besteht dieser Ausweg darin, die Übersicht zurückzugewinnen. Denn es ist möglich, »den vorhandenen Weg nach draußen durch richtige Sicht der Situation zu erkennen«.[16]

Höhlenausgänge

In seinem berühmten Buch *Höhlenausgänge*, das 1989 erschien, widmete der Philosoph Hans Blumenberg diesem Bild vom Fliegenglas ein eigenes Kapitel. Ziel seines Buches war es, all die Metaphern und Bilder zu deuten, die letztlich auf Platos berühmtes Höhlengleichnis zurückgingen, in dem wir als angekettete Lebenszeitgefangene einem ewigen Schattenspiel zuschauen müssen, das eine Quelle reinen Lichts hinter uns an die Wände der Höhle vor uns zeichnet, ein Licht, das wir nie direkt sehen können, weil wir gefesselt sind und uns nicht umdrehen können. Wie entrinnt man aus dieser Gefangenschaft? Wie kann man die Höhle verlassen, um, in Platos Sprache, endlich nicht nur Schein und Trug, sondern der Wahrheit, dem reinen Licht, der Welt der Ideen selbst zu begegnen, deren bloßer Abglanz die Wirklichkeit ist?

Wittgenstein war weit davon entfernt, ein idealistischer Platoniker zu sein. Wenn überhaupt, war er Mathematiker und Pragmatiker. Und er verstand etwas vom Leiden, gegen das er die Philosophie setzen wollte als Instanz oder Weg, der Fliege einen Ausweg aus ihrem durchsichtigen Gefängnis zu weisen. Hans Blumenberg macht darauf aufmerksam, dass Wittgenstein an zwei Vorläufer der Fliegenglasparabel anknüpft.[17] Ich selber vermute, dass es noch einen dritten Text gibt, den Wittgenstein gekannt haben könnte. Zum einen gibt es einen leider unvollständigen Brief, den der Jurist und Philosoph Paul Yorck von Wartenburg (1835–1897) an seinen Freund Wilhelm Dilthey schrieb, den Begründer der Geisteswissenschaften, aus denen er die Hermeneutik – die Lehre und Kunst vom Verstehen – und die sogenannte verstehende Psychologie entwickelte. Von Wartenburg schreibt 1893: »Wissenschaftlich bin ich noch immer tot. Ich spüre keine Lust, wissenschaftliche Bücher in die Hand zu nehmen. Das Denken bewegt sich im Zirkel und die Leute erscheinen mir wie Fliegen, die immer wieder an die Glasfenster sich stoßen, bei dem Versuch hinaus und weiter zu kommen.« Dass die Menschen an das Glasfenster stoßen, mag so klingen, als seien sie ungelenkig oder dumm. Doch das anzunehmen hieße, die Umstände des Lebens jenseits der durchsichtigen Grenze ganz und gar zu verkennen. Als Ludwig Wittgenstein, der aus einer reichen Familie stammte, nach den schrecklichen Erfahrungen des Ersten Weltkrieges mit seiner Schwester über das Vorhaben sprach, Dorfschullehrer zu werden, entgegnete Hermine Wittgenstein ihm mit Unverständnis. Das sei ja so, als würde man ein Präzisionsinstrument dazu benutzen, grobe Holzkisten zu öffnen, sagte sie. Woraufhin der Philosoph, der seinen Entschluss bald in die Tat umsetzen sollte, antwortete: »Du erinnerst mich an einen Menschen, der aus einem geschlossenen Fenster schaut und sich die sonderbaren Bewegungen eines Passanten nicht erklären kann; er weiß nicht, welcher Sturm draußen wütet und daß dieser Mensch sich vielleicht nur mit Mühe auf den Beinen hält.«[18]

Noch ein zweiter, wenige Jahre später entstandener Text bereitet Wittgensteins Bild vom Fliegenglas vor. Diesmal ist es der Dichter Christian Morgenstern, der schrieb: »Wer sich an Kant hält, dem muß alle Metaphysik erscheinen wie das hartnäckige Surren einer großen Fliege an einem festgeschlossenen Fenster. Überall wird das Tier einen Durchlaß vermuten und nirgends gewährt die unerbittliche Scheibe etwas anderes als – Durchsicht.« Gerade weil die Dinge so klar, so transparent und einfach erscheinen, stellen sie nicht selten die größten Hindernisse für uns dar. Jeder Millimeter, den das Denkorgan mit seinem Lichtkreis der Erkenntnis abtastet, scheint ein Ausweg zu sein. Und doch stößt der Mensch, die denkende Fliege, ständig an die Glaswand. Die Fliege ist in ihrem durchsichtigen Gefängnis, dem Fliegenglas, gefangen: Sie erkennt nicht einmal die Grenzen, gegen die sie immer und immer wieder anfliegt.

Und noch ein dritter Text verweist in die Richtung von Wittgensteins Metapher, und ich schließe nicht aus, dass Wittgenstein ihn kannte. Schließlich hat ihn ein anderer Österreicher, der vor den Nazis floh, geschrieben: der Schriftsteller Robert Musil, der neun Jahre vor Wittgenstein geboren wurde (1880) und neun Jahre vor ihm starb (1942). Musil beschrieb in dem 1936 erschienenen *Nachlaß zu Lebzeiten*, wie sehr der Mensch der Fliege ähnelt oder, wie ich sagen würde, eine denkende Fliege ist.[19] »Fliegen stehen aufrecht, nehmen Haltung an«, schrieb Musil, »sammeln Kraft und Überlegung. Nach wenigen Sekunden sind sie entschlossen und beginnen, was sie vermögen, zu schwirren und sich abzuheben. Sie führen diese wütende Handlung so lange durch, bis die Erschöpfung sie zum Einhalten zwingt. Es folgt eine Atempause und ein neuer Versuch. Aber die Intervalle werden immer länger. Sie stehen da, und ich fühle, wie ratlos sie sind. Sie biegen sich vor und zurück auf ihren festgeschlungenen Beinchen, beugen sich in den Knien und stemmen sich empor, wie Menschen es machen, die auf alle Weise versuchen, eine schwere Last zu bewegen; tragischer als Arbeiter es tun, wahrer im sportlichen Ausdruck der äußersten Anstrengung als Laokoon. Und dann kommt der immer gleich seltsame Augenblick, wo das Bedürfnis einer gegenwärtigen Sekunde über alle mächtigen Dauergefühle des Daseins siegt. Es ist der Augenblick, wo ein Kletterer wegen des Schmerzes in den Fingern freiwillig den Griff der Hand öffnet, wo ein Verirrter im Schnee sich hinlegt wie ein Kind, wo ein Verfolgter mit brennenden Flanken steht. Sie halten sich nicht mehr mit aller Kraft ab von unten, sie sinken ein wenig ein und sind in diesem Augenblick ganz menschlich.« Auch wenn Musil die unbarmherzige Wirkung einer klebrigen Fliegenfalle beschreibt:

Viel besser ist die durchsichtige, unsichtbare, gläserne Falle des Fliegenglases nicht. Im Grunde ist sie sogar noch menschenähnlicher. Denn wenn uns etwas als Gattung auszeichnet, dann unter anderem unsere Unfähigkeit, unsere eigenen Grenzen rechtzeitig zu erkennen. So stimmt es, was der Philosoph Hans Blumenberg über Wittgensteins Bild von der im Glas gefangenen Fliege schrieb: »Die Philosophie der Neuzeit ist auch dort, wo sie von Triumphen des menschlichen Geistes zu handeln scheint, weithin eine Beschreibung von Gefangenschaften.«[20]

Die glaubende und die denkende Fliege – die Möglichkeit des Aspektwechsels

Wenn man die bisherigen Gedanken zusammenfasst, ergibt sich ungefähr folgendes Bild: Wir befinden uns bei der Klärung der Frage nach dem Verhältnis von Glaube und Vernunft gleichsam auf offener See. Wir können das Material, das wir brauchen, um unsere Theorien zu bauen oder zu verbessern, nicht von außen nehmen. Es gibt, in diesem Sinne, kein außen – sondern nur das Schiff, auf dem man sich befindet, und das offene Meer. Glaubende wie Nichtglaubende befinden sich insofern im selben Boot, auch wenn sie seine Existenz durchaus unterschiedlich verstehen. Ein Religiöser könnte das Schiff für etwas Vorläufiges, im Jenseits endgültig Überwundenes halten – der Atheist hingegen für das endgültige Optimum, das die menschliche Existenz zu erreichen in der Lage ist. Fakt ist: Solange sie über diese Frage nachdenken, finden sie sich im selben Schiff wieder, das sie nicht verlassen und nur dann verstehen, umbauen oder reparieren können, wenn sie die Planken, die sie an einer Stelle wegnehmen, mit anderem Material aus demselben Schiff ersetzen. Es gilt sozusagen der mentale Energieerhaltungssatz: Zwar geht keine Gedankenenergie im Gesamtsystem verloren. Doch wenn sie in die eine Richtung verlagert wird (wenn man ein starkes Argument für die Existenz Gottes

33

aufbaut), dann muss diese Energie an anderer Stelle fehlen (zum Beispiel in der Stärke der Verlässlichkeit der Prämissen, die einen solchen Schluss erlauben, aber eben nicht universal einsichtig sind). Alles, was vorgestellt, gewusst, gedacht oder geglaubt werden kann, kann nur innerhalb des Systems gedacht und geglaubt werden. Externe Referenzen heranzuziehen (bildhaft gesprochen: andere Schiffe, die sich womöglich hinter einer Nebelbank in der Nähe befinden), ist nicht möglich. Wer sich auf ein klärendes Gespräch und den Prozess der klaren gedanklichen Argumentation einlässt, willigt damit ein, den Ort nicht zu verlassen. Dieser Ort ist das, was auf dem Schiff – dem »Raumschiff Erde« – der Fall ist. Und darüber kann man sich verständigen. In der US-Serie *Twin Peaks*, die der Regisseur David Lynch zusammen mit Mark Frost erfunden hat, gibt es eine Frau – die Log Lady –, die stets einen Holzscheit im Arm hat, der zur ihr spricht. So behauptet sie, dass an einem Tatort Eulen waren, weil ihr Scheit es ihr gesagt hat. Die meisten Bewohner des kleinen Städtchens halten die Log Lady jedoch für verrückt. Analog könnte man sich in der Regel darüber verständigen – so viel »gesunder Menschenverstand« sollte auch bei einer Diskussion über Glauben und Vernunft vorausgesetzt werden können –, dass Sträucher normalerweise nicht mit uns sprechen können. Daher können sie uns auch keine entscheidenden Hinweise in der Argumentation liefern, auf die wir uns dann aus gutem Grund und als Evidenzquelle beziehen könnten, indem wir etwa sagen: »Aber der Strauch hat es gesehen und mir dann gesagt, also muss es stimmen.«

Doch ist das nicht alles »nur« ein Bild? Tatsächlich besteht ein Teil der philosophischen (und auch der naturwissenschaftlichen) Methode darin, die zur Wirklichkeit passenden Bilder zu erfinden und diese dann zu benutzen, um mehr Übersicht zu gewinnen. Es gab Zeiten, in denen man das Weltall mit einer Uhr – dem damaligen Meisterstück der Mechanik – vergleichen konnte, die Gott aufgezogen hat, damit sie dann in vorbestimmter Weise ablaufen kann. Doch das bedeutet nicht, dass derartige Bilder für alle Zeiten Gültigkeit beanspruchen können. In Zeiten nichtlinearer Thermodynamik fällt es schwer, komplexe Prozesse etwa in der Biologie nach dem Muster eines mechanischen Uhrwerkes zu denken – oder die Quantengravitation nach der Mechanik des Falls und der schiefen Ebene. Wie alles hat eben auch der Gebrauch von Bildern Grenzen. »Wir haben eben ein Gleichnis gebraucht«, schreibt Wittgenstein in den *Philosophischen Bemerkungen*, »und nun tyrannisiert uns das Gleichnis. In der Sprache dieses Gleichnisses kann ich mich nicht außerhalb des Gleichnisses bewegen.«[21] Wittgenstein bezog sich im konkreten Fall, den er an dieser Stelle betrachtete, auf die Vorstellung, dass das Gedächtnis selbst wie ein Bild sei, das uns vor Augen steht, wenn wir uns erinnern. Doch seine Bemerkung bezieht sich weitaus universeller auf die Tyrannei bestimmter Idealvorstellungen. Sein Werk *Tractatus logico-philosophicus* steht selbst für einen solchen Irrtum. Seine Vorstellung, dass die Sprache stets eine kristalline, logische Struktur habe, erwies sich seinen eigenen weiteren Untersuchungen zufolge als falsch. Die reale Alltagssprache ist weitaus ambivalenter und unklarer, als Wittgenstein zunächst angenommen hatte. Aber aus eben diesem Grund ist sie auch vielfältiger nutzbar – etwa so wie ein Universalwerkzeug, das eben nicht nur dazu dient, die Mikroskope der Wissenschaftler zu polieren. »Es muß zu Unsinn führen, wenn man mit der Sprache dieses Gleichnis als Quelle unserer Erkenntnis, als Verifikation unserer Sätze, reden will. Es ist ja klar, daß die Ausdrucksweise vom Gedächtnis als einem Bild, nur ein Gleichnis ist; genau so wie die Ausdrucksweise, die die Vorstellungen ›Bilder der Gegenstände in unserem Geiste‹ (oder dergleichen) nennt.« Dies gilt auch für so weitverbreitete Bilder wie das der Zeit als eines Flusses. »Es ist merkwürdig, daß wir das Gefühl, daß das Phänomen uns entschlüpft, den ständigen Fluß der Erscheinungen im gewöhnlichen Leben nie spüren, sondern erst, wenn wir philosophieren. Das deutet darauf hin, daß es sich hier um einen Gedanken handelt, der uns durch eine falsche Verwendung unserer Sprache suggeriert wird.«[22] Viele Bilder und Gleichnisse sind Ergebnisse solcher (kollektiven und daher weitverbreiteten) sprachlichen Suggestionen. Doch was bedeutet das in Bezug auf Gott, auf das Jenseits, auf Glauben oder Wahrheit?

Ich werde später noch einmal auf Wittgensteins Untersuchungen des Glaubens und der Sprache des Glaubens eingehen. An dieser Stelle reicht es, darauf hinzuweisen, dass es Wittgenstein zufolge stets einen blinden Fleck in unserem Denken gibt – und nicht nur als physiologisch greifbares Phänomen im Auge bzw. im Gehirn. Den Fleck dennoch »sehen« zu können – ihn also zu erkennen, die Grenzen wahrzunehmen, die damit verbunden sind – bedeutet, den Gesichtskreis an der entscheidenden Stelle zu öffnen und eine »neue Dimension des Raumes« wahrzunehmen. Genau darum geht es Wittgenstein im Bild der Fliege, der man den Ausweg aus dem Fliegenglas weist. Die Lösung solcher für das Leben oft entscheidender Fragen und Probleme besteht häufig darin – und Wittgenstein ist sehr erfinderisch, wenn es um Beispiele etwa aus der Mathematik geht –, etwas zu sehen, was man bislang übersehen hatte. Man sieht sozusagen wie die Fliege hindurch, ohne die Grenze bzw. Begrenztheit wahrzunehmen. Dass man die Lösung nicht findet, liegt also nicht daran, dass sie von einem bösen Geist verborgen worden wäre oder jemand sich die Mühe gemacht hat, sie vor uns zu verstecken. Vielmehr erkennen wir nicht, weil sich uns *diese* Dimension, die Dimension der Lösung, noch nicht erschlossen hatte. Vielleicht hatte Paulus genau diesen Vorgang im Sinn, als er im 1. Korintherbrief davon sprach, dass alle Gaben, auch die prophetischen, alle Sprachkenntnisse und theologischen Erkenntnisse vergehen können, weil sie Stückwerk sind. Man sieht nicht das Ganze. Es bedarf erst einer entscheidenden Veränderung, eines Perspektiv- oder Blickwechsels, damit das Ganze des Fliegenglases in den Blick kommt und der Ausweg gesehen werden kann. »Wenn das Vollendete kommt, wird das Stückwerk abgetan«, schrieb Paulus.

Wittgenstein weist darauf hin, dass wir häufig irren und den Ausweg aus einem Problem nicht finden, weil »wir vom Ideal geblendet« sind und keine Übersicht haben.[23] »Hier ist es schwer, gleichsam den Kopf oben zu behalten, – zu sehen, daß wir bei den Dingen des alltäglichen bleiben müssen, um nicht auf Abwege zu geraten, wo es doch scheint, als müßten wir die letzten Feinheiten beschreiben, die wir doch wieder mit unseren Mitteln gar nicht beschreiben können. Es ist uns, als sollten wir ein zerstörtes Spinnennetz mit unseren Fingern in Ordnung bringen.«[24] Neuraths Schiffs-Metapher und das Fliegenglas kommen auf diese Weise zusammen: Wir haben die Lösung vor uns – und finden sie nicht, weil wir sie nicht sehen können. Und während wir suchen, können wir nicht an einen anderen Ort, um von da aus unser Schiff zu reparieren. Wir können aus dem Fliegenglas nicht heraus, um dort draußen die Lösung zu finden, die uns hilft, das Glas zu verlassen. Dabei sind es häufig die Gleichnisse, aber auch große Metaphern wie Gott, die in unsere Sprache aufgenommen sind. Doch sie »bewirken einen falschen Schein; der beunruhigt uns: ›Es ist doch nicht so!‹ – sagen wir. ›Aber es muß doch so sein!‹«[25] Kurzum: Wir missverstehen die Situation auf fundamentale Weise, weil wir in solchen Fällen nicht sehen, sondern der Sprache folgen. Wie die Fliege das Glas nicht sehen kann, an dem sie dennoch emporkrabbeln kann, so halten uns die Bilder und Gleichnisse gefangen, an denen sich unsere Gedanken und Theoriegebäude emporranken. »Und heraus konnten wir nicht, denn es lag in unserer Sprache, und sie schien es uns nur unerbittlich zu wiederholen.«[26] Glas, Sprache: Beides ist so transparent, dass es den Anschein hat, als wäre es nicht da. Die Sprache ist das natürlichste Medium der Welt für ein Lebewesen, das nicht nur der Sprache fähig ist, sondern sie tagtäglich braucht, um zu überleben und sich selber immer wieder verständlich zu machen. Der Mensch lebt wie der Fisch im Wasser der Sprache, an das er sich optimal angepasst hat – und sieht es doch die meiste Zeit über nicht. »Das Ideal, in unseren Gedanken, sitzt unverrückbar fest. Du kannst nicht aus ihm heraustreten. Du mußt immer wieder zurück. Es gibt kein Draußen; draußen fehlt die Lebensluft.«[27]

Diese Situation trifft auf alle, auf Gläubige wie Ungläubige bzw. Nichtglaubende, in gleicher Weise zu. Wie die Fliege ihr

Schlupfloch nicht findet, weil der Ausweg aus dem Fliegenglas genauso aussieht wie das Glas selbst und daher für sie unsichtbar ist, so kommen auch wir häufig nicht auf die Idee, die Brille, die unsere Welt und mit ihr unsere Fragen einfärbt, einfach abzunehmen. Fliege und Mensch befinden sich in einer ähnlichen Situation. Wittgenstein beschreibt das Dilemma, einen Ausweg zu finden, so: »Ein Mensch ist in einem Zimmer *gefangen*, wenn die Tür unversperrt ist, sie nach innen öffnet; er aber nicht auf die Idee kommt zu *ziehen*, statt gegen sie zu drücken.«[28] Es reicht also nicht, im übertragenen Sinne der Wahrheit mit einer einzigen Methode, dem Drücken, die Tür zu öffnen. Selbst die Vernunft ist – wenn sie bildhaft gesprochen immer nur drückt – keine magische Wunderwaffe, so als zerstöre ihr Gebrauch augenblicklich alle Vorurteile, alle Unwahrheiten, alle Irrtümer. Weil es so nicht ist, wurde nicht zuletzt die Psychoanalyse entwickelt; und aus demselben Grund ist auch die Religion so häufig taub geworden auf dem einen Ohr, das sie der Vernunft immer wieder zuwendet, die ihr den Rat gibt, fester zu drücken statt zu ziehen. Und selbst wenn die Vernunft auf die richtige Idee kommt, die Tür zu öffnen: Triebleben (Freud), Angst (Heidegger) oder schlicht die Notwendigkeiten der Biologie (Darwin) können so stark und vorherrschend sein, dass ein vernünftiges Argument, selbst ein Beweis, dass man auf dem Holzweg ist und irrt, nichts mehr bewirkt. Man kommt nicht auf die Idee, an der Tür zu ziehen. Es hindert die Fliege nicht daran, wieder und wieder bei der Suche nach dem Licht gegen das Glas zu fliegen, das sie einerseits das Licht sehen, es andererseits aber nie erreichen lässt. Die Grenze macht das, was sie unterscheidet in ein Hier und Dort, ebenso sichtbar, wie sie beides trennt. Plato hatte in seinem Höhlengleichnis noch mit dem Licht als der wahren Quelle aller falschen Bilder und Schatten – der Welt des Scheins – arbeiten können. Was wir sehen, waren für ihn lediglich billige Projektionen einer reineren Welt der Ideen. Mit Wittgensteins Fliegengleichnis hat dieses Bild seine Kraft verloren. Das »wahre« Licht ist überall. Die Fliege kann es sehen. Aber sie kann ihr Gefängnis ähnlich wie die Gefangenen in Platos Gleichnis dennoch nicht verlassen. »Die Durchsichtigkeit des Glases macht die Schatten überflüssig«, schreibt Blumenberg. »Sie bietet die Welt dar, wie sie ist; und doch im entscheidenden Merkmal, der ›Realität‹ des in Durchsicht Gesehenen, als nicht erreichbar, nicht genießbar, nicht betastbar – und damit als unbegriffen. Die Anstößigkeit der Grenze ist ihr Modus der sich anzeigenden Lage, ihre ›Wirklichkeit‹.«[29]

Dass wir anstoßen, immer wieder Anlauf nehmen und doch nicht weiterkommen, hängt, zumindest in Wittgensteins Metaphernwelt, nicht notwendig mit mangelnder Bildung, mit Logik oder Wissen zusammen. Der Schritt in die Freiheit folgt zuweilen einer anderen Logik – und er folgt der Bildung nicht automatisch. Worum es häufig geht, ist ein sogenannter Aspektwechsel, nicht unähnlich den Erfahrungen, die zuweilen in Erleuchtungserlebnissen beschrieben werden. Das Phänomen ist in der Gestalt- und Wahrnehmungsphysiologie unter dem Namen »Kippfigur« bekannt. Ein gutes Beispiel für eine solche Kippfigur ist die bekannte Vase des dänischen Psychologen Edgar Rubin:

Je nachdem, was man oder wie man sieht, sieht man eine Vase – oder zwei Gesichter, die einander anschauen. Wenn zwei Felder eine gemeinsame Grenze haben (Vase und Gesicht), dann wird laut Rubin das eine der beiden als Vorder-, das andere als Hintergrund gesehen. Die jeweilige Erfahrung – das, was man sieht – ist also bestimmt durch einen Effekt, der auf der komplexen Wechselwirkung zwischen Vorder- und Hintergrund beruht und ein emergentes Phänomen ist, das sich aus dem Angrenzen zweier Felder ergibt. Wittgenstein widmete diesem Aspektwechsel, dem Kippen der Erfahrung, in seinen *Philosophischen Untersuchungen* viel Aufmerksamkeit.[30]

Betrachten wir den Hasen-Entenkopf, schlug Wittgenstein vor. Mal sehen wir einen Hasen, mal eine Ente. Analog könnte man sagen: Mal sehen wir die Welt im Licht des Glaubens, mal in einem anderen Licht. Wir können sie einmal als das eine – Schöpfung Gottes – oder das andere – als erstaunliches Ergebnis von Prozessen der Evolution und Selbstorganisation von Materie – sehen. »Wir deuten sie also, und sehen sie, wie wir sie deuten. Ich muß zwischen dem ›stetigen Sehen‹ eines Aspektes und dem ›Aufleuchten‹ eines Aspektes unterscheiden.«[31] Wittgensteins Bild beleuchtet nicht nur die Frage der Entstehung von veränderter Mustererkennung und Aspektwechseln – Neurophysiologen und Physiker wie Hermann Haken haben diese Aspekte der Mustererkennung inzwischen hinreichend erklärt –, sondern die Frage des Bedeutungswechsels. Es geht um Sehen – aber auch wieder nicht. Denn dem Sehen liegt etwas Weiteres, ein Bild der Welt, ein Wechselspiel der Grenzen (hier: von Vase und Gesicht, Ente und Hase) zugrunde. Geht es also um »Schauen + Denken? Nein. Viele unserer Begriffe kreuzen sich hier. Wer den Gegenstand anschaut, muß nicht an ihn denken; wer aber das Seherlebnis hat, dessen Ausdruck der Ausruf ist, der denkt auch an das, was er sieht. Und darum erscheint das Aufleuchten des Aspekts halb Seherlebnis, halb ein Denken. Es gibt hier eine Unmenge miteinander verwandter Erscheinungen und möglicher Begriffe.«[32] Auch wenn Wittgenstein dabei nicht in erster Linie an Fragen des Glaubens bzw. Unglaubens dachte – seine Analyse bringt das Problem jedoch auf den Punkt. Eine Unmenge von Themensträngen berühren sich hier – Wahrnehmungsphysiologie und Philosophie, Denken und Sehen, Vorstellung und Fakt, die Physik des Sehens und die Psychologie der Wahrnehmung und vieles mehr. Das macht die Erörterung des Themas auf eine ganz andere Weise schwierig, als Richard Dawkins in seinem durchaus lesenswerten Buch *Der Gotteswahn* suggeriert. Diese Art von Problemen, vor die Wittgenstein sich gestellt sieht, wenn er der Fliege einen Ausweg aus ihrem bedrückenden Gefängnis weisen will, berührt Dawkins nicht.

Wenn man das Problem »Glaube und Vernunft« nicht einfach als leicht lösbares Pseudoproblem abtut – und die Beulen, die man sich beim Anrennen gegen die Wand holt, scheinen dafür zu sprechen, dass es sich um ein ernsthafteres Problem handelt, dessen Nichtbewältigung seelische Blessuren zur Folge hat –, dann hat es entscheidende Bedeutung, wie man etwas, das man sieht, das alle sehen können, deutet, deuten kann – denn im Fall des Hasen-Entenkopfs und der Vase sind ja zwei Deutungen mit gleicher Gültigkeit zulässig. Die Wirklichkeit ist das Ergebnis einer wahren Explosion solcher Doppel- und Vieldeutigkeiten.

Der Philosoph Charles Taylor verwendet in seinem Buch *Ein säkulares Zeitalter* viel Mühe darauf, diesen für Glauben und Vernunft, Religion und Wissenschaft gleichermaßen bedeutsamen, historisch aber höchst komplexen Prozess nachzuzeichnen: Mit der Säkularisierung der Moderne kam ein »Nova-Effekt« ins Spiel, ein Effekt, der eine immer größere Vielfalt von Möglichkeiten, moralisch-spirituellen Optionen und wissenschaftlichen Erkenntnissen ermöglichte. Eine Information führt schnell zur nächsten; ein Unterschied, eine Grenze stellt die andere in Frage; eine Option führt zur nächsten. Damit werden Unterschiede, Nuancen immer wichtiger und haben direkte emotionale Auswirkungen. Die Möglichkeit, immer mehr Aspekte der Welt zu erkennen, immer mehr Optionen des Lebens für sich zu entdecken und in einer demokratisch-laizistischen Gesellschaft auch verwirklichen zu können, haben – jedenfalls in den Industrieländern – zu einer zunehmenden Fragilität des Lebens, zu Angst, Enttäuschung und Gefühlen der Leere geführt. Taylor spricht von »einer Maximierung des vom Pluralismus ausgehenden Fragilisierungseffekts«.

Nova- und Fragilisierungseffekt

Was meint Taylor mit diesen beiden Effekten, dem Nova- und dem Fragilisierungseffekt? Eine der Wirkungen, die die Moderne und die Massenmedien auf den Menschen haben, ist, dass bei genauem Hinsehen viele Risse und Verwerfungen sichtbar werden. Diese Risse, das Brüchigwerden und Auseinanderdriften der Meinungen und auch der Menschen, die diese unterschiedlichen Meinungen haben, nennt Taylor Fragilisierung. Sie ist eine direkte Wirkung der Entzauberung des Menschen durch den Menschen. Denn eine ihrer Folgen ist die sozialpsychologische Wirkung der Entzauberung eines letzten Sinns, der für alle in gleicher Weise Geltung haben könnte. Dieser Prozess der Pluralisierung und Zersplitterung in eine Vielzahl möglicher Positionen begann in der Phase der sogenannten Säkularisierung. Doch erst im letzten Jahrhundert ist er von der Elite der Gesellschaft, den Kreisen der Wissenschaftler, Intellektuellen und Künstler auf die gesamte Gesellschaft übergesprungen. Die elektrisierende Wirkung, die von diesem Induktionsstrom ausging, der langsam das gesamte System beeinflusst hat, ist bis heute spürbar geblieben. Am deutlichsten werden die Konsequenzen, wenn es um das Eingemachte, um das innere Gleichgewicht der Menschen angesichts des Todes geht. Gerade in Zeiten der Krise wird dann die Entzauberung schmerzlich bewusst und die Verschiebung des Platzes, den das Spirituelle im menschlichen Leben einnimmt. Ein Gefühl der Verwundbarkeit und Instabilität ist da, das nur durch den Willen zur Selbstbeherrschung und die Kraft, die von Wissenschaft, Vernunft und der erlernten Distanz von den »alten« Ängsten ausgeht, zurückgedrängt werden kann. Die Deutungen dieses Prozesses sind vielfältig. Man kann ihn als beklagenswerten Verlust des Glaubens begreifen – aber auch als etwas, das immer noch nicht wirklich verstanden ist; oder als Verlust, der in Wahrheit keiner ist und nur fälschlich so viel eingebildeten Schmerz und mediale Aufmerksamkeit auf sich zieht; oder, und das ist die Lesart der meisten modernen, von den Wissenschaften beeinflussten Gesellschaften, als Preis, der für Modernität und Rationalität, kurz, für Fortschritt zu zahlen ist (wobei der Beweis, dass die westlichen Wissenschaftsgesellschaften tatsächlich fortgeschrittener sind als andere, im Detail noch zu erbringen wäre). Noch zu Luthers Zeiten, bemerkt Taylor, wäre das Gefühl der Entzauberung, des Verlustes an Sinn überhaupt nicht zu verstehen gewesen. Alles war voller Sinn. Selbst das Böse hatte innerhalb der religiösen Ordnung seinen (sinnvollen) Platz. Erst in der Neuzeit hat die kollektive Entzauberung eine tiefgreifende Veränderung bewirkt. Die Fragilisierung, die damit einhergeht, ist ein Effekt mit vielen Ebenen. Sie leitet sich nicht nur aus der Tatsache ab, dass es zunehmend viele Meinungen und Lebensformen gibt, sondern ist vor allem auch Resultat der Einsicht, dass all diese Lebensweisen nicht nur theoretische Optionen, sondern für mich selbst annehmbare, durchaus realisierbare Möglichkeiten wären. Es ist diese »Fragilisierung der Auffassungen«, die laut Taylor die Welt von 1500 von der um 2000 wesentlich unterscheidet.[33] Tatsächlich werden die Abstände, die zwischen uns und denen liegen, die anders leben oder denken, immer kleiner. In vielfacher Hinsicht sind sie bereits völlig verschwunden, so dass Instabilität und Homogenität Hand in Hand gehen.[34] Es ist dieses Verschwinden der Unterschiede gewesen, das langsam, etwa durch die Zunahme der interkonfessionellen und später dann der nichtkonfessionellen Ehen, die Stabilität der Meinungen von Generation zu Generation mehr erschütterte. Das Gefühl, das sich einstellt, ist allen bekannt. »Unsere Handlungen, Zielen, Leistungen und so weiter fehlt es an Gewicht und Gesetztheit«, schreibt Taylor, »an Dichte und Substanz – an einer tiefen Resonanz, die nach unserem Gefühl vorhanden sein sollte. Das ist ein Mangel, wie man ihn als Heranwachsender empfinden kann und aus dem dann vielleicht eine Identitätskrise entsteht. Aber dieses Gefühl des Mangels kann sich auch später einstellen und die Grundlage einer Midlife-Crisis bilden, in der Dinge, die früher befriedigend wirkten und ein Gefühl der Solidarität vermittelten, nicht mehr wirklich zu genügen scheinen und offenbar nicht mehr verdienen, was wir in sie investiert haben.«[35]

Tatsächlich wird jeder, der heute ernstlich zum Denken kommt, sich also die Frage nach dem Sinn seines Lebens und nach einem wirklichen Halt stellt, eine Art Druck spüren, der zunehmend unangenehmer wird. Je mehr man eine gewisse Sensibilität für die Risse im Alltag und den Prozess der Fragilisierung entwickelt hat, desto mehr wird dieses Druckgefühl wachsen. Bei genauem Hinsehen ist dieser Druck ein doppelter, von gegenläufigen Tendenzen ausgelöster Effekt. Er ist umso stärker, je mehr jemand in der Lage ist, die gegensätzlichen Ansprüche beider Seiten zu vernehmen: auf der einen Seite die Aufrufe der Kirche, die Jesus-Reklame, und auf der anderen Seite die populären atheistischen Bekenntnisse wie die »Wahrscheinlich-gibt-es-keinen-Gott«-Kampagne auf Londoner Bussen. Wer nicht bereits entschieden einseitig ist, wird zwischen den Alternativen zerrieben. Deshalb ist es für den, der noch Argumente abwägt, so schwer, auf die einfache Frage »Glauben Sie nun an Gott oder nicht« mit einem ebenso einfachen, klaren Ja (oder Nein) zu antworten. Einerseits scheint immer noch die Möglichkeit einer tiefen Identität auf, die der religiöse Glaube zu vermitteln in der Lage ist (oder zumindest war), während auf der anderen Seite im säkularen Internetzeitalter jeder weiß, dass eine in sich abgeschlossene, widerspruchsfreie religiöse Welt nur um den Preis von Kritikimmunität möglich ist. Insofern könnte nur eine Entscheidung zum Fundamentalismus die verloren geglaubte religiöse Identität wieder vollends herstellen – allerdings nur um den Preis intellektueller und sozialer Abschottung, mit der ein massiver Verlust an Coolness verbunden ist. Wie viele Möglichkeiten – und das bedeutet immer auch: wie viele Möglichkeiten, das Leben zu genießen und

Spaß zu haben – gehen dem verloren, der die Vielfalt des Lebens aussperrt!

Die entscheidende Frage, die sich daher angesichts der Fragilisierung des Alltags stellt, ist die, ob es eine Alternative zwischen beiden Möglichkeiten, einen dritten Weg, gibt. Genau diese Frage führt zum Nova-Effekt, womit Taylor auf den Ausbruch einer Supernova anspielt: eine ungeheuer helle, gigantische Explosion, bei der der Stern, der sie verursacht, vernichtet wird. Wer den dritten Weg sucht, so Taylor, der wird den Druck von beiden Seiten umso mehr spüren. »Dieser doppelte Druck«, schreibt Taylor, »gehört mit zu jener Dynamik, die den Nova-Effekt hervorbringt, während immer mehr dritte Wege geschaffen werden. Homogenität und Instabilität wirken zusammen und führen zu einer Maximierung des vom Pluralismus ausgehenden Fragilisierungseffektes.«[36] Tatsächlich befindet sich das Ich in einem Zustand der Auflösung und einer tiefempfundenen Zerbrechlichkeit, wenn es nicht mehr durch einfach herzustellende, aus sich selbst heraus oder durch Institutionen beförderte Sicherheiten abgefedert ist. Der Wahn, mit dem weltweit vorgeblich der Terrorismus bekämpft und die Sicherheit der zivilen Gesellschaft wiederhergestellt wird, resultiert nicht zuletzt aus dieser Unsicherheit durch Auflösung, die mit Terrorismus nichts, aber auch gar nichts zu tun hat. Subjektiv (innen) wird dieser objektive (durch äußere Umstände gegebene) Zustand von vielen Menschen als bedrohlich erfahren, als etwas, das Depression oder Angst auslöst. Wie in der biologischen Zelle gibt es auch in diesem personalen Geschehen eine Durchlässigkeit auf beiden Seiten der sozialen und psychologischen Hautzellwand, die die Funktion hat, das Individuum einerseits nach innen hin zu schützen, ihm andererseits aber auch den Kontakt zur Umwelt zu ermöglichen. Diese Durchlässigkeiten sind es, die das Gefühl der Verwundbarkeit steigern – zumindest dann, wenn die Immunkräfte noch nicht stark genug ausgebildet worden sind. Die Reaktionen darauf sind ebenso vielfältig, wie die Menschen, die sie hervorbringen, vielseitig sind: Flucht ins Engagement, zurück in die Orthodoxie des Glaubens,

Desengagement der Vernunft (und des Ichs), disziplinierte Selbst-
umgestaltung (auch durch Sport, Diäten und anderes), Spirituali-
sierung, Zurückfahren des Bedürfnisses nach Sinn, innere und
äußere Reformen, die der Entzauberung entgegenwirken und
Techniken der Abpufferung und Abschottung des Ichs. Peter Sloterdijk hat in seinem Buch *Du mußt dein Leben ändern* die Geschichte dieser Anthropotechniken durchbuchstabiert. Ein oft be-
schrittener Weg, diese Abschottung sozusagen gesellschafts- und
zeitkonform zu erreichen, besteht darin, den inneren Druck positiv gegen den Druck der Welt aufzubauen, etwa indem man die
Kraft des Denkens und der Vernunft betont, die dann im Einklang
mit der Wissenschaft bzw. den Institutionen der Wissenschaft in
der äußeren Welt Kontakt aufnehmen und Unterstützung finden
kann. Wissen ist Macht – auch wenn das Wissen, die Vielzahl der
Informationen, kaum oder nichts mehr nutzt, wenn es darum
geht, den Sinn dieses Wissens zu finden, überhaupt einen Sinn zu
finden, der es sinnvoll erscheinen lässt, auf die Vernunft statt auf
das Gefühl, auf Logik statt auf Intuition, auf Wissenschaft statt
auf Poesie zu setzen. Mag sein, dass die Welt der Geister und
Naturkräfte erledigt ist. Aber was bleibt nach dem, was aus gutem
Grund verloren ging, übrig? Aus der Kraft der Entzauberung
wächst noch keine neue Sinnproduktion. Im Gegenteil. Der Fragilisierungseffekt, der auf einer Vervielfältigung der Möglichkeiten
und Lebensoptionen beruht, führt zu einer äußerlichen Gleich-
gültigkeit. Das Ich schottet sich ab, um nicht ständig die größeren
und kleineren Verwerfungen in der Gesellschaft zu spüren. Die
Aufschrift auf Bussen, der atheistische Appell an das Denken, ver-
pufft. Die Einmischung der katholischen Kirche in Fragen der
Wissenschaften andererseits führt zur kollektiven Entrüstung:
Denn auf diesem Gebiet ist man sich einig. Was Wissenschaft
angeht – einschließlich der Frage nach der Herkunft des Lebens
und der Evolution –, gibt es einen weitgehenden gesellschaftlichen
Konsens (im Westen). Bleibt die Frage, welche Fragen bzw. welche
Antworten besonders verunsichernd wirken und den »doppelten«
Druck, von dem Taylor sprach, erhöhen. Tatsache ist, dass es Fra-

gen gibt, die sich nicht einfach abweisen lassen. Bevor es Antworten auf diese Fragen gibt, ist es jedoch sinnvoll, zunächst einmal nach den Fragen selbst zu schauen. Gibt es auch einfach erscheinende, harmlose Fragen, die größere Probleme aufwerfen, als es auf den ersten Blick den Anschein hat?

Religiöse Amusikalität und Vertikalspannungen

Wenn die Fliege des Ausweg aus dem Glas finden soll – und eine solche Fliege kann sowohl eine glaubende wie eine ungläubige Fliege sein –, dann kommt alles darauf an, einen Aspektwechsel hinzubekommen. Nur so kann das Loch in der Glaswand entdeckt werden. Was aber wäre, wenn Fliegen wie Menschen zuweilen an »Aspektblindheit« litten, die laut Wittgenstein »verwandt sein wird mit dem Mangel des ›musikalischen Gehörs‹«?[37] So bekennt der Philosoph Jürgen Habermas, der immer noch Mitglied der Evangelischen Kirche ist, er zahle Kirchensteuer und verstehe sich als Kulturprotestant – aber er sei »religiös unmusikalisch«. Kann man Religion also wie Klavierspielen lernen? Ist sie eine Frage der Bildung? Der Ausbildung und Übung? Und was genau muss man bilden, um religiös musikalisch zu werden?

Der Begriff stammt von dem Soziologen und Philosophen Max Weber, einem der klarsten Analytiker der Veränderungen der Religion in der Moderne. In einem Brief an Ferdinand Tönnies schrieb er am 19. Februar 1909: »Ich bin zwar religiös absolut ›unmusikalisch‹ und habe weder Bedürfnis noch Fähigkeit irgendwelche seelischen ›Bauwerke‹ religiösen Charakters in mir zur errichten – das geht einfach nicht, resp. ich lehne es ab. Aber ich bin [,] nach genauer Prüfung, weder antireligiös noch irreligiös. Ich empfinde mich auch in dieser Hinsicht als einen Krüppel, als einen verstümmelten Menschen, dessen inneres Schicksal es ist, sich dies ehrlich eingestehen zu müssen, sich damit – um nicht in romantischen Schwindel zu verfallen – abzufinden, aber [...] auch nicht als einen Baumstumpf, der hie und da noch auszuschlagen vermag, mich als einen vollen Baum aufzuspielen. Aus dieser Attitüde folgt viel [...].«

Was daraus folgt – darum wird es in diesem Buch immer wieder gehen. An dem, was folgt, entscheidet sich nicht zuletzt, wer oder was der Mensch sich selbst und anderen gegenüber sein will. »Unsere Krankheit ist die, erklären zu wollen«, bemerkt Wittgenstein.[38] Und doch hängt vieles im menschlichen Miteinander, hängt unsere Zufriedenheit nicht zuletzt auch davon ab, als was wir uns verstehen und wie wir uns einander erklären. Für den Menschen hat es eine Vielzahl von Definitionen gegeben. Er wurde als »zoon politikon« bezeichnet (Aristoteles), als »Ebenbild Gottes« (Moses), als »zoon logon« – ein den Logos besitzendes Lebewesen (Aristoteles, Heraklit) –, als Lebewesen, das sich selbst erkennt und vernünftig, ja weise sein kann (Heraklit), als »homo oder auch pan sapiens« (Zoologie), d.h. »weiser Affe«, als »homo oeconomicus«, »homo ludens«, »homo faber«, als »Wolf für jeden anderen Menschen« (Thomas Hobbes) oder, in der Definition Feuerbachs, als »Gott für den anderen Menschen«. »Ein Schilfrohr, das zerbrechlichste in der Welt, ist der Mensch, aber ein Schilfrohr, das denkt«, meinte Blaise Pascal. Und Friedrich Nietzsche befand, dass der Mensch das noch nicht fertiggestellte Tier sei. Und, immerhin, eine Brücke zum Übermenschen.

Es mag willkürlich erscheinen, dieser unvollständigen Liste eine weitere Definition bzw. Metapher hinzuzufügen. Und doch hilft ein solches Bild dabei, unser Problem, das Verhältnis von Glauben und Vernunft, zu klären. Der Mensch, ob gläubig oder nicht, ist eine denkende Fliege, die den Ausweg aus dem Fliegenglas sucht. Sie will in Freiheit leben, hat Augen, die alles zu erfassen suchen – und ist doch gefangen in einem Raum mit völlig durchsichtigen, transparenten Grenzen, die nicht zuletzt mit seinem Verständnis als sprachlichem, denkendem Wesen zu tun haben. »Die Grenzen meiner Sprache bedeuten die Grenzen meiner Welt«, schrieb Ludwig Wittgenstein und meinte, darin Kant folgend, dass Logik und Denken, Sprechen und Verstehen immer schon die Welt erfüllt haben, so dass es eine davon losgelöste Welt für uns nicht gibt. Die Grenzen der Welt, die Grenzen dessen, was ich als Mensch erkennen kann und mit Hilfe eines Aspektwechsels neu erkenne, wird bestimmt durch die jeweiligen Grenzen meiner Erkenntnis, die in Logik, Sprache, aber auch der Lebensform oder meinen Sinnesorganen begründet liegen. Am Ende können wir nur sagen, was wir denken können, befand Wittgenstein. »Ich bin meine Welt« – und entkomme ihr nicht, auch wenn meine Welt durch die Welt der anderen, verbunden durch Sprache, Handeln und vielerlei Kommunikation und Interaktion bestimmt, mitbestimmt wird, so wie sie fundamental durch die Gegebenheit meines Körpers geprägt ist. »Die Welt und das Leben sind Eins. Das Subjekt gehört nicht zur Welt, sondern es ist eine Grenze der Welt.« Es ist eben nicht so wie mit dem Auge und dem Gesichtsfeld. Das Auge wird nicht gesehen – und nichts am Gesichtsfeld verrät, dass es von einem Auge gesehen ist und gesehen werden muss, um zu sein, was es ist. »Das Ich tritt in die Philosophie dadurch ein, daß die ›Welt meine Welt ist‹.«[39]

Und Gott? Wie kommt er ins Spiel? Reißt Gott den Menschen aus seiner Gefangenschaft heraus? Schließlich ist genau das das vorherrschende Bild der Erlösung, zumindest im (darin vielleicht durch die griechischen Philosophen geprägten) Christentum. Für Martin Luther war der sündige und deshalb zugleich erlösungsbedürftige Mensch der »homo incurvatus in se ipsum«, der in sich selbst gekrümmte Mensch. Gott, so glaubte er, reiße den Menschen aus dieser Versunkenheit in sich selbst und nehme ihm die Krümmung, um ihn wieder aufzurichten. Gott ist es, und nur Gott, der dem Menschen einen Schub in die Vertikale verleiht. Peter Sloterdijk hat unlängst diesen Fragen der Vertikalität insbesondere in der Moderne mit ihren Hochhäusern, ihren Stars und Leistungssportlern ein ganzes Buch gewidmet, von dem eben bereits die Rede war. Rilkes titelgebender Satz »Du mußt dein Leben ändern« steht für eine absolute Vertikalität. »Es ist die Autorität eines anderen Lebens in diesem Leben«, ein absoluter Einspruch gegen die Ich-Zentriertheit, die es sich in der Horizontalen, im gemachten Bett, in das man sich legt, gemütlich macht. »Meine Veränderung ist das eine, das not tut. Änderst du daraufhin dein Leben wirklich, tust du nichts anderes, als was du selber mit deinem besten Willen willst, sobald du spürst, wie eine für dich gültige Vertikalspannung dein Leben aus den Angeln hebt.«[40] Diese Lesart ist nichts anderes als ein Beispiel für einen nach oben gerichteten Aspektwechsel. Gott verleiht, um mit der Red-Bull-Werbung zu sprechen, der menschlichen Fliege ihre Flügel. Er peppt sie auf. Flügel sind dem Menschen, der alles andere als ein Engel ist, zwar nicht biologisch, aber doch psychologisch und anthropologisch zu eigen, ja wesentlich. Dass es etwas zwischen dem Menschen und den Affen gibt, ist das eine. Das andere aber ist das zwischen Menschen und Gott. Der geflügelte Mensch, der als Tier gefangen ist, unfähig, sein transparentes Gefängnis zu verstehen und ihm zu entkommen, erlebt sich in den Augen Gottes als emporgehobener Engel, als Wesen mit menschlicher Gestalt, aber eben auch mit Flügeln. Eine wahre Zeit der Wunder!

Teil I: Vernunft

1. Vernunft und die Grenzen der Erkenntnis

Die Suche nach »der« Vernunft und die Frage ihrer Einheit

Wie so oft denkt man, es müsse doch ganz einfach sein. Die Wissenschaftler, Mathematiker, Logiker, aber auch Philosophen, Wirtschaftsleute, Theologen, Lehrer, Politessen, Lkw-Fahrer, Künstler und Hundezüchter, im Grunde also alle, die entweder mit Erkenntnis und der Frage nach Wahrheit zu tun haben oder aber versuchen, sich einigermaßen gut im Leben zurechtzufinden, beziehen sich auf »die Vernunft« und nennen das, was sie tun, »vernünftig«. Wissenschafter sind, wenn sie im Labor sind, vernünftig; und nur weil sie vernünftig sind, funktioniert das, was sie machen, auch wenn wir das meiste nicht verstehen. Auch Politik ist, wenn sie funktioniert und zu einer gerechten Gesellschaft führt, vernünftig. Es ist vernünftig, sich warm anzuziehen, wenn es draußen eiskalt ist. Lehrer können vernünftig sein, aber auch Schüler. Von einem gelassenen, defensiven Autofahrer sagt man, sein Fahrstil sei »vernünftig«. So wie es vernünftig ist, das Geld auf die Bank zu bringen statt es im Kopfkissen zu verstecken (wobei es durchaus vernünftigere Methoden gibt, mit seinem Geld etwas anzufangen, als diese beiden). Nach dem Weg zu fragen, wenn man sich nicht auskennt, ist vernünftig (auch wenn Männer meist weitersuchen, ohne zu fragen). Fazit: Viele sehr unterschiedliche Menschen berufen sich in sehr unterschiedlichen Situationen auf die Vernunft. Sie sagen »das ist vernünftig« und verwenden das Wort als eine Art Qualitätssiegel für ihr Denken oder ihre Handlungsweise. Wenn sich alle darauf beziehen, wird es wohl nicht so schwer sein zu sagen, was diese Vernunft eigentlich ist.

Tatsächlich scheint die Antwort leicht. Wenn Sie nach »Vernunft« suchen, werden Sie schnell fündig. Unter diesem Stichwort finden Sie 3,5 Millionen Einträge bei Google und rund 330 Millionen, wenn Sie es mit »reason« versuchen. Schwerer ist schon das Sortieren der Antworten. Offensichtlich verbinden sich alle möglichen Aspekte des Lebens mit »Vernunft«: vernünftiges Kochen, vernünftiges Fahren, vernünftiges Lernen und Stromsparen, vernünftiges Bauen, Kritik der reinen und der praktischen Vernunft, Vernunft am Arbeitsplatz und am Ende der verzweifelte Appell an die Vernunft, wenn nichts mehr geht. Es ist nicht leicht, all das zu sortieren. Auch in den gutsortierten Bibliotheken für derartige Fragen finden Sie mehr, als Ihnen lieb ist. Die Antwort auf die schlichte Frage »Was ist eigentlich Vernunft?« finden Sie nicht innerhalb der Grenzen von ein paar Regalmetern, auch nicht in mehreren Regalen oder Abteilungen. Sie werden nicht umhinkommen bei Ihrer Suche nach einer Antwort auf die Vernunftfrage, einen ganzen Flügel der Bibliothek zu durchsuchen. Warum ist das so? Ein Grund ist schnell genannt. Man kann die gesamte Geschichte der philosophischen Entwicklung des Westens in den letzten Jahrhunderten und auch die Geschichte der Wissenschaften und der Technik nachzeichnen, wenn man der Frage nachgeht, was Vernunft bedeutet, wie sich Vernunft und Verstand zueinander verhalten und welche Veränderungen des Vernunftbegriffs es im Laufe der geschichtlichen Entwicklung gegeben hat. Der Begriff »Vernunft« ist wie ein roter Faden, der sich durch die gesamte Bibliothek zieht und einen großen Teil der Bücher miteinander verbindet, auch wenn nicht jedes Mal etwas von »Vernunft« auf dem Titel erscheint. Bei »Vernunft und Emotion« ist es noch klar; auch bei der »Kritik der zynischen Vernunft« oder bei »Kant für Anfänger«. Sie werden aber auch entdecken, dass sich die meisten Bücher, die etwas mit Ethik, Moral, Religionsphilosophie oder Wissenschaftsgeschichte zu tun haben, um den Begriff der Vernunft bzw. des vernünftigen

Handelns drehen. Wenn Sie also gehofft haben, schnell eine kurze, knackige, universale und immer gültige Definition von »Vernunft« zu finden, dann muss ich Sie enttäuschen.

Mein Vorschlag lautet nun, Sie in einem Schnelldurchlauf durch einige Abteilungen einer großen Bibliothek mitzunehmen, um auf diese Weise wenigstens einen groben Überblick darüber zu erhalten, was im Laufe der Jahrhunderte von wichtigen Denkern zur Vernunft gesagt worden ist. Bibliotheken sind ein guter Ort, um sich eine grundlegende Einsicht aller Wissenschaften klarzumachen: dass Wissen als reine Sammlung von Informationen unnütz ist, solange diese Informationen nicht in Form gebracht und in eine Ordnung überführt werden. Das Problem mit Ordnungen ist laut Alberto Manguel, einem Spezialisten für Bibliotheken und ihre Geschichte, dass eine solche Ordnung stets nach immer weiteren Ordnungen – Unterordnungen – verlangt.[1] Kein Katalogisierungsverfahren ist je völlig abgeschlossen – so wie auch das Internet immer weiter wächst. Bibliotheken verraten ihre Eigenart durch die Kategorisierung und Anordnung ihres Inhalts. Daher ist aus dieser Formation, dem Muster der Ordnung einer Bibliothek, etwas zu erfahren, das über die Lektüre aller Bücher, die sie beinhaltet, hinausgeht. Es geht um In-Formation von Erkenntnissen: um das Muster des Wissens selbst. So weisen chinesische Bibliotheken eine andere Ordnung auf als westliche Klosterbibliotheken, selbst wenn es um ähnliche oder gleiche Inhalte geht.[2]

Natürlich können Sie mich auf jeder der nächsten Seiten »erwischen«, indem Sie statt weiterzulaufen einfach anhalten und sich wahllos eines der Bücher rechts oder links schnappen, sagen wir in der Abteilung »Hochscholastik« ein Buch aufschlagen, rasch das Inhaltsverzeichnis durchgehen, wahllos eine interessante Seite aufschlagen und schnell finden werden, dass ich nicht genug auf die Vierreihung des Vernunftbegriffes und die boethianische Unterscheidung der Seelenkräfte – also sensus, imaginatio, ratio und intellectus – eingehe. Und dass ich in diesem Zusammenhang auch die wichtige arabische Tradition unter den Tisch fallenlasse, die mit Avicenna den inneren Sinn der Denkkraft – die kogitative Kraft oder al-mufakkira – in der mittleren Kammer des Gehirns lokalisiert, lange bevor es Brainscans gab (während der Widersacher Avicennas namens Averroes oder richtiger Abū l-Walīd Muhammad b. Ahmad b. Muhammad b. Rušd (1126–1198) die Vernunft für unkörperlich und ewig hielt, was einen gewissen Konflikt zwischen der einen und der anderen Sicht wahrscheinlich werden lässt). Mit solchen Sachen können Sie mich ständig erwischen und, falls Sie das ernsthaft vorhaben, am besten die nächsten Seiten gerne überschlagen. Für alle anderen schlage ich den Schnelldurchgang vor, der wenigstens eine grobe Orientierung erlaubt. Dass dabei viel unter den Tisch fällt, ist mir deutlich bewusst. Zu meiner Entschuldigung kann ich anführen, dass die Sache System hat. Auch das ist leicht erklärt. Sobald Sie beginnen, eines der vielen Bücher über das Vernunftthema zu studieren und von dort aus auf ein anderes und wieder ein anderes stoßen, werden Sie bemerken, dass der Begriff der Vernunft eine Art Sammelbecken für verschiedenste Interessenlagen ist. In den verschiedenen Jahrhunderten, in denen die Menschen schwerpunktmäßig mit unterschiedlichen Problemstellungen beschäftigt sind, ist die Frage nach Vernunft eingebettet in eine Lehre bzw. Theorie der Erkenntnisvermögen überhaupt. Es fließen also Aspekte der Affektlehre oder der Psychologie ein (auch wenn diese im engeren Sinn erst viel später entstanden ist). Weiter spielt die Frage nach dem Wesen des Menschen, die Anthropologie, eine wichtige Rolle. Hinzu kommen Fragen der Einbettung des vernunftbegabten Menschen in die Natur, in die Metaphysik und schließlich in das Leben Gottes. Wenn der Mensch vernunftbegabt ist und zugleich das Ebenbild Gottes: Denkt Gott dann wie der Mensch? Kann der Mensch Gott durch die Vernunft erkennen? Und wenn nicht – was ist die Vernunft dann wert? Diese und ähnliche Fragen sammeln sich wie Weltraumschrott im Orbit der Erde. Zusammenstöße sind da vorprogrammiert. Kurzum: Sie werden finden, dass es – sagen wir im 15. und 16. Jahrhundert – keine einheitliche Terminologie des Intelligiblen (die damalige Ausdrucksweise für »Vernunft«) oder der Erkenntnisvermögen samt ratio und intellectus gibt. Im Grunde hält diese Entwicklung bis heute an. Selbst innerhalb des Werkes von Autoren wie Nicolaus von Kues, Kant oder Hegel macht der Begriff Veränderungen durch. Seine Bedeutungen changieren. Nur einige generelle Trends lassen sich ausmachen. Etwa, dass die deutsche Dominikanerschule, aber auch die meisten Denktraditionen vor und nach ihr, den Begriff der Vernunft (intellectus) in den Vordergrund treten lassen, während der Verstand (ratio) eine eher untergeordnete Rolle spielt. (Wenn Sie lange genug suchen, werden Sie natürlich Ausnahmen von dieser Regel finden.) Ein weiterer Trend ist es, Vernunft, Verstand, aber auch Sinne und Gefühl in eine einheitliche Theorie zu bringen und dabei nicht nur nach den Besonderheiten des jeweiligen Bereiches zu fragen, sondern auch nach den Grenzen der sinnlichen und der vernünftigen Erkenntnis. Die Sinne können irren; aber das reine Jonglieren mit Ideen und Begriffen hilft eben auch nicht weiter, wenn es darum geht, sich im richtigen Leben zurechtzufinden. Arthur Schopenhauer ist einer der wenigen, der sein ganzes akademisches Leben lang seine Definition von Vernunft und Verstand recht konsequent durchhielt. So ist es die Leistung des Verstandes, durch Anschauungen der Sinne zu einer Erkenntnis der Erscheinungen zu gelangen, während die Vernunft zwar keiner Anschauung fähig ist, dafür aber Begriffe bilden kann, die all jene Erkenntnisse hervorzubringen in der Lage sind, die an die Sprache gebunden sind. Alles klar? Wie gesagt, es wird ein schneller Streifzug, ehe ich dann auf einige der Hauptprobleme zurückkomme, die von Bedeutung für das Thema »Glauben und Vernunft« sind – zumal es so aussieht, als sei »Vernunft« ohnehin die bessere, weil rationalere Wahl. Doch was ist Vernunft?

Die Vielfalt »der« Vernunft oder was Vernunft ist

Zunächst ist Vernunft etwas, das offensichtlich nicht immer da war (was viele der Vorsokratiker sofort bestreiten würden, weil sie Vernunft für etwas Ewiges hielten). Vernunft hat sich im Laufe der Evolution entwickelt (dies ist zweifelsohne, wie ich zugebe, ein eher neuzeitlicher Start ins Thema). Und dies legt nahe, dass es fließende Übergänge zwischen »tierischer« und »menschlicher« Vernunft gibt, wobei sich die Tradition bis auf sehr wenige Ausnahmen darin einig ist, dass Vernunft im eigentlichen Sinn nur dem Menschen zukommt. Die erste Annäherung an das Thema lautet daher: Vernunft – griechisch logos bzw. nous – ist ein Erkenntnisvermögen, das den Menschen auszeichnet, bei Tieren aber (der Ansicht war bereits Aristoteles) nicht oder nur in äußerst begrenzter Weise zu finden ist. Für Platon wie für Aristoteles ist Vernunft der oberste Seelenteil, der auch den Logos besitzt. Dem stehen die unteren oder arationalen Seelenteile entgegen (Ernährungs- und Wahrnehmungsvermögen), die immerhin auf den Logos hören können. Heute sind einige Forscher der Ansicht, dass auch Tiere durchaus strategisch und Affen möglicherweise sogar intentional handeln können; zumindest finden sich Vorformen eines solchen Verhaltens bei ihnen. Bereits an dieser Stelle ist sichtbar, wie kniffelig und verzwickt das Thema ist, denn wer etwas zur Vernunft sagt, sagt immer auch etwas zum Wesen des Menschen – und muss mit entsprechenden Konsequenzen rechnen, wenn er das Falsche sagt (und das Falsche ist immer das, was zu einer bestimmten Zeit falsch oder noch nicht anerkannt ist). Insofern ist die Frage nach der vernünftigen Erkenntnis und ihren Grenzen etwas, das viele – insbesondere Wissenschaftler – bis heute nicht gerade erheitert. Grenzen kränken – wo doch die Vernunft seit den frühesten Tagen der griechischen Philosophie etwas Besseres und Unendliches verspricht. Dabei möchte ich nur daran erinnern, dass in der indischen Tradition, die weitaus länger existiert als die griechische und diese möglicherweise stark beeinflusste (im Sinne einer Immunabwehr durch Bildung von Antikörpern), die Vernunft nur einer der sechs Sinne ist. In vielerlei Hinsicht macht diese Einteilung der Erkenntnisvermögen manches leichter.

Die Unterscheidung zwischen Vernunft und Verstand (in der Tradition meist als intellectus und ratio bezeichnet) ist zwar alt, in ihrer heutigen Schärfe aber eine Eigenart der deutschen Tradition, die sich erst im 18. Jahrhundert herausbildete. Bis heute blieben die Unterscheidungen, die vor allem auf Kant und Hegel zurückgehen, bestehen, auch wenn die vormals scharf definierten Grenzen zwischen den unterschiedenen Begriffen ineinanderfließen und sich zum Teil wieder aufgelöst haben. Doch das ist für fast alle Vernunftbegriffe der Fall. Festzuhalten gilt: Was Vernunft ist, ist keineswegs »ewiglich definiert«, sondern Ergebnis eines kulturellen Definitionsprozesses.

In der antiken Tradition werden Vernunft und Verstand nicht wirklich streng voneinander unterschieden. Die Vernunft ist ein, wenn nicht das entscheidende Vermögen des Menschen – ein Vermögen, das ihm hilft, sich von der rein sinnlichen Wahrnehmung abzugrenzen und in höhere, methodisch gesichertere Sphären der Erkenntnis vorzudringen. Denken – und das meint Anwendung der Vernunft als einer Wesenseigenschaft des Menschen – unterscheidet sich daher von den anderen seelischen Vermögen, insbesondere von der sinnlichen Wahrnehmung. In seinem Dialog »Phaidon« trifft Plato die Unterscheidung zwischen Vernunft (logos, nous) und dem Körper (soma). Wahrheit lässt sich Plato zufolge nur gegen den Körper und seine illusionäre Macht erkennen. Philosophie ist entsprechend eine Kunst, die darin besteht, die Seele zu unterweisen, nur das zu erkennen, was sie an sich denkt. Und das ist das »Intelligible und Unsichtbare« – das eigentliche Ziel der Vernunft. Aristoteles nimmt den Gedanken auf, dass Denken und Sinnlichkeit zu unterscheiden seien, weil sonst alles, was durch die Sinne erfahren wird, auch wahr sein müsste. Logos und nous bezeichnen für ihn Vermögen, die nur dem Menschen, nicht aber den unteren Stufen des Lebens zukommen. Innerhalb der Vernunft führt er die Unterscheidung zwischen praktischer und theoretischer Vernunft ein, wobei Wissen und Herstellen (das Wissen über Herstellung und Handlung) eine Rolle spielen. Bevor ich Sie langweile: Man kann bei diesem Streifzug durch die Geschichte der Ideen eine Menge interessanter, zum Teil wieder vergessener Details und Erkenntnisse entdecken. So gibt es interessante Theorien darüber, was Vernunft eigentlich mit Materie zu tun hat, wie es sich mit dem Vernunftbesitz bei Kindern und Sklaven verhält oder wie Vernunftfähigkeit, Moral und Mathematik zusammengehören. Zentral bleibt die Einsicht, dass Vernunft bzw. Vernunftfähigkeit etwas ist, das den Menschen biologisch vom Tier unterscheidet. Dass dabei der Bezug zum Handeln (und Verhalten) eine Rolle spielt, liegt nahe und wird in der Entwicklungsgeschichte der Vernunft immer wichtiger. Da die Vernunft zur Erkenntnis führt, die anders als die Sinneserfahrung größere Wahrheit garantiert, liegt die Vorstellung nahe, Vernunft nicht nur als Vermögen des Menschen zu sehen, sondern auch als eine Struktur, eine Eigenschaft der Welt, die sich im Denken nur wiederholt oder im Denken durch den Menschen zur Sprache kommt. Der Logos als Vernunftstruktur der Welt ist – wie später im biblisch-religiösen Gebrauch auch – dann ein kosmologisches, gleichsam göttliches Prinzip, das je nach philosophischer Schule unterschiedlich vorgestellt wird. Dieser theologische Bezug der Vernunft zur Welt und zu den Göttern ist von Anfang an ein starker Strom des Denkens, der erst in der Neuzeit mehr und mehr abreißt. Gerade die mittelalterliche Philosophie, Theologie und Mystik ist buchstäblich (und leider) brennend an der Frage interessiert, wie weit man mit der Vernunft in der Erkenntnis der Welt und – weil diese Abbild des Schöpfers ist – auch Gottes kommen kann.

Als Logos jedenfalls war die Vernunft bereits bei den Griechen zugleich auch etwas Göttliches, ja war (lange vor jüdischer Theologie und Christentum) Gott und mit ihm zugleich das Eine, das die Mannigfaltigkeit der Erscheinungen unter einem Gesichtspunkt zusammenbringt und ordnet. Vernunft ist das Vermögen, im Chaos Zusammenhang und Einheit zu erkennen. Insofern bezeichnet Vernunft auch den Ort der Rückkehr des Menschen in das Wesen der Natur, aus dem später etwa bei Meister Eckhart das Wesen des göttlichen Vaters wird. Die sichtbare und die unsichtbare, durch die Vernunft aber »intelligible« (d. h. verstehbare) Welt stehen in einem engen Wechselverhältnis, das in verschiedenen Epochen verschieden gedacht wird. Eine dieser Vorstellungen etwa ist, dass sich eine männliche Welt der Ideen und eine weibliche Welt der Sinnlichkeit (aber auch der Weisheit) gegenüberstehen. Man ahnt, wie stark hier frühe psychologische und sexuelle Vorstellungen in die Definition der Vernunft einfließen (was im übrigen bis heute so geblieben ist, auch wenn man das immer erst ein, zwei Generationen später merkt, weil das, was im Mainstream einer Zeit gedacht wird, als selbstverständlich gilt).

Später wird Augustinus die Vernunft (ratio) vor allem als eine Bewegung des Geistes (mens) verstehen. Diese innere Mechanik des Denkens kommt in Gang, weil der Geist einerseits die Fähigkeit zur Unterscheidung, andererseits aber auch zur Verbindung des von ihm Erkannten hat. Ratio ist bei Boethius und anderen vor allem ein Urteils- und Unterscheidungsvermögen (eine Tradition, die Kant später aufnimmt). Dabei schält sich mehr und mehr die Gewohnheit heraus, das, was den eigentlichen Vorgang des logischen Schließens meint, als Verstand zu bezeichnen. In jedem Fall haben die Vernunftwesen (wie der Mensch, die Engel oder Gott) die Fähigkeit, einander in einer spiralförmigen Aufwärtsbewegung (Dionysius Areopagita, Johannes Scotus Eriugena) zu erkennen – was vermutlich eine christliche Variante der platonischen Überzeugung ist, dass der Logos in der Logik des Denkens und der Logos in der Struktur der Welt eines sein müssen, um überhaupt zueinander finden zu können. Für Anselm von Canterbury ist ratio das Vermögen, zu urteilen und Unterscheidungen zu treffen, eine Fähigkeit also, die als regulative Instanz für die Wahrheit von Aussagen von entscheidender Bedeutung ist. Regulativ ist die Vernunft, weil sie den Menschen im Vergleich zu anderen lebenden Wesen in die Lage versetzt, sich selbst, andere Menschen und Gott zu erkennen. Sie ist es, die den

Menschen zur begrifflichen Erkenntnis des allgemeinen Wesens wirklicher Gegenstände in der Welt führt – und den Menschen daher auch zu sich selbst und zu Gott.

Es bringt wenig, in die Feinheiten all der Unterscheidungen und Definitionen einzusteigen, die die Jahrhunderte und die vielen Bücher, die in dieser Zeit geschrieben wurden, bereithalten. Ein wichtiger, meist vergessener Aspekt ist dabei die arabische Tradition, die eine ausgeprägte Theorie des Denkvermögens und eine Intellektlehre entwickelt hat, in deren Bedeutungsumfeld nicht nur das Wesen des Menschen, sondern auch das des Staates bestimmt wird. Wie eben bereits angedeutet, sind es die arabischen Philosophen wie Avicenna, die lange vor Descartes den Sitz der Vernunft als inneren Sinn der Denkkraft – Avicenna spricht von einer »kogitativen Kraft« – in einer der Kammern des Gehirns lokalisieren. Gestritten wird in der Folge darüber, ob der Intellekt nun an das Gehirn gebunden und daher körperlich ist (Avicenna) oder im Gegenteil unkörperlich und ewig (Averroes). Die philosophische Literatur mischt sich in dieser Zeit mit medizinisch orientierten Büchern, die neue Unterscheidungen und weitere Bücher hervorbringen – nicht ganz unähnlich der heutigen Entwicklung, die durch die Erfolge der Neurowissenschaften ausgelöst wurde. Im Mittelalter sind es diese Schriften des Orients und der arabischen Philosophen, die über Toledo und den süditalienischen Stauferhof immer stärker die westlich-christliche Lehre von der Seele und vom Intellekt bestimmen. Theologie, neue (und meist von der Kirche verbotene) Übersetzungen des Aristoteles und geschickt kompilierte medizinische und arabischen Schriften beginnen, sich zu vermischen und immer neue Unterscheidungen und Definitionen hervorzubringen. Am Ende dieser Entwicklung wird Paris zum neuen Zentrum allmählich zusammenfindender, oftmals aber auch einander ausschließender Vorstellungen und Theorien.

Mit den unterschiedlichen Definitionen prallen ganze Welten und vor allem auch Machtbereiche aufeinander. Inmitten der Verbote und den Revolten gegen sie gibt es immer neue Versuche, für Ordnung zu sorgen und die gegensätzlichen Haltungen zu versöhnen. Schließlich geht es am Ende der Debatte um die Vernunft doch vor allem um Gott, um Gott und den Menschen. Thomas von Aquin und Albertus Magnus nehmen die höchst unterschiedlichen Theorien der Denkvermögen und Seelen-Eigenschaften (die wir heute als psychologische Theorien bezeichnen würden) auf und versuchen sie in immer neuen Uminterpretationen und mit Hilfe sich weiter verästelnder Unterscheidungen in ein einheitliches Bild zu fassen. Was bleibt, ist die Idee, dass der Mensch durch eine Verfeinerung seines Verstandesvermögens – seiner intellektuellen Kräfte – zu immer feinerer, immer besserer Erkenntnis emporsteigen kann, bis er schließlich zu gottähnlicher Erkenntnis gelangt. Vernunft und Theologie, vernünftige und »übersinnliche«, göttliche Erkenntnis sind zumindest in dieser Phase der Scholastik und Hochscholastik nicht mehr voneinander zu trennen – so befremdend das heute auch wirken mag.[3]

Auf die spätmittelalterlichen Interpretationen der Vernunft folgen jene der Renaissance und frühen Neuzeit (wobei Nicolaus von Kues eine besondere und herausragende Position einnimmt, die auf der Schwelle zwischen Mittelalter und Moderne steht). Sie werden unterbrochen von neuplatonischen Wiederbelebungsversuchen, theologischen Einschüben (und Verurteilungen, wie im Fall von Giordano Bruno, der ebenfalls eine Theorie der Vernunft entwickelt hat) und allerlei Einwänden und Korrekturen, die teilweise auf ältere Unterscheidungen zurückgreifen, teilweise aber auch neue Definitionen erfinden. All dies mündet in eine Auseinandersetzung um Kepler, Galilei und Bacon, die deutlich macht, wie sehr sich ein neues Verständnis der Natur und die Vernunftdiskussion zunehmend vermischen. Neue Modelle der Rationalität und der Herangehensweisen wie das Sichtbarkeitspostulat von Galilei Galileo kommen auf. Das Fernrohr, durch das er die Planeten beobachtet, macht Wahrnehmung zu einem zunehmend komplexeren, mit Technologien und neuen mathematischen Methoden vernetzten Vorgang. Sichtbarkeit der Sterne und Unsichtbarkeit des dunklen Hintergrundes verbinden sich zu einem Bild, das sich aus Elementen einer neuartigen Sichtbarkeit, die bislang entfernte Dinge näher rückt, der Theorien Keplers, einer rational fundierten Methode der Messbarkeit und einem neuen Verständnis der Ablösung der direkten Sinneswahrnehmung zugunsten einer Wahrnehmung durch Instrumente zusammensetzt. Unterschiedliche Elemente fließen hier zusammen, aus denen sich etwas strukturell Neues ergibt. Das natürliche Sehen wird durch ein künstliches Sehen abgelöst. Die Koordinaten der Sinneswahrnehmung, wie man sie bisher kannte, werden gelöscht zugunsten einer neuen Wahrnehmung, die sich nicht nur einer durch Instrumente vermittelten Erkenntnis verdankt, sondern mindestens im selben Maße auch einer neuartigen Bestimmung von Vernunft, Methode und Theorie.[4] Mit Hilfe der Vernunft wird das, was wir sehen, »verrechnet«. Vom Fernrohr, das nur wirkt, weil es mit einer neuartigen, mit Hilfe vernünftigen Denkens erschlossenen Theorie des Auges und des Instrumentes verbunden ist, gibt es eine gerade Linie zum Instrument des Computers, der analog zum Fernrohr beispielsweise im Genom Funktionen sichtbar machen kann, die das menschliche Auge aufgrund der Komplexität der Strukturen längst nicht mehr erfassen kann. Auch diese neuartigen Entwicklungen, die lange vor der Moderne zaghaft ansetzten, gehören zum Verständnis der Vernunft.

Descartes rückt dann die Lehre vom methodisch geleiteten geistigen Erkenntnisvermögen ins Zentrum der Philosophie. Ratio wird gleichbedeutend mit der Fähigkeit des Menschen, methodisch geleitet die Welt und sich selbst zu erkennen. Leibniz, die britischen Philosophen Hobbes, Locke, Berkeley, Hume, Reid und andere setzen diese Bestimmung der Vernunft fort, aus der schließlich das Vermögen zur Wissenschaft wird.[5] Kurz und knapp formuliert David Hume (1711–1776): »Reason is the discovery of truth or falsehood.«[6] Aus diesem Verständnis heraus, dass Vernunft die Entdeckung von Wahrheit sei und zugleich auch der Schlüssel, wie wir dabei methodisch kontrolliert von der sinnlichen Wahrnehmung aus zur Wahrheit gelangen können, ist der Schritt von der philosophischen Arbeit zur Wissenschaft im engeren Sinn nur noch ein kleiner. Die sogenannte Deutsche Schulphilosophie, die in der Zeit zwischen den großen Denkern und Wissenschaftlern Leibniz und Kant liegt und zu der unter anderem der Mathematiker, Jurist und Philosoph Christian Wolff zählt (1679–1754), formuliert den Zusammenhang so: »Da die Wissenschaft eine Fertigkeit ist, alles, was man behauptet, aus unumstößlichen Gründen zu demonstriren, im Demonstriren aber die Wahrheiten miteinander verknüpfet werden, so erkennt man durch die Wissenschaften den Zusammenhang der Wahrheiten, und also kommt sie aus der Vernunft.«[7]

Man kann an dieser Stelle nur Sprünge machen, wenn man am Plan eines schnellen Ganges durch die Abteilung festhalten will. Von Kant über Hegel bis hin zu Fichte, Schelling, Hamann, Herder, aber auch Schiller und später Schopenhauer und Nietzsche verändert sich viel und manches grundlegend. Doch allein mit der Frage, wie sich bei Immanuel Kant Philosophie, Religion und Naturwissenschaft zueinander verhalten und wie sich Kant in seinem letzten, nicht mehr zu Lebzeiten veröffentlichten Werk das Verhältnis von Vernunft und Wissenschaft vorstellt, kann man ganze Buchregale füllen.[8] Bis zuletzt beschäftigt Kant die Frage, wie man zu einer ganzheitlichen Sichtweise der Natur gelangen kann. Ist die Geordnetheit der Natur, ihre Ausrichtung oder Teleologie (Zielgerichtetheit) alleine mit den Mitteln der Vernunft zu verstehen, ohne jeden Bezug auf das Übersinnliche – und damit letztlich auf Theologie? Die Frage hängt bei Kant eng mit der Beantwortung einer anderen zentralen, bereits genannten Frage zusammen: Was ist der Mensch, und »wozu haben Menschen existieren müssen«?[9] Die praktische Vernunft ist es, die den Menschen gleichsam auf einen weltbesten Endzweck, das Gute und allgemeine Glückseligkeit verpflichtet, die für Kant am Ende ohne Gott nicht zu denken ist. Die theoretische Vernunft kann einen solchen Endzweck in der Natur jedoch nicht finden. Soll der Mensch mit seiner beschränkten Erkenntnisfähigkeit also die Idee eines »notwendigen moralischen Endzwecks« annehmen als praktische Realität?

Festzuhalten bleibt, dass Kant Vernunft und Verstand als zwei unterschiedene, eigene Quellen von Erkenntnis auffasste. Der Verstand, schreibt Kant in der *Kritik der reinen Vernunft*, ist das Vermögen, eine Einheit der Erscheinungen herzustellen – und das nach klaren Regeln. Die Vernunft hingegen ist das Vermögen, die Verstandesregeln zu einer Einheit zusammenzuführen.[10] Damit nimmt Kant die Idee von Aristoteles wieder auf, unter Vernunft (logos) vor allem das Vermögen des Schließens zu verstehen. Bei Kant ist Vernunft also nicht auf Erfahrung ausgerichtet oder auf irgendeinen Gegenstand in der Welt, sondern ausschließlich auf den Verstand, d.h. auf die innere Welt des Denkens. Dieser würde ohne eine solche ordnende Einheit in der »Mannigfaltigkeit der Erkenntnisse« untergehen. Eines aber vermag die Vernunft, wozu der Verstand nicht in der Lage ist: Die Vernunft kann uns mit Ideen versorgen (etwa mit der Idee der Freiheit, der Gerechtigkeit, des Guten), die realiter nie in der Welt anzutreffen sind. Die Idee ist etwas, das unser Denken und Verhalten regulativ bestimmen kann, aber über die Möglichkeiten jeder Erfahrung – und damit auch jeder Wissenschaft – hinausgeht.[11] Ideen wie Seele, Freiheit oder Gott (auch Gott ist für Kant eine Idee) sind in gewisser Weise ideale Muster, die nur in der Vernunft selbst liegen und dort mit mathematischer Präzision erkannt und dargestellt werden können. Im Detail unterscheidet Kant in seinen Werken die sogenannten transzendentallogischen Ideen (Ideen, die die Bedingung der Möglichkeit für das Denken darstellen), die praktischen Ideen und die eigentlichen regulativen Ideen, denen die ästhetische und die teleologische Urteilskraft folgt.[12]

Folgen Sie noch? Bevor wir uns nun doch in einem geradezu endlos erscheinenden Werk verlieren, will ich wie versprochen weitergehen, auch wenn Kants drei Kritiken – die *Kritik der reinen Vernunft*, seine *Kritik der praktischen Vernunft* und die für Theologen so hochergiebige *Kritik der Urteilskraft* – bis heute eine hochinteressante Lektüre bleiben. Festzuhalten für die Bestimmung der Vernunft nach Kant bleibt, dass sich eine radikale Wende im Denken ereignet hat, die seither alles verändert. Kant selbst bezieht sich ausdrücklich auf die »kopernikanische Wende« in den Naturwissenschaften: die Erkenntnis, dass nicht die Sonne sich um die Erde dreht, sondern die Erde sich umgekehrt um die Sonne. Ähnlich verhält es sich nach Kant mit der Vernunft und den Gegenständen, um die sie kreist. Statt sich nach den Gegenständen und der Erfahrung zu richten – in diesem Fall wäre es nie möglich, das absolut sichere Wissen, ein Wissen a priori zu erreichen, um das es Kant geht –, verhält es sich genau umgekehrt. Auch über diesen »Versuch, das bisherige Verfahren der Metaphysik umzuändern ... und nach dem Beispiele der Geometer und Naturforscher eine gänzliche Revolution mit derselben vornehmen«[13] (genau das nennt Kant »Kritik der reinen oder spekulativen Vernunft«) sind meterweise Bücher geschrieben worden. Statt sich nach den vergänglichen Erfahrungen und den Gegenständen der Natur zu richten, findet nach Kant Wahrheit nur dort statt, wo sich das Gegebene, die Anschauungen und die Erfahrungen – letztlich also die Natur – nach den Begriffen der Vernunft richtet bzw. mit diesen Begriffen übereinstimmt.

Die Übereinstimmung der Gegenstände in ihrer Existenz mit dem Begriff – genau das ist die entscheidende Richtung, in die Hegel Kant weiterdenkt. Seit Kant gibt es keine Erkenntnis der Natur mehr, die sich einfach nach den Dingen richtet. Vielmehr richten wir die Natur durch unsere Begriffe und Grundsätze, die wir mit Hilfe der Vernunft herausarbeiten und erkennen können. Anders als bei den Naturforschern, die ihre Ansichten durch Experimente belegen oder widerlegen können, lässt sich nach Kant zur Prüfung der Sätze der »reinen Vernunft« kein Experiment mit Objekten machen. Es kommt also alles darauf an, methodisch richtig und sauber zu denken. Wie man das macht – davon zeugen Tausende von Seiten, die Kant hinterlassen und in denen er versucht hat, Vernunft, ihre Arbeit und ihre Grenzen zu definieren. Dennoch bleibt es dabei. Wie in der Vorrede zur zweiten Auflage der *Kritik der reinen Vernunft* hält Kant daran fest, dass es dem reinen Denken und der Metaphysik, auch wenn sie älter ist als die neueren Wissenschaften seiner Zeit, keineswegs gelungen ist, »den sicheren Gang einer Wissenschaft einzuschlagen«.[14] Hegel knüpft an diesen Gedanken an. Er will einen noch sichereren, noch genaueren und vor allem wissenschaftlicheren Gang. Schon die Hauptwerke Hegels sprechen im Titel bereits von der Absicht, der Philosophie einen wissenschaftlichen Touch zu verleihen: *Enzyklopädie der philosophischen Wissenschaften im Grundrisse, Wissenschaft der Logik, Phänomenologie des Geistes*.

Tatsächlich zielt Hegel ausgehend von Kants Vernunftbegriff auf einen noch konsequenteren Gebrauch der Vernunft. Hegel zielt darauf ab, dass die Vernunft nicht nur wie in der bisherigen Tradition üblich Urteile mittels Schlüssen zu Theorien zusammenfasst, sondern die gesamte Wirklichkeit erkennt und erklärt. Schließlich ist das, was in der Wissenschaft ebenso wie in der Philosophie, der Logik, überhaupt in jeder Form von korrektem Denken erfolgt, nichts anderes als ein Herausarbeiten und Entfalten von Schlüssen, die nach Hegel bereits in den Begriffen vorgegeben sind.[15] Es gibt über diese »Explikation« hinaus keine Realität, keine außerbegriffliche Welt. Jede Wahrnehmung – und damit alles, was wir von der Welt erfahren können – ist begrifflich strukturiert (eine Anschauung, die dicht an die moderne Variante der Neurobiologie heranreicht, für die die Welt nichts anderes als ein Konstrukt des Gehirns ist, das seinerseits ein Teil der Welt ist, die im Gehirn sich selbst bewusst wird). Damit plant Hegel die Überwindung der gesamten bisherigen Metaphysik. Sein Ziel war es, aufzuräumen mit einer »bloßen Verstandes-Ansicht« und einem Vernüfteln, als sei das, womit sich die Vernunft beschäftigt, lediglich ihr eigenes Inneres. Die Vernunft aber arbeitet – und darin knüpft er an die antike griechische Philosophie an – am Logos, der das Wesen der Dinge ist, »Sache und Sage« zugleich.[16] Die Vernunft ist eine tätige Vernunft. Die Unterscheidungen, die sie setzt, betreffen nicht nur das Selbstbewusstsein des denkenden Ichs, sondern auch jenes Nicht-Ich, auf das es sich bezieht. Die Grundgesetze des Denkens, die die Vernunft auslotet, sind nicht lediglich für sich gültig, sondern nur innerhalb eines Systems, das durch die Bewegung des Geistes die Welt einbezieht. Sie ahnen, wie komplex Hegels Gedankengänge werden müssen, um einzulösen, was er zu denken beabsichtigt.

Festzuhalten bleibt, dass Hegel eine Vernunftwissenschaft begründen wollte, die nicht einfach Ideen »findet«, weil sie diese insgeheim bereits fertig voraussetzt, sondern stattdessen diese Ideen selbst wissenschaftlich erklärt. Dabei kann, ob nun im Denken, in der Wissenschaft oder in der Geschichte, die Vernunft als Prozess nur eine einzige und nicht »verschiedene Vernunften« sein. Für Hegel ist die Vernunft ein realer geschichtlicher, im jeweiligen Vollzug dialektischer Prozess, eine Bewegung des Denkens zwischen widersprüchlichen Polen, zwischen Thesen und Antithesen, die es immer wieder in einer neuen Synthese aufzuheben gilt. Diese Bewegung hebt die ursprünglichen Bestimmungen des Verstandes stets wieder ins Nichts auf, um auf diese Weise zu einer immer genaueren Bestimmung des Allgemeinen und Ganzen zu kommen. Die Wissenschaft der Logik will daher nicht nur reine Denkbewegungen nachvollziehen, sondern in diesem Denken selbst das Urprinzip eines vernünftigen Wissens finden. »Worauf ich überhaupt in meinem philosophischen Bemühen hinarbeite«, schreibt Hegel, »ist die wissenschaftliche Erkenntnis der Wahrheit.«[17] Die Vernunft soll dabei helfen, aus Philosophie wirkliches Wissen zu machen. Kant und Hegel sind sich – anders als Schelling, Schopenhauer und spätere Denker – darin einig, dass dieses Denken keine Sache der wenigen »Genies« sein kann. Vielmehr muss jeder, der vernünftiges Denken für sich in Anspruch nimmt, gegenüber jedermann genaue Auskunft geben, warum er oder sie was genau und wie gefunden, erkannt oder gefühlt hat. Es geht um strenge Beweise, um den vernünftigen Übergang von einer bloßen Kenntnis zur Erkenntnis, die sich dadurch von bloßer Kenntnis unterscheidet, als sie die Notwendigkeit des Gedachten aufzeigt. Damit hat der Vernunftbegriff begonnen, sich auf eine ganz neuartige Weise kritisch aufzuladen.

Bleibt noch festzuhalten, dass das Thema »Religion« in einem solchen Denken bereits zu Hegels Zeit keinen rechten Platz mehr findet. Religion verliert ihren zentralen Ort innerhalb der philosophischen Systeme – ähnlich wie die Erde nicht mehr das Zentrum des Sonnensystems ist. Religion hat nicht nur ihre Kraft der Welterklärung eingebüßt, sondern auch viel Glaubwürdigkeit an die Naturwissenschaften abgeben müssen. Hinzu kommt, dass ihr Ruf als gesellschaftliche Integrationskraft mehr und mehr schwindet, da infolge der Konfessionsspaltung nicht nur die Macht kirchlicher Autorität in die Kritik geriet, sondern sich auch zeigte, dass Religion die staatliche Ordnung eher stört denn zusammenführt.[18] Wenn die Vernunft über ihre eigentliche Sphäre hinausgeht, bemerkte Kant, gebiert sie Hirngespinste. Die Theologie verstrickt sich in immer größere Ungereimtheiten – weshalb sie schließlich auf die Idee kommt, ihr Geschäft doch einfach mit Hilfe der Hegel'schen Terminologie abzuwickeln, um die lästigen Probleme loszuwerden. Doch auch diese Strategie misslingt. Ob die Theologie immer noch Gottes Existenz aus dem Begriff des vollkommensten, obersten Wesens abzuleiten versucht (vergeblich, wie Kant zeigt), oder indem sie sich zu Gott erhebt, indem sie vom unbestreitbaren Faktum eines nur bedingt Existierenden ausgehend die Wohlgeordnetheit der Welt zu demonstrieren versucht (Kant widerlegt in einer glänzenden Passage lange vor der amerikanischen Intelligent-Design-Bewegung deren zentralen Argumente): Immer wieder kranken diese theologischen Beweise an einem »Nest« von logischen Fehlern, wie Kant sagt.[19]

Die Diskussion um die Vernunft spitzt sich zu und findet im 18. Jahrhundert ihr Forum in einer Fülle immer härter werdender Kontroversen. Es gibt einen Pantheismus-Streit, einen Atheismus-Streit und einen »Streit um die göttlichen Dinge«. Kant blieb hart. Er »entzog dem Gottesgedanken die Argumentationen auf dem Feld der theoretischen Vernunft und somit auch die Möglichkeit seiner Bestreitung. Der Gott, dessen Dasein durch die theoretische Vernunft nicht bewiesen werden kann, kann durch sie auch nicht als inexistent bewiesen werden. Und indem [Kant] den Gottesgedanken ganz in die Ethik einholte, schnitt sie jeden nichtmoralischen Zugang zu diesem Gott ab.«[20] Hegel nimmt den Faden in seinen Vorlesungen über Religionsphilosophie auf, die er 1821, 1824, 1827 und zuletzt ein Jahr vor seinem Tod, 1831, wiederholt und immer weiter ausgestaltet. Der Kontext dieser Vorlesungen bleibt die generell skeptische Haltung sowohl der breiten Öffentlichkeit als auch der Obrigkeit gegenüber. Beide sehen in einer rationalen Kritik der Religion einen Angriff auf die Moral, in dessen Folge die Gefahr besteht, dass sich der Staat ohne die einende Macht der Religion aufzulösen droht. Dass Religion über Jahrhunderte hinweg zur Spaltung eben dieser Gemeinschaft beitrug, wird dabei vergessen. Bis heute bleibt das Denkmodell mächtig, dass ohne Gott bzw. ohne den Glauben Staat, Gerechtigkeit, bürgerliches Leben und jede Form von Ordnung zusammenbrechen. Die Kehrseite dieser Angst, die in jeder Schwächung der Religion – und sei es auch nur eine Schwächung durch Argumente – gesellschaftliches Chaos heraufziehen sieht, ist die Vorstellung einer »civil religion«. Ein gutes Beispiel dafür aus jüngster Zeit ist der stark ausgeprägte Protestantismus des amerikanischen Präsidenten George W. Bush, der sich nicht zuletzt im »Kreuzzug gegen das Böse« äußert und seinen Ausdruck in der Überzeugung findet, dass ein solcher christlicher Glaube in der Prägung Bushs zu direktem politischen Handeln führen muss. Der Kampf gegen den Terror ist zugleich ein Feldzug gegen die Mächte des Dunklen.

Doch zurück zur Geschichte der Vernunft, deren Verständnis sich immer weiter wandelt. Die Bemühungen, Vernunft vor allem als Vermögen des Schließens aus einer streng normativ konzipierten Logik abzuleiten (Herbart), stehen andere Bemühungen entgegen, die die Leistungen der Vernunft stärker in die Welt und damit in Biologie und Natur einzubinden versuchen. Schopenhauer wendet sich gegen die »Possen zeitgenössischer Philosophieprofessoren«, die die tradierten Definitionen von Vernunft und Verstand durcheinanderbringen. Doch der alte Begriffsgebrauch lässt sich nicht wiederherstellen. Aus der Vernunft ist etwas Neues, ein diskursiver Prozess geworden, der weit mehr ist als ratio und intellectus in der bisherigen Tradition. Nietzsche bestreitet, dass die begriffliche Haarspalterei überhaupt viel Sinn macht.

Zeitgenössische und antike Definitionen stehen bei ihm nebeneinander – und das ist in mancherlei Hinsicht bis heute so geblieben. Die Umdeutung der Welt in ein System der Vernünftigkeit (Hegel) erscheint ihm ebenso unkritisch wie Kants Versuch, trotz aller Vernunftkritik am Ende die Vernunft doch Moral und vor allem Religion zu unterwerfen, auf die Moral letztlich zielt. Kants »praktische« Vernunftargumentation ist ein Versuch, den Gott zu retten, den die theoretische Vernunft zuvor abgeschafft hatte. Nietzsche hingegen ist der Ansicht, Vernunft schwäche die unbewussten Kräfte, die Sinnlichkeit, das Gefühl und nicht zuletzt Triebe und Leidenschaften, die auch ihr Gutes haben. Eine Vernunft, die all ihrer Natürlichkeit beraubt ist, hat aufgehört, Vernunft zu sein. In *Menschliches, Allzumenschliches. Ein Buch für freie Geister* schreibt Nietzsche:

> Glaubt mir, Freunde, nicht zum Fluche
> Ward mir meine Unvernunft!
> Was ich finde, was ich suche –,
> Stand das je in einem Buche?
> Ehrt in mir die Narren-Zunft!
> Lernt aus diesem Narrenbuche,
> Wie Vernunft kommt – »zur Vernunft«![21]

Vernünftigkeit ist für Nietzsche nicht nur diskursive Kraft und Logik, sondern auch die Vernünftigkeit der Realität, der Natur und des Körpers. Erst in der Moderne findet dieser Gedanke Nietzsches nach Freud und auf den Spuren der Neurowissenschaften wieder Anklang. Und in der Erforschung sogenannter künstlicher Intelligenz. Der entscheidende Durchbruch auf diesem Gebiet ereignete sich in den letzten Jahren erst, nachdem immer klarer wurde, dass der entscheidende, bislang vernachlässigte Aspekt der Intelligenz der Körper ist. Der Geist braucht, um sich entwickeln zu können, den Körper. Durch Krabbeln und Abschreiten des Raumes lernt er, was Denkbewegungen auch in einem abstrakten Raum sind.

Nahezu zeitgleich mit Nietzsche beginnt der Neukantianismus, den Vernunftbegriff in altbewährter Weise allein aus wissenschaftsphilosophischer Perspektive zu bestimmen, unter die sich mehr und mehr ein kulturwissenschaftliches Interesse mischt. Wenn Kultur eine Form sichtbar gewordener Vernunft ist, die sich in symbolischen Formen einen Ausdruck verschafft, dann muss es die Aufgabe einer Vernunfttheorie sein, die Struktur dieser Formen herauszuarbeiten. Es gilt, wie Ernst Cassirer formulierte, nicht nur die uns bekannten Gegenden jenseits der Sinnenwelt zu erleuchten, sondern »den dunklen Raum unseres eigenen Verstandes«, der in der Kultur und ihren Formen sichtbar wird. Zwar wird der Intellektualismus zunehmend als eine mangelhafte Form des Vernunftverständnisses gesehen. Doch bis zur Wiederentdeckung von Nietzsches Vernunft des Körpers vergeht mehr als ein halbes Jahrhundert, auch wenn »die« Vernunft zunehmend als eine reale, die Welt gestaltende Kraft gesehen wird. Vernunft ist mehr als ein Vermögen, zu erkennen und zu argumentieren. Sie ist eine Kraft, die nicht zuletzt durch die Technik auf die Welt einwirkt. Mit Hilfe der Vernunft können einerseits großartige Dinge ersonnen und gestaltet werden. Gleichzeitig aber zerstört diese Vernunft die Natur, wie der deutsch-jüdische Philosoph und Pädagoge Jonas Cohn (1869–1947) betonte. Auch wenn es uns Menschen nicht gelingt, ohne Vernunft und ihre kulturellen Erscheinungsformen zu leben, so können wir doch gegen die Selbstverständlichkeit angehen, mit der bestimmte Formen ohne kritische Prüfung angenommen oder für »natürlich« gehalten werden. Im Rahmen anthropologischer Überlegungen werden daher im letzten Jahrhundert zunehmend Resultate biologischer Forschung einbezogen, wenn es darum geht zu definieren, was Vernunft und was der Mensch als »vernünftiges Wesen« ist (Scheler, Plessner, Gehlen). Zur selben Zeit bricht sich ein verändertes Verständnis der Vernunft Bahn, in dem sich Elemente der Kantischen Tradition mit der Vernunftkritik verbinden, die bei Nietzsche und insbesondere bei dem dänischen Philosophen, Schriftsteller und Theologen Kierkegaard zum Ausdruck kommt. Der Begriff der »Existenzphilosophie« wird geprägt.

Einen weiteren wichtigen Schritt in der Bestimmung der Vernunft liefern die beiden Philosophen Adorno und Horkheimer mit ihrem Werk *Dialektik der Aufklärung*, in dem sie die Grenzen der Vernunft auf neue Weise aufzeigen. Die Aufklärung selbst – sozusagen der bildungspolitische Zweig der Vernunft –, auf die man am meisten Hoffnung setzte und nach der ein ganzes Zeitalter benannt wurde, ist selbst »totalitär« geworden. Durch Abstraktion wird das Einzelne, nicht Stromlinienförmige – Adorno spricht vom Nicht-Kommensurablen –, das, was anders ist, liquidiert und ausgemerzt. Herrschaft tritt dem Einzelnen als das Allgemeine gegenüber, als eine kollektive Vernunft, deren Rationalität schließlich zu der Fließbandproduktion der Vernichtungswaffen und direkt in die Gaskammern führt. »Aufklärung schlägt in Mythologie um« ist eines der Schlagworte der sogenannten Kritischen Theorie der Frankfurter Schule. Vernunft ist »zum bloßen Hilfsmittel einer allumfassenden Wirtschaftsapparatur« geworden, einer Kulturindustrie, die den Menschen am Ende ebenso versachlicht, wie die Arbeit am Fließband es tut. Ein allgemeiner »gesellschaftlicher Verblendungszusammenhang« verhindert, dass die Vernunft wieder zur Besinnung kommt. Die »Gewalt des Systems« über die Menschen wächst in dem Maße, in dem eine entfesselte instrumentelle Vernunft den Menschen der Natur und schließlich seiner eigenen Natur entfremdet. Aufklärung wandelt sich »zum totalen Betrug der Massen«.[22] Gerade die sogenannte instrumentelle Vernunft war es, die zu einer Verdunklung des Geistes führte und in der Form der Judenvernichtung den Menschen auf eine bislang nie gekannte Weise zerstört. Max Horkheimer gab dieser Verdunklung einen Namen in seinem Buch *Zur Kritik der instrumentellen Vernunft*, das bei seinem Erscheinen in den USA 1947 noch den ursprünglichen, skeptischeren Titel *Eclipse of Reason* trug. Dabei hatte doch alles so groß und pathetisch begonnen mit der Vernunft. »Ewige Ideen zu vernehmen, in sich aufzunehmen, hieß seit langer Zeit Vernunft« – genau so hatten und haben es viele Menschen gesehen. Und so beginnt Max Horkheimers *Eclipse of Reason*. Ein Zeitalter der Aufklärung, des Enlightenment, sollte unsere Welt zusehends erhellen. Wie kann sich die Vernunft überhaupt verfinstern, wie eine Verschattung der Vernunft eintreten, wenn man doch die Regeln des Denkens beherrscht? Doch zur wahren Aufklärung gehört mehr als nur Verstand und eine Anwendung der Regeln. Zur Aufklärung gehört die kritische Aufklärung über sich selbst, über heimliche Motive, über Macht und Machtansprüche – und nicht zuletzt über Mythen, die Vernunft betreffen. Eine Vernunft, die über die Stränge schlägt, die damit zwar rational zu bleiben scheint, in Wahrheit aber unvernünftig und irrational wird, indem sie ihren ureigenen Prinzipien widerspricht, kann sich durchaus verfinstern. Der Wahn einer Aufklärung, die Urteile mit der Guillotine fällt; der Absolutismus eines Herrschers, eines Despoten, der glaubt, sein Denken sei absolute Vernunft und gelte für alle; der Irrsinn der Faschisten, die mit ausgeklügelter Logik und nur durch planmäßige Organisation bis ins Kleinste hinein und mit Hilfe vieler den Massenmord an den Juden technisch bewerkstelligen konnten. Auch das ist Vernunft – wenn auch in ihrer verdunkelten Form. Aber es handelt sich dabei eben um Verfinsterungen und Irrwege.

So bleibt am Ende der Glaube an eine Vernunft, die sich diesen Einzelinteressen nicht unterwirft, die festhält an der Idee einer objektiven, erreichbaren Wahrheit, zugleich aber auch an den Interessen des einzelnen Menschen, des einzelnen Subjekts. »Sei vernünftig, heißt, des Theologischen entkleidet: Beachte die Regeln, ohne die das Ganze wie der Einzelne nicht leben kann, denke nicht bloß für den Augenblick. Die Vernunft kommt zu sich selbst, indem sie ihre eigene Absolutheit, Vernunft im empathischen Sinn, negiert und sich als bloßes Instrument versteht.«[23]

Auch Adorno stimmt in diese (Selbst)Kritik der Vernunft ein. Wer allzu lange versucht, Verstand und Vernunft begrifflich sauber voneinander zu trennen, sagt er, kann damit viel Zeit verbringen, aber auch vertun. Adorno geht es bei seiner Kritik nicht darum, »die logische Fähigkeit gering zu veranschlagen«.[24] Doch die Vernunft darf das, was sich nicht auf den Nenner kollektiver

Herrschaft und Macht bringen lässt, vernachlässigen. Dieses »Inkommensurable«, das, was sich nicht auflösen lässt, ist es, was Adorno besonders interessiert in seinen Reflexionen über das beschädigte Leben. Wenn das Denken vor allem identifiziert und dadurch vergleichbar, kommensurabel macht, dann muss die Vernunft besonderes Augenmerk auf das legen, was nicht identisch ist und sich der »Totalität der Logik und des Marktes« entzieht. In seinem Buch *Negative Dialektik* hält Adorno ausdrücklich fest: »Philosophie hat, nach dem geschichtlichen Stande, ihr wahres Interesse dort, wo Hegel, einig mit der Tradition, sein Desinteresse bekundete: beim Begriffslosen, Einzelnen und Besonderen; bei dem, was seit Platon als vergänglich und unerheblich abgefertigt wurde.«[25] Dieser Angriff gilt dem Rationalismus ebenso wie einer alles in Besitz nehmenden instrumentellen, technischen Vernunft. Die Vernunft darf eben nicht abgleiten in den Rausch kalter Wissenschaft auf der einen und in die schwüle Emotionalität der wilden Horden auf der anderen Seite. Kurzum: Sie darf auf keine Weise »Amok laufen« (oder, wie Wittgenstein etwas weniger scharf formuliert, »Feste feiern«, wo sie will). »Man darf sich nicht so benehmen«, hält Adorno fest, »als ob die logischen Formen und die Operationen, die ihnen zugeordnet sind, an sich bereits das leisten würden, was erst durch die Beziehungen zu Sachen und Inhalten geleistet werden kann.«[26] Man mag die glatten Systematiken bewundern, so viel man will. Doch man muss wissen, dass sie mit der Sache, mit dem Einzelnen selbst nichts mehr zu tun haben. Und auch nicht mit den Menschen, die sie hervorbringen. Unter der Oberfläche der modernen Zivilisation und auch der Vernunft schwelen nach Adorno und Horkheimer immer noch die alten Tabus und Mythen, »alte Lebensformen, die in vielen Fällen noch die Wärme [liefern], die einem jeden Entzücken innewohnt, jeder Liebe zu einem Ding, die mehr um seiner selbst willen als um eines anderen Dinges willen besteht. Das Vergnügen, einen Garten zu pflegen, geht auf alte Zeiten zurück, in denen die Gärten den Göttern gehörten und für sie bebaut wurden.«[27]

So gut Theorien der Rationalität auch sein mögen – und sie spielen bis heute in der analytischen und anderen modernen Richtungen der Philosophie eine zentrale Rolle –, so wenig helfen sie am Ende, die Fragen des Lebens, nach einem guten, gelungenen Leben, zu beantworten. Jürgen Habermas versucht diese beiden Aspekte der Vernunfttheorie und der Frage nach dem richtigen Leben zu verbinden, indem er mit seinem Konzept der kommunikativen Vernunft aufzeigte, wie mit jeder vernünftigen Auseinandersetzung bereits eine Fülle von Verständigungsbedingungen gegeben und akzeptiert sind, die bereits grundlegende Normen und Handlungsweisen beinhalten. Vereinfacht formuliert: Wer sich auf ein vernünftiges Gespräch einlässt, muss notwendig gewisse Spielregeln akzeptieren, zum Beispiel für eine Behauptung Gründe zu liefern. Derartige normative Implikationen des Argumentierens werden praktisch und immer dann sichtbar, wenn sie – kontrafaktisch, d.h. gerade weil sie in der Wirklichkeit verweigert werden – behauptet werden müssen. Gespräche setzen voraus, dass alle, die daran teilhaben, im Prinzip die gleichen Rechte (und Pflichten) haben. So gesehen ist kommunikative Vernunft für Habermas ein »Projekt«, das allerdings kein Eigentum der Philosophie ist. Die Idee der kommunikativen Vernunft »darf nicht zur Totalität einer versöhnten Lebensform ausgemalt und als Utopie in die Zukunft geworfen werden; sie enthält nicht mehr, aber auch nicht weniger, als die formale Charakterisierung notwendiger Bedingungen für nicht antizipierbare Formen eines nicht-verfehlten Lebens«.[28] Diese Bedingungen sind erkennbar – aber sie müssen von uns immer wieder realisiert, in die Wirklichkeit umgesetzt werden. Allein aus dieser Analyse heraus (und es gibt einige weitere Argumente) ergibt sich, dass Wissenschaft nie nur reine Wissenschaft im Sinne einer wertneutralen, von Werten unabhängigen Erkenntnis oder Theoriebildung sein kann. Wissenschaft ist eingebunden in ein gesamtgesellschaftliches System, das sie allererst hervorbringt und auf der Grundlage von Überzeugungen und Werten ermöglicht.

Verschiedene Theorien haben seither die eine oder andere Seite

stärker betont – sei es die der formalen Logik, die der gesellschaftlichen Eingebundenheit oder die natürliche, nicht zuletzt
auch neurophysiologische Eingebundenheit der Vernunft. Vernunft ist ein Begriff für einen Ausschnitt des menschlichen Denkens und Handelns, der wiederum im größeren Zusammenhang
eines geschichtlichen und eines natürlichen Prozesses steht. Widersprüche gehören also zum Leben – und sind, wie es aussieht,
auch in Zukunft nicht zu vermeiden.

Wen der zugegeben sehr schnelle Gang entlang der Regale ent-
täuscht hat, der sei damit getröstet, dass dies immerhin eine sichere und wichtige Erkenntnis ermöglicht hat: Wer auch immer
sich auf den einen Vernunftbegriff bezieht oder ihn als moralische Keule gegen andere Vernunftverständnisse benutzt, hat noch
nie eine Bibliothek von innen gesehen, jedenfalls keine, die sich
mit ebendiesem Thema beschäftigt. Es gibt ebenso wenig eine
einheitliche Definition von dem, was Vernunft ist, wie es eine
einheitliche Definition von »Spiel« gibt. »Die« Vernunft gibt es
nicht. Jede derartige Behauptung ist eine Illusion und, wenn sie
mit der Macht einer Institution im Rücken geschieht, im Grunde
ein Machtmissbrauch. Zur Illusion gehört auch, eine Entwicklung zu verkennen oder zu ignorieren, die unbestreitbar ein
Grundkennzeichen der Moderne oder, falls das bevorzugt wird,
der Postmoderne ist: Die Entwicklung hin zu einer Pluralisierung
der Wissensformen und der Vernunft. Im Grunde war über Jahrtausende die Erzählung, die klassische narrative Form des »und«,
»als« und »nachdem« die entscheidende »Form des Wissens par
excellence«.[29] Dieser Argumentation von Jean-François Lyotard,
der gleichsam einer der Gründerväter der Postmoderne im Sinn
eines ernsthaften philosophischen Konzeptes war, wird man weithin zustimmen können (erst recht aus theologischer Sicht, denn
Theologie lebt von der Erzählung). Auch »das wissenschaftliche
Wissen kann weder wissen noch wissen machen, daß es das wahre Wissen ist, ohne auf das andere Wissen – die Erzählung –
zurückzugreifen, das ihm das Nicht-Wissen ist«.[30] Die Alternati-

ve wäre für die Wissenschaft nur, sich selbst und ihre Wahrheit, ihr Vernunftverständnis als universal vorauszusetzen – was eine petitio principii ist: ein Vorurteil und ein argumentativer Fehlschluss, weil das, was mit wissenschaftlichen Mitteln zu beweisen wäre, bereits in der Argumentation (aus nicht wissenschaftlichen Mitteln heraus) als wahr vorausgesetzt werden muss. Hinzu kommt, dass auch klassische Erzählungen eine Vielfalt von Sprachspielen beinhalten und eine Pluralität nicht nur der Formen, sondern auch der Positionen und Sichtweisen, die je nach Lage im Spiel oder im Kampf gegeneinander antreten. »Die Erzählungen bestimmen, wie man gesehen hat, Kriterien der Kompetenz und/oder sie illustrieren deren Anwendung. So bestimmen sie, was in der Kultur das Recht hat gesagt und gemacht zu werden, und da sie selbst einen Teil von ihr ausmachen, werden sie eben dadurch legitimiert« – so wie die Erzählungen selbst zur Legitimation von Wahrheiten, aber auch von Machtstrukturen herangezogen werden.[31] Doch die Zeit der »großen Erzählungen« ist vorbei. Es gibt eine »Vielfalt der diskursiven Arten«,[32] die als »Sinnverlust« beklagt wird, zugleich aber auch eine größere Freiheit mit sich bringt und, insofern diese in ein Gesellschaftssystem eingebunden ist, eine größere Toleranz der Vielstimmigkeit und dem gegenüber, was in Adornos Sprache nichtkommensurabel ist – eben nicht in eine der großen, gängigen Erzählungen aufgelöst werden kann.

Doch wie beweist man im Konzert der Stimmen und der Widersprüche den Beweis? Wer entscheidet über die Bedingungen des Wahren (auch des Wahren in der Wissenschaft)? Lautete die Antwort zunächst »der Souverän«, also der König, der auch ein Tyrann sein konnte, so veränderte sich die Definitionsgewalt nicht zuletzt durch die Verschiebungen im Vernunftbegriff, die ich eben skizzierte, in Richtung der Fachleute und Experten. Doch auch die Experten sind nicht mehr die Helden in einem demokratischen Spiel, in dem das Volk regiert. Das Volk ist, wie Lyotard sagt, nicht erst seit der Französischen Revolution das »soziopolitische Subjekt«. Und das Volk ist, wie seine Stimme, viele. Was die Philosophie und auch die Geschichte der Vernunft bislang an Erzählungen »ihrer« Geschichte produzierte, war, mit Nietzsche und Adorno gesprochen, seinerseits ein Mythos, eine Erzählung. Diese »große« Erzählung, die vor allem eine Geschichte vom Fortschritt ist, die erst noch Geschichte (im Sinne von Historie) werden will, nennt Lyotard »Metaerzählung«.[33] Aus verschiedenen Gründen, die ich nicht im Detail ausführen will, die aber vor allem mit der Geschichte der Legitimität von Wahrheit, Argumenten und Ansprüchen zu tun hat, gibt es eine solche Metaerzählung nicht mehr. Was es gibt, ist eine unreduzierbare Vielfalt von Erzählungen, von Lebensformen und Positionen, die sich überlappen können und zu Konsens, aber ebenso gut auch zu Dissens und unversöhnlichen Spannungen führen können, die zu lösen oder zumindest im Zaum zu halten eine der schwersten Aufgaben moderner demokratischer Gemeinschaften ist. Es gibt, schreibt Lyotard, »weder eine mögliche Vereinheitlichung noch eine Totalisierung der Sprachspiele in einem Metadiskurs«.[34] Dies ist die Definition von Postmoderne im philosophischen Sinn: eine Struktur radikaler, nicht reduzierbarer Pluralität.

Genau das aber hat der schnelle Gang durch die Regale der Geschichte der Vernunft gezeigt: dass sie sich immer weiter auffächert, immer weiter differenziert und schließlich zu einer nicht mehr auf einen einheitlichen Nenner zu bringenden Struktur wird. Ich will damit nicht behaupten, dass es keine Versuche geben würde, einen solchen Nenner – auch in Gestalt einer wissenschaftlichen Weltformel – zu finden oder besser gesagt: zu definieren und zu behaupten. Doch meine These ist, dass sich eine solche Definition nicht halten wird. Die Vernunft ist nicht mehr eine, sondern viele. Dies zu verkennen, ist eine der größten Illusionen der Wissenschaft und einer Rationalität, die als »modern« bezeichnet wird – wobei modern in diesem Sinne nur noch ein Projekt der Einheit bezeichnen kann, das einzuholen jedoch nicht mehr möglich ist, auch wenn genau dies über Jahrtausende der große platonische Traum war. Die Sprachspiele sind, wie die Lebensformen und die Vernunft selbst, zerstreut (»dissémination«

nennt Lyotard diese strukturelle Beschaffenheit). Das aber bedeutet anzuerkennen, dass es innerhalb der Vernunft selbst Begrenzungen gibt, die ihr immanent sind.

Ähnlich verhält es sich, wie Tarski und andere zeigten, mit Systemen, die mindestens die Komplexität des Systems der natürlichen Zahlen haben (eine Komplexität, die unsere Alltagssprache bei weitem überbietet!).[35] Sie sind hinsichtlich der Wahrheit einzelner Aussagen nicht konsistent; sie lassen Paradoxa und Widersprüche zu. Und Sätze, die wahr sind, aber nicht als wahr bewiesen werden können mit den bordeigenen Mitteln des Systems. Das Schiff lässt sich eben auf offener See nur umbauen, nicht von Grund auf renovieren. Die Idee der Vernunft, sagt Lyotard, »das Prinzip einer universellen Metasprache ist durch das der Pluralität formaler und axiomatischer Systeme ersetzt«.[36] Das postmoderne Wissen und die postmoderne Vernunft sind Prozesse des Übergangs und der Übersetzung. An die Stelle monokausaler Ursachen – und seien es auch die Vorstellungen von einem Gott – treten Interdisziplinarität, Vielfalt und damit auch die Fähigkeit, Verknüpfungen und Übergänge zu schaffen. Die Vernunft ist nicht mehr wie zu Beginn der griechischen Philosophie monistisch (auch wenn damals bereits mehrere solcher monistischen Systeme aufeinanderprallten). Vielmehr ist sie heteromorph: vielgestaltig. Vielleicht ist Vernunft in einer sehr kurz gefassten Formel nichts anderes als ein Ausdruck dafür, dass wir nicht willkürlich denken und handeln wollen. Vernunft wäre dann eine Erinnerung an den Umstand, dass wir durchaus anders als willkürlich handeln können, wenn wir uns der Arbeit des Denkens unterziehen und die Mühe des Begriffs nicht scheuen. Wir alle fahren besser, wenn wir uns an der Gemeinschaft orientieren, die uns in einem gewissen Rahmen Dissens und Anders-Sein (Individualität) zugesteht, zugleich aber auch mahnt, nicht mit bloßer Willkür, Gewalt oder Macht zu handeln, sondern aus guten Gründen, in die andere einstimmen können. Dieser Prozess der vielfältigen Abstimmung führt dazu, etwas, das wir behaupten, schließlich als wahr oder falsch zu erkennen. Vielleicht geht es in der

Anwendung unseres Vernunftvermögens am Ende »nur« darum, im Denken die unbekannte Welt und den Anderen in ihr zu »berühren«. Es geht um ein Denken, das fortschreitet, »bis es das berührt, was es verkennt« – und in diesem Berühren zugleich seine Grenzen anerkennt. Dass die Wissenschaft zumindest in ihrem Alltagsgeschäft, in dem es auch um Drittmittel, um Geld und publizistischen Lärm geht, davon wenig hören will, weiß jeder, der das akademische Geschäft kennt. Mir gefällt die Formulierung, mit der Jean-François Lyotard die Beziehung des Denkens zu dem, was es (noch) nicht denkt oder denken kann, von beiden Seiten her beschreibt. »Das Denken kann seine Beziehung zu dem, was es ignoriert, und dem, was von ihm ignoriert wird, nicht theoretisieren«, sagt Lyotard. Es kann sich nicht über das stellen, was es selbst, und das, was es nicht ist, und so tun, als könne es diesen übergreifenden Zusammenhang gleichsam aus göttlicher Perspektive begreifen. Lyotard führt diesen Gedanken so fort: »Und wenn es glaubt, die Wendungen und die Tropen zu finden und einzuführen, um das Fremde zu erobern, kann es sich, wie Freud es ausdrückte, nur täuschen.«[37]

Alles, was sich zusammenfassend sagen lässt, ist demnach, dass es historisch und gesellschaftlich einen Prozess einer allmählich zunehmenden Pluralisierung gegeben hat. Er macht sichtbar, dass es stets sehr bestimmte Definitionen und ein damit verbundenes historisches Verständnis von Vernunft gab, gibt und (in neuer Form) geben wird. Auch das, was wir heute unter Vernunft verstehen, wird sich verändern und weiter auffächern – so wie es sich in den letzten Jahrtausenden bereits zugetragen hat. Unser Vermögen, wenigstens im Prinzip vernünftig sein zu können, wird zwar bleiben, erscheint aber nun als Ergebnis eines Prozesses der Evolution. Die Vernunft ist nicht einfach vom Himmel gefallen. Sie wurde auch nicht durch einen einzigen Biss in die Frucht des Baumes der Erkenntnis gewonnen (theologisch ist ein solcher Biss ohnehin nur höchste Unvernunft). Die Behauptung der Theologen, allzu viel Vernunft sei ein Zeichen für das Handeln des Teufels, dürfte sich überholt haben. Denn wenn es so ist, gibt es nur noch Teufelswerk, auch in der Theologie. Vermutlich hat es dann nur solches Teufelswerk gegeben, denn was Vernunft ist, wird sich immer wieder verändern. Dies ist die Lehre aus dem Schnelldurchgang.

Verlassen wir die Bibliothek und wenden wir uns wieder dem eigentlichen Thema, dem Verhältnis von Glauben und Vernunft, zu. Und damit einer Ausgangslage, die heute die Diskussion bestimmt, uns aber nicht immer wirklich bewusst ist.

Vorurteile und das Fliegenglas der Vernunft

Im Streit zwischen Glauben und Vernunft – oder Religion und Wissenschaft – spielt eine über die Jahrhunderte veränderte und inzwischen für selbstverständlich gehaltene Ausgangslage eine wichtige Rolle. Im Unterschied zu vergangenen Jahrhunderten leben wir in einem säkularen Zeitalter. Die Vergangenheit der Religion und damit die gefühlte direkte Anwesenheit Gottes ist für viele nur noch vom Hörensagen oder durch den Schulunterricht bekannt, sieht man von gelegentlichen Besuchen in den Museen oder Reisen in die Vergangenheit der »belebten Museen« wie Rom oder Florenz mit ihren großen Kirchen und Kathedralen einmal ab. Heute wird deshalb zuweilen auch von einer postreligiösen oder nachchristlichen Kultur bzw. Gesellschaft gesprochen. In jedem Fall gilt es als ausgemacht, dass die Wissenschaften sowohl für die Erkenntnis als auch für das gemeinsame Leben die verlässlicheren Grundlagen liefern. Ohne bereits eine religiöse Gegenhaltung einzunehmen, spricht man innerhalb der philosophischen Tradition von einer Haltung des »Szientismus« – einer Haltung, die die Standards der empirischen Wissenschaften zu den Standards erklärt, nach denen auch andere menschliche Aktivitäten wie Kunst, Politik oder Ethik zu beurteilen seien. Wenn Evolutionsbiologen wie Ulrich Kutschera hervorheben, dass Denken ein biologischer Vorgang ist und dass deshalb auch das Verständnis seiner Produkte eine Sache der Biologie sei, dann spiegelt eben diese Haltung die Denkweise des Szientismus wider. In diesem Sinn ist alles, was den Menschen betrifft, ein biologischer Vorgang. Doch folgt daraus, dass beispielsweise die Beschreibung von Liebe nicht in Dichtung, sondern ausschließlich in biologischen Beobachtungen und Theorien zu erfolgen hat?

Vor Jahrhunderten noch wäre es schwer, wenn nicht sogar undenkbar gewesen, die »großen Fragen« ohne jeglichen Bezug auf Gott beantworten zu wollen. Diese großen Fragen sind all jene nach dem Aufbau der Welt, nach unserem Platz in ihr, nach dem »Warum« der Welt, nach unserem »Woher und Wohin«, aber auch Fragen, die die Moral, die Grenzen unserer Erkenntnis oder all jene Themen betreffen, die sich auf die Natur des Menschen und des Kosmos beziehen. »Warum gibt es überhaupt etwas, nach dessen Sinn man fragen kann?«, formuliert der englische Literaturwissenschaftler Terry Eagleton diese große Frage in seinem Buch *Der Sinn des Lebens*.[38] Gott war eine Antwort auf diese letzten Fragen nach Sinn, Bedeutung und Moral – so seltsam das vielen heute auch erscheinen mag. Die Annahme, dass die Welt ihren Sinn entweder von Gott erhalten habe oder alles zufällig, willkürlich und absurd erscheint, zeugt aus heutiger Sicht nur von der Gefangenschaft in einem falschen und überwundenen Bild. »Selbst wer glaubt, Gott sei letztlich der Sinn des Lebens«, schreibt Eagleton, »muss deshalb nicht auch unbedingt glauben, dass die Welt ohne dieses göttliche Fundament überhaupt keinen Sinn hat. Der religiöse Fundamentalismus entsteht aus der neurotischen Angst, ohne einen letzten Sinn gäbe es keinen Sinn. Er ist lediglich die Kehrseite des Nihilismus. Dahinter steckt die Vorstellung, das Leben gleiche einem Kartenhaus. Nimmt man eine der unteren Karten weg, bricht das ganze fragile Gebäude zusammen. Wer so denkt, ist Gefangener einer Metapher. Tatsächlich teilen viele gläubige Menschen diese Annahme nicht.«[39] Und nicht nur das: Viele gläubige Menschen betonen, dass Gott das Leben eher mysteriöser, geheimnisvoller und zuweilen auch schwerer mache. Gott ist keineswegs die Lösung für ein Problem – und wenn, dann eine kryptische, unverständliche Lösung. Insofern hatten Wissenschaftler und Philosophen recht, wenn sie sich von der Annahme verabschiedeten, dass Gott die Antwort auf wissenschaftliche Fragen sei. Daraus allerdings zu folgern, dass nur wissenschaftliche Fragen auch sinnvolle Fragen seien und dass alle Fragen, die die Wissenschaften stellen können, nur innerhalb der Wissenschaften beantwortet werden können, ist etwas anderes und geht weit über die berechtigte Kritik hinaus. Doch was sind die Grenzen dieses Fragens? Und was die Grenzen unserer Möglichkeiten, auf die »großen Fragen« Antworten zu geben? Wenn philosophische Arbeit keine neuen Fakten entdeckt (wie die Wissenschaften) und ihr Ausgangsmaterial nicht in sich selbst, sondern aus all den Quellen der Erfahrung und des Denkens schöpft, aus denen auch die Wissenschaften schöpfen können – was zeichnet sie dann aus? Hat sie einen legitimen Sinn?

Heute scheint es selbstverständlich zu sein, nicht nur bei Fragen, die die Ernährung oder das seelische Gleichgewicht betreffen, sondern auch bei den großen Fragen wie der nach der Entstehung des Universums bis hin zum Sinn des Lebens, sich zunächst und beinahe ausschließlich danach zu erkundigen, was die Wissenschaftler zu diesen Themenkomplexen gesagt haben. Dabei wird leicht vergessen, dass das menschliche Leben aus vielen Tätigkeiten besteht. Menschen kochen, sie haben Sex, arbeiten, langweilen sich, fahren Auto und streiten sich über die beste Marke, rauchen, machen und hören Musik, führen Kriege, foltern, sterben oder kümmern sich um Babys. All das hat mit den großen Fragen, aber wenig mit Wissenschaft zu tun. Der Philosoph Michael Hampe machte unlängst darauf aufmerksam, dass auch das Beschreiben der Dinge – eine Tätigkeit also, die besonders wissenschaftlich zu sein scheint – keineswegs »wissenschaftlich« sein muss. Selbst die Beschreibung eines neuen Insekts enthält keine Schlüsse, biochemischen Erklärungen oder komplizierte Deduktionen. Humboldt hat mit seinen Büchern die Welt beschrieben – und sie durch die Beschreibungen, die viel von Kunst und Dichtung an sich haben, verändert. Auf diese Weise inspirierte er Darwin zu einer ähnlichen Reise auf seinen Spuren. Es ist ein Irrtum, wenn man alle Formen der Erkenntnis auf Erklären und Schließen (in der Fachsprache: Inferenz und Deduktion) verengt. »Wer nicht erklärt oder schließt«, schreibt Hampe, »kann immer noch Strukturen des Handelns und Denkens realisieren, die in einem gewöhnlichen Sinne als vernünftig gelten können, weil sie fortsetzbar sind und Übereinstimmungen im Handeln zwischen den Menschen erzeugen.«[40] Anders gesagt: Man kann durchaus Regeln folgen und deshalb etwas Nachvollziehbares, für andere Menschen Verbindliches erzeugen, ohne gleich Wissenschaft zu treiben. Auch Literatur oder Kunst kann den Alltag beschreiben und deuten. Es gibt Tatsachen, die unabhängig, die »diesseits« (oder jenseits, je nach Sichtweise) der Wahrheiten der Wissenschaften liegen. Wenn ein Pfarrer jemanden beerdigt, dann ereignet sich etwas Alltägliches und Wichtiges, ohne dass dabei eine biologische oder physikalische oder mathematische Theorie in Anspruch genommen werden muss. Der britische Philosoph und Mathematiker Alfred North Whitehead sprach in diesem Zusammenhang von einem »Trugschluß der unzutreffenden Konkretheit«.[41] Er meinte, dass es bei aller Liebe zum Verstehen unserer Welt und zur Genauigkeit der Analyse immer wieder passiert, dass wir vernachlässigen, auf welchem Abstraktionsgrad wir über die Dinge sprechen. »Es gibt Aspekte der Wirklichkeiten, die man einfach ignoriert, solange das Denken auf diese Kategorien beschränkt bleibt.« Wer sich im Dunstkreis der an sich faszinierenden Quantenphysik einem Begräbnis nähert und alles als seltsames Spiel der Quanten versteht, geht völlig an dem vorbei, was in der Beerdigung geschieht (oder im anderen Fall einer Geburt, der Liebe etc.). Es ist für Hampe wie für Whitehead ein großer Erfolg des Denkens, wenn es sich vernünftig und mit Gewinn dem Alltäglichen nähern kann. Der Erfolg von Philosophie und Theologie wird sich daran messen lassen müssen, inwieweit es gelingt, den Fehler zu vermeiden, nur innerhalb bestimmter Kategorien der Wissenschaftlichkeit, aber auch der Philosophie oder Theologie zu denken. Das Denken, das sich selbst durchkreuzt und hinter sich lässt, um das Alltägliche besser denken zu können, wäre das richtigere Denken. Doch das ist anstrengend.

Überhaupt ist das Denken und mit ihm die Einsicht in die Grenzen eines jeden Denkens schwierig geworden. Wenn man genauer nachdenkt, wird der Pluralismus der Beschreibungsformen (die man auch Methoden nennen kann), der Perspektiven und Handlungsweisen durchaus wieder sichtbar. Doch genau diese Vielfalt ist es ja auch, die das Leben in der »globalisierten Welt« mit ihren Widersprüchen nicht nur erschwert, sondern zuweilen auch unerträglich macht. Man muss sich in diesem Zusammenhang daran erinnern, dass es erst im späten Mittelalter der äußerst fortschrittliche Denker Nicolaus von Kues war, der auch das Wort der *religio* im Plural verwendete und damit einen Pluralismus der Religionen und ihrer Ansprüche anerkannte. Dies forderte den Denker (und alle Theologen seither) dazu heraus, die Einheit aller Religionen (falls es eine solche überhaupt gibt oder geben sollte) zu bestimmen. Zugleich ermöglichte diese Frage nach der Einheit auch die Feststellung der Unterschiede im Denken, in den Ritualen, im Handeln und im Glauben. Mit einem Mal wurde Religion nicht nur aus der »Teilnehmerperspektive« bedacht und erfahren, sondern auch mit den Augen eines Beobachters von außen. Dies ermöglichte »den fremden Blick aufs Eigene – eine wesentliche Voraussetzung für religiöse Toleranz«.[42]

Mir scheint, dass die gegenwärtige Debatte um den »neuen Atheismus« nicht zuletzt auch daran krankt, dass wir Whiteheads »Trugschluss der unzutreffenden Konkretheit« erlegen sind. Uns bestimmt das, was Wissenschaftler sagen, denken und tun, so selbstverständlich und nachhaltig, dass wir den Blick auf die Ebene der Abstraktion, der Theorien und Denkmuster verlieren, die wir damit bereits übernommen haben. Nicht dass man die Wissenschaft rückgängig machen müsste, um glauben oder ein Bild oder Musikwerk intellektuell verstehen und zugleich genießen zu können. Worum es geht, ist, das Fliegenglas zu sehen, das sich über die Probleme gestülpt hat, mit denen wir uns beschäftigen. Es ist das Fliegenglas der Wissenschaft – so wie es einst die Dunstglocke Gottes und des lieben Herrn Jesus war, der am Ende und mit Sicherheit immer wieder aus dem Nichts auftauchte. Faktisch bestimmen wissenschaftliche Bilder und Metaphern unser Denken und Handeln in einem Ausmaß, das bei genauem Nachdenken keineswegs »vernünftig« ist. Ein lohnendes Beispiel, das ich an dieser Stelle jedoch nicht vertiefen will, ist die Gehirnforschung. Bunte Bilder, deren Farben nicht im Gehirn zu finden sind, sondern in der willkürlichen Farbwahl eines Computerprogramms oder Wissenschaftlers, suggerieren ein genaues Wissen, das bei näherem Hinsehen keineswegs vorhanden ist. Was beispielsweise die zeitlichen Veränderungen bei Wahrnehmungsvorgängen im Gehirn angeht, sind die guten alten EEG-Aufzeichnungen zwar völlig unspektakulär und für einen Laien schwer zu »lesen«, dafür aber um Dimensionen genauer als das, was die funktionelle Magnetresonanztomographie liefert. Wer mehr darüber wissen möchte, kann sich mit den Schriften des Wissenschaftshistorikers Michael Hagner zur Geschichte der Gehirnforschung kundig machen.

Mein Punkt ist der, dass unser Denken und Handeln faktisch von einer Art wissenschaftlichem Fliegenglas gefangen wird – ein Fliegenglas, das noch vor wenigen Jahrzehnten oder Jahrhunderten das der Theologie und kirchlichen Autorität war. Die ungeheure Flugbahn des wissenschaftlichen Denkens sollte nicht darüber hinwegtäuschen, dass ein Fliegenglas über sie gestülpt wurde. Statt sich daran zu erinnern, dass das Abheben von den alltäglichen Beobachtungen, das durch die dünne Luft der phantasievollen Verallgemeinerungen und Theorien schweben und das anschließende Landen in einer neuen Beobachtung nur eine von vielen Möglichkeiten des Herantretens an die Welt ist, haben wir sie zur vorbildhaften, beinahe ausschließlichen (und damit anderes ausschließenden) Methode gemacht.[43] Das Leben selbst, der Alltag, ist weder eine soziologische noch eine biologische oder kulturwissenschaftliche Tatsache. Um eine solche zu sein, bedarf es bereits einer Theorie, die das, was uns im Leben begegnet, derart deutet. Doch warum sollte eine bestimmte Theorie, eine bestimmte Herangehensweise die allgemein und immer gültige sein? Wäre es dann nicht konsequent, eine Beerdigung tatsächlich als System verschränkter Quanten zu sehen? Doch was haben wir von einer solchen Beschreibung – und was verlieren wir? Damit Sie mich nicht falsch verstehen: In den Zusammenhängen der Physik und verwandter Naturwissenschaften ist die Quantentheorie möglicherweise die beste, noch ausbaufähige Theorie, die wir haben, um zu erklären, wie sich Teilchen verhalten. Zwar bestehen auch wir aus solchen Teilchen – doch das macht uns nicht zu optimalen Gegenständen für quantenphysikalische Betrachtungen. Nur weil wir leben, bedeutet das nicht, dass wir uns einzig und alleine in einer biologischen Theorie angemessen beschrieben finden. Wer mein Trompetespielen als einen hilflosen Versuch versteht, musikalische Evolution möglich zu machen, mag auf der Abstraktionsebene im 13. Stock der Theorieentwicklung recht haben; doch er fasst auf diese Weise nicht, was geschieht, wenn ich – zum Leidwesen meiner Mitmenschen – übe.

Tatsächlich kann und muss man wieder darüber streiten, ob die empirischen Wissenschaften, die die Welt zunächst beobachten, sie dann mit Hilfe von Theorien zu erfassen und zu erklären suchen, um in einem weiteren Schritt neue Hypothesen oder Prognosen über das Verhalten der Dinge aufzustellen, überhaupt in der Lage sind, so etwas wie Grundlagen für das menschliche Zusammenleben zu formulieren. Bekanntlich kann aus einem Ist-Zustand kein Sollen im ethischen Sinn abgeleitet werden. Dieser sogenannte »naturalistische Fehlschluss« ist zwar immer wieder in wissenschaftlichen Kontexten anzutreffen und zuweilen auch in politischen Diskussionen zu finden, stellt aber logisch einen groben Schnitzer dar. Ebenso weit verbreitet ist der Irrtum, die Wissenschaften seien »wertneutral«. 1904 bereits formulierte Max Weber, dass es »niemals Aufgabe einer Erfahrungswissenschaft sein [kann], bindende Normen und Ideale zu ermitteln, um daraus für die Praxis Rezepte ableiten zu können«.[44] Es ist eine klare Konsequenz auch aus dem später weiter geführten »Werturteilsstreit« und einer Fülle von wissenschaftstheoretischen Untersuchungen etwa von Ludwik Fleck, Thomas S. Kuhn, Paul Feyerabend, Hans Albert und vielen anderen, dass Werturteile in die Beschreibung von Tatsachen einfließen. Urteile bilden schließlich den Rahmen für die »Dimensionen« unseres Handelns in der Welt. Wissenschaftliche Aussagen setzen stets gesellschaftliche sowie kulturelle und moralische Normen voraus. Diese bilden – ebenso wie die Experimente und Theorien – eine Grundlage ihrer Formulierung. Wenn Blitz und Donner physikalisch untersucht werden, setzt dies voraus, dass diese Phänomene nicht als Götter betrachtet werden, denen nahezurücken ein Sakrileg wäre, auf das der Tod folgt. Blitz und Donner physikalisch zu untersuchen, setzt bereits ein bestimmtes Weltbild, eine Wertung dessen voraus, was vermutlich in der Welt geschieht. So wie auch das Ethos der Wahrheit in den Wissenschaften eine moralische Dimension der Anerkennung von Wahrheit und Wahrhaftigkeit darstellt, die zu begründen nicht mit den Mitteln einer solchen Wissenschaft erfolgen kann. Ich kann nicht physikalisch »begründen«, warum ich als Physiker der Wahrheit des Argumentierens verpflichtet bin. Das Problem ist, dass das, was gegenwärtig für selbstverständlich gehalten wird, weder historisch immer so war (und folglich auch wieder anders werden könnte, und sei es auch durch pure Willkür) noch einfach die »natürliche«, objektiv vorgegebene Ordnung ist. Man darf das Fliegenglas also getrost auch hochheben.

Am Ende bleibt die Einsicht, dass die Vernunft uns einen privilegierten Zugang zur Erkenntnis, ja zu absoluter und richtiger Erkenntnis garantieren kann. Mit ihrer Hilfe können wir uns, pathetisch formuliert, immer wieder über die Baumwipfel des Irrtums erheben, können die Krone der Schöpfung sein, indem wir den dampfenden Wald mit seinen Tausenden von einzelnen Lebewesen betrachten und aus einer gleichsam göttlichen Perspektive, unabhängig, klar und in einer für alle Zeiten gültigen

Weise zu Erkenntnissen und universal gültigen Einsichten kommen. Wir sind mit Hilfe der Vernunft in der Lage, Irrtümer als Irrtümer zu erkennen. Wir haben ein Mittel in der Hand, um Blindheit immer wieder auszutreiben. Theorie bedeutet schließlich wörtlich übersetzt Schau, Sehen. Die Vernunft liefert uns die Theorien, mit deren Hilfe wir sehend werden. Mit ihrer Hilfe (und der des Verstandes) haben wir den Satz des Pythagoras und den von der Winkelsumme im Dreieck entdeckt, Prinzipien, die überall in der euklidischen Welt gelten. Wir haben die Mathematik der Zahlen bis in die höchsten Abstraktionsebenen getrieben, haben sie angewendet auf die Welt und haben die Newton'sche Mechanik entwickelt, die es uns erlaubt, Mondraketen, Autos und Computer zu bauen und Gentechnik anzuwenden. Wir haben es über Einsteins Ableitung der speziellen Relativitätstheorie hinaus verstanden, selbst die kompliziertesten Zusammenhänge immer wieder glasklar werden zu lassen, transparent, wenn nicht für alle – denn zumindest die mathematische Vernunft ist keine einfache Sache –, so doch im Prinzip für alle. (Ich hoffe, der Wissenschaftler in Ihnen gerät langsam in Wallung!) Jeder CD-Player, jedes Navigationsgerät basiert auf den abstraktesten Vernunfterkenntnissen, ohne die es all diese Alltagsgegenstände nicht geben würde. Wir können bis zu den universalen Erkenntnissen vordringen, zu Kenntnissen über den Beginn des Universums und das, was es im Innersten zusammenhält, weil es eine Struktur gibt, die sowohl »da draußen« ist, die der Welt immanent ist und vor unseren Augen liegt – die aber auch zugleich auch in uns ist und in unserem Denken. Wir können die Muster der Welt erkennen und in uns aufnehmen – und nichts anderes ist Wissenschaft: das Erkennen von Mustern. Und es gelingt, weil wir selbst diese Muster in uns haben und sie dann im Denken wiederfinden. So erfassen wir die Welt und uns selbst. Wir überblicken unsere Welt, haben begonnen, die Natur zu verstehen und wenn notwendig zu beherrschen. Diese Fähigkeit erhebt uns weit über die Grenzen, die anderen Tieren gesteckt sind. Kurzum: Mit Hilfe der Vernunft haben wir einen privilegierten Zugang zur Welt. »Das ist das Göttliche unserer Seele, daß sie der Ideen fähig ist«, ist im Nachlass des kritischen Philosophen Immanuel Kant zu lesen.[45]

Über die Grenzen vernünftiger Erkenntnis

So weit der pathetische Teil. Die Idee der Göttlichkeit der Vernunft scheint bis heute – auch in wissenschaftlichen Überlegungen – immer wieder auf. Bis heute bleibt sie eine mythologische Begleitung, ein Grundmotiv, das immer wieder angestimmt wird. Es ist verbunden mit der Behauptung, allein die Vernunft helfe bei den entscheidenden Fragen weiter. »Entscheidend« wird dabei in der Regel ohne Zögern in »wissenschaftlich« übersetzt. Jede Form von Glauben erscheint demgegenüber entweder als eine schwächere Form des Wissens, die in Zukunft abgeschafft werden kann, oder gleich als reine Illusion. Dabei beinhaltet der Begriff der Illusion von seiner lateinischen Wurzel her das Wort ludere, spielen. Dieses Spiel hat etwas Fröhliches im Sinne Nietzsches fröhlicher Wissenschaft, zugleich aber auch einen Hauch von Verhöhnung derer, die es zu ernst nehmen. Was häufig nicht gesehen wird, aber in der Geschichte der Entwicklung der Vernunft immer wieder deutlich hervortritt, das sind ihre allzu durchsichtigen und daher nicht gesehenen Grenzen. Auch über diese Grenzen der Vernunft ist viel geschrieben worden. Um wenigstens einige dieser Grenzen klarer zu sehen – denn sie sind entscheidend, um einen angemessenen und das bedeutet auch bescheidenen Begriff von Vernunft zu entwickeln –, möchte ich Ihnen in den nächsten Abschnitten einige dieser Grenzen aufzeigen. Damit ich nicht falsch verstanden werde: Wer Grenzen der Vernunft aufweist, beweist damit keinesfalls den Glauben. Es werden auf diese Weise lediglich Missverständnisse aus dem Weg geräumt, die beidem im Weg stehen: einem guten Gebrauch der Vernunft und des Glaubens.

1. Die biologischen Grenzen

Wenn es heißt, dass wir mit Hilfe der Vernunft einen privilegierten Zugang zur Welt haben, dann bedeutet dieses »Wir« immer auch: wir als körperliche Wesen. Obwohl die Vernunft abgekoppelt ist von einem besonderen Menschen, von einem besonderen Körper, seinem Ort und seiner endlichen Zeit, haben wir alle die Anlage zur Vernunft. Und wir sind Körper. Hat diese biologische Tatsache Auswirkungen auf die Vernunft? Offensichtlich nicht, denn dass wir einen Körper haben, war schon immer so – und es hat die Entwicklung, die Evolution der Vernunft offensichtlich nicht hindern können, sondern ermöglicht.

Auch zu unserem Körper haben wir einen privilegierten Zugang. Er ist ja unser Körper – und die Welt wird durch diesen Körper »unsere« Welt. Ein Teil dieses Körpers ist zweifellos unser Gehirn, ohne das wir, so wie es aussieht, nicht denken können. Von unserem Körper aus stehen wir mit Hilfe des Gehirns als eines Teil des Körpers in Kontakt mit der Welt. Sie berührt uns sozusagen – und mit Hilfe der Sinnesorgane unseres Körpers laufen diese Berührungen dann über die Sinneszellen und Sinnesleitungen millionenfach auf das Gehirn zu, das sie verarbeitet. Also haben wir einen direkten Kontakt zur Welt. Das Gehirn ist das Organ, das uns hilft, Unterschiede in der Welt wahrzunehmen (Objekte oder Menschen voneinander zu unterscheiden, manchmal auch dort, wo es keine gibt). In dem Maße, wie es sie wahrnimmt, produziert es sie jedoch auch. Das Gehirn »macht« einen Unterschied. So wie die Evolution mit der Selektion (der Auswahl und Verstärkung) von Unterschieden spielt, so arbeitet auch das Gehirn auf der Ebene der Kommunikation und Informationsverarbeitung mit den Unterschieden, die »es« wahrnimmt.

Diese Ansicht ist weit verbreitet. Sie scheint instinktiv richtig zu sein. Wie sonst sollte es sich auch verhalten? Und doch ist diese Ansicht grundfalsch. Und das hat Konsequenzen. Fast alle Menschen, die sich nicht mit Medizin, insbesondere mit Sinnesphysiologie, Sinnestäuschungen, mit dem Gehirn und den Neurowissenschaften befasst haben, neigen instinktiv zur Ansicht, dass sie einen direkten Zugang zur Welt haben. Wir »sehen« doch Farben, oder? Doch es gibt keine Farben »in« der Welt. Farbe ist in der Sprache (wir sagen und denken: »Das ist blau!«) – und das bedeutet auch: im Gehirn. Und es ist das Gehirn, das die Farben der Welt »macht«, indem es das, was ist, übersetzt in etwas, das wir als Farben »sehen« und als Farben bezeichnen. Wir haben jedoch nie einen direkten Zugang zu dem, was ist. Stets ist alles, was wir wahrnehmen, alles, was wir denken, »gefiltert« durch das Gehirn als dem Organ des Bewusstseins. Um auch hier einem möglichen Irrtum vorzubeugen: Ich behaupte nicht, Gedanken seien einfach Reaktionen und Impulse, das Feuern der Nervenzellen im Gehirn. Denn wie genau ein wildes Feuern im Gehirn mit einem Gedanken zusammenhängt, ist nicht nur nicht klar, sondern möglicherweise auch aus prinzipiellen Gründen eine falsche, irreführende Vorstellung. Doch diese neurophilosophische Diskussion muss an dieser Stelle gar nicht geführt werden. Es reicht festzuhalten, dass uns nichts, aber auch gar nichts, das »aus« der Welt kommt, erreicht, das nicht zugleich durch unseren Körper und letztlich durch unser Gehirn »gefiltert« wird. Eine Welt an sich, die wir sehen und beobachten könnten, gibt es nicht. Es gibt nur eine Welt für uns. Die Idee einer uninterpretierten, reinen und direkten (Sinnes-)Wahrnehmung ist eine falsche Idee, die durch und durch den heutigen Tatsachen widerspricht. Die Welt, die wir sehen und in der wir leben, ist immer »unsere« Welt – und wir haben zu ihr niemals einen direkten Zugang, auch wenn es anders zu sein scheint. Aber es sieht ja auch völlig überzeugend so aus, als würde sich die Sonne um die Erde drehen.

Vielleicht hilft ein Beispiel, den Zusammenhang besser zu verstehen. Stellen Sie sich eine Tomate vor. Sie liegt vor Ihnen und ist – aller Wahrscheinlichkeit nach – rot. Sagen Sie jedenfalls (und ich vermutlich auch). Aber ist die Tomate selbst rot? Nach allem, was uns die Physik sagt, verhält es sich tatsächlich so, dass Licht – das eine Vielzahl von Spektren oder Farbmöglichkeiten enthält – auf die Tomate fällt. Die (atomare) Struktur der Tomate ist so beschaffen, dass sie von all dem Licht, das auf sie fällt, nur das

»rote Licht« reflektiert, d. h. an uns weitergibt. Rotes Licht hat eine bestimme Wellenlänge – und diesen Unterschied der Wellenlängen untereinander kann unser Auge wahrnehmen, weil es die Lichtimpulse in elektro-chemische Signale übersetzt, die ihrerseits an vielfachen Orten im Gehirn auf eine höchst komplexe Weise verarbeitet und dann »beurteilt« werden. Was also ist rot? Die Tomate? Das, was Sie sehen? Oder das, was Ihr Gehirn daraus macht? Oder nur das Wort »rot«?

Stellen Sie sich vor, Sie bestrahlen Ihre rote Tomate mit kräftigem blauen Licht. Was sehen Sie? Richtig. Immer noch eine Tomate. Und Sie werden sagen: »Diese Tomate ist rot, aber sie sieht blau aus, weil sie mit blauem Licht bestrahlt wird.« Doch woher wissen Sie das? Warum sagen Sie nicht, dass die Tomate vor Ihnen blau ist? Wir – oder unser Gehirn – entscheiden, dass die Szenerie blau angestrahlt ist (statt zu sagen, dass die Tomate blau ist). Die »wahre« Farbe der Tomate, werden wir sagen, war, ist und bleibt – rot. Der Neurobiologe Chris Frith formulierte den Sachverhalt so: »Was wir wahrnehmen, wird bestimmt durch die vorhergesehene, prognostizierte Farbe, nicht durch die Wellenlänge des Lichtes, das in unser Auge trifft. Was wir sehen, ist die vorausgesagte und nicht die ›wirkliche‹ Farbe.«[46]

Daraus ergibt sich die These, dass die Unterscheidung zwischen dem Körperlichen und dem Mentalen (Geistigen) keinen wirklichen Sinn macht. Das, was wir »geistig« nennen, ist auf einen physiologischen Vorgang angewiesen – der wiederum rein physiologisch interpretiert zu Widersprüchen führt. Alles, was wir wissen, kommt durch das Fenster unseres Gehirns, unseres Körpers. Auch das Denken und mit ihm das Bewusstsein, so sehr es sich in der Innensicht auch von etwas Körperlichem zu unterscheiden scheint. Eine der wirklich entscheidenden Einsichten, die aus der neurobiologischen Diskussion folgen, formuliert Frith so: »Die Verbindung unseres Gehirns mit der physischen Welt der Objekte ist auf keine Weise direkter als die Verbindung unseres Gehirns zur mentalen Welt der Ideen. Indem unser Gehirn all die unbewussten Urteile, die es fällt, vor uns verbirgt, erschafft es die Illusion, dass wir einen direkten Kontakt mit den Objekten der physischen Welt haben. Gleichzeitig erschafft unser Gehirn jedoch auch die Illusion, dass unsere mentale Welt isoliert und privat sei. Aufgrund dieser beiden Illusionen erleben wir uns selbst als Agenten, die unabhängig voneinander agieren und mit der Welt in Kontakt treten. Zur selben Zeit aber können wir diese Erfahrungen der Welt miteinander teilen. Über die Jahrtausende hinweg hat diese Fähigkeit, Erfahrungen zu teilen, die menschliche Kultur hervorgebracht und, im Gegenzug, die Funktionsweise des menschlichen Gehirns verändert.«[47] Alles, was wir wissen, über die Welt, die Objekte in ihr, die anderen und unsere Körper, aber auch über unsere Gedanken, wissen wir, weil es uns durch unser Gehirn erreicht. Nicht nur was wir wissen, sondern auch dass wir wissen und zudem wissen (oder zu wissen glauben), was Vernunft ist und wir mit ihrer Hilfe die Welt erkennen und von ihr Genaues und Wahres wissen können, wissen wir, weil wir über einen Körper verfügen, der über unser Gehirn mit der Welt vernetzt ist. Wir sind zwar keine Welt am Draht, um den Titel eines Science-Fiction-Romans zu benutzen, wohl aber eine Welt am Gehirn, das wie unser Körper auch grandios, aber endlich ist. Das Gehirn ist die komplexeste Struktur, die wir bislang im Universum kennen. Komplex ist es nicht nur, weil zum Gehirn auch das gehört, was die Physiker als Urknall und Entwicklung von Atomen und der chemischen Elemente bezeichnen, aus denen das Gehirn – wie alles im Universum – gemacht ist. Das Gehirn ist das biologische Ergebnis eines rund 14 Milliarden Jahre andauernden, höchst komplexen kosmologischen Prozesses. Komplex ist das Gehirn aber vor allem aufgrund seiner inneren Struktur. Man schätzt, dass die Anzahl der möglichen Verbindungen im Gehirn die Anzahl der Atome im Universum übertrifft (die Möglichkeiten wären in diesem Falle also nicht physisch realisierbar, was eine interessante, meines Wissens nach kaum diskutierte Perspektive eröffnet).

Festzuhalten bleiben, wie mir scheint, ohne naturwissenschaftlich bereits verblendet zu sein, drei Dinge. Erstens, dass wir weder über uns selbst noch über die Welt und folglich auch nicht über

Religion oder Gott angemessen nachdenken können, wenn wir kein Gehirn haben. Zweitens können wir nicht richtig über uns, Gott und die Welt nachdenken, wenn wir völlig falsche Ansichten über unsere biologisch-physische Natur haben. Und drittens können wir, ohne in einen problematischen Reduktionismus oder Dualismus zu fallen, offensichtlich ohne unseren Körper keine Erkenntnisse gewinnen und diese auch nicht dauerhaft festhalten (denn dazu bedarf es eines Gedächtnisses). Die kulturellen Möglichkeiten der Schrift sind zwar eine Hilfe dabei, die individuellen Beschränkungen der Lebenszeit zu überwinden (wir können heute noch Texte der Ägypter lesen). Doch auch diese Dokumente, die Ausdruck einer Lebensform und des Geistes einer Person sind, können nur erkannt und verstanden werden, weil wir eine körperliche Struktur haben, die dies erlaubt.

So grandios unser Gehirn ist – es hat leider auch eine Begrenzung zur Folge, die man sich deutlich bewusst machen sollte, ehe man »die« Vernunft überschätzt. Unser Gehirn ist eingestellt auf einen Alltags-Bereich von etwa 1 cm bis 1 m – oder großzügiger noch geschätzt von 1 mm bis 1 km. Wir können jedoch das, was wir in dieser Zone erkennen und in diesem Bereich erfahren, in dem sich unser Leben abspielt, nicht auf die Dimensionen des ganz Kleinen und des ganz Großen übertragen. Die Intuitionen, die unser Gehirn angesichts der »normalen« Funktionsweise der Dinge in unserer Alltagswelt entwickelt hat (Tische sind feste, solide Körper aus einem Stück), in der wir uns biologisch, aber auch geistig bewähren mussten und müssen, sind jedoch angesichts der Ergebnisse, die die Naturwissenschaften uns liefern, schlicht falsch. Tische sind keine soliden Objekte. Sie sind völlig irre Schwärme von Atomen und Energiequanten. Dass Tische oder Suppenwürfel solide Objekte sind, ist ebenso falsch wie unsere Intuition, dass es in unserem Gehirn eine oberste, ordnende Instanz gibt (die wir, vielleicht weil wir sie nicht finden, an anderer Stelle im Clan, in der Herde, in der Kommune oder allgemein in Politik und Gesellschaft suchen und manchmal per Wahl auch finden).

Wenn Sie ehrlich sind, dann glauben wir doch alle, dass die Welt eine Kugel ist (so wie man damals dachte, die Erde sei eine Scheibe), dass Bäume grün sind, Autos auf der Straße fahren und Kinder auf eine geheimnisvolle Weise im Körper ihrer Mutter heranreifen. Das Seltsame daran ist, dass sich all das ändert, sobald wir »genauer« hinschauen (was nichts anderes heißt, als feinere Unterschiede dort wahrzunehmen, wo bislang keine waren). Die Selbstverständlichkeit der Welt und von uns selbst verschwindet, wenn man das, was man wahrnimmt, »methodisch analysiert«. In dem Moment zerbrechen die naiven Weltinterpretationen.[48]

Auch zu diesem Aspekt ist vor allem mit Blick auf das Ich nicht nur in der Neurobiologie, sondern in der Philosophie, der Bewusstseins- und in der Wissenschaftstheorie viel geschrieben worden. Ich denke, dass man angesichts der Forschungsergebnisse tatsächlich nicht umhinkommt anzuerkennen, dass es in unserem Gehirn, dessen Areale und anatomisch unterscheidbare Strukturen auf eine höchst komplexe Weise vernetzt sind, keine übergeordnete, oberste Instanz gibt. Und doch ist die Illusion eine der alltagstauglichsten Erfindungen des Gehirns – weil sie uns ermöglicht, als ein Modell von uns selbst in der Welt vorzukommen und uns selbst als in der Welt Handelnde zu verstehen. Sobald man dieses Ich anatomisch dingfest zu machen versucht und ein oberstes organisierendes Prinzip im Gehirn ausmachen will, erkennt man, dass es in Wahrheit, d.h. bei kritischer und empirischer Überprüfung, dieses Ich nicht gibt. Jedenfalls nicht in der Form, in der wir es uns im Alltag vorstellen. Das Ich ist ebenso seltsam wie die Welt der Quanten, obwohl wir doch einen Tisch vor uns stehen (und nicht sich wie wild bewegen) sehen. Das, was wir von der Welt und von uns selbst erkennen, ist in einen ständig sich verändernden, höchst komplexen Prozess eingebunden, dessen Komponenten sich unentwegt neu verbinden und lösen. Erkenntnis, Vernunft, Bewusstsein oder das Ich sind Ergebnisse eines unglaublich komplexen Prozesses, in dem das Gehirn (bzw. der Mensch, der sein Gehirn benutzt) bei seiner Arbeit (die wir Nachdenken oder Bewusstsein nennen) sich selbst dazu nötigt, das Modell der Welt ständig zu korrigieren und anzupassen und, wenn nötig, in Frage zu stellen. Das Denken wie die Anwendung der Vernunft ist ein Prozess, in dem das Gehirn (der Mensch) auf sich selbst (auf andere Menschen) einen Einfluss ausübt, das das System selbst verändert und dann auf den Menschen (sein Gehirn, sein Selbst- und Weltbild) zurückwirkt.

Natürlich gibt es ein Ich. Jeder von uns, der aus einem tiefen Schlaf aufwacht, weiß, wie das ist, aus einem seltsamen Übergangszustand des unbewussten Daseins wieder in den passenden Handschuh des Ichs zu schlüpfen, der uns die fünf Finger besser fühlen lässt. Das Ich ist eine sich zwar irgendwie verändernde, aber von uns subjektiv als konstant erlebte Einheit. Es ist wie eine Abkürzung, eine gebundene Variable all der Eigenschaften und Strukturen unseres Organismus, der morgens aufsteht, abends schlafen geht und sich zwischendrin entscheidet, ob er zur Arbeit geht, sich verliebt (falls darüber überhaupt entschieden werden kann) oder besser auf ein fettes Mittagessen verzichtet. Das Ich macht die Welt und den Umgang mit uns selbst einfacher. Doch es ist, leider oder zu unserem Glück, nur ein Modell. Auch wenn man nicht jede seiner Thesen akzeptieren muss, so hat der Neurophilosoph Thomas Metzinger viele dieser Gedanken und der damit verbundenen Forschungsergebnisse in seinem Buch *Der Ego-Tunnel: Eine neue Philosophie des Selbst: Von der Hirnforschung zur Bewusstseinsethik* beschrieben und kritisch diskutiert. Ich will daher an dieser Stelle auf eine ausführliche Diskussion der Idee des Selbstmodells verzichten (das wir haben, obwohl wir gewissermaßen neurophysiologisch kein »Ich« im Sinne einer obersten hierarchischen Entität sind). Stattdessen genüg es festzuhalten, dass es nicht nur gewisse Probleme mit dem Ich gibt, sondern auch mit unserem biologischen, d.h. in der Evolution erworbenen Wissen, das sich auf einen mittleren Lebensbereich konzentriert. Sowohl der quantenmechanische Mikrokosmos der Welt als auch der gigantische, von Gravitationskräften und der Relativitätstheorie bestimmte Makrokosmos ist uns mit Hilfe der Vernunft mathematisch in Umrissen darstellbar (und vielleicht sogar bis zu einem gewissen Grad mit Training vorstellbar): Aber er entzieht sich dennoch völlig der Alltagsrealität. Die Welt der Quanten ist ebenso absurd wie die Welt der Antimaterie oder Singularität, von der Physiker behaupten, sie stünde am Anfang der Welt. All das ist, vom Alltagsverstand aus betrachtet, absurd, widersprüchlich, abwegig. Dennoch ist es – was den Stand der naturwissenschaftlichen Forschung angeht – nach den Kriterien der Fachleute wahr (die im übrigen nicht nur in ihrer Forschung leben, sondern wie wir Brötchen holen oder mit dem Fahrrad fahren müssen und dadurch in eine Welt »gerissen« werden, die völlig anders ist als die, die sie im Labor untersuchen, auch wenn sie sich noch so viel Mühe geben, uns diese Welt plausibel zu machen).

Dass Ihnen diese Perspektive möglicherweise nicht gefällt, ist durchaus verständlich. Das, was wir implizit als Beleidigung empfinden, ähnelt der Revolution, die Freud mit der Erfindung der Psychoanalyse in die Kultur einführte. Auch bei Freud ist das Ich, das sich doch als Herr seiner selbst fühlt, nicht wirklich Herr im Haus. Einen großen Teil seiner eigenen Aktivitäten bekommt es gar nicht mit. Sie arbeiten als Unbewusstes, als Triebe und unpersönliches »Es« unentwegt, ähnlich wie das Gehirn, das ständig Informationen verrechnet, ohne dass wir all diese Vorgänge wirklich bemerken. Sie kennen dieses Zustand vom Autofahren, wenn Sie für einen Moment durch ein Gespräch, die Musik oder ein plötzliches Geräusch abgelenkt wurden und sich ein paar Sekunden später fragen, wie Sie eigentlich weitergefahren sind, denn Sie haben vom eigentlichen Fahren, vom Schalten, Lenken oder Bremsen nichts bewusst wahrgenommen. Insofern gilt, dass bei aller Wertschätzung der Vernunft nur ein bestimmter Teil unseres gesamten Lebens tatsächlich durch bewusste Überlegungen und Urteile bestimmt wird, die wie mathematische Sätze durch logisches Schließen aus klaren Prämissen gewonnen werden können. So sehr Kunst einer gewissen Logik und einem Prozess von Entscheidungen folgt, so seltsam erscheint es doch, Kunst als ein mathematisches Resultat einer Kette von logischen Argumenten anzusehen. Im Grunde würde uns eine solche »Maschinenkunst« eher misstrauisch machen. Zumal immer die Möglichkeit bleibt, die Prämissen selbst in Zweifel zu ziehen oder zumindest einer Prüfung zu unterwerfen. Wenn unser rationales Vermögen, wenn Vernunft und Verstand nicht in allen Bereichen des Lebens als grundlegend und verlässlich angesehen werden können: Gibt es dann bessere Kandidaten für den Gewinn von Erkenntnis und Wahrheit? Tatsächlich bleibt im Falle einer Erkenntnis, die für alle nachvollziehbar sein soll, nicht viel übrig. Alle nur vorstellbaren Formen des Erkenntnisgewinns sind, abgesehen vom Element der rationalen Prüfung und Urteilsfindung, nur denkbar als Prozesse, die sich mehr oder weniger direkt auf die Sinnesorgane beziehen – und zwar in einer Weise, die wiederholbar ist. Zu behaupten, man habe einmal eine Kuh fliegen sehen, aber nur dieses eine Mal, wird einem wenig dabei helfen können, die Theorie zu beweisen, dass Kühe in Wahrheit fliegen können, es aber aus irgendwelchen Gründen nicht tun. Selbst wenn man »Eingebungen von oben«, private Offenbarungen oder göttliche Manifestationen der Wahrheit gelten lassen würde, so würden ihre Allgemeingültigkeit und ihr universaler Rang dennoch von der Qualität und Verlässlichkeit sinnlicher Erfahrungen und ihrer Überprüfung abhängen. Die Unbezweifelbarkeit einer privaten göttlichen Offenbarung bewahrt einen nicht vor dem Problem, diese private Offenbarung anderen Menschen sinnlich zugänglich zu machen. In jedem Fall wird man eingestehen müssen, dass letztlich auch die »göttlichen« Quellen von Erfahrung, die scheinbar zu einer von aller menschlichen Kritik enthobenen Erkenntnis führen, nur als sinnliche Erfahrungen möglich sein können. Dies ist, wie mir scheint, auch einer der Gründe, warum das Christentum in aller Konsequenz den Gedanken der Götter der Antike, seien die nun ägyptisch, babylonisch, griechisch oder römisch, zu Ende denkt mit der konsequenten Behauptung, Gott sei Fleisch geworden. Ein Gott, der nicht mit dieser Welt in Kontakt und somit in Wechselwirkung steht, kann aus prinzipiellen Gründen nicht erkannt werden. Jede noch so unglaubliche übersinnliche Erfahrung ist als Erfahrung nur wahrnehmbar, wenn sie auf eine noch so indirekte Weise unsere Sinne anspricht und sich über unsere Sinnesorgane vermittelt. Eine unfehlbare göttliche Offenbarung kann also nur über die Kanäle einer prinzipiell fehlbaren Sinnlichkeit und Vernunft wahrgenommen und erkannt werden. Zu einer solchen Offenbarung gehören auch »innere« Stimmen, also akustische Wahrnehmung. Wer aus religiösen Gründen die Vernunft als grundlegendes Orientierungsprinzip für den Menschen ablehnt, hat nur noch die Möglichkeit, sich auf eine ebenso prinzipiell fehlbare Sinnlichkeit zurückzuziehen. Die Philosophie, aber mehr noch Psychologie, Medizin oder Biologie können Dutzende von Experimenten und Beispielen anführen, in denen unsere Sinneswahrnehmung als »Organ der Erkenntnis von Wahrheit« versagt. Unsere Augen sind, ebenso wie Ohren oder Tastsinn, prinzipiell täuschbare Sinnesorgane. Die Frage ist, wie verlässlich und vor allem wie universal, d. h. für alle Menschen akzeptabel und für ihr gesamtes Leben relevant derartige Erfahrungen überhaupt sein können. Man muss kein Skeptiker sein, um auf die vielfältigen Irrtumsmöglichkeiten hinzuweisen, die es in Bezug auf sinnliche Erfahrungen gibt. Sinnestäuschungen sind allen biologischen Wesen eigen. Sie sind »konstitutionell«, insofern sie mit dem Aufbau der Sinnesorgane selbst zusammenhängen. Die eigentliche Arbeit der Vernunft scheint also darin zu bestehen, sich trotz dieser Irrtumsmöglichkeiten in einer ständig sich verändernden Welt zu orientieren. Mit Hilfe der Vernunft entstehen Beschreibungen und Analysen der Welt, die zu Theorien und Schlüssen über die Dinge, ihre Zusammenhänge und zu den großen Fragen nach dem Ganzen, nach Sinn und dem Zusammenhang von allem führen können.[49.]

2. *Die logischen Grenzen: Widersprüchlichkeit und Vollständigkeit*
Die Vernunft lebt von der Urteilskraft, d. h. von unserer Fähigkeit, Aussagen miteinander zu verbinden, ihren Wahrheitswert

zu ermitteln und sie auf diese Weise in immer komplexeren Sätzen oder Theorien miteinander zu kombinieren. So weit, so gut. Die landläufige Meinung ist, dass da, wo die Logik herrscht, der Raum unendlich ist. Wo es logisch zugeht, denken die meisten, kann es keinen Bereich der Nichtlogik oder Irrationalität geben. Das ist ein Ding der (logischen) Unmöglichkeit. Entweder ist eine Aussage wahr, oder sie ist falsch. Genau das ist ja die Quintessenz des zentralsten aller logischen Gedanken, des Nichtwiderspruchprinzips bzw. des Satzes vom ausgeschlossenen Dritten. Entweder es gibt einen König von Frankreich oder nicht. Wenn Sie je einen Blick in ein Genetiklehrbuch oder ein Lehrbuch für Molekularbiologie geworfen haben, wissen Sie, dass die meisten wissenschaftlichen Sätze um ein Vielfaches komplizierter und auch komplexer sind als dieses einfache Beispiel. Im Prinzip aber, so die landläufige Meinung, lassen sich auch derart komplizierte Lehrbuchsätze auf die einfachen Basisaussagen und Prinzipien der Logik zurückführen. Doch diese Ansicht ist falsch.

Den Beweis dafür lieferte der österreichisch-amerikanische Mathematiker und Logiker Kurt Gödel (1906-1978), der von manchen für den wichtigsten Logiker des 20. Jahrhunderts gehalten wird. Eine hervorragende und detaillierte Darstellung der Gedanken Gödels findet man bei John W. Dawson in seinem faszinierenden Buch *Kurt Gödel: Leben und Werk*.[50] Dieses Buch ist nicht nur eine gute Erläuterung der Entdeckungen Gödels, sondern auch eine interessante Ideengeschichte und zugleich die erste Darstellung von Gödels Leben, die alle bekannten Quellen heranzieht, insbesondere den Gödel-Nachlass aus Princeton, wo Gödel starb. 1931 veröffentlichte Kurt Gödel eine Arbeit, die für viele Mathematiker nicht nur manchen Traum beendete, sondern für manchen Logiker einen wahren (eben unwiderlegbaren) Albtraum darstellte. Wissenschaftler wie Bertrand Russell gestanden ein, dass sie Gödels Werk zwar für fundamental hielten, von seinen Erkenntnissen aber in hohem Maße verwirrt seien.[51] Der Inhalt von Gödels Arbeit ist weltberühmt geworden als der erste und zweite Gödel'sche Unvollständigkeitssatz. Dass er in seinen Auswirkungen vielen Naturwissenschaftlern nicht bekannt ist, ist eine der vielen seltsamen Entwicklungen, die es in den Wissenschaften gegeben hat und gibt.

Ich will Sie, ohne in die Details zu gehen, kurz mit den Grundzügen der Einsichten Gödels bekannt machen. Gödel machte tatsächlich eine bahnbrechende Entdeckung, von der er noch am selben Tag, am 26. August 1930, dem bekannten Philosophen Rudolf Carnap im Café Reichsrat berichtete, einem beliebten Caféhaus, in dem sich der sogenannte Wiener Kreis traf. Dieser Kreis umfasste ein weites Spektrum sehr verschiedener Persönlichkeiten, darunter die beiden Freunde Otto Neurath (dem wir die Metapher vom Schiff verdanken) und Carnap, für den die Aufgabe der Philosophie in der logischen Analyse von wissenschaftlichen Sätzen und im logischen Aufbau der Welt bestand. Was hatte Gödel so Fundamentales entdeckt?

Berichten zufolge verstanden die wenigsten aus dem Wiener Kreis sofort, welche weitreichende Bedeutung nicht nur für die Mathematik und Logik, sondern für die Wissenschaft und die Erkenntnistheorie Gödels beide Sätze hatten. Tatsächlich war es Gödel gelungen, mathematisch zu beweisen, dass es schon in komplexeren Regelsystemen (in der Mathematik spricht man von Kalkülen) gültige, d.h. wahre Sätze gibt, die nicht beweisbar sind. Das erste Theorem von Gödel besagt, dass es immer ein Kalkül innerhalb der Theorie der natürlichen Zahlen (das System der beim einfachen Zählen verwendeten Zahlen wie 1,2, 3 etc.) gibt, dessen Wahrheit nicht aus dem System selbst abgeleitet werden kann. Es gelingt demnach nicht, innerhalb eines solchen Systems alle wahren Sätze abzuleiten. Das impliziert, dass es auch falsche Sätze geben kann, deren Wahrheitswert möglicherweise ungeklärt bleibt. Anders formuliert: Es gibt in Systemen, die mindestens die Komplexität des Systems der natürlichen Zahlen haben, stets wahre Sätze, deren Wahrheit zwar behauptet werden kann bzw. muss, aber nicht beweisbar ist. In einem zweiten Theorem zeigte Gödel, dass ein Teil der wahren Sätze eines solchen Systems – zu dem selbstverständlich auch das System der Sätze aller Wissenschaften gehört – unentscheidbar sind. Das System der Wissenschaften oder genauer der wissenschaftlichen Sätze, insofern es sich nicht um sogenannte »arme« Systeme handelt, ist also niemals in sich geschlossen. Es ist unvollständig. Und das bedeutet, dass das, was sich klar sagen lässt, definitive Grenzen hat.

Aus diesem Gödel'schen Theorem der Unentscheidbarkeit folgt logisch, dass es nicht nur wahre, sondern auch falsche Sätze gibt, deren Status nicht entscheidbar ist. Wenn ein System in sich widerspruchsfrei konstruiert ist, hatte Gödel gezeigt, gilt, dass es 1. formal unvollständig ist und es 2. immer Sätze gibt, deren Wahrheitswert unentscheidbar ist. Das bedeutet, dass es in jedem hinreichend komplexen System Aussagen gibt, die nicht beweisbar und damit aber auch nicht widerlegbar sind! Warum? Weil derartige Systeme auf einer grundsätzlichen Ebene unvollständig sind.

Der amerikanische Mathematiker und Logiker Alonzo Church (1903–1995) entwickelte diese Gedanken Gödels noch weiter. Church wurde weltberühmt durch sein Theorem, das besagt, »daß es kein Entscheidungsverfahren gibt, das es erlaubt festzustellen, daß eine vorgegebene Formel ein Theorem der Prädikatenlogik ist«.[52] Was bedeutet diese Aussage? Church hatte durch sein sogenanntes Lambda-Kalkül bewiesen, dass es unentscheidbare Probleme gibt, d.h. Fragestellungen, deren Antwort mathematisch nicht berechenbar ist. Berechenbar zu sein bedeutet, einen Algorithmus angeben zu können, der die vorgegebene Funktion zu einer Lösung (einem Output) führt. Ein Algorithmus ist dabei eine eindeutig definierte Handlungsvorschrift, die uns sagt, wie wir in endlich vielen Schritten zur Lösung eines Problems oder eines bestimmten Typs von Problemen gelangen können. Churchs These hat für die gesamte Wissenschaft entscheidende Auswirkungen. Wissenschaftliche Aussagen sind immer Aussagen innerhalb eines Systems. Vom Typ her sind diese Aussagen »quantifizierbare« Aussagen, d.h. Aussagen, die sich letztlich im Verfahren der Prädikatenlogik darstellen lassen. Unter Prädikatenlogik versteht man eine Familie logischer Systeme, die eine Formalisierung und damit auch Überprüfung von Aussagen und Argumenten ermöglichen. Wenn es aber nicht möglich ist festzustellen, ob eine bestimmte Aussage (und es gibt in hinreichend komplexen Systemen immer derartige Aussagen) etwa ein Theorem der Prädikatenlogik ist, dann ist damit die Wissenschaftlichkeit einer solchen Aussage unentscheidbar. Die Wissenschaft ist also kein in sich geschlossenes, vollständiges System – auch wenn Wissenschaftler nicht müde werden, dies zu behaupten. Vielleicht kann man Wissenschaftlern diese Ignoranz nicht vorwerfen, denn bei aller Liebe zur Mathematik als einer grundlegenden Kunstsprache für nahezu alle Wissenschaften haben sich doch die wenigsten Wissenschaftler direkt in ihrem Studium oder anschließend in der Forschung mit höherer Logik befasst.

Was Church sagt, ist, dass ein System wie die Wissenschaft immer wieder Sätze hervorbringen wird, von denen man nicht eindeutig zeigen kann, dass sie innerhalb des Systems (sozusagen mit den Bordmitteln des Systems) als wahr bewiesen werden können. Es gibt sozusagen U-Boote in der Wissenschaft, wahre, aber eben auch falsche Sätze, deren Status unentscheidbar ist. Damit wird aber das Nichtwiderspruchsprinzip, das Grundlage jedes Denkens – und nicht nur der Logik – ist, zumindest eingeschränkt. Der Nichtwiderspruchssatz gilt – aber er gilt nicht für alle Sätze eines Systems.

Wer die Wissenschaft für ein in sich geschlossenes System hält, das unwiderleglich wahre Sätze aus sich entlässt, vergisst, dass alle wissenschaftlichen Sätze zunächst nichts anderes als (mehr oder minder gut bestätigte) Hypothesen sind, deren Wahrheit immer wieder neu durch Falsifikation zu testen ist. So galt es lange Zeit als ausgemacht, dass selbst mathematische Definitionen wie die einer Parallelen nicht in Frage gestellt werden können. Parallele sind Geraden – also unendlich lange Linien, die aus Punkten bestehen –, die in einer Ebene liegen und sich niemals schneiden. Erst mit den sogenannten nichteuklidischen Geometrien kamen Raumvorstellungen auf, die es zuließen, den Raum als gekrümmt zu denken. In einem solchen Raum können sich euklidische Parallelen durchaus schneiden. Ähnlich verhält es sich mit dem physikalischen Begriff der Kraft oder der Energie, der bei Newton eine völlig andere Bedeutung hat als bei Einstein, auch wenn Newton innerhalb der Einstein'schen Theorie durchaus als Grenzfall vorkommt und insofern »übersetzt« werden kann. Dass Masse und Energie in einem direkten Verhältnis zueinander stehen, dass Masse in Energie verwandelt werden kann und umgekehrt und Lichtgeschwindigkeit eben nicht noch überschritten werden kann (indem man sich in einen Zug setzt und die Taschenlampe, die Licht mit Lichtgeschwindigkeit aussendet, durch die Eigenbewegung des Zuges noch schneller macht): All das war für Newton undenkbar. Wissenschaftliche Aussagen sind also stets Hypothesen: die zwar in der Gegenwart bestmöglichen, tatsächlich aber prinzipiell falsifizierbaren Aussagen bzw. Theorien, die wir haben.

Und noch ein Zweites wird von der Wissenschaft leicht vergessen: Dass selbst dann, wenn alle ihre Hypothesen wahr wären, dennoch nicht die Wahrheit aller wahren Aussagen mit den »Bordmitteln« der Wissenschaft bewiesen werden kann. Beides sind, wie mir scheint, äußerst starke Grenzen der Erkenntnis, die es im Kopf zu behalten gilt, wenn die Wissenschafter absolute Aussagen treffen. Die Vernunft ist und bleibt fehlbar – so wie sie unvollständig ist und bleiben wird.

3. Die Grenzen vernünftigen Fragens – eine Theorie des Unvermögens der Vernunft (McGinn)

Manche Argumente sind und bleiben gute Argumente, auch wenn ihr Status nicht über den eines Arguments hinausgeht. Argumente stehen sozusagen unter Vorbehalt eines letzten Richterspruches bzw. eines endgültigen Urteils. Argumente tauscht man aus, solange die Geschworenen noch nicht entschieden haben und alles offen ist. Insofern sind Argumente hypothetischer Natur und lassen es in Wahrheit nicht zu, dass man sie zu letztgültigen, absoluten Beweisen verklärt. Argumente sind und bleiben falsifizierbar und damit fragil. Aus manchem Argument, auch wenn es als Hypothese zu betrachten ist, wird ein gutes – d. h. haltbares – Argument einfach deshalb, weil es zutreffen könnte und genau dann, wenn es tatsächlich zuträfe, vieles jetzt schon verständlich macht. Es gibt Argumente, deren endgültiger Beweis vielleicht noch aussteht, die aber dennoch vieles, um nicht zu sagen alles, was man zu fragen hatte, beantworten und klären. Mir scheint, dass das folgende Argument des britischen Philosophen Colin McGinn von solcher Art ist. Er trägt es in seinem Buch *Die Grenzen des vernünftigen Fragens. Grundprobleme der Philosophie* vor, das im Grunde nichts anderes als eine lange Entwicklung dieses Argumentes als einer Hypothese ist.

Ich glaube, dass McGinns Argument im Kern in einer Bemerkung aus Ludwig Wittgensteins *Zetteln* enthalten sein könnte. Ich will es deshalb voranstellen, weil es in einem einfachen, leicht verständlichen Bild etwas einfängt, das bei McGinn auf vielen diskursiven Pfaden läuft und daher vielleicht schwerer zu erfassen ist. Wittgenstein schreibt, dass die Unruhe, in die uns die Philosophie versetzt und die wir zuweilen in ihr finden, daher kommt, dass wir das gesamte Unternehmen der Philosophie falsch ansehen und deshalb auch falsch angehen. Wir betrachten die Philosophie »gleichsam in (endlose) Längsstreifen zerlegt, statt in (begrenzte) Querstreifen. Diese Umstellung der Auffassung macht die größte Schwierigkeit. Wir wollen also gleichsam den unbegrenzten Streifen erfassen und klagen, daß es nicht Stück für Stück möglich ist. Freilich nicht, wenn man unter einem Stück einen endlosen Längsstreifen versteht. Wohl aber, wenn man einen Querstreifen darunter versteht.«[53]

Wenn man sich die Probleme der Vernunft als eine auf einem Zeitstrahl aneinandergereihte Schnur von Argumenten, Antworten und neuen Fragen vorstellt, dann scheinen die Probleme in der Tat endlos zu sein. So richtig es ist, dass die Arbeit der Philosophie kein Ende nimmt (und Wittgenstein betont dies selbst am Ende des zitierten Abschnittes), so falsch ist möglicherweise doch die Vorstellung, dass die Philosophie ein unlösbarer, unendlicher Problemstreifen sei. Die Arbeit der Philosophie mag unendlich sein – und doch kann sie zu endlichen und damit abschließenden Lösungen führen. Genau das ist es auch, worum es bei der Frage nach den Grenzen vernünftiger Erkenntnis geht: ohne die Vernunft selbst einzuschränken (ihre Arbeit endet nicht), dennoch ihre Grenzen zu ziehen. Wenn man einen unbegrenzten Streifen zu erfassen sucht und eine Gerade von Problemen (oder Lösungen) abzuschreiten beabsichtigt – und Geraden greifen per Definition in die Unendlichkeit aus –, so ist dies eine Aufgabe, die man nie wird lösen können, so sehr man sich auch subjektiv anstrengt. Es ist eben keine Frage der Begrenztheit der eigenen Fähigkeiten, sondern eine Frage der Struktur der Betrachtung. Ändert man diese Richtung der Betrachtung, stellt man sich bildhaft gesprochen nicht längs, sondern gleichsam quer zum Problem, dann hält man mit einem Mal statt eines ins Endlose gehenden, sich auffächernden Kommunikationssystems, an dessen Ende das gesamte Internet hängen kann, ein begrenztes Faserbündchen in der Hand, das zwar einen unüberschaubaren, verwirrenden Eindruck machen kann, aber dennoch endlich ist. Genauso sollten wir die Dinge betrachten, rät Wittgenstein.

Wenn man diesem Rat folgt und sich auf die endlichen Streifen konzentriert, muss man nicht notwendig in die Depression verfallen, die viele Philosophen quält. Sie selber sehen sich als Brüder (oder Schwestern) des Sisyphos von Albert Camus, der den Stein der Probleme immer und immer wieder den Berg hochwälzen muss, nur damit er, oben angelangt, erneut nach unten rollt. Eine solche Haltung kommt bei dem Philosophen Josef Mitterer gleichsam in Reinkultur vor, und ich will ihn deshalb stellvertretend zitieren, weil viele Philosophen so denken. Mitterer trifft im Grunde die landläufige Meinung über die Philosophie wie einen Nagel auf den Kopf: »Die Philosophiegeschichte«, schreibt er, »ist das Nacheinander und Nebeneinander von Theorien und Systemen, in denen die Probleme der Philosophie gelöst werden sollen. Im Verlauf der Philosophiegeschichte haben sich die verschiedensten Positionen herausgebildet … Sind die philosophischen Probleme lösbar oder nicht? Seit mehr als zweitausend Jahren wird von Philosophen immer wieder aufs Neue behauptet, sie hätten Probleme gelöst. Andererseits hat sich der philosophische Problemkanon seit Plato kaum verändert. Die Probleme haben also ihre Lösungsversuche überdauert. Jeder neue Versuch, ein philosophisches Problem zu lösen, bereichert den philosophischen Diskurs um diese Problemlösung – aber das ist nicht die Absicht des Problemlösers: seine Absicht ist es, die übrigen Problemlösungsversuche zu verdrängen und die Pluralität von Lösungsvorschlägen in Richtung auf die eine und wahre Lösung hin zu reduzieren: Aber dieses Ziel wurde noch jedes Mal verfehlt. Auch hat noch jeder Versuch, die Philosophie überhaupt zu verabschieden, im besten Fall eine neue philosophische Position hervorgebracht. Ja, die Philosophie lebt gewissermaßen von den vergeblichen Versuchen, die bisherigen Lösungsversuche zu verabschieden.«[54] Wer auf die Endlosigkeit der Perspektive setzt, hat nur eine Möglichkeit: alle anderen Positionen zu verdrängen und den endlosen Prozess an der Stelle abzubrechen, die ihm selbst gelegen kommt. Wer auf Endlosigkeit der Probleme setzt, kann mit seinen Lösungsversuchen an kein Ende kommen. Doch diese Position, sagen Wittgenstein und McGinn, zeigen der Fliege keinen Ausweg auf dem Fliegenglas. Im Gegenteil – sie lassen sie endlos im Kreis oder gegen die Scheibe fliegen, bis sie ermattet stirbt.

Gibt es eine Alternative? Mir scheint ja. Colin McGinn legt in meinen Augen ein eindrucksvolles Argument für die Grenzen vernünftigen Erkennens vor. Im Grunde klingt das Argument einfach (und wenn man sich nicht in die Details der Argumentation vertieft, womöglich beim ersten Hören zu einfach). Wenn wir Probleme lösen – und das ist eine der wesentlichen Aufgaben unserer Vernunft –, dann benutzen wir dabei notgedrungen bestimmte Strategien, indem wir auf die kognitiven Strukturen zurückgreifen. Diese Strukturen sind es, die unser Wissen von der Welt durch und durch bestimmen. Was wäre, wenn diese kognitiven Anlagen, die wir haben, unangemessen sind, wenn es um die Beantwortung der ganz zentralen »großen« Fragen der Philoso-

phie (und der Theologie) geht? Was wäre, wenn wir zwar Querstreifen erfassen können, nicht aber Längsstreifen – dies aber
nicht sehen und uns daher unendlich abmühen, ohne je das Ziel
erreichen zu können?[55] McGinn fängt seinen Gedanken genau
mit dieser Frage an: der Frage nach dem seltsamen philosophischen Nichtwissen (der nicht endenden Unruhe, wie Wittgenstein sagt, und dem unendlichen Verfehlen, von dem Mitterer
spricht), das sich von anderen Arten der Unkenntnis unterscheidet. Wir glauben, dass wir eines Tages in der Lage sein werden,
immer mehr über die dunkle Energie und die dunkle Materie in
unserem Universum zu wissen. Doch in der Philosophie fehlt
genau diese Art des Fortschritts.[56] Woher kommt dieses Unvermögen, Fortschritte in einem entscheidenden Bereich der Vernunft zu machen? Warum können wir das Buch mit den entscheidenden großen Fragen nicht eines Tages beruhigt schließen,
weil wir alles beantwortet haben, und uns anderen Dingen zuwenden, sei es nun dem Garten, der Wissenschaft oder dem Gebet und der Meditation? Die Antwort, sagt McGinn, ist so einfach, dass wir sie nicht hören wollen. »Unser Problem besteht
einfach darin, daß uns die notwendigen geistigen Organe abge-
hen, mit denen man Theorien aufstellen könnte über die uns
rätselhaft erscheinenden Phänomene. Die Erklärung für die
Schwierigkeit der Philosophie gehört demnach derselben allgemeinen Kategorie an wie die Erklärung, weshalb der Blinde keine
Farbbegriffe zu bilden vermag, weshalb Menschen nicht fliegen
können oder weshalb Hunde nichts von Musik verstehen.«[57]
McGinns Antwort ist also eine Theorie des »philosophischen Unvermögens«, das ich selber »Theorie des Unvermögens der Vernunft« nennen würde. Wir können auf bestimmte Fragen nur
deshalb keine Antwort finden, weil sich die Möglichkeit der Antwort in einem anderen kognitiven Raum befindet – ähnlich wie
Wesen, die in einer zweidimensionalen Welt leben, sich nur ver-
schwommene oder gar keine Vorstellungen davon machen können, was es bedeutet, in einer drei- oder vierdimensionalen Welt
zu leben. Um Fortschritte dieser Art machen zu können, müssten

wir andere Wesen sein – unsere Konstitution könnte also so aussehen, »daß wir, um die gewünschte philosophische Erkenntnis zu erlangen, in psychologischer Hinsicht völlig andere Wesen sein müssten. Um Fähigkeiten zu besitzen, die reibungslos zu philosophischen Erkenntnissen führen würden, müßten wir alles preisgeben, was die menschliche Natur auszeichnet, sogar unsere Art des Empfindens.«[58] Möglicherweise ist McGinn der Erste, der eine Antwort auf die Frage nach dem Ausbleiben des Fortschritts in der Philosophie und auf das Phänomen des hartnäckigen Bestehenbleibens von Geheimnissen formuliert hat. Die Schwierigkeit, diese Geheimnisse zu lüften und Antworten auf die großen Fragen der Philosophie zu finden, »beruht also nicht auf der Uneindeutigkeit unseres Begreifens oder der Komplexität philosophischer Fragen, sie resultiert auch nicht aus der Sinnlosigkeit dieser Fragen – es ist schlicht eine Sache der physiologischen Ausstattung«.[59]

Beginnen wir mit der Analyse der grundlegenden kognitiven Struktur, von der McGinn spricht. Er unterscheidet zunächst vier Typen von Problemen. Probleme selbst sind Fragen, deren Antworten grundsätzlich zu finden sind. Es ist einem (biologischen) Wesen möglich, innerhalb seines Lebensraumes darauf eine (befriedigende) Antwort zu finden. Zumindest gehören Probleme einem Typ von Fragen an, die im Prinzip beantwortet werden können. Illusionen hingegen sind Fragen, die sich bei näherer Betrachtung als Scheinfragen oder Scheinprobleme erweisen. Aus Illusionen ergeben sich Scheinfragen, die Scheinantworten nahelegen: Antworten, die »objektiv« (im Sinne der Lösung von Problemen) nicht existieren können. Dann gibt es drittens Streitfragen, die normativer Natur sind. In Hinblick auf ihre Beantwortung sind wissenschaftliche Theorien (Lösungen auf Probleme der ersten Art) nicht als Lösungen geeignet. Eine Theorie der Entstehung eines Embryos nutzt wenig, wenn ich die Frage beantworten will, ob in einem bestimmten Fall eine Abtreibung vorgenommen werden sollte oder nicht. Schließlich gibt es eine vierte Kategorie von Fragen – und um diese geht es hier: Geheimnisse. Geheimnisse bestehen immer nur für bestimmte Wesen. Für Hunde mögen der Inhalt eines Kühlschrankes und die Frage, wie er sich genau füllt, ein Geheimnis sein. Für mich nicht. »Der Begriff des Geheimnisses läuft demnach schlicht auf das gleiche hinaus wie der Begriff einer Frage, die zufällig in einen Bereich fällt, der außerhalb des kognitiven Raums eines bestimmten Wesens liegt ... Wenn wir annehmen, daß Lebewesen ›Organe‹ besitzen, durch die diese Räume bestimmt werden, handelt es sich bei Geheimnissen um Fragen, zu deren Beantwortung dem betreffenden Wesen das erforderliche geistige Organ oder die nötigen Organe fehlen. Die Gesamtheit dieser Räume würde dann den geistigen Horizont von Lebewesen des fraglichen Typs bilden.«[60] Wir neigen dazu, die Welt und unsere Probleme weiterhin als geheimnisvoll anzusehen, weil wir den Dingen selbst, der Welt und ihrer Beschaffenheit, die Eigenschaft zuschreiben, geheimnisvoll zu sein. In Wahrheit aber verhält sich die Welt unseren Problemen gegenüber völlig neutral. Die Welt ist, wie sie ist. Es sind die Grenzen unserer eigenen kognitiv-biologischen Strukturen, die uns nicht dazu befähigen, die Welt wahrzunehmen oder zu erkennen, wie sie ist.[61] Wir sollten, argumentiert McGinn, damit aufhören, unsere eigene Unzulänglichkeit in die Dinge zu projizieren. Auf diese Weise nimmt die Welt eine ontologische Geheimnisqualität an, die ihr nicht zukommt. Es ist die einfache Tatsache, dass wir an bestimmte kognitive Räume gebunden sind, die uns Grenzen setzen – so wie Fische sich nicht in der Luft und Vögel sich (in der Regel) nicht im Wasser bewegen können. »Wir sind ein Teil der organischen Welt und keine Engel«, bemerkt der amerikanische Philosophie Noam Chomsky mit Blick auf unsere offenbar nichtgöttlichen Erkenntnisfähigkeiten. »Das heißt, dass unsere Fähigkeiten festgelegt sind. Diese Fähigkeiten sind in hohem Maße strukturiert. Wären sie es nicht, dann bekämen wir überhaupt nichts zustande. Das, was sie in die Lage versetzt, komplexe Ergebnisse zu erzeugen, setzt diesen Ergebnissen auch Grenzen. Es gibt also für jedes Wesen einen Unterschied zwischen Problemen und Geheimnissen – zwischen Dingen, die für unsere kognitive Kapazität erreichbar sind, und denen, die zu schwer sind, die wir also nicht ergründen können.«[62] Das, was uns ausmacht, uns hervorgebracht hat und nach wie vor bestimmt, indem es uns biologisch und kulturell strukturiert und damit zu einmaligen Lebewesen macht, die denken, empfinden, urteilen, irren, lieben, hassen, sich vorstellen und empfinden können: Genau das ist es auch, was uns begrenzt und unfähig macht, anders zu sein und wie die Fledermäuse »mehr« erkennen zu können. Chomsky bringt diese Einsicht ebenso knackig wie kurz so auf den Punkt: »Um ein Mensch werden zu können, müssen Sie unfähig sein, eine Biene zu werden. Wenn Sie überhaupt keine innere Struktur haben, können Sie gar nichts werden. Wenn Sie über innere Instruktionen verfügen, die einen bestimmten Entwicklungsgang ermöglichen, an dessen Ende ein komplexer Output steht, dann wird eben dieser Bestand an Instruktionen verhindern, dass andere Outputs entstehen. Und daraus ergibt sich die Frage, in welchem Ausmaß sich die Reichweite unserer kognitiven Fähigkeiten mit den interessanten Wahrheiten über die Welt deckt.«[63]

Wie sieht nun der kognitive Raum des Menschen aus – jene grundlegenden Strukturen, von denen er immer wieder Gebrauch macht und Gebrauch machen muss, wenn er versucht, ein Problem zu lösen? McGinn zeigt vereinfacht gesagt, dass wir dann etwas verstehen, wenn wir erstens wissen, welche Teile beteiligt sind (sagen wir die Teile eines Motors) und wie zweitens diese Teile zusammengehören und sich im Laufe der Zeit verhalten bzw. verändern. Sobald man ins Detail geht, stellt man fest, dass alle »natürlichen Entitäten«, all das, was in der Natur vorkommt, in Wahrheit sehr komplexe, zusammengesetzte Gebilde sind, die miteinander in Wechselwirkung stehen. Auch der scheinbar so solide Motorblock eines Autos besteht (soweit wir derzeit wissen) aus Atomen, die durch eine bestimmte raum-zeitliche Struktur von Masse und Energie zusammengehalten werden. Alle Gegenstände, alle »Teile«, die wir in der Natur finden, sind aus solchen Atomen, aus Quarks und dem gesamten Teilchenzoo einerseits und den Kräften und Energien der physikalischen Welt andererseits zusammengesetzt. Doch auch »unbelebte« Dinge wie die komplexe Architektur der Sprache oder mathematische Gegenstände wie Dreiecke oder die Funktion einer Parabel sind aus einfacheren Elementen und ihrer logischen Beziehung zusammengesetzt.

Wann immer wir es mit »Gegenständen« dieser Art zu tun haben, benutzen wir eine kognitive Strategie, die McGinn als KAGA-Strategie bezeichnet. Das Kunstwort KAGA ist eine Abkürzung für »kombinatorischen Atomismus mit gesetzartigen Abbildungen«. Klingt kompliziert, ist aber einfach. McGinn bezeichnet damit eine Denkweise, »bei der eine Schar von Grundelementen angegebenen Verknüpfungsprinzipien gehorcht, die bestimmte Beziehungen herstellen zwischen Komplexen, die aus Elementen bestehen«.[64] McGinn meint damit, dass wir Regeln haben und eine Vielzahl von Elementen innerhalb des betreffenden Bereiches vorfinden, den wir gerade untersuchen. Beides verknüpfen wir miteinander – wir kombinieren es. Dabei können wir gleichsam von unten nach oben, von leichteren zu schwereren Kombinationen aufsteigen. Auf diese Weise gelingt es uns, einerseits Beziehungen zwischen den Strukturen oder Elementen darzustellen, aber auch dynamische Beziehungen zwischen verschiedenen Zeitpunkten. »Das Wesen dieses Verfahrens besteht darin, mit Hilfe durchsichtiger Beziehungen der Zusammensetzung von Elementen zum Verständnis des betreffenden Bereichs zu gelangen.«[65]

Eine Theorie gibt demnach an, auf welche Weise ein Gegenstandsbereich aufgebaut ist. Können wir ihn durchschauen, dann können wir auch Probleme lösen. Dampfmaschinen sind nicht unbegreiflich, wenn wir die mögliche Welt, in der sie existieren, verstehen können. Gibt es zufälligerweise jedoch kein fragendes Lebewesen, das diese mögliche Welt verstehen kann – weil dieses Lebewesen kein »geistiges Organ« hat, um die Funktionsweise einer Dampfmaschine zu verstehen –, dann werden Dampfmaschinen nicht plötzlich unbegreiflich. Wohl aber bleiben sie für diese Lebewesen Geheimnisse. Vermutlich stellt unsere menschliche, technische Welt daher für Tiere (sollten sie fragen können) ein Geheimnis dar (sofern wir ihnen überhaupt das Bewusstsein zuschreiben wollen, so etwas zu erkennen – was aber eine andere Frage ist). In jedem Fall ist die KAGA-Strategie die bevorzugte Art und Weise, »in der unsere Vernunft für Verständlichkeit sorgt«.[66]

Angesichts philosophischer Probleme versagt diese Methode jedoch. Der Grund dafür ist einfach: Wir sind als vernünftige Wesen zwar imstande, auf eine Fülle von Dingen Bezug zu nehmen – sie liegen sozusagen innerhalb unseres Problemraumes. Doch aus der Tatsache, dass dies so ist (und dass es so ist, belegen u.a. die Wissenschaften auf eindrucksvolle Weise), können wir nicht mit Notwendigkeit schließen, dass wir auch auf eine ebenso angemessene Weise in der Lage sein werden, für alle Dinge, alle Möglichkeiten derartige Theorien aufzustellen. Dafür gibt es keine Gewähr.[67] Und darin liegt der Grund, warum philosophische Probleme der sonst so erfolgreichen Methode unseres Denkens widerstehen. Es gelingt uns einfach nicht, angesichts der »großen« philosophischen Fragen, der »big questions«, unsere Verwirrung dadurch auszuräumen, dass wir eine Theorie im Stile der KAGA entwickeln und auf die Phänomene anwenden, die wir untersuchen wollen. Philosophie ist sozusagen ein Versuch, »über die strukturellen Gegebenheiten unseres Geistes hinauszugehen«.[68] Auf vergleichbare Weise hatte Adorno, von einer gänzlich anderen Sicht der Dinge kommend, eine ähnliche Definition der Philosophie riskiert: dass es die Idee von Philosophie überhaupt ist, »über den Begriff mit dem Begriff hinauszugelangen«.[69] Im Grunde kreist Adornos gesamtes Denken um dieses Nicht-Kommensurable, dieses sich dem Begriff und der Vernunft und dem Denken entziehende Andere, das doch von entscheidender Bedeutung nicht nur für unser Denken, sondern auch für uns als Menschen und als Individuen ist.

Gott ist, um mit der theologischen Tür ins philosophische Haus zu fallen, ein gutes Beispiel für den Typ von Phänomen, von dem McGinn spricht. McGinn vergleicht die KAGA-Methode daher mit den Grenzen der menschlichen Grammatik. Unsere kognitiven Methoden verhalten sich zu Geheimnissen – den großen philosophischen Fragen und Problemen, die gleichsam an den Grenzen der Sprache angesiedelt sind – in etwa so, wie sich unsere menschliche Grammatik zu einer nichtmenschlichen Sprachen verhalten würde, die wir nicht verstehen können. Es ist und bleibt unumgänglich, dass wir unsere Sprache, unsere Begriffe, unsere Logik und unsere Denkweise – die KAGA-Denkweise – faktisch anwenden. Wir können unsere Vernunft im Prinzip nur so verwenden. Kurz: Wir können nicht anders. Wir müssen so vorgehen. Und gerade deshalb gibt es eine Klasse von Problemen, auf die wir die KAGA-Muster nicht anwenden können, weil sie sich unserer kognitiven Struktur entziehen.

Das Argument, das McGinn in seinem Buch entfaltet, ist kein strenger Beweis, wie er ausdrücklich sagt. Mehr noch: Es kann gar nicht anders sein, als dass dieses Argument über die Grenzen des Argumentierens eine Hypothese ist (denn sonst würde das Argument darin bestehen, über etwas, über das nichts ausgesagt werden kann, eine Aussage zu machen). »Ich beabsichtige nicht mehr«, schreibt McGinn, »als die Einstellung eines gewissen Respektes vor dieser Hypothese. Es liegt in der Natur der Sache, dass diese Hypothese keinen Beweis zuläßt, wie man ihn bei Hypothesen derart allgemeiner Form naheliegenderweise verlangt. Meine Behauptung wird lauten, daß die Hypothese vielleicht zutrifft und daß vieles verständlich würde, wenn sie tatsächlich zuträfe.«[70]

Die Verwirrung, die sich durch philosophische Fragen ergibt, weil wir mit ihnen an jene Grenzen geraten, an die von Platon über Kant bis zu Wittgenstein immer wieder nachgedacht wurde, ergibt sich also nicht aus dem Umstand, dass wir es mit seltsamen Wesenheiten oder Strukturen zu tun hätten. Sie folgt stattdessen einzig und allein aus dem Umstand, dass »unserem Erkenntnisvermögen bestimmte Grenzen innewohnen. Die Philosophie ist ein Versuch, über die strukturellen Gegebenheiten unseres Geistes hinauszugehen. Der Aufbau unseres Erkenntnisvermögens behindert die Erkenntnis der eigentlichen Natur der objektiven Welt.«[71]

McGinn bezieht mit diesem Argument gleichermaßen eine antikantiansche Position. Für Kant waren es ja gerade die vor aller räumlichen und zeitlichen Anschauung a priori gegebenen Kategorien, die die notwendigen Bedingungen für die Möglichkeit von Erkenntnis überhaupt darstellten. In der Sprache Kants: Es sind die transzendentalen Bedingungen der Erkenntnis. Doch während diese Kategorien für Kant die Erkenntnis (a priori) sichern, stellen die transzendentalen Bedingungen für McGinn gerade den Hinderungsgrund dafür dar, die Welt in ihrer ganzen Komplexität zu verstehen. Dafür prägte er den Begriff des »transzendentalen Naturalismus«. McGinn meint damit, dass wir als biologische und vernünftige Lebewesen von der Struktur der Natur, von den faktischen Gegebenheiten ausgehen müssen. Diese Gegebenheiten – der Naturalismus – stellen die Bedingungen und damit auch die Grenzen unserer Erkenntnis dar. »Übernatürlich« ist nicht das, was »jenseits« der Natur ist (denn ob es das tatsächlich ist, können wir nicht wissen), sondern das, was unserem Begriffsvermögen in Bezug auf den entsprechenden Bereich entzogen ist. McGinn nimmt mit diesem Argument daher eine konsequent pragmatische bzw. realistische Position in Anspruch. So gut wir in Angelegenheiten der Erkenntnis in bestimmten Bereichen auch sein mögen: Wir haben aufgrund unserer Erfolge keinerlei Gewähr, dass es auch in allen anderen Bereichen so ist.

Was McGinns Ansatz in meinen Augen so plausibel macht, sind die Beispiele, an denen er seine Hypothese zur Anwendung bringt: etwa das Bewusstseinsproblem, das Geist-Gehirn-Problem, das Problem des Ichs, Meinens und Wissens, der Willensfreiheit oder das Apriori der Erkenntnis. Genau diese Beispiele lasse ich hier jedoch aus, denn sie führen vom eigentlichen Thema – die Grenzen der vernünftigen Erkenntnis – weg. Festzuhalten bleibt, dass McGinn der Überzeugung ist, dass die Idee einer vollständigen Realitätsauffassung nicht zu verwirklichen ist. Eine solche vollständige Erfassung der Wirklichkeit würde ja zugleich auch die Erklärung für unsere Fähigkeit beinhalten, überhaupt zu einer solch vollständigen Erkenntnis zu kommen. Doch das ist bislang ein Traum geblieben. Somit steht die im Prinzip falsifizierbare Hypothese im Raum, dass eine solche Vorstellung, auch Geheimnisse im oben genannten Sinn lösen zu können, ein Traum bleiben wird (auch wenn ausgerechnet Wissenschaftler ihn gerne und bis heute träumen).

So bleibt festzuhalten, dass wir uns auf vielfältige Weise über die Leistungsfähigkeit unserer Begriffe und Methoden täuschen. Wir täuschen uns darüber, dass wir in der Lage sein werden, die strukturelle Komplexität der Welt vollständig zu verstehen. Es scheint, als ob sie ein objektives, reales Hindernis für unser Verstehen darstellt, das selbst Teil dieser (bedingten) Komplexität ist. Die These wäre also, dass es komplexe Strukturen und Prozesse gibt, die eben nicht auf einfache Basissätze reduzierbar sind. Sie können nur nachvollzogen werden, indem man der Komplexität der Prozesse selbst folgt. Es gibt keine Abkürzungen, keine Erkenntnisse, die gewonnen würden, bevor es diese Prozesse selbst tun. Wenn es eine vollständige Realitätsauffassung geben soll (an der man bereits mit den Argumenten von Gödel und Church Zweifel haben sollte), dann müsste diese Theorie ausgehend von ihrer naturalistischen Basis zugleich auch eine Erklärung dafür liefern, wie und warum wir (etwa aufgrund der neurophysiologischen Beschaffenheit unseres Gehirns) zu einer solchen Theorie und damit zu einer umfassenden Realitätssicht kommen können. Das Ich als Teil der Welt müsste eine Theorie konstruieren, die diese Welt und das Ich selbst in einer beiden übergeordneten Weise zusammenbringt und sich damit gewissermaßen über Welt und Ich stellt. Genau das aber scheint uns nicht zu gelingen. Wir befinden uns in gewisser Weise in der Situation eines Hundes, der untrügliche Anzeichen dafür hat, dass sein Herrchen nach Hause kommt. Der Hund kann diese Ansicht auch durchaus rational begründen – er hat sozusagen seine Erfahrungen, die ihn darauf schließen lassen, dass, wenn der Schlüssel ins Schloss gesteckt wird, das Herrchen nach Hause kommt. Und doch ist der Hund nicht zugleich auch in der Lage, die Prinzipien und Normen rational rekonstruieren zu können, die zur Entstehung dieser Überzeugungen führen.[72] Wäre er dazu in der Lage, wäre er eben kein Hund mehr und hätte deshalb auch seine Beschränktheiten als Hund überwunden. Und wir?

Wir halten uns an rationale Prinzipien und wenden die Regeln der Vernunft richtig an – und sind doch nicht in der Lage, all diese Regeln angemessen zu artikulieren, zu begründen, abzuleiten. »Angemessen« meint in diesem Zusammenhang, auf eine Art und Weise darzulegen, die jegliche Form von Skeptizismus eindeutig ausschließt und widerlegt. McGinn vertritt die Ansicht, dass die Wahrheiten, um die es in der Philosophie, aber auch in der Theologie geht, nicht wirklich in den Zielbereichen unserer Vernunft liegen. Diese ist sehr gut, wenn es um andere Fragen geht – die Wirkung von Medikamenten zu erklären, Autos zu bauen, Verkehrsregeln zu formulieren oder sich im Straßenverkehr »vernünftig« an solche Regeln zu halten. Die Fragen der Philosophie hingegen liegen an den Rändern oder Außenbezirken, an den Grenzen unserer Vernunft bzw. des Leistungsvermögens, das wir abkürzend »Vernunft« nennen. Während wir viele Details der Natur gut erklären können, wird uns ein »Plan der Natur« nicht einsichtig werden. Ebenso wenig wird die Vernunft einen letzten Zweck der Entwicklung der Natur (oder des Geistes) zu bestimmen in der Lage sein, jedenfalls nicht auf eine Art und Weise, die ihren eigenen kritischen Ansprüchen genügen würde und damit »vernünftig« zu nennen wäre. Es ist die Vernunft und unser Bewusstsein selbst (denn ohne Bewusstsein kann es keine Ausübung des Vermögens der Vernunft geben!), die den Operationen unseres Denkens und Urteilsvermögens Begrenzungen auferlegen. Diese sind tief in ihrem Inneren verankert und können nicht überwunden werden. Es ist, als gingen wir immer wieder mit einer Grubenlampe auf dem Helm unserer Vernunft ins Dunkle hinein. Natürlich werfen wir hier und da Licht in bislang unerkannte Bereiche. Doch wir erhellen niemals die ganze gewaltige Landschaft der Welt dort unten, so großartig auch die Ausschnitte sein mögen, die wir sehen und auf die wir unsere Erkenntnisse gründen.

Auch Kant hatte darauf verwiesen, dass die Vernunft und unser sinnliches System, das System des Körpers, ein Kontinuum und einen Zusammenhang bilden. Ohne Sinnlichkeit kann uns kein Gegenstand gegeben sein, bemerkte Kant in seiner berühmten Formulierung. Und kein Gegenstand kann ohne Verstand gedacht werden. »Gedanken ohne Inhalt sind leer, Anschauungen ohne Begriffe sind blind. Daher ist es eben so notwendig, seine Begriffe sinnlich zu machen (d.i. ihnen den Gegenstand in der Anschauung beizufügen), als seine Anschauungen sich verständlich zu machen (d.i. sie unter Begriffe zu bringen).«[73] Wie sehr die Vernunft als Medium der Vermittlung von Anschauung und Denken, Gegenstand und Begriff sich selbst durchleuchten kann, ist nach wie vor eine offene Frage. Es ist überraschend genug, dass wir überhaupt so viel wissen, wie wir wissen. Daraus allerdings zu folgern, dass wir alles wissen können, ist vermessen. Die Vernunft – und mit ihr die Wissenschaft – wird lernen oder besser gesagt sich trotz ihrer grandiosen Einsichten immer wieder vor Augen halten müssen, dass die Verlängerung ihres Erfolges in die Zukunft hinein und die Ausdehnung ihres Erkenntniserfolgs auf alles, auf das gesamte Universum, keineswegs bewiesen ist. Es ist und bleibt möglich, dass wir trotz aller grandiosen Erkenntnis nicht das richtige Erkenntnisorgan haben, um damit die gesamte Welt zu verstehen. Was uns immerhin, so McGinn, sei es nun als Wissenschaftler, als Philosoph oder Theologe, von einer persönlichen »Schuld« befreit. Was menschlich nicht möglich ist, kann eben nicht möglich sein. Wir wären gut beraten, so McGinn, den Traum von einem gottgleichen Verstehen der Welt und aller Probleme aufzugeben.

4. Die Grenzen der Information und die Komplexität der Welt

Viele Abhandlungen und Bücher, die sich mit den Grenzen des vernünftigen Erkennens beschäftigen, folgen den Fußspuren von Arthur Schopenhauer. Ausgangspunkt für ihn ist die klassische Einteilung der Natur durch Aristoteles, die eine Stufung vorsieht.

Auf diese Weise hat die griechische Philosophie lange vor Darwin eine Art evolutionäre Entwicklungslinie des Lebens gezogen, die von der unbelebten Natur über Pflanzen und Tiere hin zum Menschen reicht, der anders als die Tiere nicht nur wie sie ein Selbstbewusstsein und ein subjektives Interesse hat, sondern darüber hinaus in den Bereich der Vernunft und Besonnenheit vordringt. Als Folge kann der Mensch sein Leben bzw. dessen Ausrichtung und nicht nur sein bloßes Dasein zum Gegenstand des Erkennens machen. Der Mensch hat – und dies sagt nun Schopenhauer – mit der Vernunft sozusagen eine zweite Natur erworben, ein »zweites Dasein außerhalb der eigenen Person«, indem er sich objektiven Interessen zuwenden und ganz bewusst die Perspektive anderer Menschen zu seiner eigenen machen kann. Der Mensch ist zum zwecklosen, d.h. zweckfreien Denken und Erkennen befähigt. Und nur dort, wo dies geschieht, erhebt sich die Vernunft auch tatsächlich über die subjektiven Interessen. Die meisten Menschen sind jedoch durch einen Mangel an Interesse sowie durch die Qual ihrer Arbeit lediglich daran interessiert, mit dem kleinstmöglichen Aufwand von Gedanken auszukommen und ihr Leben auf diese minimalistische Weise zu meistern. Sie denken »nur knapp so viel, wie ihr Berufsgeschäft schlechterdings nötig macht … Demnach ist es eine ganz abnorme Begebenheit, wann, in irgend einem Menschen, der Intellekt seine natürliche Bestimmung, also den Dienst des Willens und demgemäß die Auffassung der bloßen Relation der Dinge, verläßt, um sich rein objektiv zu beschäftigen. Aber eben dies ist der Ursprung der Kunst, der Poesie und der Philosophie, welche also durch ein Organ hervorgebracht werden, das ursprünglich nicht für sie bestimmt ist.«[74] Ob dieser Gedanke als Theorie vom Menschen als Mängelwesen (Arnold Gehlen) oder als Inkompetenzkompensationskompetenz (Odo Marquard) weiterentwickelt wird: Immer geht es um den Nachweis der biologischen Begrenztheit des Erkennens, dessen »geistiges Organ« der Vernunft an das Gehirn und die körperlichen Vorgänge gebunden ist. So weit ist dies mit Schopenhauer und über ihn hinaus bis hinein in die Evolutionsbiologie eine gängige Argumentationslinie. Der Gedanke hat jedoch nicht nur eine biologische Komponente, sondern geht darüber hinaus und mündet in eine gleichsam physikalisch-kosmologische Pointe, die wesentlich seltener bedacht wird. Den Zusammenhang zwischen beiden Argumentationssträngen kann man herstellen über die Einsicht, dass das Gehirn als die komplexeste physische Struktur, die wir kennen, auf die Komplexität der Welt stößt und mit dieser Einsicht in die Realität (anderer) komplexer Strukturen auf sich selbst zurückgeworfen wird. Das Gehirn ist ein komplexes Organ, dessen Zweck es nicht zuletzt ist, sich in der Komplexität der Welt zurechtzufinden und diese zu verstehen – einschließlich derjenigen Komplexität, die es in sich selber birgt und die Grundlage für die Erkenntnis der Komplexität der Welt ist.

Der Begriff der Komplexität fiel bereits mehrfach sowohl in der Argumentation von Gödel und Church als auch in der von McGinn. Ich will nicht wiederholen, was ich in Bezug auf die Struktur und Bestimmung von Komplexität in *Weisheit. Über das, was uns fehlt* sehr ausführlich beschrieben habe und in Büchern wie *Komplexität* von Klaus Mainzer[75] bereits verständlich und anschaulich beschrieben ist. Nur so viel sei gesagt, dass das Gebiet der Komplexitätstheorie zunehmend wichtiger wird, weil es möglicherweise der wesentliche Theoriekern moderner Wissenschaft ist. Die zentrale Frage in verschiedensten Fachgebieten – sei es Informatik, Systembiologie, Genetik oder Kosmologie – lautet: Wie kann man die reale Komplexität dynamischer, nichtlinearer Systeme verstehen und gegebenenfalls steuern? Der Begriff der Komplexität erlaubt es dabei, klassische physikalische Systeme auf der einen Seite mit lebendigen, dynamischen und offenen Systemen etwa der Biologie, aber auch mit anderen informationsverarbeitenden Systemen wie Computern zu verbinden. Zentral war dabei die Entdeckung, dass es bei sogenannten komplexen nichtlinearen dynamischen und dissipativen Systemen im Laufe ihrer Entwicklung zu nicht vorhersehbaren Abweichungen kommen kann. Diese Abweichungen sind prinzipiell mit keinem Mittel der Physik oder der Mathematik oder eines Computerprogramms vorhersehbar. Dass sie eintreten, ist also nicht ein Mangel an Wissen unsererseits, insofern wir niemals alle Ausgangsbedingungen für ein System kennen können. Das Problem liegt tiefer. Es hat mit den Strukturen komplexer Systeme selbst zu tun. Denn obwohl wir die Komponenten eines Systems wie beispielsweise das Wetter durchaus beschreiben können, indem wir von völlig vorhersehbaren Zusammenhängen und Gesetzmäßigkeiten Gebrauch machen, die ihrerseits gut in einer Reihe von Gleichungen abgebildet werden können, ist die Interaktion dieser Komponenten als umfassende Beschreibung des gesamten komplexen Wetterzustandes – mathematisch gesprochen die Kombination aller Differentialgleichungen – selbst nicht unter allen Umständen lösbar bzw. voraussehbar. Faktisch wie theoretisch kommt es durch kleinste Schwankungen in den Ausgangsbedingungen (und solche Schwankungen sind in einer Welt, in der Materie und Energie »wild« fluktuieren, nicht die Ausnahme, sondern die gewöhnlichste Realität) dazu, dass zwei völlig identisch konstruierte Systeme nach einer gewissen Zeit dennoch völlig unterschiedliche System- oder Endzustände einnehmen. Kleinste Schwankungen können das System zum Kippen bringen und es zu »Entscheidungen« nötigen, die in seinem »Systemgedächtnis« bewahrt werden, sich aber von den Entwicklungen eines anderen Systems unterscheiden können. Komplexe Systeme sind gleichermaßen individualisiert und bis zu einem gewissen Punkt unvergleichbar. Insofern gibt es solide Hinweise darauf, dass die Komplexitätstheorie das Herzstück einer jeden Theorie ist, die dynamische Systeme beschreiben will. Diese Einsicht ist von entscheidender und weitreichender Bedeutung. Bei komplexen und dynamischen, nichtlinearen Systemen handelt es sich um Systeme, die aus einer Vielzahl von Elementen bestehen, die miteinander in vielfältigen Wechselwirkungen stehen. Es ist diese Struktur rückgekoppelter Wechselwirkungen, die den Unterschied zwischen Kompliziertheit und Komplexität eines Systems ausmacht. Dieser Unterschied lässt sich leicht veranschaulichen.

Stellen Sie sich eine mechanische Uhr vor, die Sie mit Hilfe eines Uhrmachers auseinandernehmen. Sie legen die vielen Teile vor sich und setzen sie dann nach Anweisung des Uhrmachers Stück für Stück wieder zusammen. Diese Aufgabe ist im Prinzip lösbar (sonst hätte der Uhrmacher die Uhr ja gar nicht in Handarbeit herstellen können und es gäbe kein »Handbuch«, keine Anweisung, nach der man eine solche Uhr zusammensetzen kann). Der Vorgang selbst mag sehr schwierig und kompliziert sein, etwa weil man viel Verständnis für die Funktionsweise einer Uhr und zudem eine hohe handwerkliche Fähigkeit mitbringen muss. Am Ende aber werden Sie erfolgreich sein und haben ein mechanisches System gebaut, das auf sehr berechenbare Weise immer nur das eine tut. Ihre Uhr wird, wenn Sie sie richtig konstruiert und zusammengesetzt haben, in jeder Sekunde gleichbleibend die richtige Zeit anzeigen. Das kann sie, weil die einzelnen Teile auf eine völlig berechenbare, mechanische Weise miteinander in Wechselwirkung stehen. Kein Teil beeinflusst dabei das andere so, dass dieses aus dem Tritt gerät, etwa indem es sich verändert. So etwas würde nur geschehen, wenn Sie von außen mit Gewalt auf die Uhr einwirken.

Komplexe Systeme hingegen sind völlig anderer Natur. Denken Sie an sich selbst: Wenn Sie Hunger haben, verändern Sie sich. Und zwar nicht immer auf dieselbe Weise. Manchmal können Sie die schlechte Laune, die Sie dann bekommen, im Zaum halten – manchmal nicht. Lebendige Systeme weisen nicht nur eine Vielzahl von Elementen auf – das ist auch in einer Uhr der Fall. Viel entscheidender ist, dass diese Elemente auf vielfältige Weise miteinander verknüpft sind und sich die einzelnen Elemente in Abhängigkeit von den Zuständen der anderen Elemente strukturell verändern können. Die einzelnen Teile des Systems können also nicht nur aufeinander einwirken, sondern einander auch durch diese Einwirkung verändern. Genau das aber ist mit Komplexität gemeint. Ein gutes Beispiel dafür ist der Straßenverkehr. Zunächst gibt es eine Menge von Elementen – individuellen Autofahrer-Systemen –, die aufeinander einwirken. Die Regeln für dieses Einwirken sind (hoffentlich jedenfalls) allen Teilnehmern am Straßenverkehr im Prinzip vertraut. Und doch ist das Gesamtsystem keineswegs deterministisch. Wenn beispielsweise mein Vordermann bremst, fahre ich nicht ungemindert wie ein Uhrwerk weiter, sondern ich versuche eigenständig, meine Geschwindigkeit anzupassen, beispielsweise indem auch ich bremse. Das überträgt sich auf meinen Hintermann, der nun seinerseits sein Fahrverhalten ändert, indem er gegebenenfalls scharf bremst. Am Ende kann eine solche Brems-Kettenreaktion dann, wenn die Abstände der Fahrer klein genug sind, zum Phänomen eines sogenannten »Staus aus dem Nichts« führen. Die kleinen Brems-Schwankungen, die ohne ein äußeres Hindernis allein durch die Fahrer auftreten, können sich zu einer unvorhergesehenen großen Wirkung addieren. Obwohl es keinen Unfall gegeben hat und niemand eine Vollbremsung machte, kommt es möglicherweise doch einige hundert Wagen hinter mir zu einem Stau, weil sich die Massenbremsung buchstäblich in größere Dimensionen aufschaukelt. Diese Rückkopplung von Elementen eines Systems kommt in Körperzellen vor, aber auch in der Entwicklung des Klimas oder in Ökosystemen. Die Gesundheit des Körpers stellt ein derartiges Gleichgewicht dar, in dem chaotische Schwankungen zu harmonisch regulieren, bis eine Krankheit sie aus der Bahn wirft. Auch Strömungen von Flüssigkeiten, die Galaxien im Weltall oder die Wechselwirkungen zwischen atomaren Teilchen stellen derartige komplexe Systeme dar. Ihre Dynamik führt immer wieder zu Ergebnissen, die nicht vorhersehbar sind. Das beste Beispiel ist das Gehirn, das das bislang komplexeste System darstellt, das wir kennen. Hätten Sie mit Gewissheit voraussagen können, dass eine große Vielzahl miteinander verschalteter Neuronen so etwas wie Bewusstsein möglich macht (wobei ich nicht bereits behauptet habe, dass sie Bewusstsein verursachen)?

Was ist nun die Quintessenz der Untersuchungen all dieser Denker, Logiker und Mathematiker? Eine weitverbreitete Anschauung besagt, dass man, wenn nicht die empirische Welt, so doch wenigstens die Mathematik und mit ihr alle formalisierbaren Sätze (und um solche Sätze soll es sich idealerweise in den Wissenschaften handeln!) den Regeln der Logik unterwerfen kann. Es lässt sich also jedes mathematische Problem (also ein Problem, das den Regeln der Mathematik folgt) durch ein geeignetes Programm bzw. eine geeignete Formalisierung lösen. Doch genau diese Lieblingsannahme vieler Wissenschaftler erwies sich, wie Gödel zeigte, als falsch. Dass es weitere, über Gödel hinausgehende Aspekte gibt, die diese Annahme widerlegen, zeigte der amerikanische Mathematiker und Philosoph Gregory J. Chaitin (1947), einer der Gründerväter der algorithmischen Informationstheorie. Das nach ihm benannte erste und zweite Unvollständigkeitstheorem der Informationstheorie hat deshalb Bedeutung, weil es sich nicht nur auf Mathematik, sondern auf tatsächlich arbeitende Computerprogramme bezieht, ohne deren Gebrauch heute keine Wissenschaft mehr zu denken ist. Chaitin zeigte, dass es ein für Computerprogramme entscheidendes Problem geben kann, das jedoch für Computer nicht lösbar ist. Es besteht darin, zu entscheiden, ob die Ausführung eines Programmes bzw. einer Regel (beispielsweise eine Berechnungsvorschrift für eine Funktion) zu einem Ende gelangt oder nicht. Vereinfacht gesagt: Rechnet das Programm ewig weiter oder kommt es zu einer Lösung? Wenn diese Frage beantwortbar ist, müsste es eine Art Entscheidungs-Programm geben, das berechnen kann, ob das eigentliche Computerprogramm, das aus einem binären Code (ja/nein) besteht, irgendwann anhält und folglich nicht endlos weiterläuft. Gibt es ein solches zweites Entscheidungs-Programm? Die Antwort von Chaitin lautet: Es ist nur für endlich viele Bits oder Programmteile möglich, zu bestimmen, ob das Programm anhält oder nicht, niemals aber für alle. »Für endlich viele« bedeutet gerade, dass es eine Grenze gibt. Wird diese Menge überschritten, kann das Programm nicht mehr bestimmen, ob ein anderes Programm anhält oder endlos weiterrechnet, also rechnet, ohne je zu einem Ergebnis zu kommen. Etwas mathematischer formuliert: Jenseits einer bestimmten Grenze ist es nicht möglich, zu wissen, ob es zu einer Gleichung endlich oder unendlich viele Lösungen gibt.

Genau das aber stellt für ein Wesen, das ständig Informationen verarbeitet und zu langen Ketten und Theorien zusammenfügt, eine grundlegendes Hindernis dar – eine nicht überschreitbare Grenze. Diese gilt auch für die Sätze der Wissenschaft.

Eine Quintessenz dieser Überlegungen ist also, dass Mathematiker und Informationstheoretiker wie Gödel, Church oder auch Alan Turing (1912–1954), der an der Enigma-Maschine und an Verschlüsselungscodes arbeitete – beides hängt gleichfalls mit dem Problem der Berechenbarkeit zusammen –, in brillanter Klarheit herausgearbeitet haben, dass es trotz oder besser gesagt inmitten aller Logik und Rationalität eine Form der Unerforschlichkeit gibt, die grundsätzlicher und nicht behebbarer Natur ist. Daraus folgt, dass es nicht nur in der Umgangssprache mit Begriffen, die zum Teil vage definiert sind, zu Widersprüchen und Paradoxien kommt. Selbst inmitten der klarsten Regeln und Logik kommt es zu Paradoxien, Widersprüchen und Scheinproblemen. Scheinprobleme sind deshalb auch in der Philosophie ein ständiger Begleiter. Die Suche nach exakten Definitionen hilft zwar weiter – sie ist ein Mittel gegen die Verhexung unseres Verstandes durch die Sprache: Aber sie stellt keine absolute Lösung dar, als sei alles mit klaren Definitionen in den Griff zu bekommen. Zwar ist diese Vorstellung nicht nur unter Philosophen, sondern auch unter Wissenschaftlern weit verbreitet – aber sie ist, wie die Überlegungen hier gezeigt haben, leider falsch. Zudem lässt sich die Idee, es gäbe immer exakte Definitionen, nicht halten. Die Anwendungen von Begriffen sind eben nicht immer von Regeln bestimmt.[76] Es gibt viele »normale« Fälle, in denen es so ist; aber nicht alle Fälle sind »normal«. Gelegentlich kommt es sozusagen vor, schreibt Wittgenstein, dass wir ein Stück Käse auf die Waage legen und es wächst ohne offenbare Ursache an.[77]

Das Wort »Spiel« ist ein Beispiel dafür, dass Begriffe – auch solche des alltäglichen Gebrauchs – nicht immer fest begrenzt sind. Mit den von Gödel, aber auch von Wittgenstein aufgeworfenen Fragen verbunden ist das alte Problem, ob und in welcher Form es in der Mathematik und Logik überhaupt einen Fortschritt geben kann. »Wie ist denn der Begriff des Spieles abgeschlossen?«, fragt Wittgenstein.[78] »Was ist noch ein Spiel und was keines mehr? Kannst du die Grenzen angeben? Nein. Du kannst welche ziehen: denn es sind noch keine gezogen. (Aber das hat dich noch nie gestört, wenn du das Wort ›Spiel‹ angewendet hast.) ... ›Aber wenn der Begriff ‚Spiel‘ auf diese Weise unbegrenzt ist, so weißt du ja eigentlich nicht, was du mit ‚Spiel‘ meinst.‹ – Wenn ich die Beschreibung gebe: ›Der Boden war ganz mit Pflanzen bedeckt‹, willst du sagen, ich weiß nicht, wovon ich rede, ehe ich nicht eine Definition der Pflanze geben kann? ... Man kann sagen, der Begriff ›Spiel‹ ist ein Begriff mit verschwommenen Rändern ... Frege vergleicht den Begriff mit einem Bezirk und sagt: einen unklar begrenzten Bezirk könne man überhaupt keinen Bezirk nennen. Das heißt wohl, wir können mit ihm nichts anfangen. – Aber ist es sinnlos zu sagen: ›Halte dich ungefähr hier auf!‹?«[79]

Am Ende bleibt mit Wittgenstein festzuhalten, dass eine völlige Klarheit nicht zu erreichen ist. Sie ist ein Ideal, eine regulative Idee für die Wissenschaft – aber sie ist nicht wirklich hundertprozentig umsetzbar. Selbst klare, logische – also »vernünftige« – Regeln können nicht nur zu Unvollständigkeiten führen, sondern sogar zu inkonsistenten Resultaten.[80] Anders ausgedrückt: Es kann nicht auf jede wissenschaftliche, aber eben auch nicht auf jede philosophische und auch nicht auf jede theologische Frage eine Antwort geben.[81] Jedes System von Sätzen oder von logischen Verbindungen zwischen Begriffen beinhaltet unbeantwortbare, möglicherweise wahre, vielleicht aber auch falsche Aussagen. Und Urteile. Dies gilt, um es zu wiederholen, nicht nur für wissenschaftliche, sondern auch für philosophische und theologische Aussagen. Wenn Widersprüche innerhalb eines Systems nicht nur der Mathematik, sondern auch innerhalb des Systems wissenschaftlicher Sätze auftreten können, Widersprüche, auf die man trotz Mathematik und Logik stößt: Sind dann nicht auch unabsichtlich etwas anderes als wahre Sätze innerhalb eines solches Systems herleitbar – nämlich falsche Aussagen? Es sind insbesondere diese widersprüchlichen Sätze und jene Begriffe, die nicht für alle möglichen Fälle definiert und geregelt sind, die für das Entstehen von Scheinproblemen verantwortlich sind. In solchen Fällen »feiert« die Sprache, wie Wittgenstein sagt.[82] Doch dies muss auch so sein, wenn Sprache und Erkenntnis lebendige, d.h. flexible und sich verändernde Prozesse sein sollen. Insofern geht es bei der Antwort auf philosophische (und theologische) Fragen keineswegs immer darum, mit einer Tatsache aufzuwarten, um das Problem zu klären. Auch das würde die eigentliche Verwirrung nicht lösen, die sprachlicher Natur ist. Es kann durchaus vergeblich sein und bleiben, »nach einer konsistenten Explikation« eines Begriffes zu suchen. »Entsprechend könnte es aufgrund der Unterdeterminiertheit vergeblich sein, exakte Definitionen umgangssprachlicher Begriffe mit Hilfe notwendiger und zusammengenommen hinreichender Kriterien angeben zu wollen.«[83]

Auch wenn die Sprache also nicht in die letzten Winkel der Begriffe und erst recht nicht in die letzten Winkel der Welt zu leuchten imstande ist: Sie ist immerhin geeignet, viele alltägliche Probleme zu lösen und uns begriffliche und logische Hilfe bei der Klärung von Fragen zu bieten. Wie sonst können Schülerinnen und Schüler überhaupt etwas lernen? Und wie könnten wir Neues lernen – wenn alles, was gewusst werden kann, bereits feststehen würde? Warum sollte also die Begrenztheit und warum selbst ein Widerspruch mehr zu fürchten sein als eine Tautologie, fragt Wittgenstein mit Recht. Und gibt die Antwort: »Der Widerspruch ist nicht als Katastrophe aufzufassen, sondern als eine Mauer, die uns zeigt, daß wir hier nicht weiter können. Unser Motto könnte sein: ›Lassen wir uns nicht behexen!‹«[84] Sich nicht behexen zu lassen ist die Methode, die Fliege, die durch die gläserne Wand, die sie nicht sieht, permanent in die Irre geleitet wird, aus dem Fliegenglas herauszuführen. Wie man das macht – zeigen, bei aller Begrenztheit, nicht zuletzt Logik und Philosophie. Wittgenstein rät zu Folgendem: »Die Betrachtung muß gedreht werden, aber um unser eigentliches Bedürfnis als Angelpunkt.« Doch was ist unser eigentliches Bedürfnis? Und wenn wir es nicht kennen und uns auf die Vernunft verlassen: Worauf verlassen wir uns dann, wenn sie im Laufe der Geistesgeschichte so viele verschiedene Bestimmungen erfahren hat, dass sie aus rein logischen und anderen Erwägungen heraus ihre eigenen Ansprüche gar nicht gegen unsere Bedürfnisse einlösen kann? Im Folgenden will ich einen Vorschlag machen, wie man aus dieser Situation herauskommt und sich auf dem Gebiet der Vernunft orientieren kann.

2. Sich mit der Vernunft orientieren

Vier einfache Fragen und das Katz-und-Maus-Prinzip

»Gibt es Suppenwürfel?«
  »Gibt es den Weihnachtsmann?«
  »Gibt es Einhörner?«
  »Gibt es einen Gott?«
Vier einfache und in ihrer Einfachheit geradezu harmlose Fragen, finden Sie nicht? Jedes Schulkind kann sie verstehen. Aber kann es sie auch beantworten? Das Verstehen geht dem Antworten, nicht aber dem Wissen voraus. Denn jedes Verstehen setzt auf bereits Be- und Erkanntes – und demnach auch (Vor)Wissen. In jeden Fall werden Sie mir als Erwachsene, auch ohne lange nachzudenken, zugeben, dass sich die vier einfachen Fragen auf erstaunliche Weise gleichen. Die Formulierung »Gibt es …?« leitet eine Frage nach der Existenz von etwas ein. Es geht darum, ob ein Ding, ein Objekt, ein Lebewesen, ob etwas »da« ist (also eine auffindbare Raum-Zeit-Koordinate hat). Etwas grundsätzlicher gesagt: Es geht darum, ob es das Gefragte überhaupt auf eine Weise gibt, die sich nachprüfen lässt. »Gibt es Suppenwürfel?« Eine dumme Frage, werden Sie vielleicht sagen. Natürlich gibt es Suppenwürfel: »In meiner Küche dort in der Schublade ist einer.« Auf den zweifelnden Blick können Sie getrost mit dem Hinweis »Schau doch nach« parieren. So einfach ist das (es sei denn, Ihnen sind inzwischen die Suppenwürfel ausgegangen, ohne dass Sie es bemerkt haben).
Aufgrund der Ähnlichkeit der vier Fragen ist zu vermuten, dass

sich auch die Antworten ähneln werden. Verhalten sich Fragen nicht zueinander wie die Antworten? Das ist anzunehmen. Die Antworten werden sich demnach auf eine vergleichbare Weise, d.h. nach einem vergleichbaren methodischen Schema finden lassen. Auf »Gibt es?«-Fragen geht man in die Küche, in die Garage, schaut in der Handtasche nach oder fliegt ins Weltall und schaut sich dort um. All das wirkt auf den ersten Blick sehr einfach. Das Antwort-Finden ist ein Kinderspiel. Doch eine Voraussetzung gibt es: Man muss wissen, wo man jeweils nachschauen muss. Genau das aber ist ein entscheidendes Problem. Wo muss man jeweils nachschauen? Bei Suppenwürfeln mag der Ort naheliegen. Aber wie verhält es sich mit Einhörnern? Der evangelische Theologe Ernst Fuchs hat, darin ganz der Tradition seines Kollegen, des Philosophen Martin Heidegger folgend, dem Problem einen Namen gegeben. Er nannte es das »Katz-und-Maus-Prinzip«.[1] Was ist damit gemeint?

Dieses Katz-und-Maus-Prinzip bezeichnet ein Grundprinzip der sogenannten Hermeneutik – der Kunst oder Wissenschaft vom Verstehen. Wörtlich bedeutet hermeneuein so viel wie übersetzen, interpretieren oder (in Gedanken) ausdrücken. Was die Orakel der Frühzeit nur andeuteten, ohne den ganzen Sinn preiszugeben, oder magische Zeichen und später die Phänomene der Natur preisgaben: Immer mussten die Zeichen gedeutet werden, sollte die Sprache der Götter, der Natur und selbst der Menschen verstanden werden. Hermes galt in der griechischen Mythologie als Schutzgott des Verkehrs und der Reisenden. Beides, das Reisen und Verkehren, hat mit Verbindung, mit Beziehung und Ankommen zu tun. Es ist, im übertragenen Sinn, ein gelungenes Über-Setzen von einem Ort an den anderen, von einem Zeichen oder einem Text in einen anderen. Hermes war zugleich auch der Gott der Hirten und Diebe, der Kunsthändler, der Redekunst und der Magie. Damit ist, zumindest mythologisch, ein weites Feld abgesteckt. Diebstahl, Kunst, Handel und ein Schuss Magie scheinen in der frühgriechischen Anschauung notwendige Bestandteile des Verstehens gewesen zu sein. In diesen frühen Zeiten des Denkens wurde Hermes gerne mit Thot identifiziert, dem ägyptischen Gott der Schreiber, der Wissenschaft und der Weisheit. Eine Mythologie baut auf der anderen, älteren auf. Wie Schalen erweitern sich die Ablagerungen des Verstandenen um einen Kern des Sinns herum. Der Kult um Thot ist einer der ältesten in Ägypten überhaupt. Kultort war – treffender hätte es nicht sein können – Hermopolis. Im Alten Reich war die Stadt des Thot und des Hermes ein Kultzentrum, das am Westufer des Nils lag. Etwa auf gleicher Höhe gegenüber am Ostufer lag Tell el-Amarna, die ehemalige Hauptstadt Echnatons, des Gatten der berühmten Nofretete. Noch berühmter als sie machte ihn der Umstand, dass er den Monotheismus begründete, der noch Jahrhunderte später von Ägypten auf die jüdische Religion ausstrahlen sollte und in Form des Christentums einen großen Teil der religiösen Welt eroberte. Das Katz-und-Maus-Prinzip, das an den Götterboten Hermes erinnert, steht für einen zentralen Grundsatz der Hermeneutik. Wer etwas von einem Sender zu einem Empfänger bringen will, muss wissen, wo er ihn antrifft. Der Begriff »Hermeneutik« ist selbst ein Kunstwort, das eine alte ägyptisch-griechische Tradition und Kunst in die Sprache der Neuzeit übersetzt. Das Wort selbst wurde vermutlich erstmals von dem Straßburger Theologen und Philosophen Johann Conrad Dannhauer (1603–1666) verwendet.

Gibt es Suppenwürfel? »Ja, dort«, lautet die Antwort. Gibt es den Weihnachtsmann? Verschiedene Antworten sind denkbar. Wenn kleine Kinder zuhören, könnte die Antwort »Aber sicher. Woher sollen sonst die Geschenke kommen« lauten – eine Antwort, die entfernt an die Geschichte vom Klapperstorch erinnert. »Hast du ihn gesehen?« Seltsamerweise behaupten die meisten Kinder, irgendwann das Christkind oder doch zumindest seine Spuren gesehen oder wahrgenommen zu haben. Wie sicher sind diese Aussagen? Bekanntlich fragt seit Pilatus die gesamte Philosophie bis in die Neuzeit nach der Wahrheit. Alle Wissenschaften versuchen, zu wahren Sätzen über die Welt vorzustoßen. Geht es, auch wenn zuweilen Diebe, Kaufleute und Kunsthändler beteiligt sind (das späte Erbe von Hermes), bei all dem in erster Linie um Wahrheit?

Doch die Wahrheit liegt nicht einfach in der Welt. Sie liegt (auch in Büchern und in Internetseiten) nicht so herum, dass man sie mühelos auflesen kann. Wie also stellt man fest, ob etwas wahr ist? Pilatus löst das Problem für sich bekanntlich auf die Art und Weise, auf die es bis heute Politiker in modernen Staaten zu lösen versuchen. Sie delegieren die Frage an einen Expertenrat, ein zuständiges Gremium (im Fall von Pilatus: das jüdische Volk in Form seiner gerade anwesenden Vertreter), und speisen sie auf diese Weise in einen demokratischen Prozess ein. Pilatus ließ über die Wahrheitsfrage kurzerhand abstimmen. Wenn die Mehrheit erst einmal befunden hat, steht die Wahrheit fest. »Dieser ist ein Verbrecher und soll gekreuzigt werden.« Wahrheitsfrage und Schicksal hängen in dieser biblischen Geschichte eng zusammen – ebenso wie das Die-Wahrheit-Finden und die Schuldfrage. Pilatus kann am Ende seine Hände in Unschuld waschen. Er war skeptisch und hat die Entscheidung denen übertragen, die es wissen müssen, weil sie mit Begriffen wie »König der Juden« oder »Messias« von Berufs wegen als Hohepriester und Älteste zu tun haben (Mt 27). Sollte man ernsthaft an diesem Prinzip rütteln wollen, das eine demokratische Entscheidung in den Vordergrund stellt, was immer bedeutet, die Mehrheit – in diesem Fall der Gelehrten und der Stimmen des Volkes – entscheiden zu lassen?

Erst wenn man der Überzeugung ist, dass sich über Wahrheit nicht einfach abstimmen lässt (Jesus scheint diese Meinung bis in den Tod vertreten zu haben), ist mit einem Mal nicht mehr so einfach zu erkennen, wie es überhaupt zur Wahrheit kommt; wie auch andere oder, wenn ich zweifle, ich selbst zur Wahrheit kommen könnte. Erschwerend kommt hinzu, dass Wahrheit ja nicht einfach in den Dingen und Gegenständen liegt. Sie ist den Dingen selbst nicht anzusehen – weil sie immer und ausschließlich eine Qualität und Eigenschaft unserer Aussagen über die Welt und ihre Phänomene ist. In diesem Sinn kann ein Suppenwürfel oder Regen oder die Wahrheit oder Gott nicht wahr sein. Wahr sein können nur Aussagen über diese Begriffe: »Der Suppenwürfel ist in der Schublade« oder »Es gibt Regen draußen«.

Manchmal sind diese Eigenschaften von Aussagen nur schwer (oder gar nicht) zu erreichen. »Die kalte Kernfusion ist möglich.« Wann und unter welchen Umständen (denn bekanntlich gab es ja gerade bei diesem Thema Betrugsfälle in der Wissenschaft) ist diese Aussage wahr zu nennen? Entscheidend ist daher, dass man, um überhaupt zu wahren Aussagen gelangen zu können, von anerkannten Methoden und Verfahrensweisen Gebrauch macht. Zum einen schwingt hier wieder das Element der Abstimmung mit (denn was man verwendet, ist eine Frage der Konventionen, der Festlegung); zum anderen das Motiv des möglichen Betrugs und der Tricks, mit denen man ein Verfahren gleichsam gegen den Strich bürsten und gegen seine ursprüngliche Intention kehren kann. Kurzum: Man muss einfach wissen, wo man sucht. Antworten findet man eben nicht immer auf der Straße, sondern häufig nur an besonderen Plätzen. Man muss, um die Wahrheit zu finden, an den Ort eines Verbrechens gehen, muss in einem Labor arbeiten, dort, wo man Proteine, Zellen oder Atome untersuchen kann. Wenn man Wale oder Affen studieren will, macht man das besser in freier Wildbahn. Doch wo befindet sich im Fall des Menschen diese freie Wildbahn? Was ist seine Wahrheit?

Die Frage des Pilatus »Was ist Wahrheit?« (Joh 18,38), die sich bis heute immer und immer wieder stellt, hat abgesehen davon, dass sie die Gefahr in sich trägt, die eigentliche Frage abzutun und von anderen beantworten zu lassen, einen deutlich vernehmbaren, seltsam verzweifelten Unterton. Angesichts der religiösen Fragen scheint Pilatus zu sinnieren: Was ist da schon Wahrheit? Wer kennt sich da wirklich aus? Die Frage ist durchsetzt mit einem Gefühl des Verloren-Seins, einem sich nicht wirklich Auskennen in diesem Universum. Das Ergebnis der Skepsis, so begründet sie sein mag, ist eine gewisse Melancholie – ein Gefühl des sinnlosen Suchens, das erst in der Moderne richtig im Bewusstsein angekommen ist. Die Welt scheint nicht nur, sie ist so groß, dass man sich zuweilen fremd in ihr vorkommt. Man muss wissen, wo man suchen muss, um überhaupt finden zu können. Daher wird im Alten Testament Adam von Gott auch nicht gefragt: »Wer bist du eigentlich?« Adam ist im Hebräischen sozusagen die Gattungsbezeichnung und bedeutet schlicht »Mensch« oder wörtlich übersetzt »der von der Erde Genommene«. Gott spricht den Menschen an, indem er fragt: »Adam, wo bist du?« (Gen 3,9). Ernst Fuchs war der Ansicht, dass die Seinsfrage – die Frage nicht nur nach der Existenz, sondern auch nach dem Sinn des Daseins – vor allem eine Wo-Frage ist. Aus ihr heraus ist die gesamte Hermeneutik als Lehre, Kunst und Wissenschaft vom Verstehen zu entwerfen. Wo zeigt sich etwas? Erst wenn ich weiß, wo es sich zeigt, kann ich untersuchen, wie es sich zeigt und um was es sich handelt. Dieses Prinzip kommt tagtäglich auf jedem Computer und jedem Server zur Anwendung. Wenn Dateien von einer Festplatte gelöscht werden, dann werden nicht die Daten physisch vernichtet (außer man verwendet spezielle Löschprogramme), sondern lediglich die Datei, in der der Computer die Information findet, wo sich eine bestimmte Datei befindet. Man löscht sozusagen nicht den Gegenstand, wohl aber das Wissen, wo sich der Gegenstand befindet. Aus diesem Grund ist es auch möglich, mit spezieller Software »gelöschte« – in Wahrheit also ortlose – Daten wiederherzustellen. Was keinen Ort hat – wörtlich ins Griechische übersetzt also u-topisch ist –, kann nicht verstanden werden. Verstehen, sagt Fuchs, fängt da an, wo ich das, was ich verstehen soll, vor mich bekomme. »Mach die Schublade auf – da ist der Suppenwürfel drin!« – »Tatsächlich – jetzt habe ich ihn vor mir.« Dies ist auch der Grund, warum Verstehen nicht nur mit einem Ort, sondern immer auch mit Zeit zu tun hat: Es dauert, bis man an den richtigen Ort gekommen und (mit welcher Methode?) nachgesehen hat. Kommt man zu spät, hat sich der Suppenwürfel, der eben noch in der Schublade lag, bereits aufgelöst, weil er inzwischen im Kochtopf gelandet ist. Ort und Zeit sind entscheidend für das, was Fuchs das Katz-und-Maus-Prinzip nannte. »Wer die Katze verstehen lernen will, kann ihr eine Maus verschaffen. Er wird die Katze dann so sehen, wie sie sich selbst zeigt.« Die Maus ist das hermeneutische Prinzip, der »Ort« der Katze. Die Maus löst sozusagen das Verstehen (des Verhaltens) der Katze aus. Oder philosophischer ausgedrückt: »Die Wahrheit dürfte uns also nur dort hermeneutisch erschließbar werden, wo sie sich in unsre (sic) Gewalt begibt. So bleibt in der Tat offen, wann die Wahrheit ein hermeneutisches Prinzip zulässt.« Es geht also nicht nur darum, den richtigen Ort auszumachen, der das Finden einer Antwort auf eine Frage ermöglicht, sondern auch darum herausbekommen, welches Prinzip zu welchem Zeitpunkt das beste ist bzw. welche Methode jeweils überhaupt zugelassen ist. So kann man mit Hilfe der Annahme der Existenz von Geistern die ein oder andere Frage möglicherweise sogar lösen. Doch diese Methode, von Geistwesen Gebrauch zu machen, ist in den Naturwissenschaften nicht zugelassen.

In jedem Fall aber leiten sich aus dem Katz-und-Maus-Prinzip die entscheidenden ersten Schritte ab, wenn es darum geht, das Verstehen überhaupt in Gang zu bringen. Wie genau, das muss man jeweils herausfinden. Bei Suppenwürfeln ist das denkbar einfach. Aber beim Weihnachtsmann? Oder den Einhörnern? Atomen, Quarks und noch kleineren Organisationseinheiten der Materie? Oder Gott? In den bisherigen Überlegungen war das Verstehen in gewisser Weise weltanschaulich neutral. Man musste nichts größer voraussetzen oder wissen, nichts glauben oder sich bereits für eine besondere Sichtweise entschieden haben, um in der Schublade einen Suppenwürfel zu finden. Man musste nur das Wort – Suppenwürfel – verstehen, eine Sprache sprechen können mit allem, was dazu gehört, und ein paar gesunde Augen haben: Das reichte aus. Aber ist das immer so?

Es ist ebenso einfach, wie es banal klingt: Die Welt der Suppenwürfel ist eine andere als die Welt der Einhörner und Weihnachtsmänner. Sie ahnen vermutlich bereits, worauf ich mit dieser Bemerkung hinauswill: Fragen wie die nach Einhörnern oder Gott werden normalerweise nicht im Kontext der Organisation von Küchen und Vorratskammern gestellt, sondern tauchen im Kontext der sogenannten Erkenntnislehre auf (einer Disziplin der Philosophie) oder in der Theologie, den Religionswissenschaften, der Mythenforschung, der Literaturwissenschaft, der Geschichte der Ideen und anderen teilweise hochspezialisierten Fachgebieten. Die Fragen (und die Antworten) haben zudem ein hohes Täuschungspotential. Nehmen wir die Einhörner. Die Möglichkeit der Täuschung beruht zum Beispiel darauf, dass es sich bei dem Einhorn, das ich möglicherweise an einem kleinen Waldsee beobachte (denn Einhörner leben im Wald und lieben, weil sie eitel sind, Seen, in denen sie sich selbst betrachten können), in Wahrheit um jenes verkleidete Pferd handelt, das Regisseur Ridley Scott 1985 in seinem Spielfilm »Legende« dem Einsiedler Jack (gespielt von Tom Cruise) erscheinen ließ.

Aber das Problem sitzt noch viel tiefer als Camouflage oder als solche zu enttarnende Sinnestäuschung und ist deshalb noch vertrackter. Das Problem hat über den Gebrauch der Sinne hinaus vor allem mit den Instrumenten unseres Denkens selbst zu tun – mit der Sprache. Um gleich auf das Thema Gott zurückzukommen, das dramatischer als Einhörner ist, wenngleich es psychologisch durchaus eine Nähe haben mag zu der Reihe der spätkindlichen Enttarnungen von Christkindern, Osterhasen, Weihnachtsmännern und ähnlichen Garanten festtäglichen Kinderglücks, die sich am Ende immerhin noch als Taten von Eltern, Verwandten oder Freunden bestimmen lassen. Zum Thema Gottesfrage und Sprache bemerkte Friedrich Nietzsche in seiner Abhandlung über die Vernunft in der Philosophie: »In der Tat, nichts hat bisher eine naivere Überredungskraft gehabt als der Irrtum vom Sein, wie er zum Beispiel von den Eleaten formuliert wurde: er hat ja jedes Wort für sich, jeden Satz für sich, den wir sprechen! – Auch die Gegner der Eleaten unterlagen noch der Verführung ihres Seins-Begriffs: Demokrit unter anderen, als er sein Atom erfand ... Die ›Vernunft‹ in der Sprache: o was für eine alte betrügerische Weibsperson! Ich fürchte, wir werden Gott nicht los, weil wir noch an die Grammatik glauben ...«[2]

Worauf Nietzsche hinweist, ist die tiefe Beeinflussung unserer gesamten Wahrnehmung und unseres Erkennens durch die Sprache. Wenn wir der Frage nachgehen, ob es Einhörner, Engel oder Teufel gibt, glauben wir in gewisser Weise der Grammatik. Sie lässt bestimmte Fragen und Antworten zu und schließt manche aus. Beispielsweise macht es keinen oder wenig Sinn zu behaupten, Gott sei blau-weiß-kariert. Das Einhorn- wie das Gott-Problem ist vor allem sprachlicher und grammatischer Natur. Man könnte sagen: Das Problem sitzt uns näher als unsere Augen. Es ist »innerlicher« als die Augen und »in uns«, noch bevor wir in die Welt (oder in uns selbst) deuten, um dort eine Antwort zu finden. Diese Antwort können wir unter Umständen gar nicht außen finden, auch wenn es zunächst den Anschein hat. Genau das ist die falsche Fährte, auf die uns die Grammatik bei der Suche nach dem Einhorn schickt. Wenn man dem Katz-und-Maus-Prinzip entsprechend fragt, wo Einhörner zu finden sind, dann ist das nicht derselbe Typ von Frage wie »wo sind Tiger zu finden«. Während die Antwort im Fall der Tiger auf Beobachtung und letztlich naturwissenschaftlichen Erkenntnissen beruht, ergibt sich die Antwort auf die Frage nach dem »Wo« der Einhörner aus Literatur, Büchern oder Erzählungen. Die scheinbar gleichen, in Wirklichkeit aber nur gleichlautenden Fragen, ob es in der Küche Suppenwürfel oder am See Einhörner gibt, kann ich im einen Fall beantworten, indem ich in die Küche gehe und nachschaue. Doch was passiert, wenn ich an einen kleinen Waldsee gehe und dort nach Einhörnern suche? Es wird, auch nach Jahren, nichts passieren, weil ich sie am falschen Ort gesucht habe. Genau das meinte Ernst Fuchs mit seinem Katz-und-Maus-Prinzip. Mit ihm sind die Antworten auf die »Gibt es?«-Fragen eng verwoben. Stets muss ich bei der Suche nach einer Antwort die Frage beantworten können, wohin ich überhaupt gehen können soll, um »nachschauen« zu können. Wo erfahre ich etwas über Einhörner? Nicht an Waldrändern, sondern in Büchern, Sagen, Märchen und Ähnlichem. Die Frage ist also – und ich lege Wert darauf, dass sie in noch keiner Weise beantwortet, sondern lediglich gestellt ist –, ob Einhörer mit Notwendigkeit dem erscheinen, der an einem bestimmten (und richtigen) Ort sucht. Verhält es sich mit der Frage nach Gott ähnlich? Erscheint Gott dem, der ihn am richtigen Ort sucht? Tatsächlich sind viele der

Erscheinungsberichte vor allem im Alten Testament ortsbezogen. Der biblische Gott ist ein Gott der Wolkensäulen, der Berge und Berghöhen, der Bundeslade, der Altäre, auf denen geopfert wird. Und ein Gott, der dort ist, wo sein Volk ist. Doch was bedeutet das genau? Nietzsche äußerte den Verdacht, dass wir es hier lediglich mit einer Fata Morgana der Sprache und der Grammatik zu tun haben. In dem Moment, in dem ich erkenne, dass Einhörner keine biologischen, sondern Fabelwesen sind und nur in diesen Fabeln »leben« – hier wird zwar dasselbe Wort wie in der Biologie verwendet, aber in analoger Weise –, sollte ich sinnvollerweise damit aufhören, ihnen Fallen zu stellen und sie »in der Welt da draußen« zu suchen.

Was den Weihnachtsmann angeht – oder, je nach Gegend, Herkunft und Religion, das Christkind –, so »weiß« ich persönlich (so wie viele andere Erwachsene, die ich gefragt habe), dass ich das Christkind etwa im Alter von etwa vier Jahren gesehen habe, wenn auch erst nach einem dezenten Hinweis meiner Eltern (»War da nicht eben was im Zimmer? Habe ich da nicht ein Glöckchen gehört?«). Auch der traditionelle Spaziergang, der den Christkind-Auftritt hinreichend vorbereitete, das ich damals mit an Sicherheit grenzender Wahrscheinlichkeit tatsächlich gesehen habe (was mir seither nicht mehr gelungen ist und vermutlich auch nicht mehr gelingen wird), hat seine Rolle gespielt – denn draußen war das Abendrot ja bereits ein untrügliches Zeichen dafür, dass die Engel tatsächlich im Himmel mit Feuereifer backen würden. Neurowissenschaftliche, psychologisch-kognitiv orientierte und weitere Theorien können den Zusammenhang durchaus plausibel erklären: Wie sehen (nicht nur als Kinder) stets in sogenannten »Frames«, in Bezugsrahmen, die ihrerseits durch den Gebrauch von Metaphern und die in der Sprache verkapselte Metaphysik bestimmt sind, die bei jedem Wort und jedem Satz wie ein Spülmittel eine kleine Menge »Verführungskraft« abgibt. Was der weiße Riese in der Werbung war, das ist in gewisser Weise die in der Grammatik eingefrorene Denkweise. Auch wenn wir es meinen: Wir gehen nicht wirklich logisch-rational vor, wenn wir uns mit Fangseilen und Betäubungsgewehren versehen aufmachen, um die Existenz von Einhörnern oder Weihnachtsmännern zu beweisen. Darauf weist auch der kognitive Linguist George Lakoff mit Blick auf die sogenannte »Kahneman-Tversky-Irrationalität« hin. Daniel Kahnemann und Amos Tversky erhielten 2002 den Nobelpreis für Wirtschaftswissenschaften, nicht zuletzt, weil sie die Bedeutung von sogenannten Urteilsheuristiken und den darin vorkommenden kognitiven Verzerrungen nachgewiesen hatten. Beispielsweise gibt es den »Confirmation Bias« – den Fehler, Informationen so auszuwählen und die Welt so zu verstehen, dass auf diese Weise die eigenen Erwartungen erfüllt werden. Auch in der Rückschau kann es Fehler geben – ja sogar in Form von Projektionen des sogenannten Impact Bias, den Hang bzw. die Verfangenheit durch negative Vorstellungen, die dann tatsächlich Auswirkungen etwa am Arbeitsplatz haben. Wer sich immer nur vorstellt zu versagen, wird mit einer höheren Quote tatsächlichen Versagens zu kämpfen haben. Lakoff zeigt, dass wir bei der Lösung von Problemen und Fragen wie der Existenz von Weihnachtsmännern formale oder probabilistische Prinzipien der Logik nicht wirklich konsequent anwenden. Vielmehr bedienen wir uns der Metaphern, Bezugsrahmen (frame) und Prototypen als den grundlegenden kognitiven Mechanismen, die sich im Laufe der Evolution des Menschen kollektiv herausgebildet haben. Sie erlauben es uns im Alltag, gut zurechtzukommen (zumal es nur selten um die Lösungen seltsamer Fragen wie der nach dem Christkind geht und meist nur darum, Suppenwürfel zu finden oder Weihnachten so zu arrangieren, dass kleine Kinder von den vielen richtigen Geschenken überrascht sind und sich freuen). Was wir Rationalität nennen, ist in Wahrheit meist nichts anderes als die Anwendung von Metaphern, Rahmen und Prototypen (als Vorstellungen von Handlungen, Personen oder Zusammenhängen) auf die Dinge des alltäglichen Lebens. Vor allem aber sind Rationalität, Bewusstsein und Geist zutiefst eingebettet in körperliche und zum großen Teil unbewusste Prozesse.[3]

Vom Glauben an die Grammatik ...

Grammatik ist die Struktur der Sprache, ihre »Logik«. Sie beinhaltet die Regeln für den Gebrauch der Wörter und sagt uns, welche Verbindungen von Worten und Wortarten überhaupt möglich sind. Einen Junggesellen, der verheiratet ist, kann ich mir deshalb nicht vorstellen (auch wenn ich glaube, es zu können), weil der Begriff »Junggeselle« das Heiraten bereits ausschließt. Wenn man jedoch fragt: »Sind alle Schwäne weiß?«, dann ist es durchaus sinnvoll, sich aufzumachen und zu suchen. Jedoch sollte man, statt jeden einzelnen Schwan auf der Welt nach seiner Farbe zu untersuchen, klugerweise gleich versuchen, den einen schwarzen oder grauen Schwan zu finden, der hilft, die Frage eindeutig (verneinend) zu beantworten. Dieses Prinzip, das man Falsifikation nennt – die Überprüfung einer Aussage durch Beweis ihres Gegenteils –, kommt beim Junggesellen nicht in Betracht. Man kann nicht empirisch prüfen, ob es vielleicht einen Junggesellen gibt, der doch verheiratet ist. Ähnlich sinnlos wäre es zu versuchen, Einhörner an kleinen Seen zu beobachten. Per definitionem ist ein verheirateter Junggeselle kein Junggeselle. Dies ist keine Frage der Empirie, sondern der Grammatik (deren Existenz und Struktur sich immerhin empirisch belegen lässt durch die einfache Tatsache, dass wir eine Sprache benutzen, um uns zu verständigen). Ludwig Wittgenstein wies darauf hin, dass man besonders in solchen Fällen genau hinsehen muss, um die Oberflächen- von der Tiefengrammatik zu unterscheiden. Auf der Oberfläche gleichen sich »Gibt es Suppenwürfel« und »Gibt es Einhörner«. Auch Sätze wie »Ich habe einen Hund« und »Ich habe einen ungeheuren Schmerz« gleichen sich. Doch sobald man beginnt, mit beiden Sätzen zu spielen (ich kann beispielsweise den Schmerz in meinem Körper fühlen, nicht aber den Hund), werden die tiefer liegenden Unterschiede deutlich. Die Missachtung der Tiefengrammatik ist es, die für Wittgenstein zu Unsinn führt. Deshalb ist es sein Ziel, »von einem nicht offenkundigen Unsinn zu einem offenkundigen überzugehen«.[4]

144

Die Sprache ist ein Instrument, das Regeln beinhaltet, die uns sagen, wie wir mit Begriffen umgehen. Welche Begriffe wir wie verwenden, macht dabei einen entscheidenden Unterschied. Deshalb darf man nach Wittgenstein »von der Antwort auf die Frage noch keinen Aufschluß erwarten«. Vielmehr kommt es darauf an, zunächst die Fragen tiefer zu verstehen. »Das Bild, welches die Antworten auf diese Fragen uns geben, zeigt, was hier grammatisch behandelt wird.« So bringt es für die Klärung der Frage nach Gott wenig, sich zu fragen, welche subjektive Vorstellung man hat, wenn man das Wort ausspricht. In diesem Sinn gibt es keine »Essenz«, kein Wesen, keinen Kern einer Sache – sondern nur eine bestimmte Form, die verschiedene Begriffe miteinander gemeinsam haben. Falls es so etwas wie ein Wesen gibt, dann, so Wittgenstein, ist es in der Grammatik ausgesprochen. Wittgenstein widmete ein ganzes Buch der Untersuchung von Farben. Der Satz »Grün ist eine Farbe« ist kein empirischer Satz, sondern ein grammatischer. Wenn man beginnt, die Farbe Grün empirisch zu untersuchen, indem man die Spektralfarbe des Lichts analysiert, dann setzt man bereits die Grammatik von »grün« voraus. Man muss, bevor man zum physikalischen Instrument greift, bereits wissen, was »grün« bedeutet und wie man das Wort verwendet. Man verwendet es beispielsweise falsch, wenn man auf Blut zeigt und sagt: »Das da ist grün.« Es ist eine Hauptaufgabe der Philosophen geworden, solche Probleme zu untersuchen und auf diese Weise zu lösen. Wenn man wissen möchte, was etwas ist, dann sollte man – als Philosoph, aber auch als Theologe oder Religionswissenschaftler und Germanist – nicht sofort die »Dinge da draußen« inspizieren, gleich ob es sich um abstrakte geistige oder konkrete physische Objekte handelt, sondern zunächst zu klären versuchen, welche Regeln für den Gebrauch des gesuchten Begriffes gegeben sind. »Welche Art von Gegenstand etwas ist, sagt die Grammatik. (Theologie als Grammatik.)«[5]

Insofern schließt sich der Kreis von Nietzsche, der behauptet hatte, dass wir von Gott nicht loskommen, weil wir der Grammatik glauben, zu Wittgenstein, der dafür plädierte, die Grammatik – die Art der Fragen – genau zu untersuchen, ehe man sich an das Antworten macht. Offen bleiben muss – und das sage ich nur der Korrektheit willen –, welchen genauen Zusammenhang es zwischen Grammatik und Welt gibt. Wie wir Worte verwenden, hängt damit zusammen, wie wir handeln und miteinander umgehen – und das nicht nur, wenn wir miteinander sprechen. Offensichtlich bringen verschiedene Grammatiken auch verschiedene Weltsichten oder Umgangsweisen mit der Welt hervor, mit denen sie andererseits zusammenhängen. Ob die Henne oder das Ei zuerst war, lässt sich auch hier nicht beantworten.

Besonders gut sind diese Zusammenhänge in Bezug auf die Sprache der Hopi untersucht worden, die einige Eigenheiten aufweist, die sich auf die Wahrnehmung von Zeit und Objekten beziehen. Zwischen Erfahrungssätzen und grammatischen Sätzen oder Regeln bestehen zweifellos enge Verbindungen – doch die Grenzen lassen sich nicht immer so scharf ziehen, wie man das gerne hätte. Allein wenn man versucht, den Begriff »Spiel« zu definieren, wird man keine Definition finden, die für alle Spiele gilt. Was man findet, so Wittgenstein, sind Familienähnlichkeiten der Worte und ihrer Verwendung.[6] Auch diesen Begriff hat Wittgenstein vermutlich von Nietzsche übernommen.[7] Ziel des Philosophierens, überhaupt des Nachdenkens, sollte es für Wittgenstein sein, die Probleme, die uns verwirren, aufzulösen. »Die Ergebnisse der Philosophie sind die Entdeckung irgendeines schlichten Unsinns und Beulen, die sich der Verstand beim Anrennen an die Grenze der Sprache geholt hat. Sie, die Beulen, lassen uns den Wert jener Entdeckung erkennen. – Aber wie können uns diese Ausführungen befriedigen? – Nun, deine Fragen waren ja auch schon in dieser Sprache abgefaßt; mußten in dieser Sprache ausgedrückt werden, wenn etwas zu fragen war! Und deine Skrupel sind Mißverständnisse.«[8]

Falls Sie gerade das Gefühl haben, im Wald zu stehen und vor lauter Bäumen keine Richtung mehr ausmachen zu können (Sie erinnern sich: Es ist entscheidend zu wissen, wo man sich befindet), dann sind Sie in guter Gesellschaft. Genau das, was Sie jetzt

146

verwirrt, ist das, was Philosophen, Theologen, Wissenschaftler, überhaupt alle, die denken und die Welt und den Menschen erforschen, seit Jahrhunderten beschäftigt und umtreibt. Wie soll man die Fragen nach dem, was die Dinge sind, und – falls Gott zu den Dingen gehört – was Gott ist, beantworten? Das große Geheimnis der Philosophie (und der Theologie) hat seinen Ursprung an genau diesem Ort der Verwirrung. Seltsamerweise kann man dieses gutgehütete Geheimnis verraten, ohne dass einem jemand glaubt, wenn man es ausplaudert. Viele der verwirrendsten philosophischen und theologischen Erörterungen beruhen schlicht und einfach auf sprachlichen Täuschungen: sowohl was die Fragen als auch was die Antworten betrifft. Erinnern Sie sich an die vier einfachen Fragen von eben? Es sind die scheinbar unbestreitbaren sprachlichen Ähnlichkeiten zwischen den Fragen, die uns häufig auf ein falsches Gleis führen. »Gibt es?«-Fragen scheinen doch immer die gleiche Antwort zu haben: »Gehe hin und schau nach.« Doch genau das ist der falsche Weg. Man kann nicht hingehen und verheiratete Junggesellen suchen – ebenso wenig wie man an echten Waldrändern mit Seen Einhörner findet. Um sie zu finden, muss man sich in die Märchenwelten und Märchenseen der Sagen, Romane und Dichtungen begeben. Womit ich nicht gesagt haben will, jedenfalls nicht zu diesem Zeitpunkt, dass der Glaube oder Gott nur in Büchern existiert. Immerhin ist der Hinweis, nach Gott da zu suchen, wo von ihm die Rede ist, nicht der schlechteste. Wenn man das Katz-und-Maus-Prinzip anwendet, findet man Suppenwürfel, Einhörner, möglicherweise auch Weihnachtsmänner (zumindest verkleidete oder gezeichnete). Und Gott? Wohin muss man sich begeben, um Gott zu finden?

Ich werde dieser Frage später nachgehen. Im Moment möchte ich Wittgensteins Gedanken der Missverständnisse aufnehmen und in zwei Richtungen weiterdenken, die sich unmittelbar an die sprachlichen Missverständnisse und die Arbeit an Sprache und Grammatik anschließen. Die eine Richtung hängt mit Ähnlichkeiten und Analogien zusammen, die andere mit dem, was Nietzsche »Ägyptizismus« nannte.

... über den Weg von Ähnlichkeit und Analogie ...

Zunächst zu den Ähnlichkeiten, die uns im Fall von drei der vier Fragen zunächst in die Irre geführt hatten. Und in Bezug auf die letzte Frage, die Frage nach Gott? Welche Ähnlichkeit hat sie mit den anderen Fragen – und welche Ähnlichkeit hat Gott mit der Welt und mit uns? Zunächst bedeutet Ähnlichkeit in der mittelalterlichen Fachsprache so viel wie Analogie: Übereinstimmung von Gegenständen in Bezug auf bestimmte Eigenschaften und Merkmale. Analogie war eines der großen, vielleicht sogar das allergrößte Zauberwort der gesamten mittelalterlichen Philosophie und Theologie. Mit Hilfe der Analogielehre sollte geklärt werden, wie man von Gott so sprechen kann, dass Gott nicht verwechselt wird mit einem Suppenwürfel, aber auch nicht mit einem Einhorn. In der Gotteslehre nahm das Lehrstück von der »analogia entis«, der Analogie oder stufenweisen Ähnlichkeit des Seins, eine zentrale Stelle ein. Weil der Besen »ist« und die Pflanze und das Tier und auch der Mensch, scheinen alle an dem einen Sein Anteil zu haben. Nun sollte man annehmen, dass das, was den Menschen kennzeichnet und die Tiere und Dinge, erst recht Gott zukommt – wenn auch nur in analoger, ähnlicher Form. Anselm von Canterbury prägte die Formel vom »quo nihil maius cogitari nequit« – von dem im Vergleich nichts Größeres gedacht werden kann. »Herr, Du bist also nicht nur, über dem Größeres nicht gedacht werden kann, sondern bist etwas Größeres, als gedacht werden kann. Weil nämlich etwas Derartiges gedacht werden kann: Wenn Du das nicht bist, kann etwas Größeres als Du gedacht werden, was nicht geschehen kann.«[9] Wäre Gott nur gedacht – könnte es Größeres geben. Sich Gott als bloß gedacht vorzustellen, widerspricht daher dem Wesen Gottes. Oder sollte man richtiger sagen – dem Begriff? Tatsächlich hatten Thomas von Aquin und auch Immanuel Kant mit dieser Argumentation leichtes Spiel. Daraus, dass man etwas mit dem Verstand erfassen kann – etwa indem man meint, einen Begriff z.B. von Gott zu haben –, folgt noch lange nicht, dass es etwas gibt, das dem entspricht. Wenn etwas nicht größer gedacht werden kann, folgt daraus nicht, dass dies auch »wirklich« ist. Einhörner kann man sich beliebig groß denken. Aber gibt es sie deshalb (außer eben in dieser Vorstellung selbst)? Tatsächlich erläutert Anselms »Beweis« nur eine Verwendung des Sprachspiels Gott. Ein Gott, der nur vorgestellt wird, kann kein richtiger Gott sein. Es muss etwas Wirkliches geben, dem der Begriff entspricht – sonst ist er ein bloßer Begriff. Erst der zweite Satz von Anselm erläutert, was damit gemeint ist (und auch dies ist eine »grammatische Analyse« des Wortes »Gott«). Gott ist etwas Größeres, als gedacht werden kann [sed es quiddam maius quam cogitari possit]. Damit hat Anselm weder Gott noch einen Gottesbegriff definiert und erst recht keine Ähnlichkeit zwischen verschiedenen Lebewesen hergeleitet. Stattdessen behauptet er, dass Gott größer ist als unsere Vorstellung von ihm. Man kann nichts denken, das Gott und die Welt umfasst. Kurz: Gott + Welt kann nicht größer sein als Gott selbst. Ein ähnliches Denkmodell gibt es übrigens in der modernen Physik: Lichtgeschwindigkeit + Eigenbewegung des Schnellzuges, auf dem das Licht sich befindet, kann nicht größer als Lichtgeschwindigkeit sein. Es kommt Anselm also nicht darauf an, Gott zu beweisen, sondern zu zeigen, dass all das, was wir aussagen können, stets auf die Seite der Welt und nicht auf die Seite Gottes gehört. Je ähnlicher Gott und Welt zu sein scheinen – indem man sagt: beide »sind« –, desto unähnlicher ist Gott zugleich. Überraschenderweise haben die kirchlichen Dogmen genau diesen Sachverhalt festgehalten. Im vierten Laterankonzil, das vom 11. bis 30. November 1215 stattfand, wurde nicht nur erstmals das für die gesamte christliche Kirche verbindliche Glaubensbekenntnis definiert, sondern ein Satz, der entscheidender ist als ein großer Teil der über tausend Dogmen. »Zwischen dem Schöpfer und dem Geschöpf« – also zwischen Gott und Mensch, zwischen Gott und anderen Lebewesen und Dingen – »kann man keine so große Ähnlichkeit feststellen, daß zwischen ihnen keine noch größere Unähnlichkeit festzustellen wäre.«[10] Ein spätes Echo der Sätze von Anselm von Canterbury, der 1109, mehr als hundert Jahre vor dem Konzil, gestorben war.

Dogmen fordern unter Androhung von Strafe und Gewalt den Gebrauch bestimmter Regeln ein – in diesem Fall Wortverwendungen. Wenn Gott gedacht wird, dann nach § 806 der Dogmensammlung so, dass Gott stets größer und insofern unähnlicher gedacht wird als das, was man von ihm denkt. Was hat man sich dabei gedacht? Läuft nicht alles darauf raus, das Denken sein zu lassen? Jedenfalls sollte man sich dem Dogma zufolge bewusst sein, dass am Ende die Gedankenleiter, auf der man zu Gott aufgestiegen ist, wieder weggeworfen werden muss. Mehr noch: Man sollte sich bewusst sein, dass alle Personen oder Lebewesen oder Kräfte, die man bei diesem Aufstieg getroffen hat, am Ende doch nicht Gott waren. Was aber denkt man, was soll man denken, wenn man Gott denkt? Kommt man überhaupt darum herum, in Ähnlichkeiten zu denken, in Analogien, Bildern und Metaphern?

Worauf es mir in diesem Zusammenhang ankommt, ist festzuhalten, dass sich in der Sprache einzelne Worte nicht einfach isolieren lassen, so als hätten sie keinerlei Ähnlichkeit mit den alltäglichen Verwendungen der Sprache. Der Philosoph Ludwig Wittgenstein hat diese entscheidende Einsicht genau auf den Punkt gebracht. Das Ergebnis all dieser Betrachtungen ist seiner Ansicht nach, dass wir es in der Sprache mit einem sehr komplizierten »Netz von Ähnlichkeiten« zu tun haben. Diese Ähnlichkeiten greifen ineinander über, überlappen und kreuzen sich. »Will man diese Beziehungen auf eine einfache Formel bringen, so geht man fehl.«[11] Vielmehr handelt es sich um ein Netz aus »Ähnlichkeiten im Großen und Kleinen. Kannst du die Grenzen angeben? Nein. Du kannst welche ziehen: denn es sind noch keine gezogen. Wir können – für einen besonderen Zweck – eine Grenze ziehen. Sage, was du willst, solange dich das nicht verhindert, zu sehen, wie es sich verhält. Es ist eine Hauptquelle unseres Unverständnisses, dass wir den Gebrauch unserer Wörter nicht übersehen.«[12] Worauf es also ankommt, ist, einen Ort zu finden, von dem aus man eine gewisse Übersicht hat. »Die übersichtliche Darstellung vermittelt das Verständnis, welches eben darin besteht, daß wir die ›Zusammenhänge sehen‹. Daher die Wichtigkeit des Findens und Erfindens von Zwischengliedern. Der Begriff der übersichtlichen Darstellung ist für uns von grundlegender Bedeutung. Er bezeichnet unsere Darstellungsform, die Art, wie wir die Dinge sehen. (Ist dies eine ›Weltanschauung‹?)«[13]

Wenn man das Beispiel der vier Fragen nimmt, so bin ich Wittgensteins Rat gefolgt und habe Zwischenglieder erfunden – zwischen Suppenwürfeln und Gott. Kann man sagen, wie sich die einzelnen Fragen und damit möglicherweise auch die Antworten darauf, »wirklich« zueinander verhalten? In welchem Verhältnis stehen Suppengrün, Einhorn, Weihnachtsmann und Gott? Wenn man genau hinschaut, würde Wittgenstein sagen, dann handelt es sich hierbei trotz der oberflächlichen Ähnlichkeiten um verschiedene Fragen und ganz verschiedene Sprachspiele, deren Beziehung zueinander sehr kompliziert und keineswegs eindeutig ist. Bei näherer Betrachtung ist selbst der Fall des Suppengrüns nicht so einfach, wie er scheint. Für einen Physiker ist ein Suppenwürfel offensichtlich eine Form von Materie, die einerseits aus Teilchen (Hadronen) und Teilchen (Quarks und Antiquarks) von Teilchen (Mesonen und Baryonen) besteht, andererseits aber auch eine Form von Energie ist. Wie unterschiedlich die Auswirkungen dieser Betrachtungsweisen sind, kann man sehen, wenn man den Suppenwürfel bzw. seine Bestandteile nahe an die Lichtgeschwindigkeit bringt. Ein Kernphysiker würde Zweifel haben, ob der Suppenwürfel in diesem Zustand überhaupt noch als Suppenwürfel existiert. Gibt es also Suppenwürfel? Die Frage ist, in welchem Zustand. Wo und wie beobachtet man sie? In einer Küche oder in einem Teilchenbeschleuniger? Abgesehen davon wäre für den Kernphysiker keineswegs ausgemacht, ob es nicht auch Suppenwürfel aus Antimaterie gibt. Damit nicht genug. Bei Fragen, die eine Bedeutung für unser Leben haben – und die Frage nach Gott gehört zu diesen Fragen –, steigert sich mit der Bedeutung der Frage für den Einzelnen auch die Angst. Die Frage nach dem Weihnachtmann mag für einen Erwachsenen seltsam und vor allem harmlos klingen. Für ein Kind verhält sich das ganz anders. Es gibt ein Art Angstfaktor, der durch die Verunsicherung ausge-

151

löst wird, die es bedeutet, erst einen Weihnachtsmann »antrainiert« zu bekommen, um ihn dann, zugunsten eines skeptischen Spiels, wieder zu verlieren. Was wird als Nächstes passieren? Hat das Leben einen Sinn? Sind alle Vorstellungen wie Weihnachtsmänner und lösen sich auf? Ist – und das wiederum ist eine Erwachsenenfrage – angesichts des Todes alles besser, wenn es einen Gott gibt? Und falls nicht: War dann alles in unserem vergänglichen Leben sinnlos? Auch das Pochen auf Moral? Können wir, die wir noch nicht gestorben sind, überhaupt hoffen, einigermaßen gut durchs Leben zu kommen, wenn es Gott nicht gibt? Kant hätte diese Frage trotz aller Skepsis verneint. Wir brauchen Gott, um die Moral zu retten, war seine Antwort. Ich persönlich halte die Antwort, die Bertolt Brecht seinen Herrn Keuner geben ließ, für passender. Herr Keuner, ein Sachverständiger in vielen Fragen, antwortete folgendermaßen: »Ich rate dir, nachzudenken, ob dein Verhalten je nach der Antwort auf diese Frage sich ändern würde. Würde es sich nicht ändern, dann können wir die Frage fallen lassen. Würde es sich ändern, dann kann ich dir wenigstens noch so weit behilflich sein, daß ich dir sage, du hast dich schon entschieden: Du brauchst einen Gott.«[14]

Kommen wir zum zweiten Gedanken, der seinen Ausgangspunkt beim Thema der Angst nimmt und von dort aus Wittgensteins Gedanken des Missverständnisses von Grammatik und der Frage nach dem Wesen der Dinge weiterentwickelt.

... zur Erfindung des universalen Ägyptizismus

Dass es, wie Wittgenstein und viele vor und nach ihm behauptet haben, kein Wesen der Dinge geben soll, keine Essenzen, keine »Pudels Kerne« und keine allem zugrundeliegenden Substanzen, ist seltsam. Auch oder gerade weil die zeitgenössische Physik diesen Umstand bestätigt. Materie ist letzten Endes Energie; und diese Energie ordnet sich in einem Nichts, einem Vakuum zwischen den sogenannten Elementarteilchen, die wie dieses Vakuum ebenfalls Zustände von Energie sind. Erwin Schrödinger war einer der Ersten, die darauf hinwiesen, dass Physiker nicht mehr sinnvoll zwischen Materie und etwas anderem unterscheiden können. Ähnlich sinnlos ist es, zwischen Welle und Teilchen zu unterscheiden, da »Welleneigenschaften« und »Partikeleigenschaften« niemals getrennt vorkommen.[15]

Analog sagt Wittgenstein, dass es für uns nur ein Netz von Bedeutungen und Begriffen gibt – und nicht die eine Bedeutung oder den einen Sinn. Dieser Gedanke, dass wir Begriffen und Worten – wie Gott – nur innerhalb des Systems einer Sprache näherkommen können, wirkt auf viele, die mit dieser Erkenntnis zum ersten Mal konfrontiert sind, absonderlich und ein wenig bedrohlich. Doch ein Leben ohne feste Bedeutungen meint am Ende das, was bereits mit Neuraths Schiff angesprochen war. Wir haben keine Möglichkeit, das Boot zu verlassen und uns die Welt und Gott gleichsam von einer universalen, alles übergreifenden Perspektive aus anzusehen. Ebenso wenig entkommen wir dem System der Sprache – selbst wenn wir wollten. Jedes Wort, jeder Satz ist ein Glied innerhalb eines Systems von Sätzen, das älter ist als wir selbst und weiter zurückreicht in die Leben anderer Menschen, in Kulturen und Zeiten, die wir in einem einzigen Leben kaum ermessen können.[16] Die Idee, man könne dem Boot der Sprache auch nur für eine Sekunde entkommen, ist die Illusion, das falsche Bild, das uns vor Augen steht, aber zu tiefgreifenden Missverständnissen führt. Wittgenstein begründet in mehreren seiner Bücher immer wieder, dass alles mit allem zusammenhängt. Die Sprache ist ein Netz von Bedeutungen, dessen eigentümliche Kraft darin besteht, dass sie sich gegenseitig stabilisieren – ein Bauprinzip, das seit einiger Zeit auch in der Architektur Anwendung findet. Und doch fühlt es sich seltsam an zu erkennen, dass man sich genau betrachtet nicht an einem Satz festhält, sondern immer zugleich an einem Nest von Sätzen, einem ganzen System von Zusammenhängen.[17] Ist es nicht seltsam, dass man offensichtlich nicht von einem Urteil abrücken kann, ohne andere gleich mitzureißen?[18] Und der eine

Glaube oder Glaubenssatz mit allen anderen zusammenhängt, weil wir stets ein Gesamtsystem von Glaubenssätzen durch Beobachtung anderer Menschen, durch Unterricht, Gespräch und vielseitige Kommunikation in uns aufgenommen haben?[19] Dieses System ist der Angelpunkt, um den sich alles dreht. Er ist das »Lebenselement der Argumente«.[20] Dieses System aus den Angeln zu heben, ist schlicht nicht möglich. Es ist normativ. Wir legen die Sprache an die Welt an wie einen Maßstab.[21] Wenn ich sage, dass nichts, aber auch gar nichts im Universum zugleich ganz rot und ganz grün sein kann, dann ist dies keine empirische Aussage, sondern eine grammatische Festlegung. Ebenso wie es keinen präzisen Sinn macht zu sagen, diese Farbe sei eine Terz höher als eine andere.[22] Diese Sätze sehen aus wie empirische Sätze – gehören aber sozusagen zu den Angeln, um die sich all unsere Sprachspiele und unser Denken drehen – wobei die Grenze zwischen empirischen und grammatischen Sätzen keineswegs immer scharf und glasklar gezogen werden kann. Es bleibt deshalb aus den bisherigen Überlegungen festzuhalten, dass sich gerade das, was zum Wesen der Welt gehört, nicht sagen lässt, sondern sich nur in der Sprache immer wieder ausdrückt und zeigt.

Doch wenn das so ist: Kann es dann überhaupt einen Fortschritt im Denken geben? Diese ebenso provokante wie bissige Frage stellte Wittgenstein 1950, ein Jahr vor seinem Tod. Natürlich wusste er, dass beispielsweise Sätze, die von einer Person handeln wie »Julius Caesar ist im Jahre 2001 gestorben«, nicht durch grammatische Innenschau beantworten werden können, sondern durch verschiedene Methoden der empirischen bzw. historischen Überprüfung. Doch diese Art von Sätzen – die Sätze der Naturwissenschaft – sind in gewisser Weise außen vor. Sie sind nicht die Sätze, die uns beunruhigen. Im Übrigen machen Sätze wie »Dieses Quark trägt eine rote Farbladung«, »Leptonen sind keine Quarks« oder »Tierische Zellen besitzen nur in Ausnahmen Vakuolen« nur innerhalb einer bestehenden Theorie der Physik oder Biologie Sinn. Deshalb kann man über diese Dinge auch nur dann qualifiziert und sinnvoll sprechen, wenn man die dazu gehörige Theorie kennt und ihre Begrifflichkeit anwenden kann. Dann allerdings ist dieses Sprechen äußerst genau und in einer Schärfe, die »alle Dringlichkeit des ›Lebens-wichtigen‹ wesentlich übertrifft«.[23] Bei den für das Leben und weniger für die Wissenschaft wichtigen Sätzen wie »Das Universum ist das Werk Gottes« oder »Mein Leben hat Sinn« ist unklar, welche Theorie, welches System von Sätzen genau zu dieser Aussage gehört. Wie soll man es feststellen – und wie sollte man diese Sätze und Theorien dann überprüfen? Und wie bei der Beantwortung all dieser Fragen Fortschritte machen?

Wittgenstein hatte solchen skeptischen und philosophischen Fragen gegenüber eine pragmatische Haltung. Sein Credo war, dass Philosophie im Grunde gar nicht kompliziert sei. Die Voraussetzung ist allerdings, dass wir uns an einem Ort befinden, der Übersicht ermöglicht. Diese Übersicht ist jedoch meist anderer Art als vermutet. Denn die Komplexität philosophischer und theologischer Fragen besteht eben nicht in der verwirrenden Struktur der Materie, um die es geht. Was komplex ist, das ist lediglich »unser verknoteter Verstand«.[24] Wer gute Antworten auf die verwirrenden Fragen finden will, muss daher gewissermaßen Knotentheorie betreiben. Interessanterweise ist »Knotentheorie« inzwischen eine lange geschmähte und heute vielversprechende Disziplin der Mathematik geworden, die sich mit der Topologie von mathematischen Gebilden befasst, was unter anderem bedeutet, dass sie zuweilen dabei hilft, die komplizierten Faltungen von Proteinen und damit die Dynamik des Lebens der Zelle zu verstehen.

Zurück zur Frage nach dem Fortschritt. Was macht ihn aus? Und wie soll er aussehen? »Wenn Einer kratzt wo es ihn juckt«, schreibt Wittgenstein, »muß ein Fortschritt zu sehen sein? Ist es sonst kein echtes Kratzen, oder kein echtes Jucken? Und kann nicht diese Reaktion auf die Reizung lange Zeit so weitergehen, ehe ein Mittel gegen das Jucken gefunden wird?«[25] Viele der Fragen, die das Thema Glauben und Vernunft betreffen, stellen in der Tat eine Art fortgesetztes Jucken dar. Wer genauer hinsieht, wird feststellen, dass vieles von dem, was modern aussieht – etwa der »neue« Atheismus –, nichts anderes als ein Weiterkratzen mit neuen Hilfsmitteln ist. Das Jucken ist dasselbe geblieben. Wir denken lediglich in leicht veränderter Begrifflichkeit über alte Fragen nach. Wir nutzen die Möglichkeiten, Busse mit atheistischen Slogans zu plakatieren, um ein Denken zu stimulieren, das zurückreicht in eine Zeit, in der es zwar keine Busse, wohl aber die Frage gab. Vieles von dem, was »neu« gedacht wird, ist bereits gedacht worden. Eine große Bibliothek – und die Frage nach dem Verhältnis von Glaube und Vernunft hat eine gigantische Bibliothek hervorgebracht – macht bescheiden. Denken weist in gewisser Weise immer ein regressives Element auf, ein Moment des sich Erinnerns. Beides spricht nicht grundsätzlich gegen eine weitere Anstrengung des Denkens oder den Versuch, trotz eines über Jahrhunderte anhaltenden Dauerjuckens mit der Plage fertig zu werden.

Und der Fortschritt? Für Wittgenstein besteht er in einem Moment der Übersicht und Klarheit – der im nächsten Augenblick schon wieder vergehen kann, um neu gefunden werden zu müssen. Doch die Möglichkeit, sich eine größere Übersicht zu verschaffen, Ordnungen zu erkennen und klare Muster kenntlich zu machen und herauszuarbeiten, lohnt die Mühe. Es geht darum, sich wenigstens hier und da nicht verhexen zu lassen vom Zauber vorgefasster Meinungen, der Verlockung fertiger Begriffe oder wohlklingender Sentenzen. Das ist Fortschritt – der zuweilen große Mühe wert ist. Ist es nicht tatsächlich bereits ein Gewinn, wenn man eine Frage oder einen »Gegenstand weitgehend ohne jede vorgefaßte Idee betrachtet oder vielleicht richtiger: die normal vorgefaßte Idee, Erklärung, zerstört«?[26]

Manchen und vor allem den Ungeduldigen mag das zu wenig sein. Einstweilen mag der Hinweis auf die Ansicht genügen, dass es vermutlich ein großer Irrtum ist zu glauben, wir könnten dieses seltsame Universum, in dem wir leben, ein hochkomplexes, dynamisches Gebilde, das sich ständig weiterentwickelt, tatsächlich von Grund auf verstehen. Nicht nur das: Diese Ansicht ist vermutlich nicht nur trügerisch, sondern auch falsch. Werden wir jemals in der Lage sein, alles in diesem Universum übersichtlich zu ordnen, das Verschiedene ebenso zu erkennen wie das Verbindende, eins nach dem anderen, ohne Widersprüche? Körper und Bewusstsein, Religion und Philosophie, Glauben und Vernunft, Gott und Welt, Natur und Mensch? Lässt sich all das klar herausarbeiten, voneinander unterscheiden und gleichzeitig darstellen im Netzwerk der komplexen Beziehungen zwischen all dem? Wer keine Zweifel an dem Projekt hat, möge sich einen kleinen Eindruck verschaffen und im Internet eine systematische Darstellung des genetischen Netzwerkes oder Teile der Stoffwechselwege einer einzelnen Zelle betrachten.[27]

Wo auch immer man in das große Netzwerk hineingreift, um die große Spinne in der Mitte besser beobachten zu können: Man verändert es durch diesen Eingriff. Die Spinne reagiert verängstigt oder wird im Gegenteil angelockt. In jedem Fall reagiert sie und bewegt sich. Platons Wunsch, endlich die Sache selbst zu sehen und ins Reich der unveränderlichen, unbewegten Idee vorzudringen, wird damit zum Wunschtraum. Sicher sehen wir »in unserer Begriffswelt immer wieder das Gleiche mit Variationen wiederkehren«. Doch das lässt nicht auf ein Reich der Ideen schließen. Wir müssen uns an den Gedanken gewöhnen, dass auch Begriffe nicht für Jahrhunderte unverbraucht halten (was im Übrigen ideengeschichtliche Untersuchungen sehr genau belegen). Warum sollten Begriffe zuweilen auch »für einmaligen Gebrauch« bestimmt sein? Einwegbegriffe statt Ideen?[28] Mögen wir mit unseren Begriffen auch noch so sehr auf das Bleibende zielen und auf das, was Plato die Einheit des Seins nannte: Es wird uns nicht gelingen, sie fein säuberlich voneinander zu trennen, so, als könnte man sie tatsächlich einzeln aus dem Netz herausnehmen und sezieren. In Wahrheit halten wir nicht einzelne Begriffe wie Gott oder Welt oder Sätze über solche Begriffe fest, sondern stets ganze Nester von Sätzen. Jedes Muster, das wir entdecken, ist Teil eines noch umfassenderen Musters, das, um Anselm von Canterburys Idee aufzugreifen, stets noch größer und komplexer gedacht werden kann als das vorausgehende. Jedes einzelne »Muster im Teppich ist mit vielen anderen Mustern verwoben«.[29] Das einzelne Muster, das wir herauspräparieren und betrachten, ist weder vollständig, noch kann es von uns immer vollständig gesehen werden. Vor allem aber verändert es sich dann, wenn wir versuchen, komplexe lebende und dynamische Systeme zu verstehen. Die Strukturen, die wir erkennen, variieren wie die Lebensformen, die entstanden sind. Sie weisen zwar eine Folge von Ähnlichkeiten auf – die jedoch bei genügendem zeitlichen Abstand irgendwann als Bruch erscheint. Eine Schildkröte ist eben bei aller Ähnlichkeit etwas anderes als eine einzellige Blaualge. Wenn die Erde eine Kugel ist, dann ist sie zugleich auch eine Sphäre der Ähnlichkeiten. Wir können ihre Innen- oder Außenwand endlos abschreiten, immer und immer wieder – und kommen doch an kein Ende. Alles, was wir an Wissen haben, ist Wissen nur innerhalb der Grenzen eines solchen Systems. Das Fortschreiten hört erst mit dem letzten Schritt eines Menschen auf. Ob das Fortschritt zu nennen ist?

Fest steht, dass mit dem Unbekannten, das wir suchen, mit den drängenden Lebensfragen ohne unmittelbare Antwort, eine nicht endende Gefahr, Unruhe und Sorge gegeben sind. Wie soll man in solchen Fällen vorgehen? »Erster Grundsatz«, notierte Nietzsche: »irgendeine Erklärung ist besser als keine.«[30] Wenn Angst im Spiel ist, wird die beruhigende, befreiende, erleichternde Ursache gesucht. Sie ist die Antwort auf eine »Gibt es?«- oder »Warum?«-Frage. Wittgenstein kommt zu einem ähnlichen Schluss wie Nietzsche, der schreibt, »daß etwas schon Bekanntes, Erlebtes, in die Erinnerung eingeschriebenes« wie die Sprache (aber nicht nur sie) als Ursache angesetzt wird. Der »Ursachentrieb ist bedingt und erregt durch Furchtgefühl«. Also greift man auf Bekanntes zurück: auf die gewöhnlichen, nämlich gewohnten Erklärungen. Neues, Ungewohntes, Fremdes als Ursache anzuerkennen, würde Sorge und Angst nur steigern. »Folge: eine Art von Ursache-Setzung überwiegt immer mehr, konzentriert sich zum System und tritt endlich dominierend hervor, das heißt andre [sic] Ursachen und Erklärungen einfach ausschließend. – Der Bankier denkt sofort ans ›Geschäft‹, der Christ an die ›Sünde‹, das Mädchen an seine Liebe.«[31] Einhörner, Weihnachtsmänner, auch Gott gehören nach Nietzsche zu diesem Bereich der imaginären Ursachen und sind beruhigende »Erklärungen der unangenehmen Allgemeingefühle«.[32] Auch dies ist natürlich eine Erklärung – mit psychologischer Zielrichtung. Glaube ist für Nietzsche die Übersetzung von Lust- und Unlustgefühlen in einen »falschen Dialekt«, der Ursache und Wirkung verkehrt. Man hofft – »weil das psychische Grundgefühl wieder stark und reich ist; man vertraut Gott, weil das Gefühl der Fülle und Stärke einem Ruhe gibt«. Und nicht, wie oft angenommen, umgekehrt. Doch diese Psychologie des Irrtums, von der Religion einen speziellen Fall darstellt, lässt sich noch in eine andere Richtung weiterdenken, die nichts mit Psychologie, aber viel mit Irrtum zu tun hat. Die Erkenntnis, dass es kein Wesen der Welt gibt, sondern nur begriffliche, miteinander verwobene Strukturen, löst ein gewisses Unbehagen, bei manchen sogar Angst aus. Doch noch etwas anderes kommt hinzu, das mindestens ebenso schwer zu verdauen ist. Die Welt verändert sich – kontinuierlich. Und während sie sich verändert, kommt auch der einzelne Mensch, kommen Sie, komme ich dem Sterben näher. Das Werden ist es, das Angst macht. Weil Werden mit einer Begrenztheit des Jetzt-Zustandes zu tun hat. Irgendwann hört das Jetzt auf. Dies ist der Moment der Veränderung, des Werdens. Dieses Werden scheint die Erkenntnis, die Suche nach einer Ursache zu stören, wenn nicht sogar zu zerstören. Denn wenn das Werden auch die Ursachen ergreift, bleiben die Ursachen nicht, was sie waren oder sind. Nietzsche denkt diesen Gedanken in seinem 1889 erschienenen Buch *Götzen-Dämmerung oder wie man mit dem Hammer philosophirt* in eine Richtung weiter, die zu einer für die Beschäftigung mit der Frage nach Gott und Vernunft zentralen Einsicht führt.[33] Im Abschnitt mit dem Titel »Die ›Vernunft‹ in der Philosophie« führt er auf wenigen Seiten aus, was seither bestimmend geworden ist für die Frage nach Gott und dem Verhältnis von Glaube und Vernunft.[34]

Wer lästige Fragen mit »irgendeiner Erklärung« zu beantworten und damit abzutun sucht, wird alles dafür tun, Sache und Begriff möglichst gut festzuhalten und »dingfest« zu machen. »Fest wie ein Ding« zu sein bedeutet, die Illusion zu festigen, es gebe einen »Kern« der Sache, der dem bedrohlich-lästigen Prozess des Werdens entzogen ist. Philosophen, aber auch Theologen und Wissenschaftler – obwohl sie von Berufs wegen mit der Veränderbarkeit der Dinge zu tun haben, denn nur diese können sie gut messen – haben aus diesem Grund nicht nur gegen das Werden, sondern auch gegen die Vorstellung des Werdens eine Abneigung, ja nach Nietzsche sogar einen regelrechten Hass entwickelt. Dieser Hass ist eine Abwehrreaktion, eine »Idiosynkrasie« der Philosophen, die zum »Ägyptizismus« führt. Denn Philosophen »glauben, einer Sache eine Ehre anzutun, wenn sie dieselbe enthistorisieren, sub specie aeterni – wenn sie aus ihr eine Mumie machen. Alles, was Philosophen seit Jahrtausenden gehandhabt haben, waren Begriffs-Mumien. Der Tod, der Wandel, das Alter ebensogut als Zeugung und Wachstum sind für sie Einwände, – Widerlegungen sogar. Was ist, wird nicht; was wird, ist nicht … Nun glauben sie Alle, mit Verzweiflung sogar, an's Seiende.«

Philosophieren bedeutet für Nietzsche, in dieser polemischen Bestimmung bereit zu sein, die Sprache und mit ihr die Begriffe zu mumifizieren. Das Mumifizieren legt sie auf eine endgültige Form fest und gibt den Dingen eine unverwechselbare Gestalt. Werden und Vergänglichkeit gehören somit in den Bereich des Irrtums und Scheins. Das Eine, die Idee hingegen ist wirklich, unveränderlich, ewig – kurz göttlich. Der Zwang zur Festlegung der Begriffe, die das Werden der Dinge ausschließt, hat also eine theologische Komponente. Um diese zu verstehen, ist es gut, sich kurz an den Ursprung des Abendlandes und mit ihm an die daraus resultierende Entwicklung der Moderne zu erinnern. In seinem Buch *Geschichte des Westens. Von den Anfängen in der Antike bis zum 20. Jahrhundert* macht Heinrich August Winkler als einer der wenigen Historiker und Ideengeschichtler auf die Wurzel unserer Kultur aufmerksam, die eben nicht bei den Griechen, sondern in Ägypten beginnt. Sein Credo ist es – zusammen mit Wissenschaftlern wie Jan Assmann –, dass über das christliche Erbe Europas, ja überhaupt des Westens nicht sinnvoll gesprochen werden kann, wenn man nicht zuvor vom jüdischen Erbe spricht, dessen bedeutsamste Charakteristik der Monotheismus ist. Diese Struktur des Monotheismus ist die Wurzel, die die drei Wüstenreligionen, die nicht zufällig auch alle Offenbarungsreligionen sind, teilen. Judentum, Christentum und Islam sind monotheistische Religionen, die von Gott nur wissen, weil dieser Gott zu ihnen gesprochen hat. Doch auch der Monotheismus, der nahezu 1000 Jahre älter ist als Platons Erfindung der Einheit der Idee, »hat eine Vorgeschichte, die über das Judentum hinausweist: in das Ägypten des 14. Jahrhunderts vor Christus. Mit der Entstehung des Monotheismus müssen wir also einsetzen, wenn wir wissen wollen, wie der Westen zu dem wurde, was er heute ist. Von diesem Ausgangspunkt gilt es fortzuschreiten zu jener spezifisch christlichen Unterscheidung zwischen göttlicher und weltlicher Ordnung, in der die Säkularisierung der Welt und die Emanzipation des Menschen bereits angelegt sind. Der klassische Beleg dieser Unterscheidung ist das Wort von Jesus: ›Gebt dem Kaiser, was des Kaisers ist und Gott, was Gottes ist.‹«[35] Wenn Gott und Welt zwei Ordnungen sind, kann man deren Bedeutung in dreierlei Richtungen lesen: Die eine, göttliche Ordnung ist wichtiger, bedeutsamer als die weltliche; die weltliche Ordnung ist die bedeutsamere; beider Ordnungen sind gleich gültig. Fest steht, »daß der jüdische Monotheismus eine Metamorphose des ägyptischen, der Aton-Religion, ist«. Urheber dieser Religion war Amenophis der Vierte, der von 1351 bis 1334 gelebt hat und der uns bereits im Zusammenhang mit dem Kult von Thot begegnet ist. Besser bekannt ist er, wie erwähnt, unter seinem Namen Echnaton, der damit verbunden ist, dass er erstmals in der Geschichte Ägyptens den Polytheismus, der eine religiös geprägte Variante des modernen Pluralismus ist, abschaffte, indem er Aton in Gestalt der Sonnenscheibe zum alleinigen und obersten Gott erhob.

Am Anfang des Westens und der Geschichte des Abendlandes

steht dieser historische Gründungsakt: der Glaube an einen Gott, ein oberstes Prinzip, ein Bild, eine Idee. Der westliche Monotheismus ist östlichen Ursprungs – afrikanisch, wie der Mensch auch biologisch aus Afrika stammt. Die Entstehung des Monotheismus war nur durch eine Kulturrevolution möglich, die sich unter Amenophis dem Vierten und seiner Hauptgemahlin Nofretete vollzog. Bereits zur Zeit der Regentschaft seines Sohnes, des Pharaos Tutanchamun, der vier Jahre nach Echnatons Tod als Neunjähriger den Thron besteigt, wird der Aton-Kult auf Druck der alten Priesterschaft zurückgedrängt, um die Zustände vor der Herrschaft Echnatons herzustellen. Bilder und Darstellungen des Königs und seines Gottes werden weitgehend zerstört. Der Aufstieg des Monotheismus wird bereits in der nächsten Generation als Episode des Abstiegs – Nietzsche würde sagen als Phänomen der Décadence – verstanden. Dennoch befinden sich in Tutanchamuns berühmtem, von Howard Carter im Tal der Könige entdeckten Grab zahlreiche Gegenstände, auf denen das klassische Motiv der Amarna-Zeit, der Gott Aton als lebensspendende Sonnenscheibe, dargestellt ist.

Es ist interessant, an dieser Stelle kurz über das Verhältnis von Theologie und Politik nachzudenken. Der Monotheismus kann einerseits als Politisierung des Theologischen gesehen werden (Carl Schmitt), die das Göttliche nutzt, um irdische Herrschaft zu festigen. Umgekehrt kann der Vorgang aber auch als Theologisierung des Politischen beschrieben werden (Jan Assmann), die die damalige Welt ebenso revolutionierte wie später in der Neuzeit die umgekehrte Entwicklung der Säkularisierung des Theologischen. Säkularisierung (die Benutzung des Religiösen zu politischen Zwecken) und Theologisierung (die Vergöttlichung politischen Geschehens) sind bis heute zwei Pole geblieben, die miteinander in Wettstreit liegen und zwei Kräfte benennen, die in einer Grundstruktur verborgen liegen. Kaiser und Gott sind zwei Seiten ein und derselben Medaille. In den Weisheitslehren Asiens wird immer wieder betont, dass man das Göttliche – das Tao, den Weg – nicht nennen sollte. Das, was benannt ist, kann nicht das Göttliche sein. Die erste Strophe des berühmten Tao Te King lautet: »Der Sinn, der sich aussprechen läßt, ist nicht der ewige Sinn. Der Name, der sich nennen läßt, ist nicht der ewige Name.« Das Tao Te King ist wie Nietzsches Philosophie von einer Tendenz der Anti-Mumifizierung geprägt. Ein verwandtes Konzept zu Nietzsches Ägyptizismus findet sich auch im tibetischen Buddhismus. Dzinpa bezeichnet das Greifen und Festhalten und »meint die Neigung des Geistes, sich auf Objekte als inhärent wirklich zu fixieren. Die buddhistische Schulung bietet eine andere Herangehensweise an unsere gewöhnliche Erfahrungen vom Leben an. Diese beinhaltet, dass wir eine im Wesentlichen auf Angst gegründete, auf das Überleben ausgerichtete Sichtweise aufgeben zugunsten einer Erfahrung vom Leben als einer Folge von seltsamen und wundervollen Ereignissen.«[36] Angst ist das zentrale Thema. Weil Angst uns regiert, so Nietzsche, wird das Erbe Heraklits, des Philosophen des Werdens, »der Vielheit und Veränderungen«, verworfen. Worauf es uns ankommt, sind »Einheit, Identität, Dauer, Substanz, Ursache, Dinglichkeit, Sein«. Das sind diese »Vernunfts-Vorurteile«, die uns zwingen, uns in einen Irrtum zu verstricken – den Irrtum des Ägyptizismus. Die Sprache selbst bedient sich dieses Fetischs des Unveränderbaren, indem sie ein Reich der Ideen vorgaukelt. Wittgenstein würde sagen: indem uns die Grammatik zum Narren hält und wir auf sie hereinfallen. Die »wahre Welt« wird im Widerspruch zur »wirklichen Welt« aufgebaut – die eine Scheinwelt ist, hinter die man dringen muss, um die Wahrheit zu erkennen.[37]

In Wahrheit sind jedoch nicht die unveränderlichen Ideen wirklich. Ganz im Gegenteil sind die Einheit und klare Konturiertheit der Begriffe ein trügerischer Schatten, den die Grammatik wirft. So werden wir Gott nicht los, weil wir an diese Grammatik glauben: an den Primat des Seins und der Substanz, die tief in unserem Denken verankert ist, bis heute. So zu denken heißt für Nietzsche »Mumie sein, den Monotheismus durch eine Totengräber-Mimik darstellen«. Die Idee des Monotheismus ist insofern nicht nur eng mit der Angst vor dem Werden – vor

Veränderung und Tod – verbunden und somit an ein Leben nach dem Tod, das den Fortbestand der »Substanz«, griechisch formuliert der Seele und modern gesagt der Identität, des Bewusstseins, garantiert. Auch die Begriffe selbst werden zu Konserven. Die christliche Dogmatik könnte man daher in gewisser Weise als eine »Einbalsamierungstechnik« für eine tote, nicht mehr lebendige, aber gerade deshalb zu konservierende Haltung oder Erfahrung verstehen. Das, was als heilig und unfehlbar gilt, ist in Wahrheit nur der Versuch, auf die Einwände einer Vernunft zu antworten, die ihrerseits vom Fluch der Mumifizierung ergriffen ist. Insofern spiegeln die Antworten, die die Theologie gibt, die Strukturen der Frage wider, die die Philosophen stellen. Beide sind längst vom Ägyptizismus infiziert. Die Frage ist, wie man Vernunft anders begreifen könnte. Wie sähe es dann mit den Antworten des Glaubens, wie mit der Erfahrung aus?

Nietzsches letztes Wort zum Ägyptizismus des Denkens ist ein vernichtendes Urteil. Ohne ihn, diesen »kühnen Griff in's volle Heidenthum«, hätte das Christentum niemals »den Sieg über die Popularität der Mithras- und Isisculte davontragen können!«. Es brachte die Furchtsamen auf seine Seite, indem es mit seinem »verfeinerten Ägypticismus« versprach, den einzelnen Menschen in alle Ewigkeit zu retten. Nur den »ersten Christen lag der Gedanke an ewige Qualen ganz fern«, räumt Nietzsche ein. »Sie dachten ›vom Tode‹ erlöst zu sein und erwarteten von Tag zu Tage eine Verwandlung und nicht mehr ein Sterben.«[38]

Die Frage des Pilatus – Was aber ist Wahrheit? – wird beantwortet mit einem »beweglichen Heer von Metaphern die, poetisch und rhetorisch gesteigert, übertragen, geschmückt wurden, und die nach langem Gebrauche einem Volke fest, canonisch und verbindlich dünken: die Wahrheiten sind Illusionen, von denen man vergessen hat, dass sie welche sind, Metaphern, die abgenutzt und sinnlich kraftlos geworden sind, Münzen, die ihr Bild verloren haben und nun als Metall, nicht mehr als Münzen in Betracht kommen«. Die Gewöhnung allerdings schafft Sicherheit.[39]

Noch einmal: vier einfache Grundfragen

Nietzsches Denken ist im buchstäblichen Sinn umwerfend. Es legt das Fundament frei – und benennt die Angst, die jeden beschleicht, der ein Haus auf sandigem Grund errichtet hat. Wie kann man mit dem Problem der Wahrheitsfrage umgehen? Und wie gelingt es dabei, Wittgensteins grammatische Missverständnisse und Nietzsches Ägyptizismus zu vermeiden?

Der deutsche Philosoph Immanuel Kant, von dem Nietzsche nicht immer die beste Meinung hatte, zählt Nietzsches Urteil zum trotz bis heute zu den wirksamsten Philosophen überhaupt. Zudem ist er, wenn auch nicht in allen Schriften in gleicher Weise, ein durchaus humorvoller und glänzender Essayist. Auch Kant stellte vier Fragen, um das Gesamtprojekt der Philosophie zu umreißen. Philosophie, schrieb er, benötigt zweierlei: »Erstlich ein zureichender Vorrath von Vernunfterkenntnissen, für's Andre: ein systematischer Zusammenhang dieser Erkenntnisse oder eine Verbindung derselben in der Idee eines Ganzen.« Ihm ging es vor allem um einen flexiblen und gründlichen Gebrauch der Vernunft. Nur sie erlaubt es dem Säugetier Mensch, systematische Zusammenhänge zu sehen und Strukturen in einer komplexen Welt zu erkennen. Philosophie ist in seinen Augen eine Disziplin, die Begriffe und Dinge, aber auch die Wissenschaften verbindet und ihnen einen systematischen Zusammenhang gibt. Insofern ist »Philosophie in der letztern Bedeutung die Wissenschaft der Beziehung alles Erkenntnisses und Vernunftgebrauchs auf den Endzweck der menschlichen Vernunft« hin.

So weit, so gut. Doch was macht nun das Feld der Philosophie aus? Kant antwortet mit vier Fragen: »1) Was kann ich wissen? 2) Was soll ich thun? 3) Was darf ich hoffen? 4) Was ist der Mensch?« Die erste Frage, sagt Kant, beantwortet die Metaphysik, die zweite die Moral, die dritte die Religion und die vierte die Anthropologie. Allerdings könnte man »im Grunde alles dieses zur Anthropologie rechnen, weil sich die drei ersten Fragen auf die letzte beziehen«. Die ersten drei Fragen erläutern in gewisser

Weise, was der Mensch eigentlich ist. Gehen wir die Fragen der Reihe nach durch.[40]

Die erste Frage entspricht der uns bekannten Frage nach den Suppenwürfeln. Was kann ich über sie wissen? Wo kann ich sie finden? Und was genau meine ich, wenn ich »Suppenwürfel« sage? Genau diese Fragen bereiten Probleme, wenn ich sie auf Weihnachtsmänner, Einhörner und Gott (bzw. Götter) beziehe. Dabei wird in der Regel nur selten mitbedacht, dass ein bestimmtes Ich diese Fragen stellt: Ein Ich, das selbstverständlich da sein kann, wo Suppenwürfel, Einhörner, Weihnachtsmänner und Gott sich befinden. Die grammatische Illusion besteht darin zu glauben, dass dieses Ich und die gesuchten »Dinge« alle in gleicher Weise in dieser Welt existieren. Nur deshalb können wir nach dem Muster der Suppenwürfel suchen und finden. Wie falsch das sein kann, haben Nietzsche, Wittgenstein und nicht zuletzt Philosophen wie Kant selbst gezeigt. Verlässliche Antworten findet man nur, wenn man eine Methode im Auge hat, zusammen mit Fragen auch die Grenzen der Fragen und damit der Antworten zu bedenken. Was genau ist es, wonach du fragst? Und woher weißt du die Antwort? Glauben und Vernunft scheinen verschiedene Antworten auf die Frage zu geben, was wir wissen. Wenn man annimmt, dass Gott zu einem sprechen kann, einem Texte diktieren und zukünftige Ereignisse voraussagen kann – dann ist die Welt grundsätzlich verschieden von der eines Menschen, der der Ansicht ist, mit göttlichen Stimmen sei endgültig die Grenze des Wissens überschritten.

Die zweite Frage nach dem Tun ist die ethische Frage. Sie zielt auf den Umgang miteinander und auf die praktische Bewältigung der Dinge. Kann das erworbene Wissen helfen, sich in der Welt gut und richtig zu verhalten? Was besagt ein solches Verhalten für die letzten Zwecke des Lebens? Und welche Zwecke sollten das sein? Der Philosoph Kurt Flasch macht in seinem Buch *Kampfplätze der Philosophie* deutlich, dass Auseinandersetzung – polemos – der Vater aller Dinge ist.[41] Das Wort polemos ist es auch, das Heraklit im griechischen Original des berühmten Satzes verwendet, dass der Krieg der Vater aller Dinge sei. Streit um das Wissen und um das Handeln gehören wesentlich zum Menschen. Folglich stellen auch Philosophie, Theologie und Wissenschaften »eine Serie von Konflikten« dar. Sie bis auf die Ebene des richtigen Handelns hinein zu lösen, ist ein zentrales Anliegen nicht nur des Menschen und seiner Vernunft, sondern auch der Religion. Doch indem die Menschen sich in ihrem Leben auch im Handeln zu orientieren suchen, geraten sie in Streit darüber. Genau dieser Streit ist ein zentrales Thema, wenn es darum geht, das Verhältnis von Glauben und Vernunft zu klären. Schon im Mittelalter, das durch seine erst im letzten Jahrhundert entdeckte Vielfältigkeit besticht, herrschte ein Pluralismus – den großen Theorien der Vereinheitlichung alles Seins in Gott zum Trotz. In Wahrheit waren weder die Voraussetzungen der Lebensorientierungen noch die Ergebnisse, die sie zeitigten, einheitlich. Im Gegenteil: Widerspruch war an der Tagesordnung – so wie in den frühen christlichen Gemeinden, in denen griechische Christen auf Judenchristen, Heiden-Christen auf afrikanische Christen, Intellektuelle auf Fideisten trafen – und all diese auf unverständige Römer, Juden und andere. »Interessen divergierten; Traditionen liefen auseinander; konkurrierende Gruppen besaßen abweichende Grundlagentexte«, schreibt Flasch. Neben der Frage nach der Wahrheit und den Grenzen des Wissens geht es vor allem auch um die Bedeutung, die Wahrheit und Wissen für das Leben haben sollen. Woran sollen wir uns orientieren? Wie handeln? Hören wir auf die eigene Stimme, die der Eltern, der Peergroup, des Unternehmens, der Meinungsmacher oder der Andersdenkenden, die von den jeweiligen vorherrschenden Gruppen gerne verfolgt und nicht selten auch vernichtet wurden und werden. Sollen wir so handeln? Liefert uns das Wissen eine allgemein und universal gültige Rahmenordnung für unser Verhalten? Wird nicht gerade in Bezug auf die Praxis das zunehmende Auseinanderreißen von Glauben und Vernunft immer sichtbarer und auch ernster? Schon im Mittelalter leiden Denker wie Thomas von Aquin am Drift der Erkenntnis, der Wissen und Glauben immer mehr auseinandertreibt und den festen Boden, auf dem man bislang stehen zu können glaubte, erschüttert. Es ist, als würden sich zwei Kontinente oder Kontinentalplatten mit unbarmherziger Kraft gegeneinanderstemmen und dabei nicht nur wahre Gebirge von Büchern hervorbringen, sondern auch Spalten, Risse und Abgründe. Für Kant ist klar, dass die praktische Vernunft letztlich nicht ohne die Idee Gottes auskommt – ein Gedanke, den Nietzsche Kant übelnahm, weil er mit diesem »Theologen-Kunststück« eine heuchlerische »Philosophie der Hintertüren« praktiziert.[42] Doch auch aus der Perspektive des christlichen Glaubens stellt sich mit Blick auf den brutalen Tod am Kreuz die Frage, worauf man hoffen kann, wenn man handelt, wie man – als Mensch – handeln soll. Dies ist Kants dritte Frage.

Bei den vielen Büchern, die es zum Thema Glaube und Vernunft gibt, wird oft über Evolutionstheorie und Kosmologie, über die Grenzen der Erkenntnis und die Aufklärung gesprochen, doch nur selten über Hoffnung. Hoffnung erscheint zuweilen als Lüge und Heuchelei. Doch ausgerechnet der Philosoph mit dem Hammer räumt ein, »dass es Höhe der Seele sein kann, wenn ein Philosoph schweigt; es kann Liebe sein, wenn er sich widerspricht; es ist eine Höflichkeit des Erkennenden möglich, welche lügt«.[43] Konflikt, Streit und rechtes Handeln ist das eine. Aber Glück, Hoffnung und Erfüllung etwas anderes. Vielleicht ist deshalb die einfache Frage: »Glaubst du an Gott?« so schwer zu beantworten. Es ist nicht nur nicht genau klar, was damit gemeint ist, weil zu viele verschiedene Aspekte mitschwingen, sondern auch unklar, was man sich davon erhofft, wenn man mit »Ja« bzw. »Nein« antwortet. Zu selten wird über diesen Aspekt gesprochen. Sind die Hoffnungen, die der Glaube an die Vernunft und der Glaube an Gott mit sich bringen, grundsätzlich verschieden? In seinem Roman *Die Pest* scheint Camus zuweilen sagen zu wollen, dass beides nicht immer so weit auseinanderliegt wie seine Zeitgenossen selbstverständlich annahmen.

Wenn die Vernunft, aber auch Gott eine Funktion in unserem Leben haben: Welche genau ist das? Auch ein Gläubiger, der sich mit Händen und Füßen dagegen wehrt, Gott zu funktionalisieren, wird dieser Frage nicht ausweichen können. Gott hat eine Funktion – oder man muss nicht von ihm reden. Das ist nicht nur die Ansicht von Herr K., die ich oben zitiert habe. Was also wird gehofft, wenn man glaubt – und was, wenn man nicht glaubt?

All diese Fragen münden in die Letzte: die Frage nach dem, was der Mensch ist. Für Ludwig Feuerbach, den Schüler Hegels, ist Religion identisch mit dem Bewusstsein des Menschen um sein Wesen – um das, was eigentlich sein Menschsein ausmacht. Selbst die dem Menschen fernsten Gegenstände – die Gegenstände für ihn, den Menschen, sind –, »der Mond, auch die Sonne, auch die Sterne rufen dem Menschen das Gnothi seauton, Erkenne dich selbst, zu. Daß er sie sieht und sie so sieht, wie er sie sieht, das ist ein Zeugnis seines Wesens. Das absolute Wesen, der Gott des Menschen ist sein eigenes Wesen. Die Macht des Gegenstandes über ihn ist daher die Macht seines eigenen Wesens. Das Bewußtsein Gottes ist das Selbstbewußtsein des Menschen, die Erkenntnis Gottes die Selbsterkenntnis des Menschen.«[44] Feuerbach trifft sich mit Nietzsche, wenn er eine »neue Philosophie« fordert, »die Wahrheit der Sinnlichkeit mit Freuden, mit Bewusstsein« anerkennt. Nihilismus meint in der Bestimmung Nietzsches genau das: die Selbstüberwindung des Menschen, das Hinter-sich-Lassen des Ägyptizismus, ein Frei-Machen und Frei-Werden, um sich von der Welt der Dogmen – der religiösen, aber auch denen des Denkens – zu lösen und zu einem neuen Humanismus zu finden. Kant selbst stellt mit seiner Philosophie den Ausgangspunkt für das Ende der Religion im herkömmlichen Sinn, aber auch der klassischen Metaphysik und der sich daraus ableitenden Konzeption von Wissenschaft dar.[45] Die Religion, das Göttliche und das Metaphysische verlieren damit an Macht und scheinen schließlich ihre Daseinsberechtigung überhaupt zu verlieren. Doch die Verneinung bringt noch keinen neuen Sinn hervor. Den aber muss sich der Mensch geben, wenn er Mensch sein will. Wir müssen den Nihilismus erst erleben, um dahinter zu kommen, was eigentlich der Wert all dieser Werte war. [46]

Das Gefühl, das mit dieser Einsicht einhergeht, ist präzise das, was Charles Taylor mit seiner Rede vom »abgepufferten Ich« meint.[47] Ehe sich der coole Ton einstellen kann, die neue Selbstbeherrschung und Hoffnung, die »Distanz zur Unvernünftigkeit der Vergangenheit«,[48] herrscht Verunsicherung. Denn auch wenn die Grenzen des Wissens klarer definiert sein mögen (eine Antwort auf die erste Frage Kants), dann herrscht schon bei Kants zweiter Frage Unklarheit. »Ich erlaube mir, als Antwort, die Frage aufzuwerfen, ob wir wirklich moralischer geworden sind«, schreibt Nietzsche. »Wir modernen Menschen, sehr zart, sehr verletzlich und hundert Rücksichten gebend und nehmend, bilden uns in der That ein, diese zärtliche Menschlichkeit, die wir darstellen, diese erreichte Einmüthigkeit in der Schonung, in der Hülfsbereitschaft, im gegenseitigen Vertrauen sei ein positiver Fortschritt, damit seien wir weit über die Menschen der Renaissance hinaus. Aber so denkt jede Zeit, so muss sie denken. Gewiss ist, dass wir uns nicht in Renaissance-Zustände hineinstellen dürften, nicht einmal hineindenken: unsre Nerven hielten jene Wirklichkeit nicht aus, nicht zu reden von unsern Muskeln. Mit diesem Unvermögen ist aber kein Fortschritt bewiesen, sondern nur eine andre, eine spätere Beschaffenheit, eine schwächere, zärtlichere, verletzlichere, aus der sich nothwendig eine rücksichtenreiche Moral erzeugt. Was Würze ehedem des Lebens war, für uns wäre es Gift.«[49]

Es ist verstehbar, wenn wir den Verlust spüren, den die Welt der Priester darstellt, die so an Gott glaubten, wie es vor der Aufklärung möglich war. Die Suche nach Sinn hat nicht zuletzt eine neue Form von Religionen und Sekten, die neuen religiösen Bewegungen hervorgebracht. Zugleich aber auch ein neuerwachtes Interesse an einer Spiritualität, die ohne die Irrtümer der Vergangenheit auszukommen versucht, wohl wissend, dass neue folgen werden. Dass die Aussage »Ich glaube, dass Gott existiert« immer noch eine größere Wucht hat als der Satz »Ich glaube, dass an der Scheibe dort Fliegen sind«, hat mit der Hoffnung zu tun, die dieser Satz beinhaltet. Nun kommt alles darauf an, diesen Satz und seine Funktion richtig zu beschreiben und zu analysieren. Bei diesem Versuch stößt man auf eine Vielfalt von Motiven, Gründen – und Widersprüchen. Gott sichert – wie im Werk von René Descartes – das Überleben. Gott steht für oberste Werte, für Moral – und damit, wie moderne Biologen zugeben würden, möglicherweise auch für den evolutiven Vorteil kooperativen Verhaltens. Gott kann auch für das stehen, was dem Ich Sinn gibt. Doch all das macht am Ende nur Sinn, wenn man überhaupt überzeugt ist von der Existenz eines solchen Ichs. Fällt sie, dann fällt auch Gott. Was also ist das Wesen dieses Ichs, das Wesen jedes einzelnen Menschen?

Kants vierte Frage fasst die anderen drei zusammen. Es dürfte klargeworden sein, dass sich diese Fragen nur dann ähneln, wenn man auf die Oberfläche der Grammatik hereinfällt. Doch wie soll ein Denken aussehen, mit dem man sich orientieren kann und das trotzdem von den Einschränkungen der Vernunft und den Fallstricken der Logik und der Erkenntnis weiß? Wie also soll man vernünftig sein?

3. Von der Methode, richtig zu denken, und was daraus folgt

In den Regalen über Methodik und kritisches Denken findet man u.a. Hans Alberts sehr brauchbaren *Traktat über kritische Vernunft*, in dem er die Methode des richtigen, vernünftigen Denkens gut beschreibt. Sie lässt sich auf folgende Grundsätze reduzieren: Suche erstens nicht nach einem archimedischen Punkt der Erkenntnis! Also Vorsicht: Es ist zwar das gewohnte Verfahren, sich in den Besitz absoluter Begründungen und wahrer Sätze zu bringen und den Rest des Lebens zu versuchen, alle möglichen Alternativen, alle mögliche Kritik abzuweisen. Aber genau das nennt man Fundamentalismus. Charles Taylor hatte von »abgeschlossenen Weltstrukturen« gesprochen, Wittgenstein von einem falschen Bild, das uns leitet.

Verlange zweitens nicht für alles eine Begründung, denn dann landest du entweder a) in einem logischen Zirkel, b) in einem unendlichen Regress (der durch die Notwendigkeit entsteht, auf der Suche nach Gründen immer weiter zurückzugehen) oder du brichst c) das Verfahren an einem bestimmten Punkt willkürlich ab. Albert nennt dies das Münchhausentrilemma – man versucht, sich wie Münchhausen an den eigenen Haaren selbst aus dem Sumpf der Probleme zu ziehen.[1] Die meisten Menschen sind der Ansicht, die dritte Möglichkeit, der Abbruch des Verfahrens, sei zugleich auch die beste. Wenn alles andere zu einem unendlichen Regress führt – was sollte man dann anders machen? Wenn Sie auch der Ansicht sind, dass es zu dieser Möglichkeit keine Alternative gibt, dann irren Sie. Denn statt Begründungen zu suchen und durch den »Rekurs auf ein Dogma«, auf Offenbarungen, auf

Privateingebungen oder angebliche Selbstevidenzen etwas »sicherzustellen«, gibt es noch einen anderen Weg. Dieser Ausweg ist exakt der, den die Wissenschaft seit Jahrhunderten mal mehr, mal weniger erfolgreich zu beschreiten versucht, indem sie an einem Prozess des fortwährenden Prüfens, eines kontinuierlichen kritischen Verfahrens festhält. Nach Albert befinden Sie sich übrigens in bester Gesellschaft, wenn Sie den dritten Weg des Abbruchs für gut halten: Denn sowohl der klassische Intellektualismus, der auf die Souveränität der Vernunft in Form bestimmter (sakrosankter, angeblich unfehlbarer, cooler oder sonst wie aller Kritik enthobenen) Anschauungen oder Institutionen setzt, beschreitet diesen Weg, wie auch der klassische Empirismus, der die Souveränität der Tatsachen fordert, aber verkennt, dass es keine Tatsachen ohne interpretierendes Denken gibt. Abgesehen davon gibt es noch ein zähes Problem mit dem induktiven Schluss. Kurzum: Wir haben nirgendwo einen unmittelbaren oder absoluten Zugang zur Wahrheit.[2] Während im Fall des klassischen Intellektualismus bzw. Rationalismus der Wert der Spekulation überschätzt wird, wird er im Fall des klassischen Empirismus unterschätzt.

Es führt daher drittens nur das Prinzip der kritischen Prüfung über das Trilemma des doppelten Regresses und des Dogmatismus hinaus. Man sollte sich also vor absoluten Begründungen, die absolutes Wissen gewähren, hüten und stattdessen so ehrlich sein einzuräumen, dass man sich in allem irren kann (auch wenn man es vielleicht nicht tut, aber das ist eher zufällig, es sei denn, man würde sich eben doch für unfehlbar halten). »Alle Sicherheiten in der Erkenntnis sind selbstfabriziert und damit für die Erfassung der Wirklichkeit wertlos«, schreibt Albert. »Das heißt: Wir können uns stets Gewißheiten verschaffen, indem wir irgendwelche Bestandteile unserer Überzeugungen durch Dogmatisierung gegen jede mögliche Kritik immunisieren und sie damit gegen das Risiko des Scheiterns absichern.«[3] Genau das aber ist der falsche Weg. Statt abgeschlossene Systeme zu erfinden, sollte man daran arbeiten, sein Denken transparent und durchlässig zu machen. Klar: Nicht jede Kritik ist angebracht – und nicht jede angebrachte Kritik ist richtig. Doch das Begründungsprinzip des klassischen Rationalismus sollte man hinter sich lassen. Es ist nicht möglich, Wahrheit und (absolute) Gewissheit miteinander zu koppeln. Wer Erkenntnis will, bekommt immer nur die zur jeweiligen Zeit im Kontext des jeweils verfügbaren Wissens beste Erkenntnis – aber das bedeutet nicht, dass diese wie eine in Öl verpackte Sardine ewig haltbar ist. Es gibt immer Alternativen im Denken – und die gilt es zu bedenken, d.h. zu prüfen. Zu prüfen bedeutet aber: Mit dem Scheitern der eigenen Meinung, der eigenen Erkenntnis zu rechnen.[4] Übrigens ist auch nur ein solches Verfahren eines, das der Idee des Grundgesetzes und demokratischer Verfahren angemessen ist, denn die Prämisse ist ja eben, dass keiner wie ein absolutistischer Herrscher alleine im Besitz der Wahrheit und des Rechtes ist, über gut und böse oder richtig und falsch zu entscheiden. An die Stelle der Idee des Begründungsdenkens muss man also die Idee der kritischen Prüfung setzen – »der kritischen Diskussion aller in Frage kommenden Aussagen mit Hilfe rationaler Argumente«.[5] Es gilt: Nicht nur über gut und böse, richtig und falsch, sondern auch über Geschmack lässt sich streiten (ein Satz, den Kant sehr unterstützt hat). De principiis est disputandum! Der Anspruch auf Unfehlbarkeit wird zugunsten eines »konsequenten Fallibilismus« verworfen.[6] Es gibt keine Instanz, keine Entscheidung, keine Person, kein Prinzip, das nie irrt. Dies ist der zentrale Gedanke der Methodik des sogenannten kritischen Rationalismus, von dem das sogenannte Falsifikationsprinzip eine Variante ist: Mache deine wahren Aussagen wahrer, indem du sie harter Prüfung aussetzt und statt nach weiteren Beweisen für ihre Richtigkeit aktiv nach möglichen Alternativen und Widerlegungen suchst. Es geht also erstens nicht um weitere Rechtfertigung von Aussagen, sondern um deren kritische Beurteilung und weitere Prüfung; es geht zweitens auch nicht um die Anwendung einer absoluten und sicheren Methode, denn es gibt eine solche Methode nicht (es sei denn, man nimmt Regress oder Dogmatismus in Kauf, aber das ist eben auch nur eine Entscheidung) – auch der Weg der Erkenntnisgewinnung muss überprüfbar sein und überprüft werden; drittens geht es auch nicht um fiktive Gedanken und Experimente (Nietzsche sprach mit Blick auf die Naturwissenschaften von seinem Denken als einer Experimentalphilosophie, die die Metaphysik mit ihren absoluten Sicherheiten ablösen sollte), sondern darum, alle faktischen Zusammenhänge einer Erkenntnis oder Methode zu berücksichtigen, also keine rein utopischen Konstruktionen als Argument zu verwenden – denn dann kann man alles und alles Beliebige behaupten.[7]

Diese Methode verlangt nach einer aktiven Überwindung eingefahrener Denk- und Wahrnehmungsgewohnheiten. Platt gesagt ist das der Grund, warum Denken schwierig ist. Nach relevanten Widersprüchen zu suchen, aktiv und sich damit dem Risiko des Scheiterns auszusetzen, ist so einfach nicht. Aber nur wenn man so denkt, so methodisch vorangeht, kann man zu einer soliden – aber nicht absoluten! – Erkenntnis vorstoßen. Man muss nach Widersprüchen suchen, um eine Weiterentwicklung, eine Evolution des Denkens zu ermöglichen, ja zu erzwingen. Insofern bedeutet nachdenken immer auch: nachdenken wollen.[8] Was wir haben, sind keine Dogmen, keine absoluten Sätze, keine ewigen Wahrheiten, sondern Hypothesen, die, wenn wir sie gut getestet und überprüft haben, die besten Hypothesen sind, die wir gegenwärtig auf unserem Schiff zur Verfügung haben. Alles andere kann man sich herbeisehnen – aber es ist und bleibt eben ein Traum oder wie Kant sagen würde: herbeigelogene Inseln, in deren Buchten man nur scheinbar ankern und das Boot neu bauen kann. Aus noch einem weiteren Grund fällt ein solches Denken schwer. Es ist nämlich Schluss mit den Zeiten, in denen es nur eine einzige Art und Weise gab, etwas zu tun, zu denken, zu unternehmen. Wer mit Alternativen rechnet, ja Alternativen sucht, lebt in einer Welt der Möglichkeiten. Der theoretische Pluralismus ist eine unmittelbare Folge des Prinzips der kritischen Prüfung. Insofern ist um die sogenannte Postmoderne viel zu viel Wind gemacht worden. Es ist derselbe Wind, der schon bei Kant zwischen den Inseln tobte und bei William James die freie Fläche des Bewusstseins durchwehte. Es ist in diesem Wind, in dem man eine Antwort auf die Frage nach dem Verhältnis von Glauben und Vernunft findet. Am Ende wird man jede Antwort, die man gefunden hat, diesem Wind aussetzen müssen. Fliegt sie – gut. Wenn nicht – muss man eine andere suchen. Schlecht ist nur, vor lauter Angst sein Haus nicht mehr zu verlassen, weil man befürchtet, dass die eigenen Antworten dem Wind der Kritik und der Alternativen nicht standhalten. Dennoch: Um standzuhalten, brauchen sie – Vertrauen. Sie müssen daran glauben, dass dies der einzige, der beste, wenn auch ein dorniger und möglicherweise sogar absurder Weg ist.

Festzuhalten bleibt: Es gibt keine wertfreie Wissenschaft. »Die Notwendigkeiten des Handelns gehen stets über das hinaus, was uns die Erkenntnis liefern kann«, schreibt Albert.[9] Die Anwendung von Wissenschaft erfordert Entscheidungen. Doch auch über diese Entscheidungen, über die Werte, die in sie einfließen, muss man kritisch nachdenken. Werte haben hier keinen anderen Charakter als Gegebenheiten, als Tatsachen.[10] Auch Zusammenhänge aus der Sphäre der Werte, der Ideen, können zum Gegenstand der Erkenntnis gemacht werden – wenn man ihre Prüfung zulässt. Sicher: Die Entscheidung für das Prinzip kritischer Prüfung ist eine Entscheidung. Sie können sich immer auch für Dogmatismus und mehr oder minder gut vertuschte Formen des Regresses, des unendlichen Kreisens, entschließen. Aber ist das besser? Wer an Verstehen, am Gespräch mit anderen – als gleichwertig angesehenen und behandelten Menschen! – interessiert ist, wird darum bemüht sein, das, was er glaubt, was er für gut und richtig hält, der Überprüfung zugänglich zu machen. Das ist schwer – und deshalb besteht ein großer Teil der theologischen Arbeit in nichts anderem als nach solchen »Brückenprinzipien« zu suchen.[11]

Natürlich ist eine solche Haltung oder Denkweise zugleich auch eine Lebensweise. Überprüfen Sie sich: Was spricht dagegen? Was spricht dafür? Was ist Ihnen lieber? Ist das nicht eine Form des Glaubens – darauf zu vertrauen, dass das, was einen trägt, eben auch trägt, wenn es dem Wind des Lebens ausgesetzt wird und der Kritik durch andere? Kann man anderen Menschen vertrauen, an andere Menschen und ihre Liebe glauben, wenn man zugleich versucht, all das, was man für wichtig hält, rationalen Argumenten unzugänglich zu machen? Welchen anderen Weg hätten die Menschen als den der rationalen Argumentation, der Prüfung – wenn sie auf Gewalt verzichten wollen? »Eine der unmittelbaren ethischen Konsequenzen des Kritizismus ist die«, schreibt Albert, »daß der rationalen Argumenten unzugängliche unerschütterliche Glauben, den manche Religionen prämiieren, keine Tugend, sondern ein Laster ist.«[12] Wer Vertrauen hat, baut darauf, dass es möglich ist, eine Brücke zum anderen zu bauen – auch wenn es sich nur um eine Hängebrücke handelt, deren Tritte aus den immer wieder zu verbessernden und auszutauschenden Holzstämmen kritischer Argumente bestehen.

Gleich welche Disziplin man betreibt, welche Form von Sachbuch man liest, gleich ob es sich um Philosophie oder Physik, Metaphysik oder Mathematik, Informatik oder interkulturellen Dialog, Ethik oder E-Technik, Biologie oder Bauwesen handelt – stets ist das Verfahren der Beurteilung, das Prinzip kritischer Prüfung, dasselbe. Um seinen Weg durch die Welt der Gedanken, Argumente, Beobachtungen, der Dinge oder Tatsachen zu finden, braucht man erstens ein klar strukturiertes (und damit auch für alle anderen nachvollziehbares) Denken und zweitens einen Sinn für genaue Beobachtung. Diese beiden Elemente – klares methodisches Denken und genaue Beobachtung, Logik und Empirie – sind die Eckpfeiler des Bogens, die im Grunde nie verschoben werden, auch wenn es manchmal so aussehen mag. Alles Weitere ergibt sich daraus. Dass der Teufel jedoch im Detail steckt, wissen alle, die gut in der Theorie sind, die die Spielregeln kennen – und dann plötzlich auf dem Platz stehen und spielen sollen. Theoretisch kann man gut Trompete spielen, indem man jeweils einfach nur den richtigen Ton, je einen zur Zeit, spielt. Das ist alles! Aber das kann man eben nicht sofort. Ohne Übung geht es nicht – und keiner hat gesagt, dass Übung immer leicht ist.

Da Sie nun einen wichtigen Teil dieses Buches bewältigt und einige wichtige Einsichten in die Funktionsweise, aber auch in die Grenzen der Vernunft gewonnen haben, denke ich, dass es Zeit für ein wenig Entspannung ist, bevor wir uns dem zweiten großen Thema Glauben zuwenden. Wenn Sie einverstanden sind, lade ich Sie deshalb zu einer Folge der Simpsons ein.

Zwischenspiel: Was man von Lisa Simpson über Kant, die Religion und ihr Verhältnis zur Wissenschaft lernen kann

Überall, auch im amerikanischen Springfield, der Heimatstadt der Simpsons, gibt es Spuren vergangenen, vielleicht sogar göttlichen Lebens, an die zu erinnern sich lohnt. Spuren dieser Art, vergleichbar mit den bedeutenden Fußabdrücken der ersten Menschen auf der Erde oder auf dem Mond, die durch Zufall (oder mit Notwendigkeit, je nach Weltsicht) entstanden, reichen oftmals tief in die Vergangenheit zurück. Damit verweisen sie, wenn man sie nur lange genug zurückverfolgt, auf den geheimnisvollen Ursprung allen Lebens. Unsere Kultur lebt von solchen Erinnerungen an Vergangenes, vor allem wenn behauptet wird, sie würden an den absoluten Nullpunkt des Lebens, an den Beginn eines Volkes oder einer kulturellen Ära rühren. Doch die wenigen tatsächlichen Erinnerungen an die Anfänge der menschlichen Natur und des Geistes verlieren sich stets in einem schwer bestimmbaren Grau der Vergangenheit. Sie mögen irgendwie eingefangen sein in stummen Zeugnissen und Fundstücken, die älter sind als Internet, als das Mittelalter, selbst als die Bibel oder Ägypten und die frühen indischen Kulturen. Und doch können sie nicht sprechen und uns ihre Erinnerungen mitteilen. Jahrmillionen vor uns existierte eine Welt ohne uns, ohne Menschen, ohne Sprache, ohne Kultur. Nichts wurde von Sonnenauf- zu -untergang weitergegeben, nichts von Vulkanen und Asche, Eis und Bergen, Steinen, ersten, einzelligen Lebewesen oder Gräsern überliefert von Generation zu Generation: nichts außer der stummen Sprache der genetischen Information, die an Worten und auch an Finessen der Grammatik im Laufe der Jahrmillionen reicher wurde.

Diese Erinnerung an die Anfänge tragen wir bis heute in uns, ohne all ihre Tricks und Kniffe enträtselt und verstanden zu haben. Wenn die abendländische Tradition behauptet, am Anfang sei das Wort oder, wie die frühen griechischen Naturphilosophen lehrten, der Logos: Von welchem Wort ist dann die Rede? Die Kette der Erinnerungen jedenfalls, die in die Vergangenheit zurückführt und an Sprache gebunden ist, verliert sich im Dunkel der Geschichte. Die Dinge selbst befinden sich, selbst wenn man sie befragen könnte, in einem »Schattenschlaf«, wie die Schriftstellerin Ingeborg Bachmann es nannte.[1] Die ersten Dinge wieder aus ihrem Schlaf zu wecken, der immer auch ein Schlaf der Vernunft ist, sie zu benennen und damit ihre Geschichte für uns sichtbar zu machen, ist eine der ehrenvollsten Aufgaben, die zu lösen sich Religionen und Vernunft gleichermaßen rühmen.

Wirklich ausgemacht ist allerdings nur, dass irgendwann einmal alles tatsächlich begonnen hat – die Kultur ebenso wie die Natur. Doch der Suchscheinwerfer der Vernunft wird umso schwächer, je weiter er in die dunkle Höhle der Vergangenheit hineinleuchten muss. Und den Erleuchtungen des Religiösen geht es nicht anders. Der Anfang, den die Religionen benennen, ist stets nur ein vorgestellter Anfang; und der der Vernunft ein Anfang, der sich in der Komplexität einer Formel verliert, die beschreibt, wie Masse und Energie ineinander übergehen. Am Anfang selbst war niemand dabei. Und doch ist die Gegenwart samt ihrer Sprache ohne Zweifel aus dieser vielleicht in allen Details nie erklärbaren Vorzeit hervorgegangen. Eine der interessantesten Fragen, die uns seit Menschenbeginn beschäftigt, ist die, welche Rolle Gott in diesem Prozess der Entwicklung des Lebens spielte. Das gilt insbesondere für die Zeit ganz am Anfang, aber immer wieder auch für Zeiten zwischendurch, ausgewählte Zeitpunkte wie der um das Jahr null unserer Zeitrechnung herum. Andere hingegen interessiert viel mehr die Frage, warum Gott, wenn er doch der Schöpfer von allem ist, in besonders heiklen Zeiten der Entwicklung des Menschen nicht anwesend war oder sich zumindest niemandem gezeigt hat. Bei wieder anderen – und dazu gehört eine steigende Zahl moderner, mit dem Erfolg der Naturwissenschaften und des Internet groß gewordener Menschen – lautet die Frage schlicht, wie es möglich war, dass sich all das, was heute ist, alles Leben und alle Kultur in ihrer großartigen Vielfalt, einschließlich der Welt der Simpsons, selbst organisieren konnte, ohne steuernd eingreifende Hände von oben. Wie also war es tatsächlich?

Eine Antwort gibt die Episode »Der Tag der Abrechnung«, die im Original am 23. 11. 1997 erstmals ausgestrahlt wurde und dort den Titel »Lisa the Skeptic« trägt. Lisa Simpson setzt sich in dieser Folge als engagierte Buddhistin dafür ein, dass die Bauarbeiten für ein geplantes Riesen-Einkaufszentrum in Springfield so lange unterbrochen werden, bis auch die letzten Spuren vergangenen Lebens auf dem an Fossilien reichen Gelände geborgen wurden. Tatsächlich geht die Projektleitung der Shopping-Mall, die im Geheimen ihren eigen Plan verfolgt, auf Lisas Ansinnen ein und gewährt ihr die Möglichkeit zu graben. Die Sensation ist perfekt, als Lisa ein menschliches Skelett mit Engelsflügeln entdeckt, von dem sogar der bekannte Evolutionsbiologe Stephen Jay Gould (er verstarb im Mai 2002, kannte das Drehbuch der Folge und ist einer der wenigen Wissenschaftler, der je in einer Simpsons-Episode auftaucht) eine kleine Probe zur Untersuchung erhält. Als die Simpson-Tochter den Wissenschaftler nach dem Ergebnis fragt, muss der berühmte Paläontologe allerdings zugeben, dass er die angeblichen Engelsknochen noch nicht untersucht hat. »I had more important work to do«, entschuldigt er sich. Wie recht er damit hatte, zeigt sich am Ende der Episode, als sich erwartungsgemäß herausstellt, dass das angebliche Wunder und die fossilen Engelsknochen lediglich ein Werbegag für die neue Mall sind. Genau wie manche religiöse Figur wurden auch sie erfunden, wobei die Episode durchaus den Schluss nahelegt, dass Religion zumindest heutzutage in Amerika entsprechend den Gesetzen der Werbung funktioniert.

Doch bis der fossile Engel von allen als Fälschung erkannt wird, kommt es in der ohnehin leicht zu Ausschreitungen neigenden

Stadt Springfield zu einem erbitterten Kampf zwischen den Anhängern einer wissenschaftlich orientierten Weltsicht einerseits und verschiedenen religiösen Gruppierungen andererseits. »Die Technokraten lernen ihre Demutslektion, während Engelsanhänger die wissenschaftlichen Einrichtungen von Springfield in Brand setzen«, kommentiert Springfields Nachrichtenmoderator Dave Shutton, während hinter ihm Gebäude in Brand stehen. Lisa fühlt sich genötigt, in einer Talkshow im Fernsehen aufzutreten; es ist nicht das erste Interview, das sie an prominenter Stelle im Fernsehen gibt. Religiösen Glauben und insbesondere den Glauben an Engel könne man, so argumentiert sie, durchaus mit dem Glauben an Einhörner oder Leprechauns vergleichen, jenen kleinen Wesen aus der irischen Mythologie, von denen man sich doch sicher sein könne, dass sie nie existiert haben außer in der Phantasie. Aufgrund der Ausschreitungen – eine ferne Erinnerung an die religiös motivierten Kriege in Europa, allem voran an den Dreißigjährigen Krieg? –, vor allem aber aufgrund der Tatsache, dass Lisa Simpson bald nach ihrem Fernsehauftritt beschuldigt wird, die fossilen Knochen entwendet zu haben, kommt es zu einem Gerichtsverfahren gegen sie. Die Anwälte machen klar, dass es um mehr geht als nur darum, für Ruhe zu sorgen, so wie es einem modernen Staat gebührt, dessen innerer Frieden nicht zuletzt auf der Trennung von religiösen und weltlichen Angelegenheiten, von Kirche und Staat beruht. Nebenbei soll auch der tiefer liegende, jahrhundertealte Streit zwischen Wissenschaft und Religion ein für alle Mal geklärt werden. Während der Verhandlung entsteht jedoch ein Tumult, als der verloren geglaubte Engel auf einem Berg erscheint und alle Anwesenden aus dem Gerichtssaal nach draußen stürmen. Richter Roy Snyder bleibt zurück und erklärt das Verfahren für beendet. Er fällt folgenden wegweisenden Richtspruch: »Im Fall des Streites Religion gegen Wissenschaft erlasse ich eine einstweilige Verfügung: Die Religion muss sich immer 500 Meter von der Wissenschaft entfernt halten.«[2] »Ein vernünftiges Urteil«, kommentierte Simpsons-Erfinder Matt Groening diese Episode. »Schade ist nur, dass es keiner gehört hat.«

Als der wiedererschienene Engel (wie gesagt: am Ende ist er ein Werbegag zur publikumswirksamen Eröffnung der Mall) kurz vor dem Finale weithin sichtbar auf einer Anhöhe (scheinbar) zu sprechen beginnt, fürchtet sich die skeptische Lisa genauso wie alle Engelsgläubigen, deren Aberglauben sie zuvor gering achtete. Die Frage liegt auf der Hand: Haben Wissenschaft und Aufklärung im emotionalen Bereich wieder einmal versagt, auch wenn ihre Argumente noch so treffend sein mögen? Sind religiöse (Schein)Erfahrungen am Ende so mitreißend, dass selbst Skeptiker wie Lisa ihnen wenn auch nicht gedanklich, so doch gefühlsmäßig nachgeben müssen? Anders gefragt: Hat die Kritik an der Religion, die seit Jahrhunderten mit den Mitteln der Vernunft auf ihre Abschaffung zielt, sie bislang aber nicht erreicht hat, trotz aller berechtigten Argumente dennoch etwas Wesentliches übersehen? Diese Fragen zielen, wie auch der Streit zwischen Wissenschaft und Religion, auf das zentrale Thema des Verhältnisses von Glauben und Vernunft. Lassen sich beide miteinander vereinen – oder das eine nur auf Kosten des anderen? In Deutschland zumindest scheinen Spiritualität oder Glauben und Vernunft kaum miteinander vereinbar zu sein. Man hat sich für das eine oder das andere zu entscheiden. Beides geht nicht (als ob es nicht auch Eis gäbe, das aus einer Schokoladen- und einer Waldbeerkugel besteht). Auf den ersten (und auch auf den zweiten) Blick scheint es unausweichlich zu sein, dass Religiosität oder allgemeiner formuliert Spiritualität und Vernunft bzw. Wissenschaft nicht miteinander versöhnt werden können. Zwischen beiden klafft ein unüberwindbarer Abgrund. Oder, mit Kant formuliert: Es scheint, als könne man Spiritualität bzw. Religion und Vernunft für eine sehr kurze Zeit zusammenschütteln und verbinden. Sobald wie möglich trennen sie sich wieder voneinander wie Öl und Wasser. Dann schwimmt, sagt Kant, die Vernunftreligion (zusammen mit der Vernunft) obenauf.[3]

Wer die Folge aufmerksam verfolgt, sieht bald, dass Lisa Simpson (d.h. die Macher der Episode »Lisa the Skeptic«) sich auf eine dreifache Weise auf Immanuel Kant bezieht, dessen Gedan-

ken sich nicht zuletzt in Lisas Verhalten und Denkweise wider-
spiegeln. Zunächst besteht der entscheidende Witz der Episode
in der Idee, man könne den Streit um die Religion richterlich
beenden. »Streit« meint hier jede nur denkbare Form der Auseinandersetzung, Argumentation oder kritischen Prüfung, die sich
zwischen Religion einerseits (und fast immer ist an eine Variante
des Christentums gedacht) und Naturwissenschaften, Philosophie und anderen Weltanschauungen andererseits überhaupt ab-
spielen kann. Ein richterlicher Spruch – d.h. ein Urteil darüber,
was nach Maßgabe des Gesetzes richtig oder falsch ist – kann
nicht ein Urteil über die Wahrheit außer Kraft setzen oder gar
vollständig ersetzen. Richterlich zu entscheiden, dass jemand keine Ufos mehr zu sehen und andere damit zu belästigen habe,
bedeutet nicht, dem Menschen geholfen zu haben, der tatsächlich
meint, Ufos zu sehen. Und noch weniger sagt ein solches Urteil
darüber aus, ob es derartige Erscheinungen gibt.

Wenige Jahre vor seinem Tod schrieb Kant 1798 seine vielbeachtete Schrift »Der Streit der Fakultäten«, in der es um die Rege-
lung der freien Forschung an Universitäten ging. Landesfürsten,
Minister, Religionsführer, Pfarrer, Bischöfe, Kardinäle und nicht
zuletzt Anwälte, Hochschuldirektoren und alle Arten von Wissenschaftlern mischen sich in die Verfahren und die Regulierung
der Hochschulen und ihrer Disziplinen oder, wie Kant sagte, Fakultäten ein. Wie also ist vorzugehen? Welche Form der Autonomie kommt Professoren, Gelehrten und öffentlichen Lehrern zu?
Welche Form der Zensur kann eine Fakultät wie die Theologie
über eine andere wie die Physik oder Medizin ausüben? Und mit
welchem Recht? Wann beginnt eine Fakultät »über die Grenzen
einer anderen Wissenschaft auszuschweifen« – und welche Rolle
spielt dabei der Willen bzw. der Auftrag der Regierung? Theologie, Medizin und Jura sind für Kant die entscheidenden oberen
Fakultäten, zu denen weitere untere wie die historischen Disziplinen hinzukommen. Die Philosophie, die sich auf alle Bereiche
des menschlichen Wissens und seine Grenzen bezieht, spielt im
universitären Widerstreit der Disziplinen eine besondere Rolle,

um die es hier jedoch nicht gehen soll. Kant untersucht zunächst die Eigentümlichkeiten der einzelnen Fakultäten ebenso wie die Frage, welches Verhältnis sie zueinander haben sollten und wie das Miteinander im Kanon der universitären Disziplinen entsprechend zu organisieren sei. Er weiß sehr wohl, dass der »Streit der Fakultäten um den Einfluss aufs Volk geführt« wird.[4] Ansehen, Macht und Geld stehen auf dem Spiel. So erhebt eine Fakultät wie die der Theologie den stolzen Anspruch, dass die philosophische Fakultät ihre Magd sei. Selbst wenn man diesem Anspruch nachgibt, kommentiert Kant süffisant, so sei damit längst noch nicht ausgemacht, ob die Magd nun der gnädigen Frau die Fackel – gemeint ist das Licht der Erkenntnis und Aufklärung – voranträgt oder aber lediglich die Schleppe nachträgt.[5] Auch wenn manche behaupten, die Wahrheit mit Löffeln gegessen und unbezweifelbare göttliche Offenbarungen zu haben: »Wenn Gott zum Menschen wirklich spräche, so kann dieser doch niemals wissen, dass es Gott sei, der zu ihm spricht. Es ist schlechterdings unmöglich, dass der Mensch durch seine Sinne den Unendlichen fassen, ihn von Sinnenwesen unterscheiden, und ihn kennen sollte.«[6]

Auch Lisa Simpson ist wie alle mehr als irritiert von dem engelähnlichen Wesen, das zu sprechen beginnt. Am Ende spricht jedoch nicht die Stimme eines unendlichen und unbegreiflichen Gottes, sondern ein geschickt angebrachter Lautsprecher. Wie auch immer: Im Moment religiöser Ergriffenheit regieren einzig und allein die Gefühle. Während Panik die Einwohner von Springfield erfasst und sie aus dem Gerichtssaal stürmen, versucht der Vertreter der juristischen Fakultät auf seine eigene Weise Ordnung in das Chaos zu bringen: Er fällt ein Urteil. »Den Beweis der Wahrheit und Rechtmäßigkeit kann man billigerweise nicht von ihm fordern«, stellt Kant lapidar mit Blick auf die Eigentümlichkeiten der Juristenfakultät fest. Die Macht des Richters bezieht sich lediglich darauf, dass die Regierung eines Staates »den Untertanen nicht die Freiheit läßt, nach ihren eigenen Begriffen, sondern nach Vorschrift der gesetzgebenden Gewalt zu urteilen«. Doch dieses Urteil bezieht sich lediglich auf Recht und Unrecht, nicht auf die Wahrheit. Genau das zu verkennen ist der Witz, mit dem die Episode spielt, indem sie der Religion befiehlt, sich stets 500 Meter von der Wissenschaft entfernt zu halten, so als könne man den kritischen Umgang miteinander in Metern messen. Die Wahrheit lässt sich im Fall der Religion weder durch ein einfaches Experiment messen noch durch Gesetzesparagraphen bestimmen. Aus der Perspektive der Frage nach der letzten Wahrheit ist der Richter eine traurige Figur: Allein in einem verlassenen Gerichtssaal fällt er ein Urteil, das niemand zur Kenntnis nimmt außer der Gerichtsschreiberin, die jedoch lediglich notiert, was gesagt wird.

Und doch gibt es einen zweiten Punkt, eine Sicht der Dinge, die dieses dem Streit unangemessene und daher lächerliche Urteil aus einer ganz anderen Sicht als durchaus legitim erscheinen lässt. Auch dieser entscheidende Hinweis findet sich bei Kant, indem er die Absichten der Regierung eines Staates ins Spiel bringt. »Lisa the Skeptic« arbeitet mit diesem Motiv, dass die Wahrheitsfrage völlig zu Recht außer Kraft gesetzt werden kann. Der Grund ist ebenso einfach wie pragmatisch: Ein moderner, aufgeklärter Staat kann es sich nicht leisten, einen Bürgerkrieg in Kauf zu nehmen, nur um sich auf die ein oder andere Seite einer bloß behaupteten, angeblichen oder auch einer tatsächlichen Wahrheit zu schlagen. Moderne demokratische Staaten sind, zumindest der Theorie nach, laizistisch. Kirche und Staat und damit die behauptete Wahrheit einer Religion und die daraus erwachsenden Ansprüche einerseits und die Regeln eines demokratischen Staates andererseits sind zweierlei Dinge und voneinander streng zu trennen. Ein demokratischer Staat ist keine Theokratie, kein Gottesreich und auch kein Reich der Wahrheit. Vielmehr hat ein solcher Staat dafür zu sorgen, dass seine Bürger ungeachtet ihrer weltanschaulichen Differenzen in Frieden miteinander leben können. Und das beinhaltet, dass sie ihre Weltanschauungen oder Lebensgewohnheiten ausleben können, solange sie nicht justiziabel sind und gegen staatliches Recht verstoßen. Solange das nicht der Fall ist, darf kein Vertreter der einen Lebensform den einer anderen unterdrücken oder behindern. Die moderne Staatstheorie sieht als Idealfall eine wechselseitige Förderung der einzelnen Bürger vor. Insofern müssen Religion und Wissenschaft, wenn sich ihre Vertreter um der Wahrheit willen oder aus einem anderen Grund bekriegen wollen, in der Tat mindestens 500 Meter Abstand voneinander halten. Es darf nicht zu gewalttätigen Ausschreitungen kommen, nur weil jemand der Meinung ist, er sei im Besitz der Wahrheit und könne sie in andere hineinprügeln.

Auch hier hilft Kant, die Tiefe dieses scheinbar rein pragmatischen Arguments besser zu verstehen. Im Sinne seiner berühmten *Kritik der reinen Vernunft* vertrat Kant die Ansicht, dass Gott kein Objekt korrespondieren kann.[7] Kant meinte damit, dass Gott weder ein Gegenstand außerhalb des Menschen sei, so wie ein Tisch oder eine Tasse Tee, noch ein bloßer Gedanke. Für Kant ist Gott nichts anderes als die moralische, sich selbst gesetzgebende Vernunft.[8] Eben dies ist für ihn der Kern einer Religion innerhalb der Grenzen der bloßen Vernunft und damit auch eines aufgeklärten Staates. Die Menschen in Springfield haben deshalb falsch gehandelt, weil sie sowohl einen wichtigen Grundsatz der Religion als auch der Vernunft übersehen haben. Religion hat immer eine moralische Seite. Kant hält sie sogar für die entscheidende. Religion und die Idee eines Gottes gehen seiner Ansicht nach aus der Moral hervor, statt umgekehrt, wie vielfach angenommen, ihre Grundlage zu sein. Moral führt zur Religion – nicht umgekehrt.[9] Insofern muss sich diese Religion im Sinne ihrer eigenen Moral auch gegen einen Krieg wenden, selbst wenn es der Krieg der Religion für die angeblich bessere, göttliche Sache ist. In einer seiner späten Schriften, die wenige Jahre vor dem »Streit der Fakultäten« erschien, hält Kant dies ausdrücklich fest. Das Buch trägt den Titel *Die Religion innerhalb der Grenzen der bloßen Vernunft*. Darin führt Kant seinen alten Gedanken der Notwendigkeit eines praktischen Imperatives, einer Ethik noch einen Schritt weiter.[10] Kant war der Überzeugung, dass die Gewissheit, an Gott zu glauben – also überzeugt den Satz sagen zu können »Ich glaube an Gott« –, keine logische, sondern lediglich eine moralische Gewissheit ist. Genau genommen kann man Kant zufolge also nicht behaupten, »es ist gewiss, dass Gott existiert«, sondern richtigerweise nur sagen: »ich bin mir moralisch gewiss dass ein Gott ist«.[11] Nun geht Kant noch einen Schritt weiter. Mit Blick auf die Religion innerhalb der Grenzen der Vernunft schreibt er: »Alles, was außer dem guten Lebenswandel der Mensch noch thun zu können vermeint, um Gott wohlgefällig zu werden, ist bloßer Religionswahn und Afterdienst Gottes.«[12] Das ist deutlich: Religion kann nicht mehr an Moral und gutem Lebenswandel verlangen, als diese selbst bereits fordern. Afterdienst meint: etwas aus Gefühlsgründen heraus tun, obwohl es den eigentlichen Absichten eines Menschen fundamental zuwiderläuft. Oder etwas weniger fein und unkantisch ausgedrückt: Einen Afterdienst leistet, wer sich selbst bescheißt. Und das tut man Kant zufolge genau dann, wenn man glaubt, zum guten Lebenswandel käme noch etwas Entscheidendes (etwa der heilige Krieg gegen die Ungläubigen) hinzu, das man unbedingt tun müsse, um Gott wohlgefällig zu leben. In Kants Argument lebt die traurige Erinnerung an Religionen (und Sekten als Absplitterungen innerhalb einer Religion) weiter, die sich in Kreuzzügen und nicht zuletzt in Kriegen wie dem Dreißigjährigen Krieg bekämpft haben. Diese Kriege zum größeren Lob Gottes haben Millionen von Menschen das Leben gekostet. Kant wäre dabei der Letzte, der bestreiten würde, dass Religion häufig zu politischen (oder, wie in der Episode »Lisa the Skeptic« sogar zu ökonomischen) Zwecken eingesetzt wird. Um ein gerade aktuelles Beispiel zu nennen: Die Einführung der Sharia, des religiösen Gesetzes des Islam, im Norden Nigerias ist eine geschickte politische Indienstnahme der Religion – nicht zuletzt, weil sie zeigt, dass die Weltöffentlichkeit bereit ist, der religiösen Propaganda einiger politischer Führer Glauben zu schenken und ihre politischen Absichten zu übersehen. Der Grund dafür dürfte nicht zuletzt in der Unkenntnis der genauen politischen Situation im Norden Nigerias liegen. Der Koran selbst schreibt die Form der

Gesetze, die in Nordnigeria eingeführt wurden, nicht zwingend vor. Sie ist Ausdruck kultureller Traditionen, nicht aber »des« Islam.

Kant jedenfalls wusste um die Gefahr einer Vermischung all dieser Ebenen. Und dies ist der dritte Punkt, auf den die Episode abzielt, die die Massenwirkungen eines Ereignisses ebenso zeigt wie die Rolle der Medien bei der Verstärkung der emotionalen Erregung. In seinen Vorlesungen über Theologie hielt Kant ausdrücklich fest, dass Religion doch eine seltsame und leicht zu manipulierende Mischung aus Schwärmerei und vernünftigem Denken darstelle. »Religion ist das, was jeden interessiert«, gab der Aufklärer Kant zu. Wenn ein deutscher Kardinal Papst wird, dann interessiert das sogar die sonst an theologischen Feinheiten nie interessierte *Bild-Zeitung*. Tatsächlich steuert Religion, wie Kant bemerkte, über vielfältig gemischte Gefühle die Aufmerksamkeit vieler Menschen (und deshalb auch der Presse, die druckt oder zeigt, was der Aufmerksamkeit gewiss ist, weil es sich verkauft oder Quote macht). Religion lenkt die Aufmerksamkeit »sogar des Staates und der Regierung« auf sich. »Wenn sich die Staaten in nichts gemischt haben, so doch in Religionsstreitigkeiten, weil Sektenmacherei, mit Affekten verbunden, oft sehr nachteiligen Einfluss auf den Staat haben kann.« Sekten spalten den Staat. Allerdings, schränkt Kant ein, seien religiöse Differenzen und Ausdifferenzierungen von Gemeinschaften absolut vom Staat und der Regierung zu tolerieren, solange diese »Verschiedenheit im Denken nur zum commercio der Gelehrten gehört und nicht der Publizität ausgesetzt wird«.[13] Was im Elfenbeinturm verhandelt wird, ist Angelegenheit der einzelnen Fakultäten. Man sollte sich jedoch hüten, Feuer zu legen und den Staat in einen Bürgerkrieg oder einen Krieg gegen einen anderen Staat zu stürzen.

Dass Lisa und die anderen Bürger von Springfield Feuer gefangen haben und schließlich bereit sind, vor einem unsichtbaren Lautsprecher zu kapitulieren, zeigt nur allzu gut, welche verführerische Macht Religion und welche Wirkung die Medien haben – von der Ohnmacht der Vernunft gar nicht zu reden. Doch wie sieht das Verhältnis von Glauben und Vernunft nun tatsächlich aus – in der richtigen Welt und nicht in der imaginären Welt von Springfield? Wenn man eines aus der Episode lernen kann, dann sicher, dass bei der genauen Analyse des Streites zwischen Religion und Wissenschaft bzw. Glauben und Vernunft die Fernseher abgeschaltet werden sollten. Die Frage nach der Wahrheit verlangt, genau, mit Sorgfalt und Ruhe und damit zunächst im kleinen Kreis besprochen zu werden. Und das bedeutet zwischen Ihnen, dem Leser oder der Leserin und mir. Und dem einen oder anderen Zeugen, der verlangt, im Prozess »Glauben gegen Vernunft« gehört zu werden.

Teil II: Glauben

4. Glauben als Bedingung von Vernunft und Rationalität

Was bedeutet, sich im Glauben zu orientieren?

Wenn Sie glauben, Eden gäbe es nicht, dann irren Sie. Eden liegt in der Grafschaft Fife in Schottland, ist rund 50 Kilometer lang, einer der beiden Hauptflüsse im »Kingdom of Fife«. In der Nähe von Eden liegt St. Andrews. Im Auftrag von Papst Benedikt XIII. gründete Bischof Henry Wardlaw dort in den Jahren 1410 und 1413 die University of St. Andrews, die damit nicht nur die älteste Universität Schottlands ist, sondern die drittälteste der gesamten englischsprachigen Welt nach Oxford (1096) und Cambridge (1209). Heute ist St. Andrews neben der alten Universität vor allem durch den wohl berühmtesten und mit Sicherheit ältesten Golfplatz der Welt, den Old Course, bekannt. Auf dem Gelände des Golfplatzes steht auch das Zentralheiligtum der Golfgemeinden weltweit, das berühmte Clubhaus des Royal and Ancient Golf Club of St Andrews, das zum wichtigsten Wallfahrtsort des Golfsportes überhaupt zählt. Für mich ist St. Andrews abgesehen von der wunderbaren Lage vor allem deshalb interessant, weil die Geschicke der Universität, des eindrucksvollen Schlosses und der gigantischen Kathedrale miteinander verwoben und tief verstrickt sind in die wechselhaften und verwirrenden Kriegszüge der schottischen Unabhängigkeitskriege und in das religiöse Tauziehen, das St. Andrews zu einem Zentrum der schottischen Reformation machte. Schottland trägt in seinem Wappen das Andreaskreuz, dessen Geschichte eng mit St. Andrews verbunden ist. Im 8. Jahrhundert gelangten durch den Heiligen Bischof Acca von Hexham

Reliquien des Apostels Andreas nach Schottland. Diese Reliquie in St. Andrews war der Anlass, dort 1160 mit dem Bau einer großen Kathedrale zu beginnen, die 1326 fertiggestellt und schließlich am 11. Juni 1559 nach einer Predigt von John Knox von dessen Anhängern zerstört wurde. Diese Kathedrale ist die größte Kathedrale, die je in Schottland gebaut wurde. Die Überreste des Augustinischen Klosters, aus dem sie entstanden ist, kann man noch heute sehen. Vom alten Friedhof aus hat man einen atemberaubenden Blick auf das auch im Winter hellblaue Meer, das sich hinter der Kathedrale zeigt. Um einen ungefähren Eindruck von dieser atemberaubenden Kulisse zu haben, muss man sich vorstellen, man stünde vor den von Gras umgebenen Überresten des Kölner Domes (der ähnlich groß ist), dessen Seitenschiff sich vor den alten Grabplatten des Friedhofs in den Himmel erhebt. Geht man ein paar Schritt in die ehemalige Kathedrale hinein, dann wird der Blick auf das Meer frei.

Sie fragen sich, was all das mit dem Thema Glauben und Vernunft zu tun hat? Die Antwort lautet: All das hat mit der »Entzauberung der Welt« zu tun. Der Soziologe Max Weber hatte diesen seither vielzitierten Begriff geprägt, mit dem er den Entwicklungsprozess der Industriegesellschaft beschrieb. Webers Begriff lieferte mir beim Gang durch St. Andrews eine entscheidende Einsicht in die Entwicklung des Glaubens, auch wenn »Entzauberung« nur ein Teil der Wahrheit ist. Und doch kennzeichnet der Begriff ein wesentliches Merkmal der modernen Welt, die im Namen der Aufklärung als eine Welt ohne Gott und am besten auch ohne Glauben vorgestellt wird. Ein Ausschnitt aus Max Webers berühmter Rede »Wissenschaft als Beruf«, die 1919 veröffentlicht wurde, beleuchtet den Aspekt, wie ich finde, auf beeindruckende Weise.

»Machen wir uns zunächst klar, was denn eigentlich diese intellektualistische Rationalisierung durch Wissenschaft und wissenschaftlich orientierte Technik praktisch bedeutet. Etwa, dass wir heute, jeder z. B., der hier im Saale sitzt, eine größere Kenntnis der Lebensbedingungen hat, unter denen er existiert, als ein Indianer oder ein Hottentotte? Schwerlich. Wer von uns auf der Straßenbahn fährt, hat – wenn er nicht Fachphysiker ist – keine Ahnung, wie sie das macht, sich in Bewegung zu setzen. Er braucht auch nichts davon zu wissen. Es genügt ihm, dass er auf das Verhalten des Straßenbahnwagens ›rechnen‹ kann, er orientiert sein Verhalten daran; aber wie man eine Trambahn so herstellt, dass sie sich bewegt, davon weiß er nichts. Der Wilde weiß das von seinen Werkzeugen ungleich besser. [...] Die zunehmende Intellektualisierung und Rationalisierung bedeutet also nicht eine zunehmende allgemeine Kenntnis der Lebensbedingungen, unter denen man steht. Sondern sie bedeutet etwas anderes: das Wissen davon oder den Glauben daran: daß man, wenn man nur wollte, es jederzeit erfahren könnte, daß es also prinzipiell keine geheimnisvollen unberechenbaren Mächte gebe, die da hineinspielen, daß man vielmehr alle Dinge – im Prinzip – durch Berechnen beherrschen könne. Das aber bedeutet: die Entzauberung der Welt. Nicht mehr, wie der Wilde, für den es solche Mächte gab, muß man zu magischen Mitteln greifen, um die Geister zu beherrschen oder zu erbitten. Sondern technische Mittel und Berechnung leisten das. Dies vor allem bedeutet die Intellektualisierung als solche.«[1]

Was Max Weber beschreibt, ist eine Entzauberung, der wir durch den Glauben begegnen, im Prinzip zumindest verstehen zu können, was uns umgibt. Schließlich haben wir es – und dieses Lebensgefühl unterscheidet die Moderne wesentlich von der religiösen Welt Ägyptens, der Antike und auch noch des Christentums – selbst gemacht, ersonnen, umgesetzt, gebaut. Es gibt keine prinzipiell unberechenbaren Mächte oder Kräfte mehr, schreibt Weber. Doch diese Rationalisierung, die als Folge der Aufklärung verstanden werden muss, die faktisch jedoch zu einem neuen Glauben an die Technik und den Prozess der Technisierung geführt hat, geht mit einem Verlust einher. Nicht dass die alte, magische Welt besser gewesen wäre. Und doch stimmt es, was Charles Taylor in Bezug auf die Auflösung der »verzauberten« Welt bemerkt. Diese Welt war eine Welt der Reliquien, der magischen Orte oder allgemein formuliert der Verkörperung von Religion. Das religiöse Leben war sinnlich spürbar. Eine geradezu körperliche Präsenz des Heiligen konnte im Ritual, aber auch im täglichen Leben »vorgeführt, gesehen, gefühlt, berührt und (auf der Wallfahrt) schreitend angestrebt werden«.[2]

Auch St. Andrews war über das gesamte Mittelalter hinweg ein bedeutender Wallfahrtsort, zu dem Gläubige aus aller Welt pilgerten – bis die Kathedrale zerstört wurde. Wer auf dem riesigen Areal der alten Kirche steht, erkennt, dass die reformierten Kirchen – gleich ob sie im engeren Wortsinn dem protestantischen oder noch dem katholischen Christentum zugehören – sich vor allem auszeichnen durch eine Auflösung aller körperlichen Spuren des Heiligen. Sie beruhen auf der Haltung einer »partiellen oder totalen Negierung der Verzauberung«, die sie durch einen Akt der Auflösung oder Auslöschung rückgängig machen wollen. Sie wenden sich gegen all jene Phänomene, die aus ihrer Sicht Überbleibsel der alten, längst überwundenen, der magischen Religionen sind. Mit demselben Furor, mit dem sich die Kirche einst gegen die germanische Religion wendete, indem sie ihre scheinbar unbesiegbare kultische Kraft schließlich in die christlich uminterpretierten Feste wie Weihnachten oder Ostern fließen ließ und auf diese Weise auslöschte, begegnet auch die Aufklärung der Religion. Das Christentum ist auf diese Weise durch einen Prozess der »Exkarnation« hindurchgegangen, wie Taylor bemerkte. Die geradezu körperliche Verzauberung ist umgestaltet worden zu einer geistbetonten, intellektuellen Religion, die die körperlich realisierten Formen des Heiligen, aber auch des religiösen Lebens hinter sich gelassen hat, »um Formen anzunehmen, die eher ›im Kopf‹ gegeben sind«.[3] Auf diese Weise ist Kants Vernunftreligion entstanden.

Derartige Umgestaltungsprozesse kann man in Rom überall beobachten. Auf den Ruinen der heidnisch genannten Tempel entstanden christliche Kirchen, aus Bildern und heiligen Gegenständen anderer Religionen und Weltanschauungen wurden christliche Werke, die nun Gottes und seines Sohnes Macht repräsentierten. Die Transsubstantiation der Welt schritt fort, indem aus einer heidnischen, geradezu vor-säkularen Welt die Welt des christlichen Glaubens wurde, aus der dann mit eben derselben Kraft der Transformation diesmal mit Hilfe der Vernunft wieder eine neue säkulare Welt entstand. Um dies zu beobachten, muss man Rom allerdings wieder verlassen und sich beispielsweise London oder Paris anschauen.

Ein gutes Beispiel für den römischen Prozess der Transsubstantialisierung ist die Basilika Santa Maria sopra Minerva in Rom, in der die heilige Katharina von Siena, der Maler Fra Angelico und die Medici-Päpste Leo X. und Clemens VII. begraben sind. Vor der Kirche befindet sich eine Skulptur, Pulcino della Minerva, ein Werk des Barockkünstlers Gian Lorenzo Bernini. Er bzw. sein ausführender Schüler Ercole Ferrata hatten dort in unmittelbarer Nähe zum Pantheon einen ägyptischen Obelisken auf einen von Bernini entworfenen Elefanten gesetzt. Dieser trug nun nach dem Willen der Künstler einen der sechs Obelisken, die aus dem nahegelegenen Tempel der Isis stammten. Angeblich hat Kaiser Diokletian (etwa 236–312) diesen Elefanten-Obelisken zusammen mit einem weiteren aus der berühmten altägyptischen Stadt Sais oder Sa el-Hagar im westlichen Nildelta nach Rom transportieren lassen. So profitierte nicht nur das spätantike Römische Reich von der Umdeutung der ägyptischen Darstellung, indem es die »alte« Macht durch die Verlagerung des Ortes für ihre Zwecke nutzte, sondern noch einmal das Christentum durch die Umdeutung sowohl der ägyptischen wie auch der römischen Geschichte. Dabei konnte man in aller Seelenruhe alles, gleich ob heidnisch oder nicht, in seiner ursprünglichen Magie belassen, ohne es zu zerstören, solange nur auf der Spitze des Obelisken ein Kreuz zu sehen war, das all dem, was vergangen war, damit sein finales christliches Wesen aufprägte. Denn das Kreuz zeigte, was sich unter der Hülle der körperlichen Erscheinung in Wahrheit verbarg.

Dies ist die römisch-katholische Weise der Uminterpretation des Vergangenen und auch der anderen Religionen, die einst bedrohlich gewesen sein mochten wie die germanischen Kulte, die sich noch lange hielten. Anders in St. Andrews. Dort verstand ich beim Gang durch die Stadt erstmals die andere, ebenso radikale Weise der Uminterpretation von Religion im Mittelalter. Wer in der Nähe des Schlosses und der Kathedrale, etwa in Höhe der North Castle Street, durch die Straßen geht, bemerkt die auffallend alten Häuser, deren Steine denen gleichen, die vereinzelt auf dem Gelände der zerstörten Kathedrale zu finden sind. Auf die Frage nach Herkunft dieser Häuser erhielt ich die Auskunft, dass sie so alt seien wie die zerstörte Kathedrale, denn man habe die Steine von dort weggeholt, um die Häuser – darunter Gebäude der Schule von St. Leonards – zu bauen. Nicht Uminterpretation, die die alte Form bewahrt, sondern Zerstörung der alten Form war hier das Bauprinzip. Im *Mann ohne Eigenschaften* bemerkt Robert Musil treffend: »Das Leben baut nichts auf, wozu es nicht die Steine anderswo ausbricht.«[4] Dieser Satz gilt in besonderer Weise auch für die modernen Kathedralen der Vernunft: für die Tempel der Wissenschaft und des Konsums. Die Wissenschaft zehrt von der Kraft des Glaubens, den sie gleichzeitig um jeden Preis auszuschalten bemüht ist. Ehe ich auf diese Einsicht im nächsten Abschnitt zurückkomme und sie weiter vertiefe, möchte ich zunächst bei der Veränderung bleiben, die Charles Taylor so beschreibt: »Das im anspruchsvollen Sinne Heilige, das bestimmte Personen, Zeiten, Orte und Handlungen im Gegensatz zu allen anderen, die als profan gelten, auszeichnet, ist wesentlich lokalisierbar, und sein Ort ist durch Rituale und die Geographie des Sakralen deutlich bestimmt. Das ist es, was wir spüren und dessen Verschwinden wir bedauern, wenn wir die mittelalterlichen Kathedralen betrachten. Gottverlassenheit ist eine Erfahrung derjenigen, deren überlieferte Kultur durch einen Prozeß der schonungslosen Entzauberung, dessen Verluste immer noch deutlich empfunden werden können, transformiert und unterdrückt worden ist.«[5]

Während in Rom das alte Heilige transformiert wurde, wurde es an Orten wie St. Andrews im Zeichen der Reformation unterdrückt und zerstört. Das schließt nicht aus, dass man aus den ursprünglichen Bausteinen etwas Neues, Säkulares baute, darunter einige sehr schöne Häuser, die ihren Besitzern heute als Bed-and-Breakfast-Hotels ein Einkommen sichern. Die Gottverlassenheit am Ort der zerstörten Kathedrale, die sich nur noch indirekt durch die Grabplatten gespenstisch zu Wort meldet, kennzeichnet demnach einen doppelten Verlust. Zum einen handelt es sich um einen Verlust der Gewissheiten, des heiligen und damit unzerstörbaren Bodens unter den Füßen, der lange getragen hatte, so wie auch die Decke, das Dach der Kathedrale, vor Stürmen und Unwettern schützte. Zum anderen geht es aber auch um einen Verlust der Kultur und einer Welt, aus der wir ursprünglich stammen, obwohl sie keine rein biologische Welt ist.

Dieses Faktum kann nicht stark genug betont werden. Wir Menschen sind nicht nur über einen bis heute keineswegs »ausgeforschten« biologischen Weg entstanden, sondern in mindestens demselben Maße über eine kulturelle Evolution. Unser Gehirn hat sich im Wesentlichen in den letzten 30 000 Jahren kaum verändert. Die letzte große genetische Veränderung unserer Gattung ging einher mit der Sesshaftwerdung in der Jungsteinzeit und dem Prozess des Umschaltens auf systematische Landwirtschaft. Inmitten einer kargen Lebenswelt verfügten die Menschen mit einem Mal über tierische Milch. Doch diese konnte nicht verdaut werden, weil die dazu erforderliche Produktion von Laktase ab dem fünften Lebensjahr versiegt. Das Ergebnis: Der Darm kann den in der Milch enthaltenen Milchzucker, die Laktose, nicht aufnehmen. Dazu benötigt er das Enzym, das Milchzucker (Laktose) in seine Bestandteile Galaktose und den für den Körper verwertbaren Energieträger Glucose, also Traubenzucker, aufspaltet. Alle anderen Veränderungen, die sich in den letzten 10 000 Jahren ereigneten, insbesondere in der Sprache, den Kommunikationsprozessen und in der Gesellschaft sind kultureller Natur. Was das bedeutet, vermag jeder zu sagen, der in einer Zeit ohne Autos, ohne Radio, Fernsehen, Mondlandung, Genetik, Gehirnforschung, Computer oder Internet großgeworden ist. Diese kulturellen Veränderungen sind ähnlich schwer zu verdauen wie die Milch, bevor sich der menschliche Organismus an die neuen Gegebenheiten anpasste und das notwendige Enzym produzierte. Doch während die Errungenschaften der Biologie erhalten bleiben und gleichsam ins Genom sickern, sterben die kulturellen Träger aus. Sie leben nur weiter, indem sie in einer lebendigen Gesellschaft existieren und von Generation zu Generation weitergegeben werden. Geschieht das nicht, sterben Sprachen ebenso aus wie Kulturen, Moralvorstellungen, Riten, Träume, Gefühle oder sexuelle Gewohnheiten. Es ist zwingend, dass es vor uns Menschen gegeben hat und nach uns geben wird, die anders leben als wir. Unsere Lebensform ist nur eine von vielen möglichen, nicht die eine. Und das gilt selbstverständlich auch für die Religion.

Dieser Einsicht begegnen viele mit derselben Skepsis, mit der sie sich gegen Aussagen von Paläogenetikern wie Svante Pääbo gewandt haben, der vor Jahren bereits prophezeite, dass es nicht nur die beiden Menschenformen des Neandertalers und des Homo sapiens gäbe, sondern vermutlich noch eine Reihe weiterer Zwischen- und Übergangsformen, über die wir bislang noch nichts wissen. Tatsächlich entdeckten Pääbo und Paläoanthropologen vom Max-Planck-Institut für evolutionäre Anthropologie in Leipzig 2010 eine gänzlich neue Menschenform. Sie hatten 30 Milligramm eines Fingerknochens, der im südlichen Sibirien in der Denisova-Höhle im Altai-Gebirge entdeckt wurde, genetisch untersucht und dann mit dem inzwischen rekonstruierten Neandertaler-Genom als auch mit dem Genom des heute lebenden Menschen verglichen. Das Ergebnis war eine Sensation: Man entdeckte eine bislang unbekannte Menschenform, die auf eine weitere, bislang unbekannte Auswanderungswelle aus Afrika hindeutet. Während sich die sogenannte mitochondriale DNA eines Neandertalers durchschnittlich um etwa 200 Positionen von der Mitochondrien-DNA des modernen Menschen unterscheidet, wies der Mensch aus der Denisova-Höhle einen doppelt so großen Unterschied zum modernen Menschen auf.

»Das Leben baut nichts auf, wozu es nicht die Steine anderswo ausbricht«, meinte Musil. Doch immer wieder reißen Lebensfäden ab, werden biologische und kulturelle Muster endgültig zerstört ebenso wie die Individuen, über die sie sich transportieren. Wie verhält es sich mit dem Prozess der Veränderung, der von Religion zu Religion führt und womöglich auch von einer Form des Glaubens zu einer anderen, selbst dann, wenn die Veränderung innerhalb einer etablierten Religion stattfindet? »Dieser Prozeß ist Teil einer Entwicklung«, bemerkte Taylor, »die, lange bevor sie von manchen (fälschlich) als Facette eines allgemeinen Niedergangs der Religion aufgefaßt wurde, von einer Form des religiösen Lebens zu einer anderen geführt hat.«[6] Auch der Glaube oder genauer die Formen des Glaubens, die sich in der Geschichte entwickelt haben, sind in ebendieser Weise zu verstehen. Sie unterliegen einem Prozess der Veränderung, der nicht notwendigerweise ein Prozess des allgemeinen Niedergangs sein muss, auch wenn die »ältere Generation« die Veränderungen, die die »jüngere Generation« einleitet und durchsetzt, häufig in dieser negativen Weise deuten. Im Nachhinein sieht vieles dann doch anders aus – und mache umstrittene, von vielen als »Teufelswerk« gebrandmarkte Neuerung erweist sich am Ende als segensreich.

Für mich ist das Bild der Steine, die in St. Andrews einerseits in den Resten der alten, wunderbaren Kirche, aber andererseits eben auch in den noch heute genutzten Wohnhäusern und säkularen Einrichtungen zu finden sind, eines der besten Bilder überhaupt, um ein Gefühl und Verständnis zu bekommen für die enge Vernetzung und Zusammenarbeit, die zwischen Glauben und Vernunft von Anfang an bestand und weiterhin besteht. Die Steine haben zuallererst eine »natürliche« Funktion. Sie sind Teil der einen Erde, auf der alles lebt – gleich ob es ein Mensch oder der Sohn Gottes ist. Man könnte die Steine daher bildhaft mit dem natürlichen Gebrauch der Vernunft vergleichen. Wenn sie für den Bau einer Kathedrale zum Einsatz kommen, erhalten sie als »geweihte« Steine eine »heilige« Funktion. Indem sie die Architektur des Glaubens Wirklichkeit werden lassen und ihre sichtbaren Grundelemente bilden, werden dieselben Steine zu etwas Neuem, das sich nur aus der Sicht des Glaubens umfassend verstehen lässt, auch wenn man – gleichsam ohne Glauben – sehen kann, was mit diesen Steinen in einer Kirche gemacht wurde. Man muss nicht glauben, um die Bauweise einer Kathedrale zu verstehen. Allerdings dürfte es kaum möglich sein, den Ort für heilig zu halten, ohne zu glauben. Wichtig in diesem Bild ist die Erkenntnis, dass wir nur eine Wirklichkeit haben. Glauben und Vernunft teilen sich diese eine Erde. Bei näherem Hinsehen zeigt sich allerdings, dass es keine Teilung im strengen Sinn gibt, es sei denn, man würde nach wie vor die Unterscheidungen der frühen Religionen verwenden, die die Welt in »himmlische« oder »göttliche« und »irdische« oder »menschliche« Bereiche unterteilen, indem sie beispielsweise einen »heiligen« Raum für die Priesterinnen und Priester oder einen »Altarraum« bzw. ein »innerstes Heiligtum« besonders kennzeichnen, weil dort die Götter oder Gott gegenwärtig sind oder besonders heilige kultische Gegenstände aufbewahrt werden. Diese alte Unterscheidung zwischen »reinen« und »unreinen« Bereichen trifft jedoch nicht auf die Unterscheidung von Glauben und Vernunft zu. Nach christlicher Sicht ist auch die Vernunft ein Teil der von Gott gewollten Schöpfung. Sie ist »an sich« – und dies ist eine der wesentlichen, vermutlich durchaus griechischen Überzeugungen des Christentums – gut, ist ein Geschenk Gottes und steht dem Glauben nicht gegenüber, sondern zur Seite. Wir brauchen die Vernunft, um Gut und Böse zu erkennen und zu verstehen, was Gottes und was des Menschen oder des Kaisers ist. Die Vernunft ist in den Augen der Christen ebenso wenig unrein wie die Steine unrein zu nennen wären, die man benötigt, um eine Kathedrale zu bauen. Man verwendet die Vernunft wie die Steine im Glauben – sowie man umgekehrt die »Steine des Glaubens« in den säkularen Gebäuden verwendet, ja verwenden musste. Doch was ist damit genau gemeint? Was bedeutet es, wenn ich eben schrieb, dass auch die Wissenschaft von der Kraft des Glaubens zehrt, den sie gleichzeitig um jeden Preis auszuschalten bemüht ist? Um die

Antwort, mit der sich der nächste Abschnitt befasst, in aller Kürze vorwegzunehmen: Gemeint ist damit, dass es vielleicht möglich ist, eine Welt ohne Religion zu erschaffen, nicht aber möglich, in einer Welt ohne Glauben zu leben. Eine Welt ohne Glauben ist weder denkbar noch möglich. Doch das erfordert eine gründliche Erklärung.

Epistemischer Respekt – für einen rationalen Umgang der Vernunft mit dem Glauben

Fassen wir zusammen, wo wir stehen. Zum einen gibt es das vage Gefühl einer gewissen Verlassenheit, einer Entzauberung, vielleicht sogar Einsamkeit, das durch die westliche Moderne weht und weltweit, nicht nur in der islamischen Welt, verschiedene Formen des Widerstandes ausgelöst hat, auf die sicher weitere folgen werden. Zum anderen hat auch der Glaube eine Geschichte, die ihrerseits eingebunden ist in die Geschichte dieses Planeten, d.h. in eine Evolutionsgeschichte der Natur.

Beginnen wir mit der ersten Beobachtung. Die westliche Lebensform hat, so faszinierend sie ist, etwas Kaltes, Hartes an sich. Aus dem Blickwinkel religiöser Menschen wirkt sie von Gott verlassen. Zwar gibt es eine große Bewunderung für den Westen und die USA, für die westliche Kultur und ihre technischen und wissenschaftlichen Errungenschaften. Doch es gibt auch einen Widerstand, der nicht allein mit der Ungleichzeitigkeit der kulturellen und gesellschaftlichen Entwicklung weltweit zusammenhängt. Das 20. Jahrhundert war bei weitem das blutigste Jahrhundert der Weltgeschichte, bemerkte Terry Eagleton. Es gab Millionen von Todesopfern – im Ersten Weltkrieg, unter den Nazis, unter Stalin, Pol Pot, Vietnam, in Afrika –, die Liste lässt sich problemlos verlängern. Faktisch ist das Leben in der Praxis derart drastisch entwertet und sein Sinn in Frage gestellt worden, dass es nur natürlich ist, wenn die Sinnfrage und speziell die Frage nach dem Wert dieser europäischen Lebensweise auch in der Theorie immer wieder auftaucht und sich immer radikaler formuliert. Die Sinnfrage, aber auch die Frage nach Gott, wird im 20. Jahrhundert deshalb so verzweifelt und eindringlich gestellt, weil das menschliche Leben in dieser Epoche so erschreckend wenig galt. »Der religiöse Fundamentalismus entsteht aus der neurotischen Angst, ohne einen letzten Sinn gäbe es gar keinen Sinn. Er ist lediglich die Kehrseite des Nihilismus. Dahinter steckt die Vorstellung, das Leben gleiche einem Kartenhaus. Nimmt man eine der unteren Karten weg, bricht das ganze fragile Gebäude zusammen. Wer so denkt, ist Gefangener einer Metapher ... Wenn Gott der Welt einen Sinn gegeben hat, dann einen ziemlich unverständlichen. Gott ist nicht die Lösung für ein Problem. Durch ihn werden die Dinge eher rätselhafter, als klarer.«[7]

Das Gefühl der Verlassenheit, die Brutalität der Kriege und Vernichtungsaktionen, die mit technischer Kälte ausgeführt werden, führen dazu, dass sich etwas in uns gegen den engen Rahmen der Vernunft und Wissenschaft sperrt. Charles Taylor spricht von einem »immanenten Rahmen«, gegen den wir anlaufen, und bezeichnet damit jenen in sich geschlossenen Standpunkt der modernen analytischen, wissenschaftlichen Welt, die letztlich »den unpersönlichen ›Blick von nirgendwo‹, den ›erfahrungsfernen‹ Standpunkt« einnimmt.[8] So selbstverständlich wir diesen Rahmen für richtig und gegeben halten, sobald wir uns ins Auto setzen und die Verkehrsregeln beachten oder bürokratische Vorgänge (und erst recht all die anderen, weitaus technischeren Prozeduren, deren Durchführung das Leben in der Gegenwart von uns erfordert), so sehr ist er doch auch das Produkt einer langen geschichtlichen Entwicklung, die uns allerdings häufig nicht mehr geläufig ist. Wir haben vergessen, was dazu führte, dass es so wurde, wie es heute ist. Deshalb wäre es richtiger, nicht zu sagen, wir hätten diesen Rahmen einer in sich abgeschlossenen Deutung der Welt akzeptiert, weil er wahr ist und uns »im Sinne eines zwingenden Vernunftgrundes ›selbstverständlich‹ erscheint«, sondern weil »wir bereits eine bestimmte Haltung dazu angenommen haben«.[9] Man könnte sie die moderne, säkulare Haltung der Welt und sich selbst gegenüber nennen.

Doch auch der Glaube, den man zunächst vage als eine Energie, eine Lebenskraft verstehen könnte, die sich gegen die Entzauberung und Technisierung richtet, ist, wenn man ihn näher betrachtet, von derselben Struktur wie die moderne Vernunft. Auch der Glaube im religiösen Sinn ist etwas Gewordenes, etwas, das sich im Laufe der Zeit verändert und entwickelt hat. Zur Zeit Jesu gab es nicht die Sammlung von Dogmen, die uns heute vorliegt und damit auch vorschreibt, was wir auf bestimmte Fragen, die entstehen, zu denken haben, um sie im Sinne des Glaubens lösen zu können. Auch der Glauben ist also keineswegs etwas im primären Sinn Selbstverständliches. Taylor bezeichnet damit etwas, das wir ohne Schulung und Ausbildung, ohne Erziehung und Bildung erfahren haben und deshalb wissen. Es ist uns gleichsam auf natürliche Weise selbstverständlich. Wir wissen, dass es guttut zu essen, wenn wir hungrig sind. Und dass es dennoch fatal ist, selbst dann, wenn wir hungrig sind, verdorbenes Fleisch zu essen. Die meisten unserer Selbstverständlichkeiten – auch die des Glaubens – sind jedoch sekundärer Natur. Wir haben sie erlernt, weil wir im Laufe der Zeit Erfahrungen mit unseren Erfahrungen gemacht und deshalb Erkenntnisse gesammelt haben. Diese Form von sekundärer Selbstverständlichkeit ist eine andere als die primäre, die in gewisser Weise nicht nur unmittelbarer, sondern auch körperlicher ist. Sie ist vermittelt, erworben, trainiert, anerzogen, manchmal auch andressiert worden. Was zunächst wie ein bloßer Glaubenssprung aussah, wird beim genauen Betrachten nur als »Ergebnis von Erfahrung, Gebet und Praxis immer klarer und unbestreitbarer«, d.h. als Ergebnis eines Lernvorganges.[10]

Religiöser Glaube ist also ebenso wie Wissen und Vernunft etwas Sekundäres: eine kulturelle Leistung. Deshalb ist die »rationale Selbstverständlichkeit« ebenso eine Illusion wie die unmittelbare Einsicht in die Existenz Gottes. Beides weiß man nicht einfach, sondern muss es erlernen, muss es gezeigt bekommen.

Noch vor 500 Jahren verhielt es sich mit der Selbstverständlichkeit Gott betreffend genau umgekehrt: Es wäre absolut undenkbar gewesen, sich eine Welt vorzustellen, in der es keinen Gott gibt. Doch dass dies so war, war das Resultat einer kulturellen Leistung, eines Trainings, an dem alle teilnahmen (bis auf die, die verbrannt wurden). Vor 500 Jahren war es aus diesem Grund geradezu »ein Ding der Unmöglichkeit, nicht an Gott zu glauben«.[11] Was sich daraus ergibt, ist die radikale historische Dimension, die Bedingtheit unserer Glaubensentscheidungen, aber auch unseres Wissens und all dessen, was wir für selbstverständlich, wahr, normal oder vernünftig halten. Ich will damit nicht einem Relativismus das Wort reden, der einer Einsicht ihre Wahrheit alleine deshalb abspricht, weil es eine historisch gewordene und damit kontingente Einsicht ist. Das gilt für jede Form der Erkenntnis – und deshalb erscheint mir eine solche Haltung als platt. Denn es ist durchaus so, dass die Einsicht in die Wahrheit des Satzes von Pythagoras kontingent und zeitbedingt ist – aber dennoch nicht relativ, insofern diese Einsicht für viele andere Menschen und Zeiten galt, gilt und gelten wird. Es gibt Einsichten in die Welt, die sich immer wieder bewähren. Dass Erkenntnis und Selbstverständlichkeit einen Zeitfaktor haben, macht sie nicht wert- oder wahrheitslos. Im Gegenteil.

Daraus ergibt sich eine wichtige Konsequenz für das Verhältnis von Glauben und Vernunft. Die Kehrseite der Befriedung des weltanschaulichen Pluralismus und insbesondere der Religionen und Konfessionen innerhalb eines demokratischen Staates ist die Gefahr einer Verdrängung, eines Vergessens genau der Leistungen, die für ein Gemeinwesen positiv sind und bewahrt werden sollten. Sollte das passieren, droht das soziale Band zu reißen und die Säkularisierung zu entgleisen, wie Jürgen Habermas betont.[12] Genau diesen Aspekt hat Habermas in seiner vielbeachteten Rede zur Verleihung des Friedenspreises des Deutschen Buchhandels festgehalten. Der moderne Staat sei es, der seinen Bürgern und damit auch den Gläubigen unter ihnen zumute, »ihre Identität gleichsam in öffentliche und private Anteile aufzuspalten. Sie sind es, die ihre religiösen Überzeugungen in eine säkulare Sprache übersetzen müssen, bevor ihre Argumente Aussicht haben, die Zustimmung von Mehrheiten zu finden«.[13] Habermas scheint davon auszugehen, dass »die Religiösen« die säkulare Sprache ohnehin verstehen, weil sie sozusagen die offizielle Amtssprache ist, und daher die Arbeit der Übersetzung vor allem in die andere Richtung geleistet werden muss. Ist dies nicht der Fall, so muss die ohnehin »fließende Grenze zwischen säkularen und religiösen Gründen« von beiden Seiten aus immer wieder überschritten werden im Versuch, die Perspektive des jeweils anders Denkenden und Handelnden einzunehmen. Schließlich sind auch religiöse Systeme am Ende Kommunikationsmodelle, die zeigen wollen, wie man die Welt (besser) verstehen kann, d.h. so dass es gelingt, menschlicher miteinander umzugehen und glücklicher zu werden. Mag die Wissenschaft ihre Modelle auch kontinuierlich verbessern und zudem in der Lage sein, sie in eine mathematische Sprache zu übersetzen – die Aufgabe der Religionen und insbesondere ihrer Theologien besteht darin, ihre (alten) Bedeutungspotentiale neu zu übersetzen.

»Die Suche nach Gründen, die auf allgemeine Akzeptabilität abzielen, würden aber nur dann nicht zu einem unfairen Ausschluss der Religion aus der Öffentlichkeit führen und die säkulare Gesellschaft nur dann nicht von wichtigen Ressourcen der Sinnstiftung abschneiden, wenn sich auch die säkulare Seite einen Sinn für die Artikulationskraft religiöser Sprachen bewahrt. Die Grenze zwischen säkularen und religiösen Gründen ist ohnehin fließend.«[14] Habermas ging es in seiner Rede um die Sorge, dass die Solidarität der Staatsbürger »infolge einer ›entgleisenden‹ Säkularisierung der Gesellschaft« massiv gefährdet sein könnte.[15] Der Anknüpfungspunkt für das Gespräch über Offenbarung und Vernunft und damit für die Möglichkeit eines Gespräches mit den Religionen, das »wichtige Ressourcen der Sinnfindung bewahrt«, sei, so Habermas, »eine immer wiederkehrende Denkfigur: Die auf ihren tiefsten Grund reflektierende Vernunft entdeckt ihren Ursprung aus einem Anderen, dessen schicksalhafte Macht sie

anerkennen muss, soll sie nicht in der Sackgasse hybrider Selbst-
bemächtigung ihre vernünftige Orientierung verlieren.«[16]

Dieses Thema hatte Habermas bereits in seiner Friedenspreis-
rede aufgenommen. Mit dem Sinn für den Ursprung in etwas
anderem hängt nicht nur eine Ahnung von Erlösung, sondern
auch die Fähigkeit zum Eingeständnis eigener Verfehlung zusammen. In seinem Beitrag zur Diskussion mit dem späteren Papst
hielt Habermas drei Jahre später Kardinal Ratzinger gegenüber
fest: »Deshalb kann im Gemeindeleben der Religionsgemeinschaften, sofern sie nur Dogmatismus und Gewissenszwang vermeiden, etwas intakt bleiben, was andernorts verloren gegangen
ist und mit dem professionellen Wissen von Experten allein auch
nicht wiederhergestellt werden kann – ich meine hinreichend
differenzierte Ausdrucksmöglichkeiten und Sensibilitäten für ver-
fehltes Leben, für gesellschaftliche Pathologien, für das Misslingen individueller Lebensentwürfe und die Deformation entstell-
ter Lebenszusammenhänge [...] Aufgrund dieser Erfahrung der
säkularisierenden Entbindung verkapselter Bedeutungspotentiale«[17] können wir manchem wieder einen Sinn geben – sofern wir
nur, mit Habermas, übersetzen. Die Folgerung, die er zieht, ist
eindeutig: Die Forderung, die sich an einen »religiös unmusikalischen Bürger« richtet, kann nicht darin bestehen, dessen Denken
und Leben unter der Prämisse des Glaubens zu deuten und um-
zukehren. Die Frage ist jedoch, wie bei einem Verhältnis der
»fortdauernden Nicht-Übereinstimmung von Glauben und Wissen« dieses Verhältnis das Prädikat vernünftig verdient. Das ist
nach Habermas nur dann der Fall, »wenn religiöse Überzeugungen auch aus der Sicht des säkularen Wissens ein epistemischer
Status zugestanden wird, der nicht schlechthin irrational ist«.[18]
Dass dies nicht als eine Aufforderung zu verstehen ist, jede Irrationalität nun im Namen einer solchen epistemischen Aufwertung verteidigen zu wollen, versteht sich von selbst. Gott sei Dank
gibt es ja auch innerhalb der größeren Religionsgemeinschaften
einen Pluralismus der Stimmen, der darauf hoffen lässt, die gröbs-
ten Irrationalismen bereits intern auszusortieren und herunter-

zuregulieren. Selbst wenn die epistemische Anerkennung des Glaubens in einem demokratischen Staat garantiert ist, weil sie einem vernünftigen Umgang entspricht – einem Umgang, der nicht nur für Politik und Gesellschaft, sondern auch für die Medien zu gelten hat –, so bedeutet diese Gleichheit keineswegs eine Anerkennung der Gleichheit von Glauben und Vernunft in Bezug auf ihre Herkunft. Doch genau dafür spricht einiges.

Die Gleichursprünglichkeit von Vernunft und Glauben

Damit kommt der zweite Punkt ins Spiel. Noch bevor sich die Frage »Glaube oder Vernunft« in der heutigen Form stellte (eine Frage, die suggeriert, es habe von Anfang an eine Alternative gegeben, möglicherweise sogar in der Form, dass man durch eine rationale Entscheidung das Gegenteil ausschließen konnte), gab es ein dieser Frage vorgeordnetes, in gewisser Weise noch »einheitliches« Leben. Es gab Vernunft – und es gab Glauben. Das Denken der Menschen, die vor Jahrtausenden lebten und wie im alten Ägypten Großartiges hervorbrachten, muss man nicht nur vernünftig nennen, sondern zugleich auch religiös. Es gab Glauben und Vernunft. Und radikaler formuliert: Es muss irgendwann in der Geschichte eine Zeit ohne Glauben und ohne Vernunft gegeben haben. Dies ist sowohl für die Wissenschaft wie für die Religion nur schwer vorstellbar und vor allem wenig angenehm. Sowohl Vernunft wie auch Glauben sind davon abhängig, dass wir unsere Aufmerksamkeit auf etwas richten können, dass wir uns konzentrieren können auf die Welt, auf Zeichen oder Sprache. Doch diese Fähigkeit des Menschen hat sich erst im Laufe seiner Evolution entwickelt. Die Fähigkeit zum Bewusstsein ist offensichtlich früher und ursprünglicher als die beiden nachgeordneten Alternativen. Ich gebe zu, dass man durchaus streiten und verschiedene Theorien darüber entwickeln kann, wie sich Bewusstsein, Denken und Glauben im Laufe der Evolution realisiert und über die Jahrhunderttausende hinweg verändert haben. Dass Vernunft, Denken, Methodik und Wissenschaft sich im Laufe der Evolution weiterentwickelt haben, dürfte ebenso unstrittig sein wie die Behauptung, dass auch Religionen und Glauben sich nicht zuletzt in ihrer konfessionellen Vielfalt erst allmählich ausdifferenziert und entfaltet haben. Nicht nur der Mensch als biologisches Wesen, sondern auch seine Vernunft und sein Glauben haben eine zutiefst historische Dimension, die nicht nur die vergleichsweise kurze Phase der Ideengeschichte umfasst, sondern weit in der Zeit zurückreicht und tief in die Gattungsgeschichte und Biologie dieses Planeten gründet. Glauben und Vernunft, Religion und Wissenschaft existieren nicht in einem der Zeit enthobenen Raum, sondern nur, insofern es Menschen gibt, die ein Bewusstsein haben und deshalb glauben oder Gebrauch von ihrer Vernunft machen können. Insofern ist nicht nur die Geschichte des modernen Menschen an Religion und Wissenschaft gebunden, sondern umgekehrt das Reden über Glauben und Vernunft auch an die alte Entwicklungsgeschichte des Menschen. Es gibt ein anfängliches Denken, das einen fließenden Übergang vom Tierischen zum Menschlichen erfahren hat. Über seine Struktur kann man im Einzelnen viel mutmaßen. Klar ist jedoch, dass unser Bewusstsein die Grundlage darstellt für die sich erst mit der Zeit entwickelnden weiteren menschlichen Aktivitäten, die sich durch eine komplexe Interaktion der Menschen miteinander und mit ihrer Umwelt immer mehr ausdifferenziert haben. Erst mit dieser weiteren Unterscheidung der Lebens- und Verhaltensweisen begann das, was wir menschliches Leben nennen.

In den weiter zurückreichenden frühsten Zeugnissen des Menschen, in den Bildern der Steinzeithöhlen, finden sich eindrucksvolle Belege dafür, dass gemeinsam und strategisch gehandelt wurde. Für die Evolution des Menschen muss diese kooperative Kommunikation von entscheidender Bedeutung sein. Um sie zu verstehen, darf man, wie der Anthropologe, Primaten- und Verhaltensforscher Michael Tomasello gezeigt hat, nicht mit der Sprache beginnen bzw. sie voraussetzen.[19] Man kann nun Überlegungen anstellen, inwiefern »geteilte Intentionalität« oder »Wir-Intentionalität«, die uns anscheinend nicht nur von anderen Säugetieren, sondern auch von anderen Primaten unterscheidet, Vernunft voraussetzt oder sogar mit Vernunft gleichzusetzen ist. Klar ist, dass das, was wir Vernunft nennen, von der Seite ihrer »natürlichen« Entstehung her nicht zu verstehen ist ohne Rückgriff auf durch Regeln geleitetes Verhalten. Inwiefern geteilte Intentionalität, die ein Mindestmaß von Verständnis gemeinsamer Regeln voraussetzt, auch wenn diese noch nicht verbal formuliert sind, bereits Vernunft oder doch deren Beginn kennzeichnet, ist eine spannende, gewinnbringende Fragestellung, die sich jedoch ohne weitere Forschung wie die von Tomasello kaum beantworten lässt.

Vernunft oder ihre Vorform kam offensichtlich nicht nur bei der Jagd zum Einsatz. Und doch gab es neben diesem Gebrauch der Vernunft zugleich ein starkes Vertrauen auf, aber auch eine starke Angst vor Mächten, die, wie Regen und Sonne, Blitz und Donner, unbeherrschbar und daher auch unheimlich waren. Diese Ambivalenz und der Zusammenhang zwischen Angst und Erlösung ist bis heute ein bestimmendes Element von Religion geblieben. Es war klar, dass die Kräfte der Natur oder der Götter, die nicht der Sphäre des Menschen entstammten, mächtiger als die Menschen selbst waren, bestimmten sie doch ihr Leben und möglicherweise darüber hinaus das des gesamten Universums. Vielleicht waren die Kräfte am Himmel, die die Sterne bewegten, genau die, die auch die Schicksale auf der Erde bestimmten (was in gewisser Weise gar nicht falsch ist, wenn man an Newtons Bewegungsgesetze denkt). Die frühen Zeichnungen zeugen von diesem Vertrauen, aber auch von dem Versuch, die Welt durch Riten oder Zauber zu beeinflussen und für die eigenen Interessen gefügig zu machen. Waren nicht auch Geister und Götter auf die Gaben der Menschen angewiesen, ähnlich wie die Toten auf die Riten der Lebendigen vertrauen mussten, um im Jenseits weiterleben zu können? Die Opfer, die den Göttern gebracht wurden bis hin zum letzten Menschenopfer des Abraham, deuten analog zur Hegel'schen Dialektik von Herr und Knecht eine Herrschaft auch des Menschen an. Wenn die Götter nach Brandopfern verlangen und sich durch den Geruch der verbrannten Tiere besänftigen lassen – verraten sie dann nicht, dass sie ebenso hungrig sein können wie die Menschen und damit auch schwach und verletzbar sind? Es dürfte wenig Dissens geben über die Feststellung, dass ein Gott, der nach diesem Modell vorgestellt wird, ein Gott, der letztlich für uns und unsere Zwecke wie eine Marionette eingespannt werden kann, weil er abhängig ist von unseren Opfergaben, Gebeten und unserer Anerkennung, kein »wirklicher« Gott sein kann, auch wenn dies jahrtausendelang so angenommen und entsprechend praktiziert worden ist. Die Frage, inwiefern der Gott moderner Christen immer noch von solchen geradezu steinzeitlichen Ansichten und Verhaltensweisen geprägt ist (und er ist es, mehr oder weniger stark), möchte ich jedoch ausklammern, um zu einem viel wichtigeren Punkt zu kommen: zur These, dass Glauben und Vernunft gleichursprünglich sind. Beide haben den Ursprung in der Geschichte und Entwicklung des Menschen. Beide haben existiert, bevor es eine Rationalität in unserem heutigen Sinn und einen Glauben im Sinn etablierter ritueller, theologischer und dogmatischer Festlegungen nach heutigem Verständnis gab. Gleichursprünglichkeit bezeichnet theologisch den Umstand, dass die Vielheit der göttlichen Personen – als Gott der Vater und Gott der Sohn sowie nach christlicher Lehre auch als dritte Person, als Gott der Heilige Geist – zwar unterschieden ist und bleibt, aber diese Personen sich nicht in Bezug auf ihre Göttlichkeit, ihren einen, eben göttlichen Ursprung unterscheiden. Diese Einsicht war entscheidend und ist eine der, wenn nicht die zentrale Aussage der Christologie. Sehr früh wurde daher beim Konzil von Nicäa (325) festgelegt, dass Sohn und Vater wesensgleich (ὁμοούσιος) und nicht nur wesensähnlich (ὁμοι-ούσιος) sind, wie der sogenannte Arianismus lehrte.

Auch in Bezug auf Glauben und Vernunft ist es meiner Ansicht nach nicht (oder nur mit ziemlichen Verrenkungen) möglich, ein

Vorher oder Nachher oder eine logische bzw. genetische Abhängigkeit des einen vom anderen auszumachen. Die Erkenntnis, die sich aus beiden Beobachtungen ergibt, ist ebenso einfach wie evident. Es gibt kein Zweifeln ohne Glauben, keine Wissenschaft ohne Vertrauen, aber auch kein Denken, keine Vernunft ohne etwas, das »außerhalb« ihrer selbst liegt und möglicherweise nicht mit Mitteln der Vernunft erschöpfend analysiert oder gar bewiesen werden kann.

Die Schwierigkeit eines Beweises lässt sich gut verdeutlichen durch eine Szene aus dem Spielfilm »Kontakt« mit Jodie Foster, die die Astronomin Dr. Ellie Arroway spielt. Ellie ist eine eigensinnige, aber exzellente Wissenschaftlerin, die das (real existierende) SETI-Projekt (Search for Extra Terrestrial Intelligence) leitet und mit ihrem Team nach Signalen außerirdischen Lebens aus dem All forscht. Dass kurz vor der Einstellung des SETI-Programms der große Durchbruch gelingt und ausgerechnet eine verschlüsselte Botschaft aus dem Planetensystem Vega die Menschen erreicht, ist dabei wenig von Interesse. Wichtiger ist der Umstand, dass ihr Gegenpart Palmer Joss (gespielt von Matthew David McConaughey) ein Theologe und Mystiker ist, der ihr in der Rolle eines Aussteigers und Journalisten begegnet. Beide streiten über die Möglichkeit der Existenz Gottes und eines Beweises. Dr. Arroway punktet, indem sie den üblichen wissenschaftlichen Standpunkt des Skeptikers einnimmt. »Ich möchte durchaus an Gott glauben«, räumt sie schließlich ein mit Blick auf den Mann, den sie trotz aller Unterschiede in den Überzeugungen im Grunde ihres Herzens sehr attraktiv findet. Doch gerade weil sie etwas möchte, will sie (wie in der Liebe) jede Form von Selbsttäuschung ausschließen. »Natürlich will ich Gott kennen, wenn es einen gibt«, räumt sie ein. »Aber er muss real, muss wirklich sein. Solange ich keinen Beweis habe – wie kann ich da sicher sein?« Joss entgegnet ihr auf eine ungewöhnliche Weise – indem er sie an ihre Eltern erinnert. Ellie kannte ihre Mutter nicht – und ihr Vater starb, als sie neun war. »Hast du ihn geliebt?«, fragt er. »Ja«, sagt Ellie. »Sehr sogar.« »Dann beweise es«, sagt Joss. Dieser Beweis oder die Beweisführung, die nötig wäre, um das Verlangte zu belegen, ist weitaus komplizierter als das Abhören des Weltalls oder Entschlüsseln seltsamer Zeichen. Vertrauen und Wissen, Glauben und Vernunft lassen sich nicht so eindeutig voneinander trennen, wie es der Forscherin lieb wäre. Jedes Zeichen ihrer Liebe könnte, für sich genommen, auch anders, ja sogar genau entgegengesetzt verstanden werden. Wenn ich jemandem, den ich liebe, etwas schenke und die oder der Betreffende nicht sicher ist, ob ich sie oder ihn »wirklich« liebe, könnte mein Geschenk sogar als ein Versuch der Bestechung verstanden werden und statt Liebe Misstrauen hervorrufen. Ob Liebe verstanden wird, hängt nicht von den Dingen, Zeichen oder Handlungen »an sich« ab, sondern in erster Linie davon, wie der andere diese Dinge sieht, d.h. mit welchen Blick er auf die Welt schaut. Erst der Blick der Liebe macht das, was geschieht, zu einem Geschehen der Liebe, für die es keinen objektiven Beweis gibt. Im Gegenteil: Die geradezu manische Suche nach einem solchen objektiven Beweis für Liebe kehrt sich grausam in das Gegenteil um: in ein eifersüchtiges, zerstörerisches Deuten jeder einzelnen Handlung, die für sich genommen nie ausreichen kann, um Liebe eindeutig zu beweisen.

In ähnlicher Weise besteht die Antwort auf die Zweifel des Skeptikers weder in der Suche nach einem endgültigen, archimedischen Punkt der Erkenntnis, den wir gemäß unserer eigenen kritischen Vorgaben an die Absolutheit einer solchen Erkenntnis nie erreichen können – noch in der Flucht in Beliebigkeit und Verantwortungslosigkeit. Die Sehnsucht nach absoluter Gewissheit, die sich mit dem Wissen um einen archimedischen, absoluten Punkt der Erkenntnis verbindet, ein Wissen, das einem nie, auch nicht durch die größten Zweifel genommen werden könnte, ist zwar verständlich, aber in eben demselben Maß auch falsch. Es kann nicht gelingen, eine einzige, abgetrennte und letztlich beliebige Evidenz als alleinige und absolute Quelle sicherer Erkenntnis zu behaupten. In jedes Erkennen fließen Zusammenhänge und andere, weniger sichere Fakten mit ein. Die analoge

Position zu dieser Suche nach absoluter Erkenntnis und dem Rückzug auf eine absolute Wahrheit stellt innerhalb des christlichen Glaubens der sogenannte Fideismus dar. Der Fideismus behauptet die Wahrheit einer Aussage oder eines Zeichens, einer Handlung in der Welt, weil er zugleich von ihr behauptet (aber nicht zeigen kann), dass diese eine Offenbarung ist, das heißt zwingend als göttliches Wort oder Werk zu betrachten ist, das jeder menschlichen Vernunfterkenntnis vorgeordnet ist. Wie allerdings eine Offenbarung, die entweder eine sinnliche und damit prinzipiell fallible Erfahrung oder aber eine in Sprache verfasste Erkenntnis sein muss (mit all den eben dargestellten Konsequenzen, die dies hat), dennoch jenseits des menschlichen Zugriffs liegen, zugleich aber hier und jetzt vom Menschen erkannt werden kann, bleibt das widersprüchliche Mysterium dieser Position. Beide Auswege – der in eine willkürliche Festsetzung eines absoluten Bezugspunktes und der in die Beliebigkeit – sind Irrtümer.

Keine Vernunft ohne Glauben oder: Warum Zweifel nach dem Glauben kommen

In den Erörterungen der Grenzen unserer Erkenntnis klang es bereits an: Die Suche nach absoluter Rechtfertigung all unserer Überzeugungen endet psychologisch in der Neurose und erkenntnistheoretisch in einem Fiasko. Genau das war eine der zentralen Einsichten von Wittgensteins Buch *Über Gewißheit* sowie der *Philosophischen Untersuchungen*. Die Beweisketten, die die Fakultät der Vernunft einerseits aufdeckt, andererseits konstruiert, reichen nicht bis in die letzten Tiefen unserer Welt, nicht einmal in die letzten Winkel unserer Sprache. Um vernünftig zu handeln, bedarf es einer Überzeugung, einer Verpflichtung und tätigen Zusage, vernünftig handeln zu wollen. Dass dieses Handeln im Sinne der Vernunft selbst vernünftig ist, scheint offensichtlich, ist aber

217

mit den Mitteln der Vernunft nur rekonstruierbar, nicht aber selbst aus der Vernunft ableitbar. Warum sollte es um jeden Preis vernünftig sein, die Wahrheit zu erkennen? »Alle Prüfung, alles Bekräften und Entkräften einer Annahme geschieht schon innerhalb eines Systems«, schreibt Wittgenstein.[20] »Und zwar ist dies System nicht ein mehr oder weniger willkürlicher und zweifelhafter Anfangspunkt aller unserer Argumente, sondern es gehört zum Wesen dessen, was wir ein Argument nennen. Das System ist nicht so sehr der Ausgangspunkt, als das Lebenselement der Argumente.« Prüfen und zweifeln funktionieren also nicht so, dass man zunächst einen absolut schlüssigen, unwiderleglichen Ausgangspunkt finden müsste. Aussagen des Glaubens zu prüfen ist nicht dasselbe wie einen mathematischen Satz zu widerlegen, der von klar definierten Axiomen ausgeht. Wenn es um Vernunft oder Glauben geht, dreht sich gleichsam alles um alles. Alles ist miteinander verbunden, ein Argument zieht das nächste nach sich, ohne dass man, wenn man nur genügen lange ziehen würde, ein Ende des Fadens in der Hand halten würde. Man hat es mit einem Netz von Sätzen, mit einem komplexen Gewebe zu tun, nicht aber mit einem Strang. Was überhaupt als Prüfung gilt, wird innerhalb dieses Systems festgelegt. Doch das Zweifeln kommt ebenso wie die Begründung notwendig an ein Ende. Man kann nicht die Grundlagen des Zweifelns bezweifeln, ohne mit jeder vernünftigen Aktivität zu brechen und aus der Sprache überhaupt und mir ihr aus jeder Form menschlichen Lebens auszubrechen. »Als ob die Begründung nicht einmal zu Ende käme«, bemerkt Wittgenstein. »Aber das Ende ist nicht die unbegründete Voraussetzung, sondern die unbegründete Handlungsweise ... Wer an allem zweifeln wollte, der würde auch nicht bis zum Zweifel kommen. Das Spiel des Zweifelns selbst setzt schon die Gewißheit voraus.«[21] In diesem Sinn ist Vernunft angewiesen auf Vertrauen, auf den Glauben, dass das, was man zweifelnd bedenkt, am Ende tragen wird, weil man den Regeln entsprechend vorgegangen ist bzw. dem, was man hat, nach-denkt. Auch die Zweifel bilden wie die Begründungen ein System,[22] das den Zweifeln vorausgeht und im Akt des Zweifelns noch anerkannt wird. Insofern lernen wir auch nicht einzelne Urteile (Gott existiert, Gott existiert nicht, Glauben ist Unsinn etc.), sondern es werden uns stets Urteile »und ihr Zusammenhang mit anderen Urteilen« beigebracht. »Ein Ganzes von Urteilen wird uns plausibel gemacht … Wenn wir anfangen, etwas zu glauben, so nicht einen einzelnen Satz, sondern ein ganzes System von Sätzen. (Das Licht geht nach und nach über das Ganze auf.) Nicht einzelne Axiome leuchten mir ein, sondern ein System, worin sich Folgen und Prämissen gegenseitig stützen … Damit der Mensch sich irre, muß er schon mit der Menschheit konform urteilen.«[23] Pointiert formuliert: Wir lernen als Kinder nicht nur bestimmte Fakten, sondern auch Regeln und Urteile, Zusammenhänge, die wir nie alle explizit beigebracht bekommen haben. Es ist die Metaphysik der Sprache, die wir in uns aufnehmen. Tatsächlich mag der Glaube, dass der Merkur existiert, meine Eltern wirklich meine Eltern sind, ich tatsächlich zwei Hände habe und vieles andere mehr, »nie ausgesprochen, ja, der Gedanke, daß es so ist, nie gedacht werden. … Das Kind lernt, indem es dem Erwachsenen glaubt. Der Zweifel kommt nach dem Glauben.«[24]

Tatsächlich heißt zu zweifeln vor allem eins: zu denken.[25] Dieses Denken aber haben wir in einem langjährigen, aufwendigen Prozess gelernt. Dieses Nach-Denken hat also, ebenso wie das Prüfen und Rechtfertigen von Evidenzen, ein natürliches Ende, das sowohl zeitlich wie auch systematisch angelegt ist. Wer an einem Ende des Denkfadens zieht, wird stets andere Fäden in der Hand halten, weil das Denken ebenso wie der Gebrauch der Vernunft oder Glauben, Hoffen und Lieben Tätigkeiten in einem unglaublich komplexen Gewebe sind, das man Kultur, Gesellschaft oder einfach menschliche Lebensform nennen kann. Das Ende des Zweifels ist dort – und genau das ist auch die Schwierigkeit unseres Unterfangens, Glauben und Vernunft zu verstehen –, wo wir »die Grundlosigkeit unseres Glaubens«, aber auch all unseres Denkens einsehen.[26] »Wenn das Wahre das Begründete ist, dann ist der Grund nicht wahr, noch falsch … das Ende ist nicht, daß uns gewisse Sätze unmittelbar als wahr einleuchten, also eine Art Sehen unsererseits, sondern unser Handeln, welches am Grunde des Sprachspiels liegt.«[27] Insofern ist nicht alles, was die Form eines Erfahrungssatzes – oder eines vernünftigen Satzes – hat, tatsächlich auch ein Erfahrungssatz oder auch nur ein vernünftiger Satz.[28] Unsere Sprache beruht ebenso wenig wie unser Erkennen auf klar definierten logischen Prämissen und Axiomen. Die Mathematik zum Vorbild zu nehmen heißt in diesem Fall, sich über die Natur sowohl der Vernunft wie auch des Glaubens zu täuschen. Als würde die Vernunft mit einer klaren Setzung beginnen und sich vom Glauben nur dadurch unterscheiden, dass sie weniger gewiss, weniger sicher ist. Genau dieses Bild ist es, das völlig in die Irre führt. Die Praxis der Sprache mit all ihren Möglichkeiten ist etwas, das anders in mein Leben kommt als der Satz des Pythagoras. Sprache hat damit zu tun, aus der Grundlosigkeit unseres Handelns heraus Formen zu erlernen, auf die ich mich verlassen kann – jedoch nicht deshalb, weil sie wahr oder begründet oder bewiesen sind, sondern weil wir alle uns darauf verlassen. Ein Sprachspiel, Denken, Zweifeln, Glauben ist nur möglich, »wenn man sich auf etwas verläßt«, auf das man sich vielleicht nicht einmal wirklich verlassen kann, also verlassen sollte – und doch tut man es.[29] In diesem Sinn sind wir nicht vernünftig, obwohl wir Tiere, begrenzte Lebewesen sind, sondern genau deshalb, weil wir Tiere sind. Wir haben eine Praxis, eine Lebensweise erworben, ohne die wir nie hätten größer werden und weiterleben können. Für uns Menschen ist Kultur und mit ihr ein Glauben, das Vertrauen und Hoffen auf das, was ihr (unbegründet) zugrunde liegt, von lebenswichtiger Bedeutung. Charles Taylor hält fest, dass die Meinung, die Arbeit des Wissenschaftlers beruhe einzig und allein auf belegbaren Annahmen, selber der Reflex eines blinden Glaubens ist, »und zwar eines Glaubens, der nicht einmal den gelegentlichen Schauer des Zweifels spüren kann«.[30] Dass wir etwas wissen, oder, in abgeschwächter Form, etwas zu wissen meinen, glauben oder schlicht glauben, weil die Wissenschaft etwas gezeigt hat, ist nur die offizielle Version der Sache. Tatsächlich glauben wir nicht, weil die Wissenschaft etwas gezeigt hat, sondern weil unsere gesamte Situation als Menschen von dieser Anziehungs- und Überzeugungskraft von etwas lebt. Glauben und Vernunft haben in gewisser Weise eine (gleichursprüngliche) Ethik, die unserer Situation als Menschen entspricht, uns auf hoher See auf einem Schiff zu befinden, das zwar schwimmt, weil es einen Boden hat, jedoch auch schwimmen würde, wenn wir den Boden durch Teile des Decks ersetzen würden. Nicht das, was unten ist, trägt uns, sondern das gesamte System. Dieses Gesamt, das Muster unserer Lebensform, bestimmt weitgehend unbemerkt als »unbezweifelter Hintergrund« unsere gesamte Art zu denken, zu urteilen, zu schließen, Erfahrungen zu machen, Behauptungen, Zweifel und Argumente zu verarbeiten und uns auf etwas zu verlassen, das als wahr gilt.[31] Eagleton hat recht, wenn er behauptet, dass Glauben weder eine Frage der willentlichen Entscheidung ist (denn ich habe mich nie entschieden, diesem System, in dem ich großgeworden und aufgewachsen bin, zu vertrauen – ich habe es einfach immer wieder getan) noch ein gleichsam deterministisches Geschick (ich kann meinen Standpunkt, mein Referenzsystem ändern, auch wenn das sehr schwierig ist).[32] Es ist, als würde man von einer Verbindlichkeit, einer Zusage und einem Engagement (commitment) ergriffen, dem man sich nicht mehr entziehen kann. In diesem entscheidenden Sinn ist es der Glauben, der trägt. Dieser Glaube ist keine abgeschwächte Form von Wissen, ein vages Meinen, sondern muss als ein viel tiefer reichendes, weil grundlegendes Vertrauen verstanden werden. Mit dieser Bedeutung des Wortes nähern wir uns dem religiösen Verständnis von Glauben.

Das Universalmedium Sinn: Über Himmel und Erde, Leben und Tod – und die Liebe

Doch bevor ich darauf eingehe, möchte ich nicht unerwähnt lassen, dass diese Wittgenstein-Taylor-Argumentation von ganz anderer Seite unerwartete Unterstützung erhält: von der Systemtheorie. Da die Fragestellung, unter der die Systemtheorie hier in den Blick kommt, recht eng begrenzt ist, will ich darauf verzichten, die komplexe Theoriearchitektur und die Grundlagen der Systemtheorie darzustellen, die eine faszinierende Erklärungskraft vieler Phänomene hat. In meinen Augen ist die Ausarbeitung des Themas Sinn, Gott, Glauben und Religion, wie Niklas Luhmann sie vorgestellt hat, theologisch bislang keineswegs hinreichend durchgearbeitet. Im konkreten Fall, in dem es um Sinn geht, ist die Frage, die den Ausgangspunkt bildet, wie wir es schaffen, aus der Welt als einem unermesslichen Potential von Überraschungen – und das bedeutet sowohl Infragestellung wie Bestätigung – den Irritationen Sinn zu geben. Wir überführen ständig eine Welt, die wir nicht erkennen (denn die Welt, die wir erkennen, ist nicht »die« Welt, sondern unsere Welt, der Ausschnitt des Systems, den unser Gehirn gedeutet hat), in sinnvolle Informationen über diese Welt, auch wenn sie die Form von Hypothesen und Vermutungen haben. Wir ordnen die Welt ebenso, wie wir die Informationen ordnen, die wir aus ihr und aus uns bzw. unserer Kommunikation mit der Welt und miteinander entnehmen. Auch Zweifel gehören zu diesem Umgang mit der Welt. Doch seltsamerweise kann Zweifel nur rekursiv erzeugt werden, d.h. im Bezug auf sinnhafte Identitäten, auf Objekte, Symbole, Zeichen, Handlungen, die wir bereits verstehen. Diese Einsicht, die Luhmann genau analysiert, hat weitreichende Folgen. In seinen Büchern hat er wiederholt darauf hingewiesen, dass, wie wir es auch drehen und wenden wollen, Sinn das allgemeinste und nicht übersteigbare (transzendierbare) Medium für jede Formbildung und insbesondere für jede Form von Kommunikation bleibt, sei sie verbal, psychisch, sozial, kulturell, religiös oder wissenschaftlich realisiert. Sinn ist eine durch und durch notwendige, alles bedingende Operationsform, die jedoch ihre Geschichte hat und damit ihrer Universalität zum Trotz eine zeitbedingte Operationsform ist. Als Medium ist Sinn dauerhaft präsent.[33]

Diese Erkenntnis ergibt sich aus einer grundlegenden Einsicht der Systemtheorie. Systeme setzen die Unterscheidungen, mit denen sie ihre Arbeit leisten – beispielsweise die zwischen gerecht/ungerecht (Rechtssystem), knapp/vorhanden (Wirtschaftssystem), wahr/falsch (Wissenschaftssystem), legitim/nicht legitim (politisches System). Zwar hängen die Systeme auf eine komplexe Art und Weise zusammen und beeinflussen einander. Und doch kann ein System nur mit eigenen Operationen arbeiten, d.h. in dem von ihm abgesteckten Rahmen. Das System, das sich an der Unterscheidung gerecht/ungerecht orientiert, kann jedoch nicht in einer Umwelt agieren, die für dieses System ein unmarkierter, nicht abgesteckter Raum bleiben muss. Die Frage, was schön ist und was nicht (Kunst), kann nicht mit dem Hinweis auf Kriterien der Gerechtigkeit beantwortet werden. Systeme sind also operativ geschlossen – auch wenn sie darum bemüht sein müssen, die Informationen anderer Systeme anschlussfähig zu machen, um die Kommunikation in Gang zu halten. Sinnsplitter müssen immer wieder neu zunächst lose, dann enger miteinander gekoppelt werden. Genau das leistet das Medium Sinn: ein Zugleich von losen und festen Kopplungen an sich unterschiedlicher Einheiten, Ereignisse, Handlungen oder Symbole und Zeichen. In jeder Kopplung, jedem Anschluss, der gewählt wird, muss sich jedoch die grundlegende Unterscheidung, die ein System mit sich trägt und erst zu einem bestimmten System macht, gleichsam kopieren bzw. regenerieren. Indirekt ist dabei alles, was nicht realisiert wird, d.h. der gesamte unmarkierte Weltzustand, als Möglichkeit gegeben. In diesem unmarkierten Raum ist nichts mehr ausgeschlossen. Zwar bleibt in jeder sinnvollen Interaktion, in jedem Akt der Kommunikation immer etwas ungesagt – aber das bedeutet nur, dass jede Kommunikation eben zugleich auch eine Wahl ist, eine Entscheidung für eine bestimmte Unterscheidung.

Und diese Unterscheidung schafft sich eine Umgebung, in die dann weitere Unterscheidungen eingeführt werden können, um den weiteren Raum zu erschließen.[34] In gewisser Weise funktioniert alles immer nur, weil etwas Unmarkiertes, Ungesagtes, noch nicht Erschlossenes mitwirkt.

Man kann diesen Sachverhalt auch in der vermutlich eher gewohnten biblischen Sprache zum Ausdruck bringen. Zu Anbeginn, d.h. vor aller Unterscheidung, ist alles öde und leer. Und weil die Welt frei von Unterscheidungen ist, ist sie für uns zugleich auch unbewohnbar, ist unerkennbar, strukturlos, chaotisch – ein Tohuwabohu. Auf dieser Erde könnten wir nicht leben. Doch indem Gott spricht, schafft er mit seinem Wort eine Unterscheidung. In diesem Wort sind Sprache und Sein, Symbol und Ereignis, Gedanke und Tat ungeschieden eins. Nur so ist denkbar, dass am Anfang das Wort war (ist und sein wird). Was Gott sagt, das wird. Die große Symphonie der Bibel, die aus dem Nichts heraus beginnt, setzt keineswegs mit einem einzelnen Ton oder einem Gleichklang aller Instrumente ein, die in einer einzigen, gewaltigen Einheit in einer Frequenz klingen, sondern mit einem Zweiklang, der auf einer Unterscheidung beruht: der zwischen Himmel und Erde. Das Erste, was überhaupt geschieht, ist das Setzen einer Differenz, das Markieren eines Unterschiedes, das Ziehen einer Linie am Horizont. »Am Anfang erschuf Gott Himmel und Erde« – wobei wörtlich übersetzt sogar von »die Himmel«, also dem Plural, die Rede ist, was andeutet, dass in diesem scheinbar einheitlich erscheinenden Himmel in Wahrheit mehr Räume, mehr Wohnungen (und Götter) zu finden sind, als wir auf den ersten Blick erkennen. Der Anfang ist also eine Trennung, die je nach Gehör als Harmonie oder Dissonanz erlebt werden kann. Beides, Himmel und Erde, sind nur deshalb überhaupt in Einklang zu bringen, weil das eine jeweils der Pol des anderen und beide nicht ohne einander zu denken sind. Mit der ersten Unterscheidung sind Himmel und Erde gleichursprünglich. Der Himmel bleibt im Unterschied zur Erde jedoch unmarkiert – ist er doch der Bereich des (noch) unerkennbaren Gottes.

Was sich ausdifferenziert – und der Schöpfungsbericht erzählt Geschichte als die Geschichte dieser Ausdifferenzierung –, ist die Erde. Ohne weitere Unterscheidung bliebe sie wüst und leer. Deshalb wird sie weiter unterteilt, geordnet, eingerichtet und immer neue Bereiche unterschieden – während der Himmel selbst unmarkiert, jedoch in allem Weiteren stets präsent bleibt. Nur Gott gelingt es, Unterscheidungen zu treffen, unter die er selbst nicht fällt.

Die Aufzählung all der Dinge, die der Schöpfungsbericht gleichsam in der damals gültigen Form der »wissenschaftlichen« Ordnung der Welt peinlich genau benennt und aufzält, führt niemals zu einem Begriff Gottes.[35] Wenn wir selbst die Welt entlang binärer Unterschiede einteilen, etwa indem wir einen Bereich des Lebendigen (Pflanzen, Tiere, Menschen) und einen des Nichtlebendigen (Stein) unterscheiden, dann fallen wir auf die eine oder die andere Seite. Gott jedoch unterscheidet Himmel und Erde, bleibt aber selbst Herr über Himmel und Erde: Gott ist weder der Himmel noch die Erde und doch zugleich in beidem, ohne darin aufzugehen.[36] Etwas komplizierter und systemtheoretisch formuliert: Gott ist die vielleicht knappste (und paradoxe) Formulierung einer Kontingenzformel in nur einem Wort. »Obwohl das System eine Differenz und, als Operation gesehen, die Reproduktion dieser Differenz ist, kann es für sich selbst als Einheit zugänglich werden.«[37] Gott ist gleichsam der unbeobachtete Beobachter, der, indem er sieht und spricht, eine Differenz schafft und diese Differenz in ihr selbst weiter reproduziert, jedoch zugleich auch in der Lage ist, die Einheit dieser Differenzen und seine Einheit mit ihnen zu sehen. »Die Sonderstellung des Hochgottes ist dadurch ausgezeichnet, daß er allein die Vollmerkmale der Transzendenz realisiert, insbesondere das Merkmal der Grenzenlosigkeit, des Überallseins, also der Allgegenwärtigkeit auch im Bereich der Immanenz, also der Einheit der Differenz von Transzendenz und Immanenz. Nur der Hochgott dient als Abschlußformel des religiösen Kosmos; aber gerade deshalb ist es schwierig, sich ihm gegenüber zu verhalten … Das führt vor die Schwierigkeit, die höchste Transzendenz als Person zu denken, die andere Verhaltensmöglichkeiten hätte – und sie ausschließt. Mehr als alle anderen Religionen fallen deshalb die streng monotheistischen Religionen durch ihre Kühnheit der Fixierung ihrer Kontingenzformel auf. (…) Die Personalisierung von Gottesvorstellungen muß ein schwieriger, geradezu kontraintuitiver Vorgang gewesen sein, besonders wenn zugleich damit die Vorstellung einer transzendenten Potenz erhalten und ausgebaut werden soll.«[38]

Für uns gilt, dass alle Unterscheidungen in einem Medium geschehen, das sich zwar verschiebt und verändert, aber stets universal präsent bleibt: Sinn. Gesellschaften, aber auch Religionen, Kulturen und schließlich wir selbst als psychische Wesen sind unablässig Sinn verwendende und zugleich auch Sinn produzierende »Systeme«. Es ist das Medium Sinn, in dem wir uns aufeinander beziehen und die Unterscheidung zwischen Selbst- und Fremdreferenz ständig neu abgleichen.

Das erste Paradox ist, dass Sinn ebenso wenig wie Licht selbst nicht beobachtet werden kann.[39] Sinn ist vielmehr das Medium, in dem Beobachtung überhaupt erst möglich ist. Die Unbeobachtbarkeit von Sinn ist jedoch eine erste Eigenschaft, die typisch »religiöse« Qualitäten hat. Auch Gott, heißt es in verschiedenen Religionen, ist zwar allgegenwärtig und präsent, kann aber nicht direkt beobachtet werden. Doch in Gott wird alles mit allem verbunden. Das gesamte Ausmaß der Verschiedenheit, das es in der Welt gibt, deren Fäden wir vielleicht niemals zusammenzuführen in der Lage sein werden, wird in Gott zusammengeführt. Insofern ist er die existierende coincidentia oppositorum (Nicolaus von Kues), der Zusammenfall der Gegensätze. Gott beobachtet, schreibt Luhmann, »ohne auf die Unterscheidung von Sein und Nichtsein angewiesen zu sein [denn in ihm könnte jederzeit auch das Mögliche, noch nicht Seiende werden, Anm. von mir, G. S.], und für ihn gibt es folglich auch kein ›ausgeschlossenes Drittes‹, also auch keine Logik«.[40] Mit dieser Paradoxie haben alle Hochreligionen auf die eine oder andere Weise mehr oder minder erfolgreich experimentiert.[41] Ob man Gott auf dem positiven Weg beschreibt (via affirmativa, indem man sagt, Gott sei das Gute, das Sein, die Vollkommenheit) oder auf dem negativen Weg (via negativa, indem man sagt, Gott sei un-endlich, un-erklärlich, ewig = unzeitlich) – stets ist die Rede von Gott selbst unangemessen, weil sie sich auf die Beobachtung der Welt inklusive des Menschen selbst bezieht (Beobachtung der ersten Ordnung), nicht aber auf die Weise, in der Gott als Beobachter der Welt die Welt zu beobachten in der Lage ist (Beobachtung der zweiten Ordnung). Alle Aussagen über Gott und Welt stellen den Versuch dar, sich wenigstens in der Beobachtung bzw. Beschreibung eine Übersicht zu verschaffen, in der man (gleichsam von höherer Warte als Gott selbst aus) Gott und die Welt zusammendenken kann. Das letzte Wort über diese Aussagen ist, dass es kein »über« gibt – und damit alle Aussagen letztlich hinfällig sind. Die theologische Tradition spricht daher von der »via eminentiae«, dem Weg, der gegangen werden muss, indem alle endlichen Aussagen (via positiva und via negativa) überstiegen werden. Da das nicht möglich ist, ist eine Erkenntnis Gottes »nur« im analogen, uneigentlichen Sinn möglich. Das Bild, das wir jetzt sehen, ist dunkel, wie es im ersten Korintherbrief heißt (1 Kor 13,12). All unser Wissen ist »Stückwerk«. Erst wenn das Vollkommene kommt – und in diesem Zusammenhang ist klar: wenn der Tod kommt, der nach christlichem Glauben in der Formulierung von Paulus zugleich die Liebe ist –, dann erst »wird das Stückwerk aufhören. Jetzt erkenne ich stückweise; dann aber werde ich erkennen, wie ich erkannt bin«.

Auch hier zeigt sich der Luhmann'sche Wechsel vom Beobachter der ersten Stufe (ich erkenne stückweise) zum Beobachter der zweiten Stufe (indem Gott mich sieht, d.h. erkennt, bin ich erkannt). Die Möglichkeit dieses Perspektivwechsels überhaupt ist es, die mit dem Glauben an die Auferstehung aufs engste verbunden ist. Wäre dieser Perspektivwechsel nicht möglich – theologisch formuliert: Wäre der Tod nicht gleichzeitig die Liebe und deshalb in ihr aufgehoben –, wäre »Christus nicht auferstanden, so ist unsere Predigt vergeblich, so ist auch euer Glaube vergeblich« (1 Kor 15,14). Der letzte Feind, der vernichtet wird (der Feind, der von Anbeginn der Welt an da war, insofern die Welt noch Nichts war), »ist der Tod« (1 Kor 15,26). Auf die Frage, wie man sich denn all das vorzustellen habe, winkt Paulus ab. »Du Narr«, schreibt er, und hätte fortfahren können: Wie glaubst du denn einen Perspektivwechsel hinzubekommen, um all das zu verstehen, einen Wechsel aus der ersten Ebene, auf die du verdammt bist, in die zweite Ebene, die Ebene Gottes? Da Paulus kein Systemtheoretiker ist, zieht er einen Vergleich aus der Biologie vor und schreibt (und diese paulinische Formulierung ist im Vergleich zur systemtheoretischen womöglich auch die viel verständlichere): »Was du säst, wird nicht lebendig, wenn es nicht stirbt. Und was du säst, ist ja nicht der Leib, der werden soll, sondern ein bloßes Korn, sei es von Weizen oder etwas anderem. Gott aber gibt ihm einen Leib, wie er will, einem jeden Samen seinen eigenen Leib.« (1 Kor 15,36f) Kurzum: Hör auf zu fragen. Im Grunde verstehst du doch noch nicht einmal richtig, wie aus einem Korn ein Weizenfeld, aus einem Samen ein Baum wird. Siehst du an einem Baum noch irgendetwas von einem Samen? Wenn du solche Geheimnisse des Werdens erkennen willst, zumal wenn sie über deinen endlichen zeitlichen Horizont hinausgehen, dann schau auf die Welt mit dem Blick der Liebe. Anders wirst du nichts verstehen (1 Kor 13).

Nur so stellt sich ein Bild des Musters der Welt, des Sinns her, den zu untersuchen ja die Absicht dieses Abschnitts ist. Auch wenn der Mensch innerhalb seiner Grenzen erkennt, dass es Grenzen gibt und diese von innen her (vielleicht, aber nicht mit Sicherheit) sogar abgeschritten und erkannt werden können, so bleibt doch festzuhalten, dass alle »kommunikativen Operationen«, zu denen Menschen, aber auch die von ihnen geschaffenen Systeme fähig sind, als Operationen innerhalb des »Universalmediums« Sinn stattfinden. »Sinn ist danach – und wir legen Wert auf die paradoxe Formulierung – ein endloser, also unbestimmbarer Verweisungszusammenhang, der aber in bestimmter Weise zugänglich gemacht und reproduziert werden kann. Man kann die Form von Sinn bezeichnen als Differenz von Aktualität und Möglichkeit und kann damit zugleich behaupten, daß diese und keine andere Unterscheidung Sinn konstituiert … Die Unterscheidung aktuell/möglich bezieht sich auf den Sinn, der jeweils in einer Systemoperation aktualisiert wird. Sie ist doppelt asymmetrisch gebaut; denn auch der aktuelle Sinn ist und bleibt möglich und der mögliche Sinn aktualisierbar.«[42] Dies ist auch der Grund, warum das Gespräch der Philosophie (und Theologie) mit sich und mit anderen Disziplinen an kein Ende kommen kann. Immer wieder treten Situationen auf, in denen ein längst vergessenes Buch aus einem der hinteren Winkel der Bibliothek in den Lesesaal geholt wird und dort mit einem Mal alle anderen Bücher in einem neuen Licht erscheinen lässt. Das Gespräch über Gott und die Welt ist unabschließbar. Man kann dabei zwar an die Grenzen des Mediums stoßen, betont Luhmann: aber nur von innen.[43] Die Grenzen, die sich auftun, haben nicht die Struktur von Linien, die man überschreiten kann, sondern, wie Edmund Husserl vorschlug, die Form eines Horizontes. Dieser verschiebt sich in dem Maße, in dem wir auf ihn zukommen.

Entscheidend ist dabei die Einsicht, dass Sinn als Medium nicht negiert werden kann. »Jede Negation setzt ja, anders ist sie als Operation nicht möglich, eine Bestimmung des Negierten, also Sinn voraus. Die Einheit von Sinn und Nichtsinn hat wiederum Sinn. Und dies, ohne daß wir dafür ein ›Sinnkriterium‹ benötigen, das nur zu der Frage führt, ob dieses Kriterium selbst Sinn hat oder nicht. Zwar kann man im Medium Sinn zu der Vorstellung kommen, daß es Entitäten wie zum Beispiel Steine gibt, für die die Welt keinen Sinn hat. Das mag im übrigen auch für Gehirne gelten. Das Medium Sinn enthält also einen Hinweis auf seine eigenen Grenzen. Aber damit ist zugleich gesagt, daß diese Grenzen mit sinnhaften Operationen nicht überschritten werden können. Man kann nur die Grenze auf ihrer Innenseite berühren und sich durch den Sinn der Form eine Grenze anzeigen lassen, daß es etwas außerhalb geben müsse.«[44]

Das Ergebnis ist ähnlich dem der Wittgenstein'schen Analyse

in Bezug auf die Vernunft, die man in gewisser Weise als Medium rationaler und wissenschaftlicher Kommunikation ansehen kann. Etwas zu bezweifeln setzt etwas voraus, an dem ich nicht zweifle. Ähnlich ist Sinn für die Systemtheorie eine unnegierbare Kategorie. Warum? Weil eine Verneinung von Sinn wieder eine Bezeichnung und damit etwas Bestimmtes wäre, das einen Unterschied markiert (Sinn/Unsinn). Die Negation setzt also ihrerseits ein Medium voraus – das allgemeinste Medium, das es gibt: Sinn. »Die Leugnung von Sinn liefe auf einen ›performativen Selbstwiderspruch‹ hinaus«, schreibt Luhmann. »Wenn man etwas als ›sinnlos‹ bezeichnet, muß also ein anderer Gegenbegriff vorausgesetzt sein als ›Sinn‹. Für dieses Problem schafft schon die Sprache Abhilfe. Sie ermöglicht es, unter Verwendung des Mediums Sinn ›sinnvoll‹ und ›sinnlos‹ zu unterscheiden.«[45]

Über Religion und ihre angebliche Rückkehr

Wenn Religion eine wesentliche Rolle bei der Sinnproduktion spielt und insofern für viele Menschen eine durchaus heilsame Funktion hat – spielt sie nicht auch eine große, wenn nicht größere Rolle bei der Produktion von Konflikten und Gewalt? Diese Annahme liegt nicht nur aktuell in Zeiten des Fundamentalismus nahe. Ein Blick in die Vergangenheit zeigt, dass selbst Religionen, die offiziell angetreten sind, Frieden und Nächstenliebe zu fördern, diesem Ziel im alltäglichen Handeln auf grobe und fahrlässige Weise widersprochen haben. Die Geschichte des Christentums, das zunächst selbst Opfer blutiger Verfolgung war, ist im Laufe der Zeit bis zur Unkenntlichkeit verwoben mit einer brutalen Geschichte des Machterwerbs, der Herrschaft und der Kolonisation anderer Völker. Vor allem die weißen Europäer haben diesen Prozess dominanter Machtentfaltung nicht zuletzt lautstark im Namen ihres Gottes (und des Klerus) betrieben. Seither ist christliche Religion untrennbar verbunden mit einem weltweitem System des Handels und mit Geschäften, von denen nicht zuletzt die Kirchen profitierten. Dass dabei im Dienst der Religion nicht nur geistiges Gut und Waren, sondern auch Waffen exportiert wurden, ist eine nicht zu übersehende Tatsache. Religion hat sich mit Kolonialismus verbunden und mit dem, was der Soziologe Max Weber als »Geist des Kapitalismus« beschrieb. Max Weber zufolge bewirkte die Reformation als kritische Bewegung zwar eine Beseitigung der kirchlichen – und das bedeutete: der katholischen – Herrschaft über das *gesamte* Leben; sie führte jedoch zugleich auch zu einer Ersetzung der »katholischen« Herrschaft durch eine andere.[46] Nun war die Welt auf eine neue Weise frei. Was nicht mehr Gottes war, gehörte mit Fug und Recht den weltlichen Herren. Das Bild der Herrscher prägte ohnehin seit Jahrhunderten die Münzen und damit jene begehrten Gegenstände, in deren Besitz man durch eigene Leistung, Betrug oder Raub zu kommen versuchte. Die Entwicklung der Wirtschaftssysteme offenbarte mit der Zeit immer deutlicher, dass auf dem freien Markt Geld nicht nur durch Arbeit zu machen war und durch eine Umformung von »natürlichen« Produkten in Waren. Sie zeigte auch, dass aus Menschen selbst Geld zu machen war. Aus dem Menschen als Geschöpf Gottes wurde der Arbeiter: ein wichtiges Mittel zur Herstellung von Kapital. Im neuen protestantischen Ethos avancierte die Pflicht, sich im weltlichen Leben um den Erwerb von Geld »und immer mehr Geld« zu kümmern, zum höchsten Gut. Der Wachstum von Wohlstand geriet zu einem Maß für die Gegenwart göttlicher Gnade. Zwar geschah die Anhäufung von Geld zunächst »unter der strengsten Vermeidung alles unbefangenen Genießens«, verwandelte sich jedoch allmählich in Richtung auf einen hemmungslosen Sofort-Genuss und Konsum, zu dessen Befriedigung inzwischen die großen Konsumtempel der Moderne und Postmoderne dienen, die an die Stelle der Kirchen traten.[47]

Dennoch: Sind Religionen – sollte man sie überhaupt allesamt über einen Kamm scheren können – trotz all dieser Entwicklungen und einer nicht endenden Geschichte von Gewalt tatsächlich von allem, was dem aufgeklärten Menschen zu drohen vermag, am gefährlichsten? Diese Frage Charles Taylors gewinnt an Kraft, wenn man an die erschreckende Vielfalt verworrener und gefährlicher politischer Ideen denkt, die ohne Zutun der Religion immer wieder entstehen und fatale Konsequenzen haben. Hinzu kommt eine nicht auszulöschende Machtbesessenheit, wie sie im Wirken eines Stalin, Hitler, Pol Pot und all der Warlords und politisch Verrückten zum Ausdruck kommt, deren Handeln Millionen von Menschen das Leben gekostet hat und immer noch kostet. Immer wieder findet sich Wittgensteins Einsicht bestätigt, dass es bestimmte Bilder sind, die uns – nicht nur philosophisch – gefangen halten.[48] Deshalb ist eine Aufgabe des kritischen Denkens, diese uneingestandenen Bilder, die Rahmen, die wir verwenden und in die wir alles einbetten, bewusst zu machen. Nur auf diesem Weg ist es möglich, zuweilen den Rahmen zu sprengen, zu einer neuen Übersicht zu gelangen und auf diese Weise zu verhindern, dass die Wirklichkeit Bildern angepasst wird, die mehr Unheil als Gutes bewirken.[49]

Im Alltag vermischen sich nicht nur Politik und religiöse Impulse, sondern rationale mit nichtrationalen Verhaltensweisen, Vorstellungen mit Gefühlen, Bilder mit Instinkten. An eine strikte Trennung der Elemente ist nur in der Theorie zu denken. Die Neurowissenschaften haben auf eindrucksvolle Weise bestätigt, wie das, was klassisch »Rationalität« genannt wird, tief eingebettet ist in unsere Körperlichkeit und in unser Handeln – und damit in eine Vielzahl von Reaktionsweisen und Intuitionen, die wir über die Verarbeitung von Gefühlen erworben haben und nicht durch eine geradezu mathematische Verarbeitung logischer Grundsätze und Kalküle. Bilder, Gefühle, Impulse und vieles andere spielt in unserem Verhalten eine wichtige Rolle. William James benutzt das Bild von einer freien Fläche, auf der wir stehen und einem Sturm ausgeliefert sind, der Wissen, Meinung, Unglauben, Aberglauben und echte Gottsuche durcheinanderwirbelt. Deshalb weht er uns mal mehr in die Richtung des Glaubens, mal in die des Nicht- oder Unglaubens. Was wir essen, wie und unter welchen Bedingungen wir Sex haben, wie wir mit anderen Menschen umgehen, was wir für erstrebenswert halten: All das wird ja nicht nur von regulativen Ideen und rationalen Entscheidungen bestimmt, sondern auch von unserem Körper, von Gefühlen und Impulsen. Welche Rolle spielen dabei Begriffe wie Gott, Seele oder Unsterblichkeit? Mag sein, bemerkte William James, dass Kant recht hat und diese Worte letztlich ohne viel Bedeutung sind, weil ihnen der sinnliche Gehalt fehlt. Und doch haben sie »eigenartigerweise eine fest umrissene Bedeutung für unser Handeln. Wir können handeln, als ob es einen Gott gäbe; fühlen, als ob wir frei wären; die Natur betrachten, als ob sie von besonderen Zwecken erfüllt wäre; planen, als ob wir unsterblich wären; und dann stellen wir fest, daß diese Worte unser sittliches Leben wahrhaft verändern.«[50] Eine solche Veränderung der Einstellung in Bezug auf das Handeln – eine Justierung von Moral und Ethik – ist ja häufig gewünscht. Eine unerwünschte Folge ist jedoch auch jenes Unglück, das wir mit den Bildern selber produzieren und in die Welt bringen. Unser Unglück resultiert auch aus einem Leiden an den Bildern, weil diese, je mehr sie sich von der Wirklichkeit entfernen, umso unerreichbarer für uns werden. Wenn man ein unerreichbares Bild verklärt und es zum Ideal erhebt – und dies geschieht gerade in der Sphäre der Religion mit der Begründung, das mache ja gerade den Wert dieses Bildes aus, nahezu unerreichbar und damit ein Ideal zu sein –, wird man das, was man im Leben zu erreichen versucht, faktisch nie erreichen können. Mir erscheint der Vergleich solcher Ideale mit einer Wurst sehr passend, die einem Hungrigen hingehalten wird. Nur dass wir es in diesem Fall selber sind, die die Wurst am Apparat unserer Wünsche, Ideen und Gedanken festmachen. Wir binden uns gleichsam einen Stock an den Kopf, an dessen Ende wir gut sichtbar die Wurst hängen, die unseren Hunger stillen soll. Doch immer wenn wir einen Schritt in ihre Richtung machen, bewegt sich die Wurst mit uns weiter. Wir werden sie nie erreichen – und das ist unser Unglück.

Zugleich ist die Produktion der Bilder etwas, das uns nach

Nietzsche von unseren nahen tierischen Verwandten unterscheidet. Über die gemeinsamen Bilder entstehen neue Möglichkeiten und Formen der Kooperation. Und doch halten uns dieselben Bilder davon ab, anderen Menschen und ihren Ideen mit einem offenen Blick zu begegnen. Wir trauen uns eben nicht hinaus auf die offene See, hatte Kant gesagt, auch wenn »die Leute sich die Erde wie ein Schiff vorstellen«.[51] Bezieht man dieses Bild auf die Wege und Irrwege der Erkenntnis, fahren wir gewissermaßen von einem sicheren Ort zum anderen und versuchen, das offene Meer weitgehend zu vermeiden. Doch die sicheren Inseln – das »Land der Wahrheit, ein reizender Name« – sind umgeben von einem weiten und stürmischen Ozean, »dem eigentlichen Sitze des Scheins, wo manche Nebelbank und manches bald wegschmelzende Eis neue Länder lügt und, indem es den auf Entdeckungen herumschwärmenden Seefahrer unaufhörlich mit leeren Hoffnungen täuscht, ihn in Abentheuer verflicht, von denen er niemals ablassen und sie doch auch niemals zu Ende bringen kann«.[52] Der stürmische Ozean hat für Kant seine Bedrohlichkeit auch deshalb, weil er keine Struktur erkennen lässt. Schopenhauer sprach später vom blinden Willen dieses »Dinges an sich«. Um uns das Grauen des wilden Ozeans vom Leibe zu halten, neigen wir dazu, uns neue Länder zu lügen. Schließlich müssen wir »aus Noth zufrieden sein wenn es sonst überall keinen Boden giebt«, schreibt Kant. Dieser Satz scheint wie gemacht für manchen Vertreter der Religion. Sollen wir nur Ungewissheit und Unsicherheit um uns herum haben? Ist es nicht besser, wenigstens ein wenig festen Boden unter den Füßen zu haben, auch wenn er nicht immer mit den Methoden der Rationalität und der wissenschaftlichen Erkenntnis aufgeschüttet wurde und ein gutes Maß Selbstbetrug dabei sein mag?

Mit Nietzsche ändert sich dieses Bild von der Welt grundlegend. Nietzsche sind die ruhigen Inseln verhasst. Er ist gleichsam Seemann – ein Nautiker in stürmischem Wasser. »Endlich erscheint uns der Horizont wieder frei«, schreibt er in *Die fröhliche Wissenschaft*, »gesetzt selbst, dass er nicht hell ist, endlich dürfen unsre Schiffe wieder auslaufen, auf jede Gefahr hin auslaufen, jedes Wagniss des Erkennenden ist wieder erlaubt, das Meer, unser Meer liegt wieder offen da, vielleicht gab es noch niemals ein so ›offnes Meer‹«. Was den Umschwung im Empfinden, Denken und Handeln und den Aufbruch von den Inseln ins offene Meer verursacht hat, kann Nietzsche klar benennen. Es ist »das grösste neuere Ereigniss, – dass ›Gott todt ist‹, dass der Glaube an den christlichen Gott unglaubwürdig geworden ist. Das Ereigniss selbst ist viel zu gross, zu fern, zu abseits vom Fassungsvermögen Vieler, als dass auch nur seine Kunde schon angelangt heissen dürfte; geschweige denn, dass Viele bereits wüssten, was eigentlich sich damit begeben hat – und was Alles, nachdem dieser Glaube untergraben ist, nunmehr einfallen muss, weil es auf ihm gebaut, an ihn gelehnt, in ihn hineingewachsen war: zum Beispiel unsre ganze europäische Moral.« Diese Ansicht, dass ohne Gott keine (christliche) Moral zu denken und erst recht nicht unter die Leute zu bringen sei, erfreut sich, so unberechtigt sie ist, bis heute großer Beliebtheit – insbesondere bei denen, die den Glauben in der traditionellen Form zu verteidigen haben. Wenn theologische Argumente nicht ausreichen, führen moralische Bedenken zunächst weiter. Für Nietzsche hingegen ist der Tod Gottes kein Beginn von Zerstörung und Untergang, sondern bewirkt »eine neue schwer zu beschreibende Art von Licht, Glück, Erleichterung, Erheiterung, Ermuthigung, Morgenröthe ... In der That, wir Philosophen und ›freien Geister‹ fühlen uns bei der Nachricht, dass der ›alte Gott todt‹ ist, wie von einer neuen Morgenröthe angestrahlt; unser Herz strömt dabei über von Dankbarkeit, Erstaunen, Ahnung, Erwartung.«[53]

Nicht jeder fühlt sich angesichts der Nachricht vom Tod Gottes so. Immerhin bedeutet der Tod Gottes, »im offnen Meer«, womöglich im Sturm, überleben zu müssen. Die Möglichkeiten der Orientierung sind auf hoher See eingeschränkt – man sieht weniger weit als an Land, wo man zur Not einen Berg ersteigen kann. Das Bewusstseinsfeld ist eingeschränkter. William James hatte von diesem Begriff in seinen religionspsychologischen Betrachtungen Gebrauch gemacht. Menschen haben verschiedene Bewusstseinsfelder. Jedes Einzelne von ihnen hat »ein eigenes Interessenzentrum, in dessen weiterem Umkreis die Gegenstände, auf die wir weniger aufmerksam achten, ins Konturlose verschwimmen«.[54] Manche verfügen über ein weites, andere über ein engeres Sichtfeld. Worauf wir aufmerksam werden, ist stark vom gegenwärtigen Bewusstseinszustand anhängig: von Traurigkeit, Euphorie, Krankheit, Müdigkeit oder Hellwachsein. Erinnerungen, Vorlieben und Vorsätze, Interessen – all das beeinflusst das Feld der Wahrnehmung beträchtlich, innerhalb dessen sich »unser Energiezentrum wie eine Kompaßnadel bewegt. In jedem Augenblick unseres bewußten Lebens sind die Grenzen zwischen dem, was aktuell, und dem, was potentiell ist, so fließend, daß es immer schwer zu sagen ist, ob wir uns bestimmter Elemente unseres Geistes bewußt sind oder nicht.«[55] Entsprechend wirkt auch der Tod Gottes verschieden. Doch auch dieser Verlust hat, wie der Tod eines geliebten (oder verhassten) Menschen, nicht nur seine eigene Problematik und Tragik, sondern auch einen Ort, einen Sitz im Leben. Für den Verlust gilt das Katz-und-Maus-Prinzip ebenso wie für die positiven Erfahrungen, die Gesten der Versöhnung und Liebe und das Gefühl, nicht allein zu sein und irgendwie zu Hause angekommen zu sein.

All diese Erfahrungen haben ihren Sitz im Leben – auch das Heilige. Es ist lokalisierbar, wohnt wie die Götter, deren Existenz noch im Alten Testament nachklingt, auf Bergen, Hainen und in Tempeln. Der Gott des biblischen Bundes hat eine Bundeslade. Handlungen, Personen, Zeiten und Orte werden ausgezeichnet durch das, was Taylor das Heilige im anspruchsvollen Sinne meint: das Heilige aus den heiligen Büchern, aus mythischen Texten, aus großen Liturgien, aus Bachs Messen. Und der Sohn der Menschen aus dem Neuen Testament? Erstaunlicherweise hat ausgerechnet Jesus keinen Ort, an den er sein Haupt legen könnte (Mt 8,20). Wie ist dieser Verlust, diese Ortlosigkeit ausgerechnet des Heiligen schlechthin zu erklären? Liest man die Texte genau, so zeigt sich, dass Jesus aus einem besonderen Grund keinen Ort hat: Er selbst hat den bis dahin vorherrschenden Gegensatz zwischen ausgesucht Heiligem und Unheiligem, Alltäglichem, zwischen »hier profan« und »hier heilig« abgeschafft. Damit trägt das Christentum von seiner Geburtsstunde an den Keim einer Entwicklung in sich, die bis heute anhält und zur Profanisierung und Entgötterung der Welt in erheblichem Maß beigetragen hat. Nach dem Katz-und-Maus-Prinzip kennt das Heilige der klassischen Religionen einen Ort, von dem sich alles, was nicht an diesem Ort und in seinem Machtkreis existiert, als profan unterscheidet, ja ausscheidet. Der Ort der Wahrheit Jesu ist jedoch ein verfluchter Ort, ein Ort, den man lieber fliehen und meiden möchte – das Kreuz. Wenn Jesus also die Unterschiede zwischen »heilig« und »unheilig« beseitigt hat, dann nur, weil *alles*, die gesamte Schöpfung und das Leben aller Menschen zum Tempel des Herrn, bereits heilig ist. Indem Gott mitten unter uns ist – denn dieses Angekommen-Sein des Reiches Gottes ist Jesu zentrale Botschaft –, wird die gesamte Welt zu einem heiligen Ort, der auch die Zöllner und Sünder, die Aussätzigen und Kranken erreicht – ja selbst die Menschen, die Jesus töten werden. Doch das bedeutet im Umkehrschluss nicht, dass das, was als klassischer Ort des Heiligen galt – der Tempel –, nun zu einem Platz für Händler und Taubenverkäufer werden soll. Die Tauben – die Opfergaben für die Tempel – müssen nicht mehr verkauft werden, weil alles heilig geworden ist. Es muss nicht erst durch ein Blutopfer eingelöst werden, um eine erlösende Wirkung zu haben. Am Ende aber sind die Tempel leblos geworden. Roms Kirchen sind vor allem Einträge in den Kunstführern. Der Tod Gottes als Tod des Heiligen hat nicht zur Verehrung des Lebens, sondern zu seiner Banalisierung und Gleichschaltung beigetragen. »Das ist es, was wir spüren und dessen Verschwinden wir bedauern, wenn wir die mittelalterlichen Kathedralen betrachten«, schreibt Taylor.[56]

So ist die Gottverlassenheit ein doppelter Verlust. Zum einen ist sie ein Verlust sowohl der Gewissheiten, die bislang getragen haben, und des (heiligen) Bodens unter den Füßen. Der kalte

Wind der Wirklichkeit ist auf dem offenen Meer deutlich stärker zu spüren als in den von Mauern geschützten Kathedralen. Diesem Wind entkommt niemand mehr, denn er weht nur in eine Richtung – dem Ende, dem Tod entgegen. Deshalb ist die Gottverlassenheit zum anderen auch eine Veränderung der Kultur – jener Welt, die sich eben nicht aus den rein biologischen Gegebenheiten ableitet. Kultur lebt in Geschichten, Symbolen, Handlungen und besonderen Orten. Deren Bedeutung aber hat sich verändert – eine Veränderung, die viele nach dem Tod Gottes als Verlust sehen. Tatsächlich ist »dieser Prozeß Teil einer Entwicklung, die, lange bevor sie von manchen (fälschlich) als Facette eines allgemeinen Niedergangs der Religion aufgefaßt wurde, von einer Form des religiösen Lebens zu einer anderen geführt hat«.[57] Doch welche Form ist das? Was kennzeichnet die heutige Form des religiösen Lebens?

In den letzten Jahren ist häufig von einer Wiederkehr oder Rückkehr der Religion die Rede gewesen. Tatsächlich war es eine der großen Überraschungen für unsere Zeit, dass die säkulare Ausdeutung des Bewusstseinsfeldes die Religion nicht vollständig verdrängen konnte. Religion blieb ein Faktor, der Gesellschaft, Kultur und Politik bestimmte – und dies nicht erst seit den Attentaten vom 11. September 2001. Sicher hat auch der religiös verbrämte Terrorismus in seinen verschiedenen Ausprägungen des Fundamentalismus – sei er muslimisch, christlich oder wie auch immer geartet – zum Anwachsen der Aufmerksamkeit religiösen Entwicklungen gegenüber beigetragen: ein im Übrigen sehr zweideutiger Bedeutungsgewinn von Religion. Bei näherer Betrachtung ist jedoch weder der Terrorismus in der Form eines fanatischen Islamismus noch eine von religiöser Metaphorik durchsetzte Politik wie die von George W. Bush allein in religiösen Kategorien zu denken. In beiden Fällen handelt es sich um eine Durchmischung religiös-fundamentalistischer und politischer Elemente. Der amerikanische Soziologe Robert Bellah hatte diesen Zusammenhang früh erkannt. 1967 brachte er mit einer Analyse die Bedeutung der Religion für den Zusammenhalt moderner

Gesellschaften in Amerika und Japan mit dem Begriff der »Zivil-religion« auf den Punkt.[58] Obwohl es in den 1960er und 1970er Jahre so ausgesehen haben mochte, als wachse eine neue Generation von Menschen heran, die endgültig mit der religiösen Tradition brechen und »restlos aufgeklärt« sein könnten, trat beinahe das Gegenteil ein. Im Rückblick sieht es so aus, als hätte es nie zuvor mehr Sekten und Esoterik, nie mehr neue und alte religiöse Bewegungen gegeben. Vor allem aber hat Religion – im Positiven wie im Negativen, etwa angesichts der weltweiten Missbrauchs-skandale in der katholischen Kirche – an medialer Aufmerksam-keit gewonnen. Dass Religion in Massenblätter, die auf Sex, Gewalt und Diätthemen spezialisiert sind, Thema ist und mit Religion Bestauflagen erreicht werden, unterstreicht ihren öffent-lichen Wert – und ihren Wert als ökonomischer Faktor. Vom öf-fentlichen Sterben und Tod Johannes Pauls II. über die Papstwahl und das »Wir sind Papst« bis hin zum Weltkatholikentag in Köln und nun in der Diskussion um Missbrauch zeigt sich, wie religiöse Themen zumindest medial von Bedeutung sind, auch wenn sie diese keineswegs immer um ihrer selbst willen erzeugen, sondern deshalb, weil es – transportiert über den »Faktor Religion« – um inzwischen tabuisierte Bereiche der Gesellschaft geht. Seltsamer-weise wurde erst sehr spät eine seit William James naheliegende Idee in die Tat umgesetzt: die wissenschaftliche Untersuchung der Religion, indem man auf den Spuren von William James das reli-giöse Bewusstsein der Menschen empirisch erforscht.

Seit wenigen Jahren liegt nun der sogenannte Religionsmonitor der Bertelsmann Stiftung vor. Ziel war es, die Verbreitung von Religiosität international in 21 Staaten und im Kontext aller Hoch-religionen zu untersuchen. Ein qualifizierter, von einem interdis-ziplinären Team von Wissenschaftlern erarbeiteter Fragebogen, der auch im Internet abrufbar ist, ist der methodisch gesicherte Ausgangspunkt der Untersuchung, deren empirische Grundlage sich durch die im Internet weitergehende (internationale) Befra-gung ständig erweitert.[59] Wie sieht es in der deutschen Bevölke-rung aus? Aus der letzten, 2008 veröffentlichten Studie ergibt sich folgendes Bild.[60] Nach wie vor sind in der deutschen Bevölkerung Glauben und Religiosität stärker verbreitet, als dies zumeist vermutet wird. Rund 70 Prozent der Befragten stufen sich als religiös ein; nahezu jeder Fünfte sogar als hochreligiös. Dass sich unter den Kirchenmitgliedern nur 79 bis 84 Prozent als religiös bezeichnen, erstaunt. 28 Prozent der Befragten sagen, in Bezug auf ihre persönliche Identität hätte Religion keinerlei Bedeutung. Auch in der Gruppe ohne konfessionelle Bindung gibt es einen Anteil von 33 Prozent, der von sich sagt, religiös zu sein. Und unter den dezidiert Nichtreligiösen glauben immerhin noch zwölf Prozent an die Existenz eines Gottes, ein göttliches Prinzip oder die Unsterblichkeit der Seele. Eindeutig ist, dass Religion kein notwendiger konstitutiver Bestandteil für eine moderne Identität bildet. Schwerer, wenn überhaupt nachzuweisen ist jedoch die These, dass der Prozess der Säkularisierung immer weiter fortschreitet. Nicht die Säkularisierung selbst hat sich verändert, sondern die Zunahme der Vielfalt an Möglichkeiten. Taylor sprach, wie bereits erwähnt, in diesem Zusammenhang vom Nova-Effekt, der sich durch den Religionsmonitor empirisch bestätigen lässt. Religiöse Einstellungen, Bindungen und Identitäten variieren nicht nur in Bezug auf Geschlecht, Alter und Bildung, sondern auch in Bezug auf die geographische Herkunft der Befragten – auch innerhalb der bundesdeutschen Gesellschaft, in der sich eine Zweiteilung nach alten und neuen Bundesländern feststellen lässt. 78 Prozent geben in den alten Ländern an, religiös zu sein – darunter 21 Prozent Hochreligiöse. In den neuen Ländern jedoch sind es lediglich 36 Prozent (acht Prozent Hochreligiöse). Insgesamt gilt: Je älter, desto eher religiös ausgerichtet. Rituelle Praxis ist bei den unter Dreißigjährigen deutlich seltener als bei Senioren. 50 Prozent der jüngeren Gruppe bekennt, niemals oder wenig zu beten. Allerdings unterscheidet sich die jüngste der befragten Altersgruppen kaum oder nur wenig von der Generation ihrer Eltern. Religion spielt in der Generation der unter Dreißigjährigen generell für die meisten im Vergleich zu anderen Lebensbereichen wie Partnerschaft, Arbeitswelt oder Politik nur eine untergeordnete Rolle.

Allerdings kann auch unter den jungen Deutschen nur jeder Dritte eindeutig zu den nichtreligiösen Zeitgenossen gerechnet werden. 52 Prozent der jungen Erwachsenen bezeichnen sich als klar religiöse Menschen, weitere 14 Prozent sogar als hochreligiös. Gleichzeitig findet sich in dieser Gruppe das größte Maß an Zustimmung bei Fragen, ob sie an Gott, ein Leben nach dem Tod, die Unsterblichkeit der Seele oder eine Wiedergeburt glauben. »Diese hohen Zustimmungswerte werden in keiner anderen Altersgruppe festgestellt«, heißt es in der Studie. »Und auch am öffentlichen religiösen Leben nehmen die Jüngeren vergleichsweise nicht weniger Anteil als die Älteren. 14 Prozent der 18- bis 29-Jährigen sehen den regelmäßigen Gottesdienstbesuch als wichtig an und sind damit dort sogar häufiger vertreten als ihre Eltern.« Martin Rieger, der Projektleiter des Religionsmonitors, stellte zusammenfassend fest: »Wir können ein langfristiges Aussterben der Religion in Deutschland, wie es immer wieder behauptet wird, definitiv nicht bestätigen. Aber ob es umgekehrt auch eine Renaissance des Glaubens z.B. in der Jugend gibt, können wir ebenfalls nicht sagen. Das wird erst eine Wiederholung des Religionsmonitors zeigen. Fest steht, es gibt eine große Stabilität des religiösen Bewusstseins in breiten Bevölkerungsschichten, das aber sehr vielfältig ist.«

Die empirischen Untersuchungen legen demnach nahe, vorsichtig zu sein mit der Behauptung, das Thema Religion sei erledigt. Der (subjektiv-intersubjektive) Eindruck der Gottverlassenheit einerseits (den die Religiösen oft beklagen) und der Abwesenheit jeder religiösen Empfindung (den die Nichtreligiösen gerne behaupten) ist weder aus logischen noch aus psychologischen oder gar empirischen Gründen zwingend. Die Daten reichen nicht einmal für die von vielen für selbstverständlich gehaltene These, dass sich aus all den Phänomenen der Entfremdung vom Religiösen, die man zusammenfassend als Prozess der Säkularisierung bezeichnet, notwendig die »abgeschlossene Interpretation der Immanenz« ableite, also die These, »jenseits der ›natürlichen‹ Ordnung gebe es nichts«.[61] Diese Erfahrung der

Gottlosigkeit in der modernen städtischen Lebenswelt ist nur eine Lesart. Die These, dass die Religion erledigt sei, folgt keineswegs zwingend aus der Erfahrung der Kakophonie der Großstadt, aus dem Pluralismus der Werte und Lebensformen oder einer durch die Medien noch verstärkten Egomanie, die ihre körperliche Entsprechung in der sexuellen Aufladung findet. Was sich zeigt, ist, dass Religion in einem starken Wandel begriffen ist und sich verändert hat.

Verschwunden ist Religion faktisch jedoch nie. Immer gab es Kirchen, religiöse Vereinigungen, religiöse Versammlungen, private und öffentliche Gebete, Gottesdienste, Wallfahrten und vieles andere mehr. Dass im Zusammenhang mit der Rede von einem »Kampf der Kulturen« (Samuel Huntington) Religion wieder als *ein* Faktor in Politik, Gesellschaft und Kultur wahrgenommen wurde und damit Zugang in Nachrichtensendungen, vor allem aber Bildungs- und Unterhaltungsprogrammen fand, darf nicht über die Tatsache hinwegtäuschen, dass Religion als gesellschaftliche und kulturelle Kraft die ganzen Jahre zuvor durchaus existierte, auch wenn ihr nicht in diesem Maße mediale Aufmerksamkeit zuteil wurde. Was als Wiederkehr und Comeback der Religion gefeiert wurde, waren zunächst in erster Linie (weltweite) Phänomene des Öffentlich-Werdens von Religion in den Medien wie anlässlich des Todes von Papst Johannes Paul II. Bei näherem Hinschauen zeigt sich jedoch, dass die behauptete Wiederkehr der Religion in erster Linie eine Neuentdeckung von Religiosität in einem bislang mit Kirche kaum in Verbindung gebrachten populären Bereich war. Hape Kerkelings Bestseller *Ich bin dann mal weg* ist dafür ein Beispiel. Andere Buchtitel promoten die Religion, die mit dem unrühmlichen Tod am Kreuz ihr vorläufiges Ende nahm, als eine Form religiöser Wellness, die wenig mit dieser Erfahrung oder mit Theologie zu tun hat. Zu beobachten ist, dass das »spezifisch Christliche«, das zu einer tatsächlichen »Wiederkehr« des christlichen Glaubens unbedingt hätte gehören müssen, weitgehend ausblieb. Was zunahm, war lediglich die öffentliche Kommunikation über Religion. Jeder weiß, dass allein dadurch, dass viele Menschen über das Wetter sprechen (vielleicht, weil sie tatsächlich genug vom schlechten Wetter haben), das Wetter selbst nicht besser wird. Die Schattenseite der medialen Aufmerksamkeit bekamen die Kirchen wenig später zu spüren, weil mit einem Mal das religiöse Dienstpersonal selbst intensiver als bislang unter Beobachtung stand.

Ich gebe zu, dass ich ausholende Diskussionen über die Definitionen von Religion bislang vermieden habe (und auch weiterhin vermeiden werde). In der Tat gibt es die unterschiedlichsten Definitionen von Religion. Deshalb möchte ich nur andeutungsweise auf eine klassische Definition des Ethnologen, Religions- und Kulturwissenschaftlers Clifford Geertz verweisen, die von vielen Fachleuten (aber längst nicht allen) als einigermaßen zutreffend akzeptiert wird. Geertz selber bemerkte, dass seine Definition wie alle anderen auch nichts beweise. Ihr einziger Sinn liegt einzig und allein darin, dass eine solche Definition »bei genügend sorgfältiger Formulierung doch zu Orientierung oder Neuorientierung des Denkens« beitragen könne. Geertz definiert in seinem Klassiker *Dichte Beschreibung* Religion auf folgende Weise: »Religion ist ein Symbolsystem, das darauf zielt, starke umfassende und dauerhafte Stimmungen und Motivationen in Menschen zu schaffen, indem es Vorstellungen einer allgemeinen Seinsordnung formuliert und diese Vorstellungen von der Aura der Faktizität umgibt, so daß die Stimmung und Motivation völlig der Wirklichkeit zu entsprechen scheinen.«[62]

Ob man diese oder eine andere Definition zu Hilfe nimmt (und unabhängig davon, ob es eine Kirche und christlicher Theologie eher nahe oder im Gegenteil ferner stehende Definition ist): Immer zeigt sich, dass Religion ein Begleiter der Menschen war (und ist). Dass auch die Entwicklungsbiologie und die Evolutionstheorie Religion als ein Thema entdeckt hat, weil sie, wie Musik auch, Kommunikation und Kooperation von Gruppen fördert, liegt nur konsequent auf dieser Linie. Kommunikation und Kooperation waren und sind zentrale Faktoren der Evolution des Menschen. So wundert es nicht, dass Untersuchungen in Amerika gezeigt haben, dass religiöse Menschen nicht nur mehr Kinder haben und länger leben als nichtreligiöse, sondern sich auch in der Regel subjektiv als glücklicher empfinden. Wenn der Mensch als kulturelles Wesen – und das bedeutet immer auch als Wesen, das sich selbst mit Hilfe von Symbolen deutet, leitet und zu bestimmen sucht – auf symbolische Systeme angewiesen ist, die es ihm erlauben, seinen Ort innerhalb der Welt und im Miteinander mit anderen Menschen zu bestimmen, so ist Religion eine ständige Begleiterin des Homo sapiens. In der archäologischen Forschung wurde daher auch die Verwendung von religiösen Symbolen, Bildern oder Ritualen, soweit man auf sie durch Bestattungsart oder Grabbeigaben schließen konnte, als ein Bestimmungsmerkmal herangezogen, um Hominidenfunde von anderen Primaten zu unterscheiden.

Für den Westen waren Judentum und Christentum prägend. Dabei wird leicht übersehen, welche Bedeutung ideengeschichtlich der Islam hatte, der, anders als weithin vermutet, erheblichen Einfluss auf die Geschichte der Vermittlung naturwissenschaftlichen und methodischen Wissens ausübte, etwa durch die Übersetzungen von im westlichen Christentum verbotenen Texten des Aristoteles, die über Bagdad nach Toledo gelangten und von dort aus die im Mittelalter bedeutende Universität Paris infiltrierten. Geht man weiter in die Geschichte zurück, zeigt sich, dass es bereits in frühchristlicher Zeit einen unübersichtlichen, nicht selten bereits von Stadt zu Stadt und insbesondere in den Hafenstädten variierenden Markt der Religionen gab. Es existierte ein Zugleich von Kulten, Weltanschauungen, mythischer Verehrung und Riten, das in seinem Pluralismus durchaus moderne Züge trägt. Von einer heutigen Konzeption der Vielfalt unterscheiden sich die damaligen Verhältnisse jedoch hauptsächlich dadurch, dass es keinen demokratischen Rahmen gab, kein juristisch einklagbares Recht auf Freiheit der Religionen innerhalb einer durch Wahl zustande gekommenen Staatsordnung. Wer die Macht hatte, hatte in der Regel auch das Sagen in Fragen der Religion.

Ein Blick noch weiter zurück in die Geschichte offenbart, dass

244

die Ursprünge der meisten Religionen wie die der Mythen dunkel, widersprüchlich und meist blutrünstig sind. Auf dem Grund der rituellen und auch religiösen Ordnungen findet man Akte der kollektiven Gewalt und Gewalteindämmung. René Girard hat diese These in einer Vielzahl von äußerst spannenden, lesenswerten Werken, die zum absoluten Muss einer philosophisch-theologischen Bibliothek gehören, sehr genau untersucht. Das Markenzeichen des Christentums ist es, diesen Mechanismus der Gewalt bzw. des Zusammenhangs von Heiligem und Gewalt sowie den Sündenbockmechanismus entlarvt zu haben – wobei das Christentum immer wieder hinter sein einmal erreichtes Niveau der Aufklärung zurückfiel.[63] Man mag argumentieren, dass selbst im alten Ägypten eine einigermaßen logische, wenn auch nicht zwingend rational zu nennende Ordnung der religiösen Sphäre anzutreffen war. Doch diese Ordnung ist durchsetzt von unerklärbaren Brüchen. Überlappungen in der Zuständigkeit der Götter und Ambivalenzen im Gebrauch der zentralen Konzepte stören den Eindruck einer durchgehenden Rationalität. Auch im Judentum schiebt sich die Frage des Verhältnisses zur griechischen Denktradition und damit zum »wissenschaftlichen« Gebrauch der Vernunft erst im Laufe der Jahrhunderte ins Bild. Beherrschend wird sie nie, selbst nicht in Büchern wie *Kohelet,* einer Art Schulbuch, das man einsetzte, um im Kontext hebräischer Kultur hebräische Weisheitstradition zu vermitteln und gleichzeitig an das »moderne« griechische Denken anzuschließen. Offensichtlich war unser heutiges, vor allem durch die empirischen Naturwissenschaften geprägtes Fragen nach dem Verhältnis von Vernunft und Glaube über Jahrhunderte hinweg kein bestimmendes Thema. Der Antike waren unsere auf die Vernunft hin zugespitzten Fragestellungen fremd. Dieser Eindruck verschärft sich erst recht, wenn man nach Vernünftigkeit in ihrer heutigen Erscheinungsform sucht. Philosophie, Wissenschaft, religiöse Erkenntnis, Intuition und mathematische Schlüsse: All das waren durchaus Erscheinungsformen eines Logos, einer Weltvernunft. Doch diese vernünftige Struktur der Welt konnte sich in sehr verschiedener Weise zu erkennen geben (unter anderem durch Einsatz von heiligen Drogen). Tatsächlich ist die westliche Gegenüberstellung von Glauben und Vernunft keineswegs in allen Religionen das vorherrschende Thema. Animistische und indigene Religionen, aber auch Großreligionen wie Hinduismus und Buddhismus stellen die beiden Begriffe keineswegs so in den Vordergrund, wie dies später im griechisch-christlichen, westlichen Kulturraum geschehen ist. Das ist einer der Gründe, warum mit der Entwicklung des Christentums eine Explosion der theologischen Denkmodelle einsetzt, die alle Antworten geben sollen auf jene Fragen, die auf die Vereinbarkeit der christliche Religion mit den Ansprüchen der Vernunft zielten. Die Geschichte der Dogmen ist nichts anderes als eine Begriffsgeschichte der Antworten, die in allmählich sich verändernder Terminologie auf diese Fragen gegeben wurden. Wirkmächtig wurde diese Entwicklung erst durch den Umstand, dass die begrifflichen Festlegungen zugleich normsetzenden Charakter hatten und über Leben und Tod entscheiden konnten. Was einmal als Lehrsatz festgelegt war – und Dogma bedeutet Lehrsatz, Lehrmeinung –, das hatte fortan zu gelten.

Gerade aufgrund dieser spezifisch christlichen Entwicklung von Dogmatik hat der Religionsphilosoph Franz-Peter Burkard recht, wenn er darauf aufmerksam macht, dass in vielen Religionen (und die meisten Religionen auf der Welt sind faktisch polytheistisch und nicht monotheistisch!) nicht die Dogmatik, sondern die korrekte Durchführung von Ritualen im Zentrum steht. Den Mittelpunkt der Religion macht die religiöse Praxis, nicht theoretische Überzeugung und begriffliche Korrektheit aus. »Das, woran jemand ›glaubt‹, ist seine eigene Sache« – Hauptsache, die Rituale werden richtig durchgeführt und eingehalten. Dieser Grundsatz gilt in vielen Religionen, die weniger Wert auf die kognitiven Einstellungen legen.[64] Wie etwas religiös zu *tun* ist, wird weniger mit der Frage nach »wissenschaftlicher« oder theologischer Vernünftigkeit einer (religiösen) Handlung beantwortet als mit dem Hinweis auf den Sinnzusammenhang und die konkrete praktische Anweisung. Ich gebe deshalb auch Terry Eagleton völlig recht, wenn er behauptet, dass selbst die Anstrengungen eines Gelehrten wie Thomas von Aquin, die Existenz Gottes zu beweisen, am Ende nur darauf hinauslaufen, das, was im Glauben bereits angenommen wurde, sichtbar zu machen. Aquins Ansatz war nicht der eines heutigen Forschers, der gleichsam Beweise zusammenträgt, die für die Existenz eines (noch nicht entdeckten) Planeten sprechen. Denkern wie Thomas von Aquin oder Augustinus ging es vielmehr darum, zu zeigen, wie der Glaube, der allem – auch der Vernunft – vorausgeht –, inmitten der natürlichen Welt Sinn machen kann.[65]

Gegen die strenge Auslegung oder Beschäftigung mit Vernünftigkeit als dem zentralen Thema der Diskussion von Religion spricht außerdem, dass Vernünftigkeit im heutigen Sinn klare Kriterien voraussetzt. Ein oberstes Gebot ist die Widerspruchsfreiheit. Eine Position, die ganz bewusst Widersprüche in Kauf nimmt, hat ihren Ruf als ernstzunehmende Partnerin der Vernunft verspielt. In der antiken Welt der Zeitenwende mischten sich jedoch römische, keltische, griechische, ägyptische, germanische und verschiedene afrikanische, orientalische und asiatische Kulte, Sekten, Mysterienreligionen und etablierte Hochreligionen miteinander. Es gab Widersprüche – und man musste mit ihnen leben. Aus diesem Sitz im Leben, der Notwendigkeit zu überleben und sich durchzusetzen, wird verständlich, warum Synkretismus für das Christentum schlimmer sein muss als alles andere. Wer Vermischung zulässt, handelt nicht in erster Linie gegen die Vernunft (was eine lässliche Sünde wäre): Er lässt vor allem Überschneidung mit den Gruppen der Andersglaubenden und Ungläubigen zu. Und diese Vermischung ist es, die in den Augen der Amtskirche zum Untergang des Christentums führen würde – einer Religion, die noch lange das Gefühl hatte, sich nach den Jahrhunderten der Verfolgung etablieren und absichern zu müssen. In der antiken Welt war es kein Widerspruch, je nach Situation gleichzeitig mehreren Religionen anzugehören, d.h. die Praxis verschiedener Religionen für sich zu übernehmen. Wer sichergehen wollte, errichtete lieber einen Hausaltar mehr ein als einen zu wenig. Das Christentum aber blieb von seiner Urkrise, dem Kreuzestod seines Anführers im Gauben und der sich daran anschließenden blutigen Verfolgung der ersten Anhänger, wie von einer Art Geburtstrauma bis heute tief geprägt.

Erst mit dem sich allmählich durchsetzenden Anspruch auf universale Gültigkeit der Religion erwuchs die Notwendigkeit, diese Universalität auch im Denken, d.h. diskursiv aufzuzeigen. Zu bekehren war das eine – durch Argumente zu bestechen das andere. Im Laufe der Zeit verdichtete sich das Nachdenken über das Sekten- und Synkretismustrauma des Christentums zu einem veritablen und eigenen Genre der Literatur, das später zum vorherrschenden Diskurs überhaupt werden sollte. Zwar ging es um Erlösung, Sünde und das Heil der Seele – doch insofern diese Seele das Licht der Vernunft erblickt hat, stand auch die Vernünftigkeit dieses Heils auf dem Spiel. Das Thema Glaube und Vernunft war fortan nicht mehr wegzudenken und wurde immer beherrschender. Es ist historisch richtig, dass es in der Frühzeit des Christentums um das nackte Überleben einer zunächst sehr kleinen, wenig erfolgreichen Sekte ging, deren Führer auf brutale Art und Weise hingerichtet worden war. Zu jener Zeit musste sich jeder neugetaufte Christ (also Erwachsene, denn die heute übliche Kindertaufe war die absolute Ausnahme in den Urgemeinden) unter Lebensgefahr entscheiden, ob er dieser Religion beitreten wollte. Ob diese Entscheidung vernünftig war oder nicht, hatte eine nachgeordnete Bedeutung. Zuallererst war eine solche Entscheidung gefährlich. Sie mochte aus pragmatischer Sicht sogar in Bezug auf die Überlebenschancen unvernünftig sein. Dennoch versetzte die Idee, dass alle Menschen – auch die, die am Rande der etablierten Religionen standen – Kinder Gottes sind und Gemeinschaft mit Gott haben so wie auch die Menschen untereinander in einer freien Weise miteinander umgehen können, viele trotz der Risiken in helle Begeisterung. Etwas an diesem Glauben war richtig – und besser als alles, was die anderen Religionen der Zeit versprachen! Doch sich zu Christus zu bekennen war etwas ganz anderes, als mit einem in griechischer

Sophistik geschulten Gelehrten über Gottesbeweise zu diskutieren. Aus der existentiellen, mit großer Angst verbundenen Frage nach dem Glauben wurde erst Jahrhunderte später, als das Christentum etabliert und zur Staatsreligion geworden war, die inquisitorische, von ähnlicher emotionaler Kraft getriebene Frage nach der Wahrheit dessen, was man glaubt. Richterin war nun nicht mehr die willkürliche Gewalt des jeweiligen Herrschers, sondern die auf Beständigkeit der Argumente und nachvollziehbare Logik setzende Vernunft selbst. Bevor man sich darüber zu sehr freut, sollte man im Auge behalten, was der französische Philosoph Jean-François Lyotard in seinem Buch über das Elend der Philosophie bemerkte. Auch das moderne Denken kann seine Beziehung zu dem, was es nicht sieht oder willentlich ignoriert, ebenso wenig denken, wie es ihm gelingen kann, eine Beziehung zu dem herzustellen, was umgekehrt das Denken an sich ignoriert.[66] Auch der moderne Mensch sieht bestimmte Aspekte seines eigenen Denkens, Fühlens und Handelns nicht. Insofern ist Philosophie eben auch eine Kunst geblieben, sich auf höchstem Niveau selbst zu verfehlen. Und Religion?

Auch sie hat damit zu tun, wie wir uns grundsätzlich selber verstehen und wie wir uns selbst und anderen gegenüber verhalten. Dass auch Religion vieles nicht sieht und sehen will, ist offensichtlich. Deshalb tritt Spiritualität in Konkurrenz zur Religion. In bewusster Abgrenzung zu ihr könnte man *Spiritualität* daher verstehen als eine Praxis der mentalen und seelischen »Hygiene«, die sich zur Not auch gegen eine fehllaufende Religion zur Wehr setzt. Die mystischen Traditionen des Christentums zeugen von diesem Kampf im Innersten der Religion selbst. Auch hier ist die entscheidende Frage nicht, *ob* wir eine Spiritualität besitzen oder praktizieren (wir haben immer eine, und sei sie noch so versteckt oder verkümmert), sondern *welche Form* von Spiritualität wir ausüben. Wendet man das Katz-und-Maus-Prinzip an, dann gibt die Form der Spiritualität im Alltag eine gute Auskunft darüber, wie ein Mensch sich (nicht nur heute) definieren und verstehen will.

Halten wir fest: Das Entstehen von Religion hängt eng mit dem

Selbstverständnis des sich entwickelnden Menschen und insbesondere mit seiner Lebenspraxis zusammen. Auch der Glaube zeigt eine Entwicklung und hat einen zeitlichen, d.h. evolutionsgeschichtlichen Ursprung. Der Glaube, der mit Abraham, Moses, Jesus, Mohammed einsetzt, ist keineswegs statisch. Auch der Glaube ist ein Phänomen, das nicht ewig war, sondern erst mit dem Erscheinen des Menschen allmählich Gestalt annahm. Auch wenn Religion(en) von Anfang an zum Menschen gehört haben mögen, ist damit keineswegs gesagt, dass Religionen in ihrer konfessionellen oder kirchlichen Gestalt stets in gleicher Weise präsent waren. Wie andere kulturelle und gesellschaftliche Institutionen verändern sich Kirchen und Konfessionen sowie ihre Wahrnehmung im Laufe der Zeit. Während in einer mittelalterlichen Stadt die Kirche, ein Dom oder eine Kathedrale im Mittelpunkt der Siedlung standen, gibt es heute trotz Wolkenkratzern zahlreiche dezentrale Metropolen, in denen solche zentralen Plätze nur noch selten anzutreffen sind. Gerade wenn konfessionell gebundene Theologen von einer »Wiederkehr der Religion« sprechen, sollte man darauf achten, was damit genau gemeint ist. »Wenn schon die Frage nach der Wiederkehr gestellt ist«, bemerkt der Soziologe Peter Gross, »dann muß man als Christ und Angehöriger des christlichen Kulturkreises doch fragen, ob das Christentum wiederkehrt. Und seine Welt-, Menschen- und Todesanschauung.«[67] Die Frage ist mithin nicht, ob Religion wiederkehrt, sondern welche Religion bzw. welche Form von Religion sich ins Feld der Aufmerksamkeit schiebt. Tatsächlich dürfte die als Wiederkehr gefeierte Aufmerksamkeit der Religion den im engen Sinn kirchlich-konfessionellen Anhängern des Christentums wenig gefallen. Warum?

Weil erstens die Wiederkehr oftmals in einem Umfeld gefeiert wird, das wenig oder kein religiöses Kompetenzmonopol im Sinne der Kirchen hat. Religiosität ist etwas, das sich konfessionell nur schlecht einfangen lässt.

Zweitens bildet auch das neuerliche Auftreten von Religion, falls es ein solches gibt, keine Legitimationsinstanz für (scheinbar) letztgültige Ordnungsmuster. Eine solche Legitimation muss erst in der Öffentlichkeit zurückerobert werden.

Drittens vollzieht sich die angebliche Wiederkehr der Religion (die in Wahrheit, wenn überhaupt, eine Wiederentdeckung des Religiösen genannt werden könnte) unverkennbar deutlich im Kontext eines nicht zu übersehenden Pluralismus der Religionen und Weltanschauungen. Doch gerade dieser Pluralismus, die Gleich-Gültigkeit von Religionen und Weltanschauungen in modernen, laizistischen Gesellschaftsformen, ist es ja, gegen die sich die Apologetik und Polemik der Kirchen häufig richten. Die vermeintliche Rückkehr der Religion ist, wenn überhaupt, eine Rückkehr der Religionen – und damit die Zunahme eben jenes unliebsamen Pluralismus, den man durch die Wiedererstarkung der eigenen Konfession zu überwinden trachtet.

Viertens bleibt abzuwarten, ob im Sinne des Philosophen Odo Marquard das Auftreten religiöser Meinungsmacher nicht eher eine Feigenblattfunktion erfüllt. Religion könnte die willkommene Funktion haben, die unliebsamen Deformationen und Pathologien der Moderne auszubügeln, ohne deren Grundmechanismen verändern zu können. Insofern wäre Religion nur eine weitere Form der willkommenen »Inkompetenz-Kompensations-Kompetenz«.

Fünftens kann sich zumindest ein aufgeklärter Christ (aber auch ein aufgeklärter Jude, Anhänger des Islam etc.) nicht über eine Wiederkehr vormoderner, gleichsam mythologischer und romantischer Formen von Religion freuen, die bereits in der Vergangenheit überholt wurden. Dies wäre ein Zurückdrehen der Geschichte ohne erkennbaren Nutzen.

Sechstens ist weltweit zu beobachten, dass das, was als Wiederkehr der Religion begrüßt und in den Medien gefeiert wird, nicht selten nur eine andere Form der regionalen Festigung und Aufwertung ist. Volksreligionen (folk religion) und fundamentalistische Erweckungsbewegungen dienen der regionalen oder nationalen, also letztlich politischen Stärkung. Ich selber weiß durch meinen Aufenthalt in Nigeria, einem Land, in dem 434 Sprachen gesprochen werden, dass die Einführung der Sharia in den nördlichen Bundesstaaten weniger religiöse Gründe hatte als politische. Zum einen ging es dabei um den alten Kampf zwischen dem armen (muslimisch geprägten) Norden und dem reichen, mit Ölquellen gesegneten (weitgehend christlich geprägten) Süden. Wer Anhänger auf seiner Seite gewinnen kann, gewinnt Geld und finanzielle Unterstützung für die jeweilige Region – und damit (politische) Macht. Religion und Region hängen jedoch nicht nur in Nigeria eng zusammen.

Siebtens sollte nicht vergessen werden, dass die integrative Wirkung der Religion heute vor allem in den westlichen Ländern deutlich nachgelassen hat. Im Gegenteil: Eine massiv geäußerte spezielle Form der Religiosität kann zu Auseinandersetzungen und Spannungen führen. Dabei kann sich, wie die Schweizer Debatte um den Bau von Moscheen zeigt, selbst eine sonst eher passiv verhaltende (christliche) Mehrheit einer klar auftretenden (muslimischen) Minderheit gegenüber als repressiv erweisen. Würden statt der Moscheen gleich hohe Banken errichtet oder christliche Kirchen, gäbe es kaum Spannungen. Religion wirkt in einer Demokratie also nicht notwendigerweise integrierend, sondern fördert im Gegenteil die Nichtintegration und die Bildung von wechselseitigen Feindbildern. Es scheint, als seien mit der Wiederkehr einer Vielzahl von religiösen Formen die Gläubigen selbst darauf angewiesen, vom Staat – d. h. von einem gesellschaftlich-kulturellen System – integriert zu werden. Sie selbst sind, bei aller subjektiven Freude über die Wiederkehr des jeweils eigenen Glaubens, dazu nicht in der Lage.

Als letzter, achter Punkt sollte nicht unerwähnt bleiben, dass mit dem sogenannten »Re-Grounding« ein Wandel auch religiöser Werte einhergeht. Der Begriff ist vor allem im Kontext der gesellschaftlichen Untersuchung durch Werbe- und Marketingexperten geprägt worden. Es geht dabei um die Neigung von Menschen, sich besonders in Zeiten erlebter Krisen selbst rückzuversichern, um auf diese Weise einen sozialen oder psychosozialen Abstieg zu verhindern. Alte – auch religiöse – Werte werden dabei neu entdeckt, um in schweren Zeiten besser bestehen zu können. Gerade die schrumpfende Mittelschicht entwickelt in den Zeiten der Krise ein zunehmendes Gespür für das soziale Abrutschen, ist sie doch von den gesellschaftlichen Veränderungen am meisten betroffen. Die Ideologie des permanenten Wachstums und Aufstiegs ist der Angst vor dem Abstieg in die Hartz-IV-Gesellschaft gewichen. Analysiert man die klassische Einteilung der Soziologen und Medienforscher – ihre Aufteilung in die sogenannten Sinus-Milieus, die Etablierten, die Postmateriellen, die modernen Performer, die Konservativen, die Traditionsverwurzelten, die DDR-Nostalgischen, die bürgerliche Mitte, die Konsum-Materialisten, die Experimentalisten und die Hedonisten –, dann ist über all diese so verschiedenen Gruppen hinweg derzeit ein Trend zur Entwicklung gemeinsamer Wertvorstellungen und kultureller Standards zu beobachten. Dieser Trend wird Re-Grounding genannt. Den alten Werten wird dabei eine neue, »zeitgemäße« Bedeutung gegeben. Sicherheit beispielsweise wird als Verlässlichkeit neu entdeckt; aus Ordnung wird Struktur; Normen gewinnen als Orientierung bzw. Orientierungswissen neue Akzeptanz; und aus der lästigen Pflicht wird eine freiwillig geleistete Verabredung, bestimmte Spielregeln einzuhalten. Aus Autorität wird die Fähigkeit von Managern, »Leadership« als Dienst an allen übernehmen zu können. Und aus Erfolg im klassischen Sinn wird die Möglichkeit, tatsächlichen Zugang zu haben, Anschluss zu finden und gebraucht zu werden. Familie wird in Krisenzeiten als neuer Anker entdeckt und nicht nur als emotional verlässlicher Halt gesehen (weswegen viele Jugendliche auch nach dem Abitur nicht mehr ausziehen). Dennoch bleibt festzuhalten, dass man nicht bereit ist, zu den alten (religiösen) Autoritäten zurückzukehren – etwa zu einer Gesellschaft, die unverhohlen die Stellung der Frau als geringer ansieht und eine Ungleichbehandlung als »natürlich«. Wer sich auf eine Wiedereinführung alter Werte und Standards gefreut hat, dürfte sich zu früh gefreut haben. Mit dem Leben ist es heute eher wie mit der modernen Cross-over-Küche. Traditionelle Gerichte werden neu interpretiert. Gute alte europäische

Gerichte werden als fusion food mit asiatischen Elementen verbunden. Nichts, aber auch gar nichts dürfte den traditionell ausgerichteten Kirchen und Konfessionen ein größerer Dorn im Auge sein als diese Todsünde Nummer eins: Der Synkretismus.

Und was folgt aus all dem für den Umgang mit Skeptikern?

Sicher werden Sie einwenden, dass ich mit all dem, etwa der Erkenntnis, dass Glauben im Sinne von Vertrauen Voraussetzung noch für die kritischste Vernunft ist, keineswegs Glauben im religiösen Sinne beschrieben habe. Das ist durchaus richtig – aber nicht ganz. Denn Glaube im religiösen Sinn hat ganz wesentlich mit Vertrauen zu tun. Ich habe absichtlich noch nicht die religiösen Formulierungen von Glauben ins Boot geholt, weil ich zeigen wollte, dass auch vor dem religiösen Argument durchaus einiges »in Richtung Glauben« gesagt werden kann, ohne gleich theologisch zu werden. Damit ist kein Glaube bewiesen – wie auch? Zumal unmögliche Beweise nicht in meiner Absicht liegen. Und doch lohnt es, bevor ich zur eigentlich religiösen Bestimmung von Glauben komme, festzuhalten, was man aus dem bislang Gesagten für den Umgang mit Skeptikern wie Richard Dawkins lernen kann.

So skeptisch man auch sein mag: Die erste Erkenntnis bleibt die, dass es auch in diesem Fall durchaus Regeln gibt, die wir erkennen können und anerkennen müssen, mögen wir so skeptisch sein, wie wir wollen. Mag sein, dass nicht alles mit hundertprozentiger Klarheit und Eindeutigkeit bestimmt werden kann; und es ist auch richtig, dass wir Sprache und Worte nicht mit Hilfe von Regeln lernen. Die Beschreibung eines Wortgebrauchs ist also längst nicht so klar, wie es scheint, und hängt von der Umgebung und von der Zeit ab. Eine Regel zu formulieren, die für alle Eventualitäten angeben würde, wie ein Wort zu gebrauchen sei (etwa »Ich habe Schmerzen«), ist (in der Regel) nicht möglich. Wie bestimmt sollte auch eine derartige allgemeine Regel sein? Somit sinkt die Wahrscheinlichkeit, gerade in den problematischen Fällen eine allgemeine Beschreibung der (richtigen) Verwendung eines Wortes zu geben, gegen null. Aber es gibt, wie Ludwig Wittgenstein betont, stets eine »ungefähre Gesetzmäßigkeit in dem Gebrauch, den ein Mensch tatsächlich von dem Worte macht«.[68] Was es nicht gibt, sind Begriffe, aber auch Erkenntnisse, die wie mit Drahtseilen an die Welt geknüpft sind, so als könne nichts sie wieder lösen. Eine derartige »objektive« Sicherung der Vernunft, der Erkenntnis und der Sprache gibt es nicht. Bleiben also nur Skepsis und Resignation?

Mir scheint, dass es eine vernünftige Haltung gibt, die man dem Skeptiker gegenüber einnehmen kann. Sie besteht darin, ihn mit seinen eigenen Waffen zu schlagen. Gerade weil wir nicht absolut wissen können und folglich nicht wissen können, wie es in Zukunft um die Dinge stehen wird, die wir heute noch zu begreifen scheinen, kann man dem Skeptiker gelassen entgegnen, dass man in der Tat nicht weiß, aber durchaus glaubt, dass sich eine bestimmte Haltung bewähren wird und dass sie verlässlich ist. Vorausgesetzt ist dabei allerdings, dass man eine faire Zeitachse definiert. Eine Bewährung, die auf den Sankt Nimmerleinstag verschoben wird, ist keine – ebenso wenig wie ein Gefängnis mit einer offenen Türe ein Gefängnis ist. Was man glaubt, muss prinzipiell widerlegbar sein. Es muss möglich sein, dass sich dass, woran man glaubt, nicht bewährt. Mit einer Haltung des Glaubens, die sich rechtfertigen lässt, meine ich also nicht beliebige Überzeugungen wie die, dass sich eines Tages schon zeigen wird, dass Frösche sprechen oder Menschen mit Hilfe ihrer Armkraft fliegen können. »Ich glaube« soll vielmehr heißen: Ich setze auf etwas, aber innerhalb eines realistischen Rahmens, über den man sich durchaus verständigen kann (und muss). Es stimmt: Indem ich auf einen derartigen Glauben mein Leben setze, gehe ich ein Lebensrisiko ein. Doch statt nur Beliebiges zu vermuten, mich überhaupt nicht festzulegen und am besten, weil es vor Fehlern schützt, auch nicht zu handeln, nehme ich die Verantwortung auf mich durch eine Entscheidung. Wer glaubt, legt sich, wider die Zweifel, die er oder sie hat, fest. Wer glaubt, sagt: Ich weiß nicht, ob sich etwas, von dem ich zutiefst überzeugt bin, bewähren wird. Aber ich glaube es. Dieser Glaube ist gewissermaßen ein wohlwollender Rahmen, in dem ich die Verantwortung und das Risiko sehe, das ich für mein Leben (oder das anderer Menschen) und meine Entscheidung, mein Engagement trage. Verantwortung bedeutet: Das Risiko zu übernehmen, dass ich durch bestimmte Entscheidungen von mir unweigerlich Möglichkeiten ausschließe, indem ich auf eine bestimmte Weise lebe, so und nicht anders.

Der Skeptiker wäre einer, der eine solche Entscheidung vermeidet, weil sie auch falsch sein könnte. Er fliegt wie ein Schmetterling von Blume zu Blume, ohne sich je festzulegen, weil er um die Relativität eines jeden Standortes weiß. Er ist der Prototyp einer Person, die aufgrund eines scheinbar begründeten Universalzweifels, der paradoxerweise jedoch einen Glauben und das Vertrauen auf bestimmte Handlungen, Grundsätze, Erkenntnisse und Regeln zur Voraussetzung hat, alle Verantwortung für das Leben systematisch von sich weist. Es bleibt dahingestellt, wie sehr ein Skeptiker überzeugend und vor allem tatsächlich für andere Menschen, aber auch für sich selbst eintreten kann. So kritisch Jesus auch war: Als Skeptiker hätte er in einem derart ungerechten, brutalen System, das Menschlichkeit mit Verrat und einem elenden Tod am Kreuz bestraft, kaum so leben können, wie er es tat. Und doch bleibt ebenso wahr, dass wir nicht handeln können, wenn wir nicht die richtigen Überzeugungen haben bezüglich unserer Situation. Es braucht Vernunft, einen guten Blick und empirische Auffassungsgabe, um zu erkennen, wo man steht. Vernunft bringt all jene kleinen Unterschiede und Feinheiten ans Licht, die wir ohne sie übersehen würden. Diese Dinge zu beachten ist wichtig, wenn uns an einem richtigen Verhalten liegt. Wir können nicht gut handeln ohne Reflexion und eine vernünftige Einschätzung; aber auch nicht ohne Glauben. Doch was bedeutet Glauben im religiösen Sinn?

5. Glauben im religiösen Sinn

Das Wesen des christlichen Glaubens – Ebeling und Tillich

Die Abteilung mit Büchern über das Wesen des christlichen Glaubens ist groß. Definitions- und Deutungsversuche hat es im Laufe der zweitausendjährigen Geschichte viele gegeben. Die meist moderneren beginnen mit der Feststellung, dass es doch seltsam sei, dass sich so etwas wie der Glaube erstens an eine historische Person binde und zweitens abstrakt, d.h. unter Absehung vom eigenen Leben, gar nicht beantworten lasse. Wer nach dem Glauben fragt, fragt nach dem eigenen Leben. Ähnlich wie man gleichsam in Bezug auf den kognitiven Gehalt und die »Objektseite« nicht über Gott sprechen kann (alles, worüber man sprechen kann, ist nicht Gott, der unter keinen Begriff fällt, was es im Übrigen ziemlich schwermacht zu sagen, wer, was oder wo Gott eigentlich ist), so kann man über den Glauben auch nicht sprechen, ohne das eigene Ich ins Spiel zu bringen. Glaube ist nach christlicher Auffassung etwas, das das eigene Leben grundlegend verändert und ihm eine andere Bedeutung (nicht Sinn!) gibt. Seltsamerweise gibt es im Buddhismus so etwas wie Glauben nicht. Wenn überhaupt, dann könnte man in der Zeit vor dem Erreichen der Erleuchtung – die nichts anderes ist als ein Erwachen, eine Einsicht in die immer schon präsente, aber nicht erkannte Natur der Welt und des Selbst – sagen, dass der Glaube darin besteht, weiterhin zu üben und darauf zu vertrauen, dass es so etwas wie die Natur der Dinge immer gibt. Glaube bedeutet in den verschiedenen Schulen des

Hochbuddhismus so viel wie Vertrauen auf die eigene, wahre Buddhanatur. Dieser »Glaube« unterscheidet sich zum Teil erheblich von den religiösen Mischformen, die durch eine Verschmelzung von Buddhismus und ursprünglicheren, vor allem animistischen Volksreligionen Asiens entstanden sind. Und im Christentum? Der Grund des Glaubens ist die Geschichte Jesu. Der Theologe Gerhard Ebeling, einer der herausragenden Theologen des letzten Jahrhunderts neben Karl Barth, Rudolf Bultmann, Karl Rahner, Paul Tillich, Eberhard Jüngel und einigen anderen, schreibt: »Der Glaube des Urchristentums verstand sich als das Zum-Ziel-Gekommensein Jesu, jedoch ausschließlich so, daß dieser Glaube bezeugte: Jesus ist auferstanden.«[1] Das Neue des christlichen Glaubens ist dabei nicht ein neuer Glaubensgegenstand, sondern »die Entstehung, das Erwecktwerden, das Lebendigwerden des Glaubens selbst«.[2] Damit dies geschehen konnte, war freilich eine Offenheit und ein Mut zur Wahrheit notwendig, der bereit war, allzu Bekanntem und Selbstverständlichem zu widersprechen (etwa dem Judentum, aber auch der griechischen Vorstellung der Welt der Götter). Ebeling sagt – und dabei findet er sich in guter Gesellschaft –, dass das Erscheinen Jesu und das Zum-Glauben-Kommen der ersten Christen nicht zwei verschiedene, sondern ein und dasselbe Geschehen waren. Dass Jesus als Auferstandener erfahren wird, bedeutet eben dies: das Zum-Glauben-Kommen der christlichen Gemeinden.[3] Offensichtlich war die Botschaft Jesu von einer Kraft, die die Menschen nicht nur ansprach, sondern nachhaltig in Anspruch nahm, sie »total anging« und betroffen machte. Jesus verschaffte sich Geltung – und die Anerkennung dieser Geltung ist das Zum-Glauben-Kommen. Der Grund des Glaubens ist keine Stütze, kein Denkpfeiler, kein Argument, sondern ein Geschehen, das, »was den Glauben Glauben sein läßt und den Glauben dabei erhält, daß er wirklich Glauben bleibt, worauf also der Glaube letztlich angewiesen ist«.[4]

Doch was ist der Glaube, der sich ja laut Jesus immerhin doch auf denselben Gott bezieht, den das Judentum verehrte? Was ist anders? Ebelings Formel lautet hier, und zwar unabhängig von jeder Vorleistung des Menschen, unabhängig von Hautfarbe, Herkunft, Nation, sozialem Status, Überzeugungen, Denkweisen, Moral etc.: »Ihr habt Zukunft!« Und Gott? »Gott konkret denken, heißt also, Gott in Widerspruch denken.«[5] Widerspruch zu was? Im Grunde zu allem, dem man begegnet und das seinen Anspruch an einen selber stellt. So heißt Gott zu begegnen dem Tod begegnen – eine Begegnung, in der man in der Regel unterliegt.[6] Gott konkret zu denken heißt, Gott im Widerspruch zu dem zu denken, was einem dort begegnet. Wobei Ebeling ähnlich wie Jüngel an dieser Stelle verrät, wie sehr er doch bei aller geschickten Kritik an der Metaphysik und dem Primat des Denkens (statt des Lebens) festhält. Glauben funktioniert nach Ebeling jedoch nicht so, dass man gleichsam erst mal unten im Keller anfängt und die Fundamente klärt – etwa indem man die Existenz Gottes beweist. Natürlich darf man sich keine Scheuklappen anlegen, sagt Ebeling – und spricht dabei fast wie der Dalai Lama, dessen Credo es ist, dass nichts geglaubt werden kann, was einer ihre Autonomie wahrenden Vernunft widerspricht. Der Glaube »sperrt sich nicht ab gegen das, was jeder vernünftige Mensch erkennen kann und erkennen muß. Der Glaube fordert geradezu einen redliche und gewissenhaften Gebrauch der Vernunft und offene Augen für die Wirklichkeit. Er ist der schärfste Feind von Aberglaube und Illusion« – wobei Ebeling an dieser Stelle ein wenig die Vernunft selbst unter den Tisch fallenlässt, die gleichsam selbst ihr ärgster Feind und deshalb auch ihr bestes Korrektiv bleibt.[7] Kein Keller also, auf dem dann durch filigrane Argumente allmählich das ganze Gebäude des Glaubens hochgezogen wird, ein Turmbau, der nur möglich ist, weil Glaubensartikel auf Glaubensartikel aufgebaut wird. Man glaubt nicht dieses und jenes, sagen wir, dass Jesus auferstanden ist oder dass er der Sohn Gottes ist oder Maria eine Jungfrau (ein Gedanke, der Ebeling als evangelischem Theologen ohnehin eher ferngelegen hätte). All dem widerspricht Ebeling heftig. Was Glaubensartikel genannt wird, ist im Grunde immer nur die Entfaltung von einem: der Überzeugung, dass wir Gemeinschaft mit Gott und deshalb eine Zukunft haben. Um diese eine Wahrheit geht es.

Wobei das, was Gott ist, zunächst nur als Frage aufgewiesen werden kann, »nämlich als Hinweis auf die jeden Menschen als Menschen angehende radikale Fraglichkeit« seiner Existenz.[8] »Mehr ist zunächst nicht zu sagen«, argumentiert Ebeling vor dem Hintergrund von Nietzsches Tod Gottes. Nicht mehr »als daß das Wort ›Gott‹ diese radikale Frage nach dem Wo des Menschen ist, die Frage, was ihn unbedingt angeht«.[9] Genau diese Formulierung scheint Ebeling von einem anderen großen Theologen übernommen zu haben – von Paul Tillich.

Hatte Gerhard Ebeling (1912–2001) *Das Wesen des christlichen Glaubens* geschrieben, so brachte Paul Tillich (1886–1965) fast zeitgleich *Wesen und Wandel des Glaubens* auf den deutschen Markt. Gerhard Ebeling hatte in Marburg bei Rudolf Bultmann (1884–1976) studiert, einem Freund des ebenfalls in Marburg lehrenden Philosophen Marin Heidegger. Erst kürzlich wurde der Briefwechsel zwischen beiden im Rahmen der Gesamtausgabe der Schriften Martin Heideggers veröffentlicht.[10] Anders als Heidegger schloss sich Bultmann (wie Ebeling) dem Widerstand der bekennenden Kirche an, obwohl gerade Bultmann die Übersetzung von Heideggers Philosophie in die Theologie zu verdanken ist. 1924 wandte sich Bultmann von der vorherrschenden Schule der liberalen Theologie ab und der dialektischen Theologie zu, deren zentrales Credo es war, dass der Mensch Gott aus eigener Kraft in keiner Weise erkennen kann. Ebeling wurde nicht zuletzt durch eine ihn prägende Begegnung mit Dietrich Bonhoeffer ab 1939 Pfarrer der bekennenden Kirche, während Paul Tillich, der sich im Ersten Weltkrieg freiwillig als Militärpfarrer gemeldet hatte und später in Marburg, Dresden und bis zu seiner Emigration 1933 Professor für Theologie in Frankfurt am Main war, in die USA emigrierte. Seine Schriften gegen den Nationalsozialismus hatten Tillich den Ruf eines »religiösen Sozialisten« eingebracht. Tatsächlich hatte Tillich ab 1929 in Frankfurt die dort entstandene Frankfurter Schule der kritischen Theorie der Gesellschaft maßgeblich mitgeprägt. In Chicago wurde Tillich einer der füh-

renden Denker der modernen Theologie, dem es wie nur wenigen Theologen seiner Zeit gelang, die Fragen der Zeit aufzugreifen und ebenso existentiell wie aus dem Glauben heraus einer
Antwort näherzubringen. Tillichs Arbeiten brachten ihm schließlich weltweite Anerkennung und den Ruf ein, einer der größten
Intellektuellen der USA zu sein – was es ihm ermöglichte, in Har-
vard und Chicago ein die Fakultäten übergreifendes Lehrrecht
auszuüben. Ebeling hingegen lehrte ab 1956 mit kurzer Unter-
brechung in Zürich, wo er als Professor für Fundamentaltheolo-
gie vor allem die hermeneutische Schule der Theologie entwickelte.

In *Wesen und Wandel des Glaubens*, das ein Jahr nach dem Erscheinen in den USA ins Deutsche übersetzt wurde, definiert Tillich gleich im ersten Satz – darin eher ein amerikanischer als ein
deutscher Denker, der erst ein langes Präludium braucht – Glaube
als »das Ergriffensein von dem, was uns unbedingt angeht«.[11] Es
kennzeichnet den Menschen – darin folgten Tillich wie Bultmann
Heidegger –, dass er ein Lebewesen ist, das sich um sein Leben
Sorgen macht. Alle Funktionen des Menschen sind, so Tillich, »im
Akt des Glaubens vereinigt. Da Glaube ein Akt der Person als
ganzer ist, partizipiert er an der Dynamik des persönlichen Lebens.«[12] Dabei ist Glaube kein »Akt«, den man auf eine rein rationale Funktion reduzieren könnte – ebenso wenig wie er ein Akt
des Unbewussten ist. Vielmehr kommen im Glaube beides, Vernunft und Unbewusstes, auf eine Weise zusammen, in der »die
rationalen und die nichtrationalen Elemente des menschlichen
Seins transzendiert sind«.[13] Der Glaube umschließt daher beides –
»ein Element unmittelbaren Wissens, das Gewißheit verleiht, und
ein Element der Ungewißheit. Beides zu akzeptieren ist Mut …
Mut als Element des Glaubens ist das Wagnis der Selbstbejahung
des eigenen Seins trotz der Mächte des ›Nicht-Seins‹, die das Erb-
teil alles Endlichen sind. Wo aber Wagnis und Mut sind, da ist
immer auch Scheitern möglich, und deshalb ist in jedem Glaubensakt diese Möglichkeit gegenwärtig.«[14] Tillich macht darauf
aufmerksam, dass ein Glaubensverständnis, das den Glauben an

der Wahrheit einer Aussage misst, keinerlei Zweifel dulden würde. Glaube in diesem Sinn wäre unvereinbar mit Zweifel. Wenn Glaube aber das Ergriffensein von dem ist, was uns unbedingt angeht, dann ist Zweifel ein Element des Glaubens – Zweifel in Form des Wagnisses, das den Glauben begleitet.[15] Deshalb muss auch die Gemeinschaft der Glaubenden Zweifel als Bestandteil eines dynamischen Prozesses sehen. Eine Gemeinschaft, die auf Unfehlbarkeit von Glaubenssätzen pocht, setzt dagegen auf einen rein statischen Glaubensbegriff, durch den etwas Vorletztes und Bedingtes (nämlich eine Aussage) den Status von etwas Unbedingtem und Absoluten erhalten würde (ein Gedanke, den Tillich direkt von Bonhoeffer übernommen zu haben scheint).[16] Glaube ist deshalb nicht Für-wahr-Halten, sondern Vertrauen. »Glaube ist Teilhabe an dem, was unbedingt angeht – Teilhabe mit dem ganzen Sein. Deshalb sollte das Wort ›Glaube‹ nicht als eine Form theoretischer Erkenntnis gebraucht werden.«[17] Für-wahr-Halten ist etwas Vorläufiges, Relatives, mehr oder minder Wahrscheinliches. Doch Glaube ist keine Form der mehr oder minder starken Evidenzen, sondern »existentielle Erfahrung«.[18] »Fast alle Kämpfe zwischen Glauben und Erkenntnis wurzeln in dem falschen Verständnis des Glaubens als Erkenntnis mit geringerem Evidenzgrad, aber durch Autorität garantiert.«[19] Diese Ansicht ist nach Tillich ebenso falsch wie die Meinung, der Glaube sei ein Willensakt. Weder Argumente noch Willensakte, Autoritäten oder Gefühle können jedoch Glauben schaffen.[20] Die Frage, wie denn das, was uns unbedingt angeht, zur Sprache gebracht werden kann, verweist Tillich auf die Symbolsprache, die im Unterschied zur Zeichensprache an dem teilhat, worauf sie hinweist. Symbole haben nicht nur teil an der Wirklichkeit, auf die sie verweisen – sie eröffnen sie auch. Insofern ist Gott das »fundamentale Symbol für das, was uns unbedingt angeht«.[21] »Gott« ist in gewisser Weise also ein Symbol für Gott. »Wenn ›Existenz‹ sich auf etwas bezieht, das im Ganzen der Wirklichkeit vorgefunden wird, so existiert kein göttliches Wesen. Die Frage nach der Existenz Gottes kann also gar nicht so gestellt werden, sondern muß heißen: Welches unter den unzähligen Symbolen des Glaubens ist dem Sinn des Glaubens am meisten angemessen? Welches Symbol des Unbedingten drückt das Unbedingte aus, ohne götzenhafte Elemente zu enthalten?«[22] Gerade weil es dem Glauben darum geht, Unbedingtes als Unbedingtes und nicht als Vorläufiges, als Götze anzuerkennen, ist der Glaube nicht nur die Kritik des »Buchstabenglaubens«, sondern auch die Kritik des Mythos, ja letztlich »aller Religionen«, die an einen Naturmythos gebunden sind. Was die Vernunft angeht, so steht der Glaube nicht im Widerspruch zur Vernunft, die ja ganz und gar zu dem gehört, was den Menschen ausmacht und von anderen Lebewesen abhebt. Wäre Glaube nur im Widerspruch zur Vernunft möglich, dann würde er zu einer »Entmenschlichung des Menschen« führen.[23] Vernunft aber ist nötig, um letzte und vorletzte Anliegen zu unterscheiden und das zu erkennen, was unbedingt ist. »Vernunft ist Vorbedingung für den Glauben, und Glaube ist der Akt, in dem die Vernunft ekstatisch über sich hinausgreift ... Zwischen dem Wesen des Glaubens und dem Wesen der Vernunft gibt es keinen Konflikt.«[24] Glaube unterscheidet sich von Wissenschaft insofern, als Wissenschaft sich nicht mit dem befasst, was uns unbedingt angeht (auch wenn es, fälschlich, so scheinen mag, etwa in Bezug auf die Evolutionstheorie). Gerade deshalb ist es möglich, Glauben nicht auf wissenschaftliche Entdeckungen zu stützen und damit auf Vorletztes. Nur der Glaube kann sagen, »daß sich etwas Letztgültiges in der Geschichte ereignet hat«.[25] Über die historischen Bedingtheiten der Zeit und des Lebens Jesu Auskunft zu geben ist daher auch nicht Sache des Glaubens, sondern der Geschichtswissenschaften. Im Glauben geht es stattdessen um »Teilhabe, Partizipation an dem, worauf der gerichtet ist«.[26] Tillich nimmt hier ein altes Motiv der Theologie auf, das Glauben in Analogie zum Symbol versteht als dasjenige Geschehen, das Anteil hat an dem, worauf er gerichtet ist. Das, was geglaubt wird (fides quae creditur), der Glaubensinhalt, ist demnach identisch mit dem Glauben oder Glaubensakt selbst (fides qua creditur): Indem die Offenbarung offenbart, dass wir Menschen Gemeinschaft mit Gott haben, geschieht in genau dieser Offenbarung das, wovon sie spricht. »Ohne Offenbarung Gottes im Menschen ist die Frage nach Gott und nach dem Glauben an Gott nicht möglich. Es gibt keinen Glauben ohne Teilhabe an dem Gegenstand des Glaubens.«[27] Insofern ist Glaube eins mit der Liebe – die genau auf das, nämlich Einheit und unbedingte Gemeinschaft, zielt.

Ich habe Tillichs Gedankengang so dicht am Text dargestellt, weil er in vielem typisch ist für eine ganze Reihe ähnlicher theologischer Argumentationsstränge, seien sie nun wie bei Augustinus wesentlich älter oder im Gegenteil moderner als Tillich. Nach diesem Exkurs komme ich wieder auf Ebeling zurück, der ja durchaus im Sinne Tillichs formuliert hatte, dass »das Wort ›Gott‹ diese radikale Frage nach dem Wo des Menschen ist, die Frage, was ihn unbedingt angeht«.[28]

Demnach begegnet Gott und auch die Gemeinschaft mit Gott als Wort – ein Umstand, der bereits im Prolog des Johannes theologisch formuliert ist und seinerseits ein Echo auf die jüdische Worttheologie darstellt, die Wort Gottes und Ereignis, Wort und Sein als einen einzigen Zusammenhang dachte. Gott tut, was er sagt. In ihm sind Gesagtes und Sager, sind Versprechen und Erfüllung eins.[29] Das unterscheidet Gotteswort von Menschenwort – auch das ein Herzstück der theologischen Argumentation von Paulus über Luther bis in die Gegenwart. Offenbarung bedeutet also nichts anderes, als dass das, was von Gott her geschieht (dass wir Gemeinschaft mit ihm haben, eine Gemeinschaft der Liebe), tatsächlich im Glauben geschieht. Offenbarung ist das Handeln Gottes am Menschen.

Es ist damit – zumindest theologisch – klar, was bislang mehrfach ausgeführt wurde. Glaube im religiösen Sinn ist kein Wissen – in welchem Grad oder in welcher Form auch immer. Glaube unterscheidet sich deshalb auch nicht primär von Wissen oder Meinen – so sehr die Grammatik des Begriffes genau das nahezulegen scheint. Dieser Begriff des Glaubens im Sinne eines abgeschwächten Für-wahr-Haltens, eines Sich-nicht-sicher-Seins (»Ich glaube, es regnet, weiß es aber nicht«), ist der Begriff, der innerhalb der Erkenntnistheorie verwendet wird. Glauben im religiösen Sinn ist jedoch in der Formulierung von Tillich oder Ebeling ein Ergriffensein von dem, was uns unbedingt angeht, und das, allen Widerständen oder Wahrscheinlichkeiten zum Trotz, trägt. Es ist das, worauf wir uns verlassen können, weil im Glauben, wie Karl Rahner sagen würde, die ursprüngliche Verwiesenheit des Menschen auf ein absolutes Geheimnis zum Ausdruck kommt, das sich in der Selbstoffenbarung Gottes auflöst. Indem Gott sich offenbart, haben wir Anteil an seinem Sein. Glauben zu denken bedeutet also diese Erfahrung des Tragens, des absoluten Angenommen-Seins im Widerspruch zu dem zu denken, was uns täglich begegnet – Endlichkeit, Vergänglichkeit, Tod, von dem selbst unsere Freundschaften, unsere Liebe bedroht ist. Ludwig Wittgenstein hat an vielen Stellen diese tiefengrammatischen Unterschiede zwischen »glauben« (im erkenntnistheoretisch-logischen Sinn), »meinen« und »wissen« herausgearbeitet. Diese Unterschiede sind Thema vieler weiterer Bücher, die sich mit Erkenntnistheorie, Logik, Wissenschaftsgeschichte und analytischer Sprachphilosophie befassen und einen eigenen Raum in der Bibliothek füllen.

Ein kleines Beispiel von vielen, wie die Semantik zur Ontologie führen oder besser verführen kann, gibt der amerikanische Philosoph Donald Davidson (1917–2003) in *Wahrheit, Sprache und Geschichte*.[30] Nehmen wir an, jemand sagt, dass eine Proposition (Aussage) wie »Das ist ein Suppenwürfel« wahr ist. Dann kann die kontradiktorische Proposition »Das ist kein Suppenwürfel« nicht gleichermaßen wahr sein. Es gilt das eine oder das andere. Dennoch kann eine Person glauben, dass das, was ich in der Hand halte, ein Suppenwürfel ist – und zugleich auch die Negation dieser Aussage glauben (etwa weil er denkt, dass er sich irrt und ich in Wahrheit einen Spielwürfel in der Hand halte, dessen Augen bzw. Zahlen ich geschickt überklebt habe, um ihn zu täuschen). Eine Proposition der Form »p und nicht p« kann nicht wahr sein. Dieser Satz hat elementare Geltung für das (richtige)

Denken. »Gedanken und Überzeugungen gehören zum Bereich der Rationalität«, schreibt Davidson. Dabei ist ein u.u. sogar beträchtliches Maß an Abweichung von der Realität durchaus noch mit einem Grundbestand an Rationalität vereinbar. »Doch je extremer die Abweichungen werden, desto weniger klar ist, wie man die Abweichungen beschreiben soll, und daher auch weniger klar, dass die Normen des Denkens in Kraft sind. Eine eindeutige und offenkundige Kontradiktion liegt jenseits der Grenze der Abweichungen. Hier ist der Begriff des Denkens nicht mehr anwendbar« – ebenso wenig wie der der Logik, der Wissenschaft oder der Wahrheit (höchstens in einem sehr unscharfen, metaphorischen Sinn, indem man meint, eine Kontradiktion zu glauben – aber darin eben irrt).[31]

Meines Wissens bringt Wittgenstein zumindest in *Über Gewißheit* Glauben im religiösen Sinn nur ein einziges Mal im Zusammenhang mit dem Thema Wissen und Gewissheit. Dort heißt es: »Katholiken glauben auch, daß eine Oblate unter gewissen Umständen ihr Wesen gänzlich ändert, und zugleich, daß alle Evidenzen das Gegenteil beweisen.«[32] Dies ist genau der von Davidson analysierte Fall: Ich sehe, dass p und zugleich dass nicht-p gilt: und glaube doch beides. Die Oblate ist eine Oblate und die Oblate ist der Leib Gottes. Kant bemerkt in seiner Kritik der Urteilskraft in § 91 »Von der Art des Fürwahrhaltens durch einen praktischen Glauben«, dass es drei Arten erkennbarer Dinge gebe: Sachen der Meinung (opinabile), Tatsachen (scibile) und Glaubenssachen (mere credibile). »Gegenstände der bloßen Vernunftideen, die … nicht in irgendeiner möglichen Erfahrung dargestellt werden können«, sind nach Kant keine erkennbaren Dinge. Man könne in ihrer Ansehung nicht einmal meinen. Stattdessen sind sie Hirngespinste, also Täuschungen. »Meinungssachen« hingegen enthalten wenigstens Objekte einer »möglichen Erfahrungserkenntnis (Gegenstände der Sinnenwelt)«.[33] So ist es eine Sache der Meinung, »vernünftige Bewohner anderer Planeten anzunehmen«. Warum? Weil wir sie, wenn wir ihnen näherkommen würden, durch Erfahrung ausmachen könnten. Insofern ist eine

Meinung durchaus zulässig und akzeptabel – als Meinung. Etwas ganz anderes ist es, wenn wir es mit einer bloßen Idee zu tun haben, »welche übrig bleibt, wenn man von einem denkenden Wesen alle Materie wegnimmt, und ihm doch das Denken übrig läßt. Ob aber alsdann das letztere (welches wir nur am Menschen, d.i. in Verbindung mit einem Körper kennen) übrig bleibe, können wir nicht ausmachen. Ein solches Ding ist ein vernünftelndes Wesen (ens rationis ratiocinatae), kein Vernunftwesen.«[34] Tatsachen hingegen sind Gegenstände für Begriffe, die bewiesen werden können – durch deren objektive Realität oder durch reine Vernunft oder Erfahrung. Eine einzige Ausnahme davon gibt es allerdings nach Kant: die Idee der Freiheit, deren Realität, obwohl keines theoretischen Beweises möglich, »sich durch praktische Handlungen, mithin der Erfahrung, dartun läßt«.[35] Glaubenssachen (res fidei) schließlich entziehen sich dem Zugriff. Sie entstammen keiner uns möglichen Erfahrung und können nur aufgezeigt werden, weil sie »durch praktische reine Vernunft geboten« sind.[36] Im religiösen oder theologischen Sinn versteht man laut Kant Glaubenssachen als dasjenige, zu »deren Bekenntnis (innerem oder äußeren) man verpflichtet werden kann«.

Wittgenstein, für den Glauben im religiösen Sinn eng an eine Lebenspraxis gebunden ist, würde dem weitgehend zustimmen können. In der Praxis – vor allem in der Moral – zeigt sich, was du glaubst. Ansonsten gilt, dass sich die »Oberflächengrammatik« (das, was sich uns am Gebrauch eines Wortes unmittelbar einprägt) nicht nur von der »Tiefengrammatik« unterscheidet, sondern uns über sie nicht selten in die Irre führt. Es kann beispielsweise sein, dass ich von Gott spreche wie von einer Macht außerhalb von mir – so, als würde ich von einem Gegenstand oder einer anderen Person reden. Tatsächlich aber beschreibe ich damit nur, was sich in mir ereignet und welche Stärkung ich beispielsweise durch ein Gebet erfahren habe. So bemerkte Wittgenstein scharfsinnig, dass man Gott nicht mit einem anderen reden hören kann, sondern nur, wenn man selbst der Angeredete ist. Wittgenstein betont, dass dies keine empirische Aussage ist (eine Aussage, die man durch Experimente und äußerliche Beobachtung folgern kann), sondern eine grammatische Bemerkung.[37] Erst der genaue Blick auf den Gebrauch des Wortes macht klar, dass es der Oberflächengrammatik zum Trotz in Wahrheit um eine Innenperspektive (eine Erste-Person-Perspektive), nicht um eine Dritte-Person-Perspektive geht. Würde ich einen anderen mit dieser Person reden hören oder auch eine Stimme zu ihr sprechen hören, dann wäre klar, dass dieser andere eben ein anderer Mensch ist oder eine (wie auch immer produzierte) Stimme eines solchen Dritten, nicht aber Gott. Gott können wir auf diese Weise nicht hören. Und wenn doch, dann besteht der dringende Verdacht, dass es sich dabei um eine Halluzination oder eine Art von kollektiver Wahnvorstellung handelt. Die Kluft zwischen Erste-Person-Perspektive und der Außenschau, der Dritte-Person-Perspektive, wird besonders bei der Analyse mentaler Vorgänge deutlich. Das Bild, das auf einem Magnetresonanztomographen erscheint, hat offenbar nichts mit dem inneren Erlebnis, mit der Innenperspektive zu tun. Dieses sogenannte Qualia-Problem führt zu einer Fülle weiterer, verwirrender Probleme, deren Lösung bislang alles andere als klar erscheint.[38] Das Innenleben des Menschen ist, allen Forschungsergebnissen der empirischen Psychologie und der Neurowissenschaften zum Trotz, alles andere als ein erschlossenes Terrain. Es ist, darin der Frage nach Gott nicht unähnlich, vielmehr ein Niemandsland.[39] Daher forderte Wittgenstein immer wieder: »Nun vergleiche die Tiefengrammatik, des Wortes ›meinen‹ etwa, mit dem, was seine Oberflächengrammatik uns würde vermuten lassen. Kein Wunder, wenn man es schwer findet, sich auszukennen.«[40] Es gibt dabei nichts Verkehrteres, »als Meinen eine geistige Tätigkeit [zu] nennen«.[41] Genau das gilt auch für das Glauben. Introspektion gibt keine Antwort auf die Verwendung der Begriffe – sondern ihr tatsächlicher Gebrauch. Ich finde buchstäblich nichts, wenn ich in mich gehe, um zu ergründen, was sich tut, wenn ich glaube, meine, weiß. Deutlich sind nur die vielen Asymmetrien vor allem in der Verwendung eines Wortes wie

»glauben« in der ersten und in der dritten Person, die Wittgenstein und viele sprachanalytische Philosophen nach ihm analysiert haben.

Wetten, dass es anders ist als gedacht? – Pascal

Einer der berühmtesten Einwände gegen das bisher Gesagte, der Einwand, all dies habe nichts mit dem Glauben im religiösen Sinn zu tun, sei bloßes Vorspiel und insofern ohne Wert, stammt von dem französischen Mathematiker, Physiker, Philosophen und Theologen Blaise Pascal (1623–1662). Pascal war ein leidenschaftlicher Forscher, der sich dem Phänomen des Luftdrucks ebenso zuwenden konnte wie dem Glücksspiel und der Wahrscheinlichkeitsrechnung, deren Grundstein Pascal 1654 in einem Briefwechsel mit Pierre de Fermat legte. 1658 begann er mit den Notizen einer Apologie des christlichen Glaubens, die er jedoch nicht mehr beenden konnte. Sein Einwand gegen das bisher Gesagte und eine seiner bekanntesten Notizen – es existieren rund 1000 Fragmente, über deren Anordnung bis heute debattiert wird – lautet: »Le cœur a ses raisons que la raison ne connaît pas« – das Herz hat seine Gründe, die der Verstand nicht kennt.[42] Was also weiß der Verstand vom Glauben?

Pascal kannte nur zu gut ein Geheimnis über den Menschen. Seine Erkenntnis wurde später zu einer der zentralen Einsichten der Religionskritik und sollte von Kant über Nietzsche und die Psychoanalyse Freuds bis hin zum Existentialismus immer wieder bedacht werden: »Der Wahn ist der ihn beherrschende Teil des Menschen.«[43] Geschickt verband Pascal das dieses Buch begleitende Bild von der Orientierung und vom Schiff – von dem allerdings hier nicht mehr als eine einzige Planke übrigbleibt – mit dem Bild des existentiellen Abgrunds und der Todesangst, wobei er zu einer eher pessimistischen Einschätzung der Erkenntnisfähigkeiten des Menschen und insbesondere der kritischen Philo-

sophen kommt. »Auf einer Planke, die breiter als nötig ist, wird,
wenn unter ihr ein Abgrund gähnt, die Einbildung den größten
Philosophen der Welt überwältigen, – mag auch die Vernunft ihn
von der Sicherheit überzeugen; sein Wahn wird obsiegen ... Die
Vernunft hat abdanken müssen und die geläutertste [sc. Handlung, G. S.] bedient sich der Grundsätze, die die Einbildung der
Menschen leichtfertig überall eingeführt hat.«[44] Man sieht: Wenn
Pascal vom Glauben zu sprechen beginnt, dann deshalb, weil er
die Lage des Menschen, dieses »denkenden Schilfrohres«, durch
und durch mit Skepsis betrachtet.

Pascal kannte und liebte die Vernunft in Form der Wissenschaft.
Als Theologe brauchte er sie nur, um den Skeptikern zu zeigen,
dass Gott sich nicht widersprach, was er auf vielfältige Weise auf-
zuweisen versuchte.[45] Doch die Vernunft trifft die Sache, um die
es ihm geht, nicht wirklich. Seine Argumentation erinnert an die
von Joss aus dem Film »Kontakt«: »Das Herz hat seine Ordnung«,
schreibt Pascal, »der Geist hat die seine, die besteht in Grundsät-
zen und Beweisen. Das Herz hat eine andere. Man beweist nicht,
daß man uns lieben sollte durch geordnete Darlegung der Ursachen der Liebe, das würde lächerlich sein.«[46] Glaube ist für Pascal
im Wesentlichen ein Geschehen der Liebe – einer Liebe, die Gott
mit den Menschen, die Menschen mit Gott und alle Menschen
miteinander verbindet. Diese Liebe ist ein existentielles Geschehen. Wie weit dieser Gedanke Pascals reicht, zeigt sich an seiner
prominenten Verwendung beispielsweise bei dem evangelischen
Theologen Rudolf Bultmann. »Versteht man unter ›von Gott reden‹ ›über Gott‹ reden, so hat solches Reden überhaupt keinen
Sinn; denn in dem Moment, wo es geschieht, hat es einen Gegenstand, Gott, verloren ... Wer durch Gründe bewogen wird, Gottes
Wirklichkeit zu glauben, der kann sicher sein, daß er von der
Wirklichkeit Gottes nichts erfaßt hat ... Denn jedes ›Reden über‹
setzt einen Standpunkt außerhalb dessen, worüber geredet wird,
voraus. Einen Standpunkt außerhalb Gottes aber kann es nicht
geben, und von Gott läßt sich deshalb auch nicht in allgemeinen
Sätzen, allgemeinen Wahrheiten reden, die wahr sind ohne Bezie-

hung auf die konkrete existentielle Situation des Redenden. Man kann über Gott sinnvoll so wenig reden wie man über die Liebe reden kann.«[47] Bleibt also nur die Liebeslyrik als eine Sprache, die in der Liebe geschieht statt in einer Haltung, die sich über sie hinwegsetzt? Der Glaube ist kein Gerede, sondern ein Geschehen, eine Tat Gottes am Menschen, die den Menschen verändert. Sie geschieht im Herzen – dem (symbolischen) Ort, an dem Gott, Mensch und Liebe mit einem einzigen Schlag zusammenkommen. »Und deshalb sind die, denen Gott den Glauben durch ein Empfinden des Herzens gab, sehr glücklich und völlig rechtmäßig überzeugt. Denen aber, die ihn nicht haben, können wir ihn nur durch Überlegung vermitteln, hoffend, daß ihn Gott ihnen durch ein Empfinden des Herzens schenke, denn sonst ist der Glaube nur menschlich und ohne Nutzen für das Heil.«[48]

Dies ist eine erste, für den christlichen Glauben wesentliche Bestimmung: Glauben ist eine Herzenssache. Der Glaube ist etwas Existenzielles, nichts rein Rationales, aber auch nichts rein Gefühliges oder Gefühlsmäßiges – denn auch das wäre, wie die reine Vernunft, am Ende nur eigene Vorstellung und, sofern Angst im Spiel ist, Wahn. Wie geistreich und zugleich verständlich Pascal dabei mit der Vernunft gegen sie argumentiert, kann man in der folgenden Notiz gut erkennen, die sich auf das zentrale Problem des Glaubens, auf die Auferstehung, bezieht: »Atheisten. Welchen Grund haben sie für die Behauptung, man könne nicht auferstehen? Was ist schwieriger: geboren zu werden oder aufzuerstehen? Daß jenes, was niemals existiert hat, nun existiert oder daß jenes, was existiert hat, noch immer existiert? Die Gewohnheit läßt uns das eine leicht, die fehlende Gewohnheit das andere unmöglich erscheinen. Eine dem Volk eigentümliche Art zu urteilen.«[49] Diese Denkart gilt es zu überwinden. Man darf die Vernunft nicht beiseitelassen – als einer der führenden Wissenschaftler seiner Zeit wusste Pascal das nur zu gut. Aber dennoch ist wahrer Glaube etwas völlig anderes als alles, was durch die Vernunft bewiesen werden könnte. Vernunftargumente haben, wenn überhaupt, lediglich vorbereitende Qualität. »Der

Glaube ist von Gott gegeben«, schreibt Pascal. »Glaubt nicht, wir meinten, er wäre eine Gabe der Vernunft. Das lehren die andern Religionen nicht von ihrem Glauben; sie kennen nur die Vernunft, um ihn zu erlangen, die trotzdem nie dahin führt ... Es ist das Herz, das Gott spürt, und nicht die Vernunft. Das ist der Glaube: Gott spürbar im Herzen und nicht der Vernunft.«[50] Doch wie kommt man vom einen Bereich in den anderen?

Pascal hat sich lange genug mit der Liebe, aber auch in den Salons mit einer Leidenschaft der reichen Schicht seiner Zeit – zu der er lange dazugehörte – befasst: mit dem Glücksspiel und der Wette. Warum sollte man also nicht wetten, auch auf den Glauben? Obwohl die Anordnung der Fragmente Pascals, insbesondere zu längeren Texteinheiten wie der berühmten Pascal'-schen Wette, keineswegs authentisch ist und es bis heute keine definitive Anordnung der Fragmente gibt,[51] ist dies in etwa die gekürzte Fassung der Formulierung der Pascal'schen Wette:

»Angenommen es sei sicher, dass es Gott gibt oder ihn nicht gibt, und dass es keinen Mittelweg gibt. Für welche Seite werden wir uns entscheiden? ... Lassen Sie uns ein Spiel spielen, bei dem es zu einer Entscheidung für ›Kopf oder Zahl‹ kommt. Mit Vernunft können wir weder das eine noch das andere versichern; mit Vernunft können wir weder das eine noch das andere ausschließen. Verfallen Sie also nicht dem Irrtum, dass hierbei eine richtige Wahl getroffen werden könnte, denn Sie wissen nicht, ob Sie falsch liegen oder schlecht gewählt haben ... Sowohl wer sich für ›Kopf‹ entscheidet, als auch wer sich für ›Zahl‹ entscheidet, beide liegen falsch: Die Wahrheit kann nicht durch eine Wette entschieden werden, aber es muss gewettet werden. Es gibt keine Freiwilligkeit, Sie müssen sich darauf einlassen. Wenn Sie nicht wetten, dass es Gott gibt, müssen Sie wetten, dass es ihn nicht gibt. Wofür entscheiden Sie sich? Wägen wir den Verlust dafür ab, dass Sie sich dafür entschieden haben, dass es Gott gibt: Wenn Sie gewinnen, gewinnen Sie alles, wenn Sie verlieren, verlieren Sie nichts. Setzen Sie also ohne zu zögern darauf, dass es ihn gibt.«[52]

Über diese Wette als Weg zum Glauben ist viel geschrieben

worden. Sie werden einiges und auch durchaus Widersprüchliches dazu auf Ihrem Rundgang durch eine Bibliothek Ihrer Wahl finden. Nur so viel: Die Wette lebt natürlich von einer Schein-Alternative. »Während Pascal seinen Ruf als brillanter Mathematiker verdient«, schrieb Sam Harris in *Newsweek*, »war seine Wette nie mehr als eine niedliche (und falsche) Analogie. Wie bei vielen niedlichen Ideen in der Philosophie, erinnert man sich oft an sie und wiederholt sie oft und dies hat ihr einen unverdienten Anschein der Tiefsinnigkeit verliehen.«[53] Tiefsinnig ist der existenzielle Zug der Geschichte. Das Spiel mit dem Leben nach dem Tod – und mit dem Umgang mit dem Tod in diesem Leben. Es gibt Gott, und Gott belohnt die Menschen, sagt Pascal. Aber was ist mit der Möglichkeit, dass es zwar einen Gott gibt, aber er uns nicht belohnt? Oder umgekehrt: dass es zwar keinen Gott gibt, aber dafür eine grandiose Belohnung? Könnte es nicht auch viele Götter geben? Und hat nicht auch der Glauben, wenn man auf ihn wettet, seine Kosten – gerade in einer säkularen Gesellschaft? Kann und darf Glaube – und hier ist Pascal geradezu Calvinist – zu einer Gewinnmaximierung führen (so als könne man den Grad des Glaubens am erworbenen Reichtum ablesen, einem Gradmesser für die protestantische Werkethik)? Dieser Gedanke führt uns direkt zu Martin Luther.

Warum jeder glaubt und einen Gott hat – Luther

In seiner Vorrede zum Römerbrief von 1522 und damit in der Übersetzung, mit der sich eine gemeinsame deutsche Sprache, das Hochdeutsche, allererst entwickelte, notiert Martin Luther: »Glaube ist nicht der menschliche wahn und trawm, den etliche fur glauben halten.«[54] Luther wusste, dass viele falsche Vorstellungen vom Glauben existieren. Umso genauer müsse man die Texte studieren und, mit den Texten, argumentieren. Auch wenn ein guter Prediger immer gegen sich selbst predigt: Seinen Verstand sollte er in jedem Fall gebrauchen. Glaube ist keine Illusion. Kein Opium des Volkes. Und doch hat Marx recht, wenn er den Glauben mit dem Protest verbindet. »Das religiöse Elend ist in einem der Ausdruck des wirklichen Elendes und in einem die Protestation gegen das wirkliche Elend«, schrieb Marx 1843 in der Einleitung *Zur Kritik der Hegelschen Rechtsphilosophie*. »Die Religion ist der Seufzer der bedrängten Kreatur, das Gemüt einer herzlosen Welt, wie sie der Geist geistloser Zustände ist. Sie ist das Opium des Volks. Die Aufhebung der Religion als des illusorischen Glücks des Volkes ist die Forderung seines wirklichen Glücks.« Doch worin besteht dieses wirkliche Glück?

Auf diese Marx'sche Frage sucht auch Luther eine Antwort. Wenn die Menschen sehen, dass durch den Glauben keine Besserung des Lebens eintritt, ja nicht einmal gute Werke folgen, dann »fallen sie in den irthum und sprechen: Der glaube sey nicht gnug. Man müsse werck thun sol man frum und selig werden.«[55] Was dann geschieht, ist exakt das, was Marx Opium des Volkes und Freud eine Illusion nennen wird. Luther bestätigt es. Wenn alles nicht klappt, wenn auch der Glaube und das Evangelium nicht die gewünschten Effekte haben – und diese Effekte inklusive Glück und Sinn des Lebens verspricht man sich ja vom Glauben –, »so fallen sie da her und machen jnen aus eien krefften einen gedancken im herzen der spricht: Jch gleube. Das halten sie denn fur einen rechten glauben. Aber wie es ein menschlich getict und gedancken ist den des hertzens grund nimer erferet also thut er auch nichts und folget keine besserung her nach.«[56]

Glaube – das ist für Luther nicht irgendeine Überzeugung, nicht irgendetwas, das man sich selbst entwerfen kann, ist keine Projektion, kein Wunsch oder Gedicht, also Erfindung, sondern »ein Göttlich werck in uns das uns wandelt und new gebirt aus Gott«.[57] Der Glaube, schreibt er, ist nur rechter Glaube und insofern vom Aberglauben unterschieden, wenn er uns zu einem »gantz ander menschen von hertzen mut sinn und allen krefften« macht und den Heiligen Geist mit sich bringt. Der Glaube ist etwas, das den Menschen zutiefst verändert. Wer in seinem Leben

Veränderungen erlebt hat, weiß, dass sie nicht rein rationaler Natur sind und nie nur über den Verstand (aber eben auch nie nur über das Gefühl) entstehen. »O es ist ein lebendig schefftig thettig mechtig ding umb den glauben«, schreibt Luther, »das unmüglich ist das er nicht on unterlas sollte guts wircken«.

Luther meint, dass der Glaube etwas ist, das wir nicht selbst bewirken können. Gerade deshalb ist der Glaube das probateste Mittel gegen jegliche Illusion und Projektion. Glaube ist eine lebendige, erhebende »zuuersicht auff Gottes gnade so gewis das er tausent mal drüber stürbe«. Auf diese Zuversicht, sagt Luther, ist Verlass. So sehr, dass Gott, um dieser Zuversicht gerecht zu werden, tausendmal stürbe. Glaube ist Liebe bis in den Tod. Allerdings keine romantische, keine masochistische, auch keine sadistische Form der Liebe, sondern eine Liebesbeziehung, auf die einfach immer Verlass ist, auch dann, wenn es wirklich eng, wirklich schwer und tödlich gefährlich wird. Genau das bedeutet Gerechtigkeit: Gott macht den Menschen gerecht vor sich, vor allen anderen Menschen und vor ihm, dem Schöpfer. Um was also sollte sich der Mensch noch sorgen? Sein Seelenheil ist ihm gewiss. Die Sünde ist genommen, gestorben. Und nun ist auf Gott in Leben und Tod Verlass. Das ist die Botschaft des Christentums. Zu glauben bedeutet für Luther, eine Zuversicht zu haben, die es nur geben kann, weil wir Gemeinschaft mit Gott haben. Gott ist es, der uns in seine Liebe – die Liebe des Sohnes zum Vater und des Vaters zum Sohn – aufnimmt. Diese Beziehung zwischen Vater und Sohn ist selbst Liebe – oder, theologisch gesprochen, der Heilige Geist. Alles andere würde bedeuten, »aus dem rechten Gott Götzen« machen.[58] Glaube ist das Werk Gottes. Es ist die Annahme des Menschen dadurch, dass er Gemeinschaft mit Gott hat – und durch diese Gemeinschaft sich selbst annehmen kann. Doch was ist Gott?

Diese Frage beantwortet Luther auf eine kaum zu übertreffende Weise in seinem großen Katechismus, der die Zehn Gebote behandelt. Das erste Gebot handelt von Gottes Einmaligkeit: Du sollst nicht andere Götter haben. Luther erläutert das Gebot so:

»Das ist: du sollst mich allein für deinen Gott halten. Was ist das gesagt, und wie versteht mans? Was heißt, einen Gott haben, oder was ist Gott? Antwort: ein Gott heißt das, dazu man sich versehen soll alles Guten und Zuflucht haben in allen Nöten; also dass einen Gott haben nichts anders ist, denn ihm von Herzen trauen und glauben; wie ich oft gesagt habe, dass allein das Trauen und Glauben des Herzens beide macht, Gott und Abgott. Ist der Glaube und Vertrauen recht, so ist auch dein Gott recht; und wiederum, wo das Vertrauen falsch und unrecht ist, da ist auch der rechte Gott nicht. Denn die zwei gehören zu Haufe, Glaube und Gott. Worauf du nun (sage ich) dein Herz hängst und verlässest, das ist eigentlich dein Gott.«[59]

Gott ist das, woran man wirklich hängt, worauf man wirklich vertraut und sich verlässt. Insofern hat jeder einen Gott. Jeder hängt sein Herz an etwas. Jeder sucht Zuflucht bei etwas in Zeiten der Not. Jeder hat etwas, worauf er von Herzen traut und woran er glaubt. Die Frage ist nur, ob dieser Gott (eine Bezeichnung für das, worauf man sich wirklich verlässt) der richtige ist. Luther gibt ein Kriterium für die Unterscheidung von rechtem und falschem Gott, von Gott und Götze – und damit auch ein Kriterium für die Unterscheidung von rechtem Glauben und Aberglauben. »Ist der Glaube und das Vertrauen recht, so ist auch dein Gott recht.« Rechtes Vertrauen aber ist das, was sich in Leben und Tod, in allen Situationen des Lebens bewährt. Insofern ist es nur folgerichtig, wenn Luther fortfährt:

»Darum ist nun die Meinung dieses Gebots, dass es fordert rechten Glauben und Zuversicht des Herzens, welche den rechten einigen Gott treffe und an ihm allein hange. Und will so viel gesagt haben: siehe zu und lasse mich allein deinen Gott sein und suche ja keinen andern; das ist was dir mangelt an Gutem, des versieh dich zu mir und suche es bei mir, und wo du Unglück und Not leidest, kriech und halte dich zu mir. Ich, ich will dir genug geben und aus aller Not helfen, lass nur dein Herz an keinem andern hangen noch ruhen. Es ist mancher, der meint, er habe Gott und alles genug, wenn er Geld und Gut hat, verlässt und brüstet sich darauf so steif und sicher, dass er auf niemand etwas gibt. Siehe, dieser hat auch einen Gott, der heißt Mammon, das ist Geld und Gut, darauf er all sein Herz setzt, welches auch der allergewöhnlichste Abgott ist auf Erden. Wer Geld und Gut hat, der weiß sich sicher, ist fröhlich und unerschrocken, als sitze er mitten im Paradies; und wiederum, wer keins hat, der verzweifelt und verzagt, als wisse er von keinem Gott. Denn man wird ihrer gar wenig finden, die guten Mutes sind, nicht trauern noch klagen, wenn sie den Mammon nicht haben; es klebt und hängt der Natur an bis in die Grube. Also auch, wer darauf traut und trotzt, dass er große Kunst, Klugheit, Gewalt, Gunst, Freundschaft und Ehre hat, der hat auch einen Gott, aber nicht diesen rechten, einigen Gott. Das siehst du abermal dabei, wie vermessen, sicher und stolz man ist auf solche Güter, und wie verzagt, wenn sie nicht vorhanden oder entzogen werden. Darum sage ich abermal, dass die rechte Auslegung dieses Stückes sei, dass einen Gott haben heißt: etwas haben, darauf das Herz gänzlich traut.«[60]

Die Frage ist nur, wie verlässlich das ist, worauf er traut. Geld? Klugheit? Kunst? Gewalt? Freundschaft oder Ehe? Ich vermute, dass dies jetzt ein guter Zeitpunkt ist, Sie ein wenig allein zu lassen beim Nachdenken. Woran hängen Sie? Was ist Ihr Credo, Ihr Glaube und Gott? Wie auch immer Ihr Nachdenken ausgehen wird: Wir sollten festhalten, dass wir die Analyse, die so gar nichts mit dem Glauben im religiösen Sinn zu tun zu haben schien und darauf hinauslief, dass auch die Vernunft nicht ohne Glauben im Sinne von Vertrauen auf andere, auf Regeln, Kommunikation, Bedeutungen und Sinn auskommt, gar nicht so weit vom eigentlich religiösen Verständnis entfernt ist, aber weit von jeder Dogmatik.

Und jetzt? – Ägyptizismus und Liebe in der Pausenzone

Lassen Sie uns für einen Moment aus diesem Riesenraum der Bibliothek treten und um die Ecke in die Pausenzone gehen, wo es etwas heller und gemütlicher ist. Eigentlich handelt es sich bei dem Raum, in dem wir gerade kurz waren, um eine gigantische Bibliothek in der Bibliothek. Der Luther-Raum umfasst ja nicht nur die Schriften von Luther selbst, sondern auch all die Kommentare zu seinen Schriften und dann die vielen Kommentare zu diesen Kommentaren. Manchmal ist es gut, wenn man die Bücher zuklappt, sich ein wenig die Beine vertritt, mal an die frische Luft geht, einen Kaffee trinkt und ein Schwätzchen hält, um die Dinge sinken zu lassen. Wir sollen ja nicht nur mit dem Kopf denken, haben wir gerade gelernt, sondern auch unser Herz einbeziehen in das, was wir denken und erkennen. »Was also haben wir?«, würde Kurt Wallander fragen.

Halten wir zunächst fest, dass im Neuen Testament, und das ist sehr klar und deutlich, das Herz der Sitz des Glaubens ist. Diese Tradition hat die Theologie bis heute aufgenommen. Das griechische Wort für Herz – καρδία, kardia – ist dabei dasselbe wie in Kardiologie, also sehr gegenständlich, durchaus am physischen Körper orientiert und biologisch gehalten. Eine Formulierung wie im Römerbrief (Röm 10,6ff) ist typisch für diesen Zusammenhang zwischen Glauben und Herz. Dort heißt es, dass das Wort bzw. die Verkündigung (ῥῆμα, die Rede) vom Glauben »nahe in deinem Mund und in deinem Herzen ist«. Sprache und Herz, Reden und Sitz der Person wachsen also zusammen und werden im Geschehen oder Vollzug des Glaubens eins. Vielleicht hat dieser Umstand damit zu tun, dass ein klares verbales Bekenntnis zu Jesus, zur christlichen Gemeinschaft oder zur Botschaft der Auferstehung in den ersten Jahrzehnten nach Jesu Tod und noch weit darüber hinaus ein Todesurteil sein konnte. Wer so sprach, musste demnach sicher und fest in seinem Herzen sein, musste wissen, wo er oder sie wirklich zu Hause und verankert waren, um so sprechen (und möglicherweise auch getötet werden) zu können.

278

In den jüdischen Schriften und damit im Hebräischen ist die Wortbedeutung von glauben ebenso klar und deutlich, auch wenn das Wort Glaube oder glauben eine etwas andere Bedeutungsnuance wie später im Griechischen hatte. הנומא (ausgesprochen emunA) bedeutet in erster Linie fest und zuverlässig, heißt aber eben auch glauben im Sinne von trauen, vertrauen auf, vermutlich weil wir auf etwas vertrauen, wenn es zuverlässig oder fest ist. הנומא kann man übersetzen mit getrost oder vertrauensvoll sein. Das bekannte »Amen!« als Formel in Gebeten und Bekenntnisses leitet sich aus diesem Wort für Glaube ab und hat die Bedeutung eines Ausrufes: »wahrlich!« oder »gewiß«, bedeutet aber auch Wahrheit und Treue (Jes 25.1). Ebenfalls verwandt damit ist das Wort für Türpfosten bzw. Pfeiler bzw. Erziehung, Pflege und Wahrheit (Gen 20,12). In manchem ähnelt diese Wortbedeutung also dem Großbegriff der Kultur, denn »cultura« bedeutet wörtlich Pflege und Sorge für etwas. Der Begriff »zweifeln« wird im Hebräischen einfach durch die Verneinung von glauben gebildet, also nicht glauben: ן. ְימאהל אל. So weit das reine Übersetzen. Glaube ist also etwas, worauf man sich verlassen kann, was wie ein Schiff trägt. Es ist das, woran unser Herz letztlich hängt und worauf es setzt. So weit, so gut. Damit könnte man eigentlich zufrieden sein und das Buch beenden, denn wie ich gezeigt habe, kommt die Vernunft ohne Glauben in diesem Sinne gar nicht aus. Unmöglich. Mag sein, dass sie ohne Religion auskommt, ohne Dogmen: Nicht aber ohne Glauben. Eine Welt ohne Glauben gibt es für Menschen ebenso wenig wie eine Welt ohne Vernunft.

So einfach all dies ist, so viel mehr steckt doch hinter dieser Einfachheit in einem Wort wie »Herz«. Mir scheint, dass die Formulierung in ihrer direkten, geradezu auf schockierende Weise biologischen Bedeutung den Philosophen ein wenig den Theorie-Boden unter den Füßen wegzieht. Die Verbindung von Glauben und Herz hat, wie mir scheint, ein klares und deutliches Ziel und verfolgt eine Absicht, über die sich Theologen leider nur selten klarwerden. »Herz« will die griechische Schwere der Metaphysik, den Bildungskanon, die Begriffe und Theorien beispielsweise von Platon und Aristoteles, aber auch die gesamte Literatur über die jüdischen Gesetze und Vorschriften hinter sich lassen, um direkt zur Sache zu kommen. Wer direkt zur Sache kommt, gerät, wie Robert Musil grandios formulierte, mitten ins Herz der Welt. Glauben kommt ganz gut ohne metaphysischen Diskurs aus. Das ist die Botschaft. Was zum Glauben nötig ist, ist das, was man zur Existenz in Krisenzeiten braucht: etwas, worauf man sich verlassen kann. Alles andere kommt später, ist Philosophenprosa und Theologendeutsch.

Das allerdings bedeutet keineswegs, das Denken an der Sakristei abzugeben, wenn man eine Kirche betrifft. Andreas Hunziker ist einer derjenigen, die diesen Zusammenhang klar und deutlich gesehen haben. Kein Wunder, denn schon sein Buch trägt den Titel *Das Wagnis des Gewöhnlichen*. Hunziker scheut sich nicht, in einer genauen Textanalyse zu zeigen, wie selbst ein so gefeierter Theologe wie Eberhard Jüngel beim Reden über den Glauben in die alte Metaphysikfalle tappt.[61] Jüngel zeichnet in diesem Beispiel Rudolf Bultmanns Verständnis von Glauben (zu ihm werde ich später noch kommen) als einem neuen Seinsverständnis nach – und bleibt letztlich doch, bei aller Radikalität dieses wirklich neuen Seinsverständnisses, einer neuen Weise zu leben, im Jargon der alten, traditionellen Metaphysik hängen (was mir im Übrigen in diesem Buch selber mehr als einmal passiert ist). Jüngel versucht das nun noch zu Denkende auszuloten, zu begreifen, was es hier zu begreifen gibt. Doch der Denkstil bleibt von der alten metaphysischen Atmosphäre geprägt. Darüber lässt sich vor allem, wenn man von der Bemühung um das Alltägliche und Pragmatische wie bei Stanley Cavell oder Wittgenstein ausgeht, viel sagen (und wieder ein Buch schreiben, das dann, am Ende, vermutlich ein wenig zu metaphysisch geraten sein wird, weil man ja bei aller Liebe zum Antimetaphysischen eben doch zeigen will, was ein solch »neuer« Ansatz leistet).

Erinnern Sie sich noch an ein früheres Kapitel? Nietzsche hatte gesagt, das Verhängnis sei unser Glaube an die Grammatik. Er hatte das Ägyptizismus genannt. Wir wollen aus Angst davor, dass uns die Dinge wieder in der Hand zerrinnen, klare, ewige Begriffe und Ideen. Wir balsamieren das, was wird, was lebt und sich verändern kann, ein, um es für die Ewigkeit zu bewahren. Theorien und Erklärungen sind die Mumien, die wir dann um uns versammeln, entstanden aus dem hartnäckigen Wunsch, die Welt doch ganz und gar zu begreifen, und zwar nicht mit den Händen (was wir gar nicht könnten, dafür ist sie viel zu groß und viel zu gefährlich), sondern mit Begriffen, Theorien und Ideen. Wir werfen versuchsweise Muster über die Welt in der Hoffnung, dass das Tuch unserer Theorien so fein gewoben ist, dass es noch die letzte Feinheit, die letzte Kurve und Rundung der darunterliegenden Welt sichtbar hält. Das Tuch unserer Theorien soll durchlässig sein für die Formen der Welt. Erst dann gießen wir alles aus, bandagieren alles mit Gips und schütten, falls nötig, zur Not auch noch Zement hinterher. Das ist der Ägyptizismus, das metaphysische Denken, das, wie Ludwig Wittgenstein auf genial antimetaphysische Weise gezeigt hat (zum großen Ärgernis der Meisterphilosophen seiner Zeit), vor allem darauf beruht, dass wir uns von der Sprache in die Irre führen lassen. Die Sprache ist das Tuch, das wir über die Welt werfen – und wir erkennen nicht, wie oft es falsche Falten wirft, Falten, die nicht den Dinge entsprechen, die darunter sind, sondern mit der Dicke und Schwere des Materials selbst zu tun haben. Also sind wir wieder verwirrt, sind beunruhigt (hier kommt doch, selbst in der dicksten Theorie, wieder das Herz zum Vorschein, das spürbar klopft) – und sehen doch nicht, dass die Desorientierung einer Unklarheit der Grammatik entspringt. Wenn wir Erklärungen oder besser Klärungen suchen, dann sollten wir die Grammatik ordnen, sollten den Faltenwurf der Sprache studieren, die Muster, die Theorien und Definitionen selber mit sich bringen. Die Ansicht der frühen Kirche, der Mystiker und mancher Theologen (und Philosophen) war und ist es immer wieder, dass wir all das hinter uns lassen sollten, gewissermaßen die Bibliothek verlassen sollten, um etwas anderem Platz zu machen, etwas, das unser Herz bewegt und festigt statt nur die Begriffe hartklopft und den Verstand argumentativ festzementiert.

Doch es wäre ein Irrtum, dass das, was fehlt und Gewissheit bringt, nun durch Innenschau alleine zu finden sei. Eine der großen und falschen, aber sehr wirkmächtigen metaphysischen Traditionen des Abendlandes besteht in dem Bild, dass unser Geist ein Spiegel der Natur sei. Verstehen bedeutet demnach, die richtigen Bilder im Kopf zu haben, die richtigen Begriffe, die auf magische Weise als Namen für die Gegenstände mit der Welt verbunden sind. Diese Anschauung ist, wie Ludwig Wittgenstein und Richard Rorty gezeigt haben, ebenso einleuchtend wie falsch: grundfalsch. Dass diese Anschauung falsch ist, hat auch für die Theologie und das Verstehen des Glaubens weitreichende Konsequenzen. Denn es kann nicht mehr richtig sein, mit dem Glauben jenes innere Verstehen zu bezeichnen, das sich einstellt, wenn man nur die richtigen Glaubenssätze in sich selbst aufnehmen, akzeptieren und reproduzieren kann – so, als seien diese Sätze auf magische oder sagen wir himmlische Weise direkt mit dem Himmel, mit der göttlichen Seinsordnung verbunden. Dies ist ein klassisches, aber falsches Modell des Glaubens, das man als »kognitiv-propositionales« Modell bezeichnet: Glaube ist das Für-wahr-Halten bestimmter Propositionen, also Aussagen, die wie Sätze der Wissenschaft einen klaren kognitiven Wert haben. Doch selbst wenn es so wäre, wenn Glaube nichts anderes wäre als die Annahme von Sätzen: Was wäre damit gewonnen? Und was passiert, wenn der andere endlich versteht? Bedeutet Verstehen, einen bestimmten Geisteszustand zu haben oder eine Veränderung im Geisteszustand zu bewirken?

Stellen Sie sich vor, ich hätte die wahren Sätze des Glaubens. Nun will ich, dass Sie sie auch verstehen, ehe Sie sie akzeptieren. So viel Erziehung muss sein (wobei sich die Inquisition nur selten die Mühe der theologischen Erklärung, insbesondere von Paradoxien, gemacht hat). Also muss ich gleichsam durch Erziehung in Sie hinein, muss in Gedanken dringen und Ihnen die richtigen Sätze und Regeln eintrichtern. Offensichtlich muss ich also Ihren

Geist in eine bestimmte Richtung bewegen. Dann erst verstehen Sie. Doch was heißt das? Wenn Sie den Vorgang genau analysieren, werden sie feststellen, dass mein Wille, dass Sie auch nur etwas so Einfaches wie meine Definition von einem Suppenwürfel verstehen, von weit mehr abhängt als davon, dass sich etwas in Ihrem Geist tut. Worauf es beim Verstehen ankommt, ist nicht mentalistische Trickserei, sondern neben dem Sprechen und Erklären eben auch die praktische Einbettung all dessen in eine gemeinsame Lebensform. Verstehen hat mit dem zu tun, »was vorher passiert (welche Techniken dieser Mensch schon mitbringt), von der Art der Situation, in der ich die Definition gebe, und von dem, was nachher passiert (dem Gebrauch, den der andere vom erklärten Wort macht)«.[62] Deshalb ist Verstehen, so seltsam das auch klingen mag, nichts, was sich allein in Ihrem (oder meinem Kopf), ja überhaupt nicht alleine in einem Geist abspielt. Stattdessen ist es etwas Umfassenderes, dabei zugleich sehr Alltägliches und Gewöhnliches, das mit unserer gesamten Lebensform, mit dem umfassenden Umgang mit der Welt zusammenhängt. Stellen Sie sich vor, Sie zeigen jemandem, der weder Sie noch ihre Sprache, also nichts versteht, einen Suppenwürfel. Und sagen dann: »Das ist ein Suppenwürfel. S-u-p-p-e-n-w-ü-r-f-e-l!« So weit, so gut. Doch was hat der andere dadurch verstanden? Hat er das verstanden, was Sie meinten? Was meinen Sie eigentlich, wenn Sie sagen »Suppenwürfel«? (Ihnen ist das jetzt klar, aber stellen Sie sich vor, es wäre Ihnen eben gerade nicht klar.) Was ist es genau, von dem Sie wünschen, dass es der andere versteht? Meinen Sie die Farbe dieses Dinges, seine Form, seine Festigkeit, sein Gewicht, vielleicht sogar, wie es sich anfühlt? Sie sagen »Suppenwürfel«. Toll. Aber ich weiß nicht, was von all diesen unzählig vielen Möglichkeit Sie eigentlich meinen. Vielleicht meinen Sie jetzt, es käme eben doch nur darauf an, dass sich, um im (falschen) Bild zu bleiben, in meinem Kopf die richtige Vorstellung einstellt. Die richtige Antwort aber lautet: Das wollen Sie gar nicht. Es geht weder um eine Vorstellung noch um das, was sich alleine in meinem Kopf abspielt. Es geht beispielsweise darum, dass ich in der Folge in der Lage bin, den Begriff »Suppenwürfel« richtig zu verwenden. Wenn ich Ihnen sage, dieser Tisch da drüben habe doch die Farbe »Suppenwürfel«, denn diese Farbe hätten Sie mir ja gerade gezeigt, dann habe ich offensichtlich etwas falsch verstanden. Sie meinten nämlich Suppenwürfel! Deshalb resümiert Wittgenstein zutreffend: »Die hinweisende Definition erklärt den Gebrauch – die Bedeutung – des Wortes, wenn es schon klar ist, welche Rolle das Wort in der Sprache überhaupt spielen soll.«[63] Ich muss bereits etwas wissen, um Sie zu verstehen bzw. um überhaupt fragen zu können, was Sie meinen. Ähnlich verhält es sich mit dem Glauben. Es kommt alles darauf an, dass und wie er in unserem Leben praktisch und auch theoretisch eingebettet ist. Glauben ist eben nicht ein Für-wahr-Halten mehr oder weniger abstruser Sätze, sondern – was eigentlich? (Falls Sie jetzt ratlos sind: Eine Antwort, die wir bereits hörten, und die Sie notfalls an dieser Stelle verwenden können, lautet: Ein Vertrauen darauf, dass es etwas gibt, das trägt. Nun zeigen Sie mir, was trägt. Oder sagen Sie es. Wie?)

Wenn die Mystiker raten, bei der Beantwortung solcher Fragen lieber selber zu denken und die Bibliothek zu verlassen, droht ein naheliegendes Missverständnis: die Lösung innen zu suchen. Der Glaube sei eben weder Denken noch äußeres Handeln, sondern wie Friedrich Schleiermacher formulierte, eine durch das Gefühl bestimmte Anschauung der Welt. Erlauben Sie mir einen Vergleich. Es wäre in diesem Fall mit dem Glauben ähnlich wie mit der Liebe (was ein weiteres schönes Buch wäre, zugegeben). Was ist Liebe? Erinnern Sie sich an die Szene aus »Kontakt«: Können Sie Liebe zeigen? Eindeutig festmachen – an einer Handlung, einem Satz, einem Ding (wie dem Ehering)? All das scheint nicht der Fall zu sein. Was also bleibt? Ist Liebe (und Gott, das darf man bei solchen Diskussionen nicht vergessen, ist nach christlicher Lehre ja die Liebe) am Ende ein Gefühl? Im *Mann ohne Eigenschaften* diskutieren Ulrich und Agathe klug und scharfsinnig über viele Seiten (Wochen wären es im richtigen Leben) hinweg dieses Thema. Ich glaube, man wird früher oder später mehr oder weniger zu dem Schluss kommen, dass Verliebtheit mit Sicherheit ein Gefühl, ein großartiges Gefühl ist, dass aber Liebe mehr mit Geduld und Verlässlichkeit, mit Handeln und Lebenspraxis statt mit großem Gefühl und eher mit den kleinen, auch nach Jahren noch existenten, aber kaum auffallenden Gesten, Gefallen, Erleichterungen zu tun hat statt mit »My Heart will go on«, Celine Dion im Ohr und ausgebreiteten Armen vorne im Wind auf der Titanic. Kein Zufall auch, dass Glauben und Liebe immer wieder auf die Schiffsmetapher zurückkommen – doch das ist ein anderes Thema. Ich will den Vergleich mit der Liebe gar nicht weiter vertiefen (ohnehin ein sehr streitbares Thema, insbesondere, wenn man es mit denen diskutiert, die einem nahestehen, die man liebt oder von denen man geliebt wird. Versuchen Sie mal die Frage bei einem nächsten Essen im Kreis von Freunden friedlich zu erörtern …). Worauf ich hinaus will, ist, dass man ähnlich, wie es nicht völlig unberechtigte Zweifel daran gibt, ob es wirklich klar und ausgemacht ist, dass Liebe ein Gefühl und nicht eher eine Haltung, ein Verhalten, eine Einstellung zu anderen Menschen, zu Dingen und zur Welt ist; dass man ähnlich auch fragen kann, ob denn Glauben ein Gefühl ist. Sicher, das Herz, in dem der Glaube zu Hause ist, schlägt. Und das spürt man. Und doch wäre es wieder nur Metaphysik zu sagen, dass Glauben ein Zustand der Körperfunktionen oder auch der Seelen, eben ein Gefühl sei. Das Neue Testament und auch Jesus haben, wie mir scheint, durch Gleichnisse und Erzählung hart daran gearbeitet, genau diesen Irrtum auszuschalten. Als sei Glaube wirklich das fromme Tun der Pharisäer; als sei Glaube einfach nur das gute Werk, das man vollbringt, das eigene Handeln, auf das man stolz sein kann. Als sei der Glaube ein gutes Gefühl (vor allem in der Situation, nachdem einen alle Freunde verraten haben und man gekreuzigt wird). All das ist Glaube nicht. Oder wenn, dann nur am Rande (eine durchaus vernünftige Einstellung, wie mir scheint).

Was wir also tun, wenn wir versuchen, Glauben auf die eine oder andere Art zu definieren und dann das, was wir definiert haben, gegen die Vernunft zu halten (als müssten wir nicht bereits vernünftig gewesen sein, um überhaupt definieren und verstehen zu können, denken Sie an den Suppenwürfel), ist im Grunde nichts anderes als der Versuch, ein Ding mit einem anderen, eine Theorienfolie mit einer anderen zu vergleichen und dabei so zu tun, als würde man sich im luftleeren Raum bewegen, als hätte man noch nie ein Ding oder ein solches Ding zuvor gesehen, als würde man keine Sprache sprechen, als sähe man alles zum ersten Mal und völlig unvoreingenommen. Was für ein Irrtum! Das Einzige, was an diesem Bild richtig ist, ist die Beschreibung von etwas, das wir kontinuierlich tun, etwas, das zu leisten Jürgen Habermas uns direkt aufgefordert hatte, ohne uns dabei jedoch metaphysisch zu betätigen: nämlich zu übersetzen. Kontinuierlich, unentwegt von einem Begriff, einem Theorieelement, einem Jargon, einer Sprache in eine andere zu übersetzen. Dies ist ein lebendiger Vorgang mit offenem Ende. Alles andere ist Ägyptizismus. Wir legen dann die Fakten (und die Begriffe) wie Mumien auf den Tisch, machen Röntgenaufnahmen, wickeln später die Bänder ab und haben am Ende einen Leichnam vor uns liegen, der vielen anderen sehr ähnlich sieht. In der Nacht, in der wir das Licht des Lebens gedimmt haben, um im Labor besser sehen zu können, sind nicht nur alle Katzen, sondern auch alle Mumien grau.

Sicher – beim Versuch zu übersetzen wird es Ausrutscher und Fehler geben. Und Freiheiten. Die Frage der Amtskirche ist dabei stets die, welche Freiheiten man sich als einfacher Übersetzer herausnehmen darf. Was man sich bei der Frage nach dem Wesen des christlichen Glaubens leisten kann und was nicht, legt nach Meinung der Amtskirchen die sehr umfangreiche Sammlung von Dogmen fest. Diese sind das Grundlexikon, die Grammatik, in der die erlaubten und die unerlaubten Formulierungen und Spielzüge festgehalten sind. Das zu sagen ist gut, das ist gerade noch erlaubt und das verboten. Gegen eine solche Grammatik wäre wenig einzuwenden – hätte es nicht Zeiten gegeben, in denen Verstöße gegen sie mit dem Tod bestraft wurden. Falsch zu glauben und deshalb verdammt und auf den Scheiterhaufen gebracht zu werden, hieß ja am Ende nichts anderes als einen bestimmten Satz falsch oder überhaupt zu sagen. Eine Abweichung im Wort – denken Sie an die kontroverse Unterscheidung, ob Gottes Sohn nun gottgleich oder gottähnlich sei –, und schon war das Leben in höchster Gefahr. Wenn Glauben also bedeutet, etwas so und nicht anders zu sagen (und, wenn das Sagen gleichsam im Inneren stattfindet, auch so zu denken), ist das Ergebnis einer Zensur, die sich nach innen fortsetzt. Glauben ist dann ein Clearing-Programm, dessen Verfahrensweise geradezu wissenschaftlich vordefiniert ist. Um das Clearing durchzuführen, muss man kontrollieren, muss noch die kleinsten Regungen, die kleinsten Gedankenbewegungen analysieren. Doch geht es im Glauben tatsächlich nur um eine immer detailliertere Analyse?

Dogmatik, das hatte ich bereits weiter oben gesagt, ist nichts anderes als eine Sammlung von geronnenen Antworten auf wichtige Fragen. Geronnen, weil man sich darauf geeinigt hat, die beiden Ufer, zwischen denen die noch flüssigen, in Bewegung befindlichen Begriffe und Theorien dahinfließen, zu befestigen, um so auch die Bewegung selbst zu steuern. Natürlich geht es im Denken darum, Begrifflichkeiten möglichst klar zu definieren. Auch in der Theologie will man, um Probleme zu lösen, festlegen, am besten ein für alle Mal, was eine Substanz, was Gott, was Transsubstantiation, was Buße und was Erlösung ist, um auf diese Art zu verhindern, dass die Begriffe erneut über die Ufer treten und das Land verwüsten. Doch die Frage ist, ob man die Möglichkeit und damit auch im sozialen und politischen Sinn die Freiheit offenlässt, alles wieder neu in Fluss zu bringen. Auf Konzilen und Synoden ist in Dogmen und Enzykliken entschieden worden, wie über bestimmte Glaubensinhalte endgültig zu denken ist.

Eine der größten Erfindungen, die auf diese Weise (allerdings in einem sehr langen Entwicklungsprozess) gemacht wurden, ist die Trinitätslehre. Sie stellt eine in sich widerspruchsfreie Theorie, ein hochkomplexes Denkmodell dar, das es erlaubt, einerseits die Göttlichkeit Gottes und damit die Grundsätze griechischer Metaphysik und Ideenlehre zu wahren, andererseits aber Gott als Fleisch gewordenes Wort, also Mensch, also als historisch, endlich und dem Werden unterworfen bis in den Tod hinein zu denken. Beides zusammen war vor der detaillierten Ausarbeitung der Trinitätslehre ein Widerspruch. Die geforderte Verbindung zwischen den Welten wollte nicht zustande kommen. Sie ließen sich nicht verbinden, und so blieb der christliche Glaube an Gott den Vater und Schöpfer, seinen gestorbenen und auferstandenen Sohn und an den Heiligen Geist den Griechen eine Torheit und den Juden ein Ärgernis – der Messias sollte ja erst noch kommen am Ende der Tage, nicht mitten in der Zeit (1 Kor 1,23). Und doch stellt die Trinitätslehre am Ende ein logisch plausibles Modell dar, Sein und Werden zusammenzudenken. Dies war einer der Gründe, warum Hegel – der Sein und Werden, Identität und Veränderung auf eine Weise neu zusammendenken wollte, die es ihm erlaubte, den gesamten Prozess der geschichtlichen Entwicklung der Begriffe, der Philosophie und Religionen, ja des menschlichen Bewusstseins und des Weltgeistes auf den Begriff zu bringen – auf dieses christliche Modell zurückgriff. Seine Philosophie ist in gewisser Weise eine detaillierte Übersetzung der theologischen Trinitätslehre in eine historisch-genealogisch-erkenntnistheoretische Philosophie. In der Kirche hingegen formulierte man Dogmen, weil man fand, dass so zu denken die beste, und das bedeutet dem Glauben und der Vernunft angemessenste, die beruhigendste Antwort sei. Und weil man glaubte und glaubt, dass diese Antwort für alle Zeiten halten würde (was ein Irrtum war und ist, weil sich, wie Wittgenstein sagt, das Flussbett der Worte immer wieder verändert und nicht halten lässt), formulierte man Dogmen für die Ewigkeit und verbannte folglich auch diejenigen auf ewig, die sie leugneten und verletzten.

Dogmatik schließt Entwicklung aus. Auf ein Dogma kann nur ein weiteres Dogma, aber keine Entwicklung im eigentlichen Sinn folgen. Wer sich entwickeln will, und das bedeutet, wer das Abenteuer des Denkens riskiert, um zu neuen Erfahrungen, neuen

Begriffen vorzustoßen, der schließt sich selbst aus der Gemeinschaft und aus dem Leben der Kirche aus. In gewisser Weise ist die kirchliche Dogmatik also eine Flucht nach vorne aus der Einsicht heraus, dass eine lebendige und damit veränderliche Erfahrung ein größeres Risiko darstellt als die auch gesellschaftlich und politisch klar zu überschauende Sicherheit eines starren Systems. So grandios die Gedankengebäude auch sind, die auf diese Weise entstanden – ähnlich beeindruckend wie die Kathedralen, die ursprünglich als Wohnungen Gottes, als Ort der Zusammenkunft von Gott und Mensch gebaut wurden –, sie sind nicht mehr lebendig und können es auch nicht sein. Die christliche Dogmatik ist eine »Einbalsamierungstechnik«, mit der man versuchte, eine lebendige, das Leben verändernde Erfahrung festzuhalten, die notwendig irgendwann zur Erinnerung werden musste und nur als Erinnerung kulturell in Wort, Bild und Gesten weitergegeben werden kann. Die Konturen der Kathedralen aus Wörtern und der Begriffsburgen der Kreuzritter des Wortes sind das Ergebnis eines Prozesses langer gedanklicher Formung. Sie haben sich abgeschliffen an Tausenden von kritischen Einwänden, haben ihre scharfen Ecken behalten als Waffen gegen die Erfahrungen anderer Religionen und Lebensweisen, die auf ihre Weise auf den Begriff gebracht hatten, woran das Herz hängt. Auf diese Weise sind Weisheitslehren und Religionen ursprünglich aus demselben Stoff gemacht. Beide sind, bildhaft gesprochen, Wasser – doch in ganz verschiedenen Aggregatzuständen. Während die Weisheitstraditionen auf die Bewältigung des alltäglichen Lebens zielen und somit flüssig bleiben müssen, um pragmatisch zu sein (pragmata sind die Taten) und wie unterirdische Flüsse die Inseln der Religionen miteinander verbinden, gleichen die Religionen Eispalästen, die man auf diesen Inseln errichtet hat. Nur wenn es gelingt, das Eis zum Schmelzen zu bringen, wird die ursprüngliche Erfahrung, die Weisheit wieder sichtbar. In der festen Form, ohne Leidenschaft und Phantasie, ohne Herzenswärme, bleibt sie erstarrt. Wie ich in meinem Buch über Weisheit gezeigt habe, ist dies einer der wesentlichen Unterschiede zwischen einem »Projekt Weltethos«, das letztlich nichts anderes als Kants Projekt einer Vernunftreligion ist, und einem völlig anders gearteten »Projekt Weltweisheit«.

Man kann also mit gutem Recht fragen, ob wir immer eine detaillierte Analyse bis ins Letzte betreiben müssen – und wohin wir damit kämen. Könnten wir damit alle Fragen klären, ein für alle Mal? Natürlich darf man daraus nicht den voreiligen Umkehrschluss ziehen, alles Denken führe zu nichts. Wir müssen denken und deshalb auch dafür sorgen, dass das Denken »sauber« und klar bleibt. Wichtige Fragen dürfen nicht verdrängt werden, wenn man das Geschäft der Philosophie und der Wissenschaft ernst meint. Und doch ist es ein Fehler, so zu denken, dass wir dem metaphysisch-skeptizistischen Trieb in uns nachgeben. Es ist sinnvoll, sich dagegenzustellen. Wie dies geschehen kann, zeigt die »Theologie des Gewöhnlichen«, die sich nicht auf dem Scheitern der Philosophie aufbaut, sondern versucht, mit dieser im Gespräch gerade auch über das Gewöhnliche zu bleiben.[64] Wie eine solche Philosophie des gewöhnlichen Lebens aussehen könnte, haben Wittgenstein und Cavell, aber auch andere, vor allem an der Phänomenologie des Lebens orientierte französische Denker auf sehr eindrucksvolle, dabei höchst unterschiedliche Weise gezeigt. Unsere Sprache erwerben wir ebenso wie die Vorstellung von einem Selbst oder von Gott durch eine Vielzahl von Prozessen, die mit unserem Körper und unserer Biologie, mit Bewusstsein und Geist, mit Lernen, aber eben auch mit kulturellen und sozialen Prozessen, kurz mit unserer gesamten Lebensform als Menschen zu tun haben. Wir sollten auf der Reichhaltigkeit unserer Erfahrungen bestehen, so widersprüchlich sie auch sein mögen, und sie bewahren, wie Cavell sagt. Hunger, List, Aggression, Liebe, Kochen, Rast und Pause, das Aroma von frischem Gras und Bäumen, Gesellschaft und Gespräche über alltägliche Dinge – all das ist, so Cavell und auch Wittgenstein, Teil unserer menschlichen Naturgeschichte. Doch interessiert das wirklich ernsthaft einen Philosophen oder Theologen? Oder einen Wissenschaftler – diese alltäglichen Dinge? Interessiert es letztlich die Kirche mehr als den Verband der Physiker, Chemiker oder Metaphysiker? Genau das, so Cavell, ist jedoch die kritische Frage. Sollte es uns nicht interessieren – mehr als die Physiker?[65]

6. Gottesbeweise, die Gärtnerparabel oder wie Gott den Tod der tausend Qualifikationen stirbt (und möglicherweise dennoch überlebt)

Gottesbeweise – die drei Hauptformen

Eine der größten Abteilungen der Bibliothek, unübersehbar und viele Bände umfassend, zu denen all die Artikel in den fortlaufenden Periodika der philosophischen und theologischen Fachzeitschriften hinzukommen, befasst sich mit den Gottesbeweisen. Erstaunlich daran ist, wie viel Aufmerksamkeit diese Abteilung auch heute noch in der aktuellen Debatte immer wieder findet, obwohl die Beweise seit langem endgültig widerlegt sind. Es ist geradezu, als hätten die detaillierten und scharfen Gegenargumente eines Descartes, Kant oder Leibniz nie existiert. Gottesbeweise scheinen für die Gläubigen jedoch eine mit der Zeit zunehmend größere Rolle zu spielen. Historisch jedenfalls steht das Selbstverständliche der Existenz der Götter oder Gottes am Anfang. Jahrhundertelang existierten die Götter und waren da – auch ohne Beweise, ohne mathematisch oder wissenschaftlich geführte Argumente. Religion hieß, sich dem Willen der Götter, der ihre Existenz beinhaltet, zu unterwerfen und sich mit ihren Forderungen, mit den Forderungen des Schicksals, zu identifizieren.[1] Die Idee, dass man den Glauben endlich auf der Vernunft (und das bedeutet letztlich auf wissenschaftlicher Erkenntnis) aufbauen müsse und erst von der Vernunft aus eine akzeptable Form der Religion – eine sogenannte »natürliche Religion« – etablieren könne, ist eine vergleichsweise späte Idee, die erst in der Neuzeit und vollends mit der Idee der Aufklärung aufkam. Von Leibniz stammt der Hinweis, dass letztlich alle derartigen Gottesbeweise im Grunde Beweise ad hominem seien. Immer schon setzen sie einen Menschen und einen Diskussionszusammenhang zwischen Menschen voraus, einen Ort und damit bestimmte Bedürfnisse und Vorstellungen ebendieser Menschen. Die Gottesbeweise gehen von ihnen aus und sind zugleich auch an sie gerichtet, weil die Annahme gilt, dass die Adressaten die Bedürfnisse derer teilen, die die Beweise formuliert haben.

Ohne tief in die Details gehen zu wollen, kann man vom bloßen Erscheinungsbild her verschiedene Typen von Gottesbeweisen unterscheiden. Zunächst ist da der traditionelle ontologische Gottesbeweis, der seine wohl bekannteste Form bereits im Argument von Anselm von Canterbury gefunden hat, später aber auch von Descartes aufgegriffen wurde. Immanuel Kant hatte, darin noch schärfer als der Gottesbeweis-Kritiker Thomas von Aquin, den ontologischen Beweis widerlegt und, wenn man die Wirkungsgeschichte ihrer Argumente betrachtet, erfolgreich kritisiert. Dennoch findet er auf verblüffende Weise immer wieder neue Anhänger. Man kann vereinfacht sagen, dass dieser Beweis den Versuch darstellt, aus einem Gottesbegriff bzw. aus der Idee eines vollkommenen Wesens auf dessen Existenz zu schließen. Nach der Vorstellung der Anhänger des ontologischen Beweises sprengt die Idee eines solchen vollkommenen Wesens nicht nur die Immanenz menschlicher Logik und die Weltlichkeit des Denkens, sondern auch die Ordnung des Seins. Gott bricht gleichsam über den Gottesbegriff ins Denken ein.

Ein zweiter Typ, der in einer Vielfalt von Variationen existiert, stellt der kosmologische Gottesbeweis dar. Nach Thomas von Aquin erschließt sich Gott dabei in verschiedener Weise und Kombination auf fünf verschiedenen Wegen. Diese fünf Wege oder Beweisformen sind der Beweis aus der Bewegung (der Schluss von der Bewegung allen Seins auf den unbewegten Beweger am Anfang, ex parte motus), aus der Wirk-Ursache heraus (ex ratione causae efficientis: Jedes Seiende ist Wirkung einer Ursache, also gibt es eine erste, unverursachte Ursache), aus der Möglichkeit und dem Notwendigen (der Schluss auf die nicht notwendige

Wirklichkeit des nur Möglichen, das jedoch faktisch existiert, ex possibili et necessario), aus den verschiedenen, steigenden Graden der Vollkommenheit der Wirklichkeit heraus (ex gradibus) und schließlich aus der Beobachtung der Zweckgerichtetheit oder Teleologie der Natur (ex gubernatione rerum). Die Beweisketten im Einzelnen spare ich mir hier. Immer wieder taucht das Problem auf, dass eine Argumentation logisch klingt (etwa die Annahme eines notwendig Existierenden), jedoch weit davon entfernt ist, dem auf diese Weise plausibel gemachten Begriff so etwas wie Güte, Bewusstsein, Personsein oder Ähnliches zuzuschreiben. Gerade die letzte, teleologische Beweisform scheint durch ihre Analogien zu bestimmten Aspekten der Evolutionslehre eine sehr moderne und deshalb heute immer wieder gerne aufgegriffene Form der Argumentation darzustellen. Aus der unbezweifelbaren Existenz zielgerichteter – letztlich kausaler – Prozesse in der Natur wird dabei auf einen obersten Zweck, ein Ziel der Schöpfung und einen Schöpfer im Sinne des Erfinders von »intelligent Design« geschlossen. Inwiefern es sich bei der Entwicklung oder Evolution von Pflanzen und Tieren tatsächlich um von vorneherein zielgerichtete Prozesse handelt (zielgerichtet in dem Sinn, dass jemand oder etwas bereits ein Ziel der Evolution gekannt und intendiert haben muss, damit es dann angestrebt und verwirklicht werden kann), bleibt aus wissenschaftlicher Sicht in hohem Maße zweifelhaft. Prozesse der Evolution können nicht allein von ihrem Ende her verstanden werden, sondern sollten ebenso als Prozesse einer autonomen Selbstorganisation gedeutet werden, die zu emergenten Systemeigenschaften führt. Diesen Aspekt außer Acht zu lassen bedeutet, die Augen vor den Fakten der modernen Theorie komplexer biologischer Systeme und auch vor den Erkenntnissen der Molekularbiologie zu verschließen. Varianten des kosmologischen Gottesbeweises, zu dem man auch die teleologische Variante zählen kann, sind der kausale Gottesbeweis sowie der Kontingenzbeweis.

Zu erwähnen ist noch eine dritte Form, der moralische Gottesbeweis, dessen bedeutendster Vertreter Immanuel Kant war. Ausgerechnet Kant hatte so scharf wie niemand zuvor in seiner *Kritik der reinen Vernunft* im Rahmen einer sogenannten transzendentalen Dialektik sowohl die Unmöglichkeit eines ontologischen (B 620f) wie auch eines kosmologischen (B 631f) Beweises vom Dasein Gottes dargelegt. Kants Argumentation zu lesen bleibt ein Vergnügen. Und es ist erstaunlich, wie viele seiner Argumente sich auf die eine oder andere Form in populären Büchern wie *Gotteswahn* von Richard Dawkins finden. Wer die Argumente vertiefen will, sei stellvertretend an Wolfgang Cramers Buch *Gottesbeweise und ihre Kritik* verwiesen sowie an Ingolf Dalferths luzides Buch *Gott*.[2] Kant hatte später seine Kritik der beiden Typen von Gottesbeweisen durch eine brillante Kritik am teleologischen Denken erweitert. Zu finden sind seine Argumente in der *Kritik der Urteilskraft* unter der Überschrift »Methodenlehre der teleologischen Urteilskraft« (§ 79 ff, insb. § 85 f). Kant geht dabei auf die sogenannte Physikotheologie ein, die den »Versuch der Vernunft darstellt, aus den Zwecken der Natur (die nur empirisch erkannt werden können) auf die oberste Ursache der Natur und ihre Eigenschaften zu schließen«.[3] Kants Resümee: Mit Hilfe einer solchen Argumentationskette kann es nicht gelingen, aufbauend auf eine Teleologie eine Theologie zu begründen. Diese bleibt vielmehr immer eine physische (also wissenschaftliche, nicht theologische) Teleologie. Dass allerdings auch Kants eigener Versuch misslingt, in diesem Kontext eine Art von moralischem Gottesbeweis zu führen, will ich nicht verschweigen. Kant selber räumt in der *Kritik der Urteilskraft* ein, dass »die reine Vernunft, als praktisches Vermögen, d.i. als Vermögen, den freien Gebrauch unserer Kausalität durch Ideen zu bestimmen«, nur zu einer »Idee eines Endzweckes im Gebrauche der Freiheit« gelangen kann. Sie ist und bleibt eine »subjektiv-praktische Realität«.[4] Gott als den moralischen Welturheber anzuerkennen und in ihm eine notwendige Versöhnung von Freiheit, allgemeiner Glückseligkeit und Moral zu finden, ist und bleibt ein Aufweis in praktischer Absicht. Entsprechend eingeschränkt ist die Gültigkeit von Kants moralischem Gottesbeweis.

Die Unmöglichkeit positiver, aber auch negativer Gottesbeweise und ein Experiment

Was die Argumentationszusammenhänge der Gottesbeweise angeht, so bleibt es bei der häufig gemachten Feststellung, dass sie bereits mit der Definition Gottes das voraussetzen, was sie zu beweisen erst angetreten sind. Insofern handelt es sich, wie Kant und andere zutreffend gezeigt haben, um Zirkelschlüsse und logische Tautologien – so clever und zwingend sie zuweilen auch zu sein scheinen. Aus keinem Gottesbeweis folgt mehr, erst recht mehr Existenz, als aus seinen Voraussetzungen. Kant geht sogar so weit zu behaupten, dass selbst eine Leugnung der Existenz Gottes nicht im Widerspruch zu einem ontologischen Beweis steht, da er keine objektive Realität besitzt. Man kann die Existenz Gottes durchaus leugnen, während man die Vorstellung Gottes als eine (wenn auch aus falschen Gründen) denknotwendige Vorstellung bejaht.

So bleibt es trotz einer großen Gottesbeweis-Abteilung in der Bibliothek dabei, dass der Mensch in seinem Erkenntnisvermögen massiv eingeschränkt ist. Akzeptiert man diese »Prämisse« des Denkens – sozusagen das Vorzeichen der Grenze –, die ihrerseits durchaus über eine Art analytischem »Feedback« aus der Untersuchung der Wirklichkeit, des Denkens und des Menschen erschlossen werden kann, dann ergibt sich mehr oder minder zwingend, dass der Mensch in seinem Erkenntnisvermögen nicht nur der Natur und sich selbst gegenüber eingeschränkt ist, sondern, so es ihn gibt, auch Gott gegenüber. Sowohl Gottes Existenz wie auch seine Nichtexistenz sind logisch zwingend in gleichem Maße von den Grenzen der Erkenntnisfähigkeit des Menschen zutiefst berührt. Der Mensch kann Gott, so er existiert, ebenso wenig ganz erfassen (selbst im Modus des Glaubens nicht, in dem er sich einer »natürlichen« Sprache und des »natürlichen« Denkens bedienen muss!), wie er seine Nichtexistenz tatsächlich bis ins Letzte ergründen kann (denn dies würde bedeuten, auf alle Fragen klare, eindeutige negative Antworten parat zu haben,

auch dort, wo es keine – noch keine – gibt oder geben kann).[5]
Dies ist vielleicht eine der erstaunlichsten Einsichten bei der Beschäftigung mit Gottesbeweisen: dass sie in zwei Richtungen lesbar sind. Zum einen können die herkömmlichen »positiven« Gottesbeweise der Tradition nichts »Neues« beweisen, sondern immer nur das explizieren, was auf verschiedenste und oftmals versteckte Art und Weise bereits in sie hineingesteckt wurde. Wer auf diese Form der Gottesbeweise setzt, um seinen Glauben zu festigen, mag sich damit zwar eine psychologische, keinesfalls aber eine logische (oder gar wissenschaftlich haltbare) Beruhigung verschaffen.

Doch auch in die andere, gleichsam negative Richtung kann man die Gottesbeweise lesen. Ebenso wie es keinen wissenschaftlich hart fundierten, eindeutigen Weg von der Welt zu Gott gibt (die Welt spiegelt – und das gilt überraschenderweise auch nach dem Selbstverständnis der christlichen Dogmatik! – immer nur das restlose Verschiedensein von Gott, nicht Gott selbst), gibt es auch keinen negativen Weg, der Gott als Wort oder Möglichkeit endgültig und mit der zwingenden Kraft von Newtons Fallgesetzen aus der Welt schaffen würde. Um einen solchen »negativen« Gottesbeweis liefern zu können, müsste es möglich sein, alle offenen Fragen so zu beantworten, dass sie Gott ein und für alle Mal ausschließen – was darauf hinausläuft, das Wort Gott aus der Sprache streichen zu können. Es ist keinesfalls ausgemacht – und die Frage ist ja nichts anderes als die Beschreibung des zentralen Problems, das die Vernunft mit Gott hat –, dass das Wort »Gott« dann sinnlos ist, wenn es nicht in einem positivistischen Sinn »objektivierbar« ist. Man kann darüber streiten, ob das Wort »Gott« allein durch eine referentielle Wahrheits- oder Bedeutungstheorie erklärt werden kann, d. h. dadurch, dass das Wort auf eine empirisch erklärbare Art und Weise auf einen empirisch erfassbaren Begriff verweist (seinen »Referenzpunkt«). Um eine Analogie zu bemühen: Man könnte durchaus behaupten, dass der Begriff des »Unbewussten« ähnlich unwissenschaftlich ist wie der Gottesbegriff, weil es für ihn keine klaren Regeln der Überprüfbarkeit gibt. Damit ist aber noch nicht ausgeschlossen, dass dieser Begriff auf eine ganz neue Weise in der Zukunft eine Rolle spielen könnte – einfach deshalb, weil es neue wissenschaftliche Erkenntnisse über Funktionsweisen unseres Geistes und unseres Gehirns gibt, die wir jetzt noch nicht ausreichend kennen und beschreiben können.

Ich vermute, dass Sie jetzt ein wenig frustriert sind. Doch worin genau besteht Ihre Frustration? Haben Sie tatsächlich angenommen, es wäre möglich, Gott (als eine Person, die uns liebt, die allen Menschen Gerechtigkeit widerfahren lässt, die Wunder wirkt oder Ähnliches) zu beweisen? Oder haben Sie umgekehrt vermutet, es ließe sich das Reden von Gott ein für alle Mal abschaffen, weil der Begriff auf eine Weise gebraucht wird, der vielleicht mehr zur Poesie als zur Sprache der Mathematik oder Physik passt? Um Ihrer möglichen Frustration auf den Grund zu gehen und einen tieferen Einblick zu gewinnen, schlage ich Ihnen vor, dass wir ein Experiment machen, das Ihnen vielleicht den (falschen) Grund Ihrer Frustration deutlich macht und Ihnen damit ein wenig über Ihre Enttäuschung hinweghilft. Bei diesem Experiment lernen Sie die Struktur von Gottesbeweisen kennen und erkennen damit zugleich auch, warum sie Ihnen nichts nutzen.

Beginnen wir damit, dass Sie sich einen Frosch vorstellen. Und zwar einen Frosch, den Sie noch nicht kennen und nie gesehen haben, weder im Zoo noch in Ihrem Garten oder in einem Buch. Lassen Sie Ihrer Phantasie freien Lauf. Ihr Frosch hat, sagen wir, lila Zehen, auf dem Rücken seltsame Punkte und Verdickungen. Außerdem ist er ungewöhnlich groß und hat Augen wie eine Schlange. Denken Sie sich weitere solcher Eigenschaften aus. Nun suchen Sie den vorgestellten Frosch in der wirklichen Welt.

Die Analogie liegt auf der Hand: Stellen Sie sich Gott mit dieser oder jener Eigenschaft vor. Und nun versuchen Sie ihn wie den Frosch zu finden. Den Frosch, den Sie sich vorgestellt und in gewisser Weise ausgedacht haben, werden Sie vielleicht mit ein wenig Glück tatsächlich finden. Es gibt geschätzte Tausende von Tierarten im Regenwald, die wir nicht kennen und von denen wir nicht einmal etwas ahnen. Warum sollten Sie nicht eine zutreffende Ahnung haben? Tatsächlich würde es mich nicht wundern, wenn ich Ihnen meinen Phantasiefrosch schildere, von Ihnen eine Mail zu erhalten mit dem Hinweis, dass Sie genau diesen Frosch irgendwo im Amazonas gefunden haben. Halten wir fest: Sie haben sich etwas ausgedacht – und es ist gut möglich, dass das, was Sie sich ausgedacht haben, tatsächlich existiert und Sie es finden, wenn Sie sich auf die Suche danach machen. Das Problem ist, dass es so einfach mit Gott nicht sein kann. Irgendjemand wäre dann sicher schon mit einer Fotografie, einem (vermutlich gigantischen) Käfig oder etwas Derartigem gekommen und hätte, sozusagen umgekehrt wie Nietzsches toller Mensch, gesagt: »Schaut her, wir haben Gott gefunden.«

Nehmen wir den zweiten Fall. Jetzt denken Sie sich einen XoXaToTil aus. Sie können ihn definieren. Sie haben freie Wahl. Von mir aus kann Ihr XoXaToTil so beschaffen sein, dass er immer kleiner wird, je näher Sie an ihn herankommen. Nun suchen Sie ihn. Immerhin: Sie haben ja eine Definition, Sie haben einen Begriff und eine Idee und wissen vielleicht auch, wo ein XoXaToTil besonders gerne lebt. Und doch haben Sie ein erhebliches Problem. Erkennen Sie es? Es besteht darin, dass es keinerlei gutes Argument gibt, dass das, was Sie sich vorstellen, nur deshalb, weil Sie es sich vorstellen können, auch tatsächlich existiert. Nicht alles, was wir denken und denken können, muss, nur weil wir es denken, auch existieren. XoXaToTil ist ein gutes Beispiel dafür. Ich kann Ihnen eine ziemlich klare Definition geben. Und ich habe doch noch nie einen gefunden.

Kommen wir zum dritten Fall. Sie werden vielleicht sagen: »Nun, warten Sie eben noch ein Weilchen länger. Dann werden Sie Ihren XoXaToTil schon finden, denn meistens taucht so ein XoXaToTil ja ausgerechnet dann auf, wenn man am allerwenigsten damit rechnet.« Die Frage ist, wie lange wir das Spiel treiben wollen. Wie lange wollen Sie suchen? Und wie lange darauf beharren, dass Ihre Suche ein Ergebnis haben wird? Genau diese Struktur hat die Beweis-Frage nach Gott. Stellen Sie sich Gott

300

vor. Das ist nicht einfach. Sie werden, insbesondere wenn Sie Kunstgeschichte studiert haben, wissen, wie schwer sich selbst die besten Künstler der Welt, und zwar in allen Kulturen, damit getan haben, Gott darzustellen. Götter ja. Davon gibt es viele Bilder. Aber Gott? Versuchen Sie es. Stellen Sie sich Gott vor. Was sehen Sie? Ist das Gott? Falls nicht: Was meinen Sie dann eigentlich, wenn Sie »Gott« sagen? Und wenn Sie es sagen können: Wo finden nicht nur Sie, sondern auch ich, wir, diesen Gott?

Das Gleichnis vom Gärtner oder der Tod der tausend Qualifikationen

Damit nähern wir uns einem kurzen, aber wirkmächtigen Text, von dem es hartnäckig heißt, er sei vermutlich der meist zitierte philosophische Texte der zweiten Hälfte des letzten Jahrhunderts. Er stammt von dem britischen Philosophen Antony Flew, der wenige Monate vor Erscheinen dieses Buches am 8. April 2010 starb. Obwohl dieser Text mit nur zwei Seiten – einer der härtesten Texte für die moderne Theologie überhaupt – aus Flews Feder stammt, sagte Flew überraschend in einem Interview im Jahr 2004, dass er seine Ansicht geändert habe und nicht mehr, wie die meiste Zeit seines Lebens, Atheist sei.[6] Sein Text, da bin ich mir allein aus meiner eigenen Studienzeit sicher, war Anlass für Tausende von Menschen, sich von Gott und vom Glauben abzukehren. Im Jahr 2003 führte Flew ein Gespräch mit seinem langjährigen Freund und philosophischen Gegner Gary Habermas. Beide trafen sich anlässlich einer Diskussion über die Auferstehung an der California Polytechnic State University. Offensichtlich glaubte Flew, dass sich einige neuere wissenschaftliche Erkenntnisse in Bezug auf die Struktur von Komplexität und die Entstehung der DNA nur religiös deuten ließen. Er habe sich, so sagte er, einiger Argumente aus dem Umfeld der Intelligent-Design-Debatte (die Welt ist so wunderbar, es muss ein intelligenter

Geist dahinterstehen, denn von alleine hätte sich nie so etwas entwickeln können) nicht weiter verschließen können. Die Vermutung allerdings bleibt, dass Flews eigenem Urteil zum Trotz die Gründe, die ihn zu einer Änderung seines Denkens führten, letztlich naturwissenschaftlicher Art sind und deshalb auch (vermutlich) auf naturwissenschaftliche Weise erklärt bzw. ihr Gegenteil zumindest prinzipiell falsifiziert werden kann. Immerhin blieb Flew die angekündigte Überarbeitung seines Buches *God and Philosophy* schuldig[7]. Darin wollte er u.a. zeigen, dass man sich zum Narren macht, wenn man glaubt, »dass es keine vorweisbaren Theorien für die Entwicklung unbelebter Materie hin zur ersten reproduktionsfähigen lebenden Kreatur gäbe«. Das zunächst ihm zugeschriebene, 2007 erschienene Buch *There Is a God: How the World's Most Notorious Atheist Changed His Mind* stammt, wie Flew selbst bekannte, nicht aus seiner eigenen Feder. Zudem gehört er zu den Unterzeichnern des Humanist Manifesto III, dem er zeit seines Lebens nicht widersprach. Doch jenseits dessen, was Flew selber in den letzten Jahren vor seinem Tod gedacht haben mag: Was besagt sein berühmter Text selbst?

»Lassen Sie uns mit einer Parabel beginnen«, heißt es bei Flew. Mit dieser Parabel spielt er auf eine ursprünglich von dem britischen Philosophen John Wisdom erfundene Geschichte in seinem vieldiskutierten Artikel »Gods« von 1944 an. Flew variiert jedoch Wisdoms Geschichte vom Garten und den beiden Männern, die eines Tages in ihren vor langer Zeit verlassenen Garten zurückkommen. Beim Inspizieren des Gartens sind sie erstaunt darüber, dass einige Bereiche des Gartens in einem erstaunlich guten Zustand sind. »Es muss einen Gärtner geben, der hier und da kommt und nach dem Rechten sieht«, meint der eine Mann. Sie erkundigen sich, fragen Nachbarn – doch niemand hat je einen Gärtner gesehen. Sie konstruieren Hypothesen wie »Er arbeitet nur, wenn die anderen schlafen«. Doch der zweite Mann bleibt skeptisch. »Schau dir die Art und Weise an, wie alles arrangiert ist«, entgegnet ihm der erste Mann. »Es gibt Zweck und Ordnung hier. Und ein wirkliches Gefühl für Schönheit.« Sie beschließen, vorsichtiger und gründlicher nach allem zu schauen. Manchmal stoßen sie dabei auf neue Hinweise, dass ein Gärtner gekommen sein muss, manchmal aber auch auf das Gegenteil und überlegen sogar, ob es nicht eine arglistige Person gibt, die im Garten arbeitet.

Flews Version der Parabel weicht von der Wisdoms ab.[8] Auch bei Flew sind es zwei Forschungsreisende, die zu einer Lichtung im Urwald kommen. Dies ist der erste Unterschied zu Wisdom, bei dem die Männer zu ihrem Garten zurückkehren. Auch bei Flew blühen auf der Lichtung allerlei Blumen, aber auch Unkraut. Der eine Forscher sagt: »Es muss einen Gärtner geben, der dieses Grundstück pflegt.« Der andere widerspricht: »Es gibt keinen Gärtner.« Sie bauen ihre Zelte auf und halten Wache. Aber einen Gärtner bekommen sie nicht zu sehen. »Vielleicht ist der Gärtner unsichtbar!« Also errichten sie einen Zaun aus Stacheldraht und setzen ihn unter Strom. Sie patrouillieren sogar mit Bluthunden, denn sie erinnern sich an H. G. Wells' Roman *Der Unsichtbare* und den Umstand, dass ein Mann riechen und berührt werden kann, ohne dass man ihn sieht). Aber kein Schrei weist je darauf hin, dass ein Eindringling einen elektrischen Schlag bekommen hat. Keine Bewegung des Stacheldrahtes verrät je einen unsichtbaren Kletterer. Und auch die Bluthunde schlagen nie an. Doch der Gläubige (Believer) ist noch nicht überzeugt. »Es gibt wirklich einen Gärtner, unsichtbar, unberührbar, unempfindlich gegenüber elektrischen Schlägen, einen Gärtner, der weder riecht noch ein Geräusch macht, einen Gärtner, der im Verborgenen kommt, um sich um den Garten zu kümmern, den er liebt.« Der Skeptiker verzweifelt. »Aber was bleibt denn noch übrig von deiner ursprünglichen Behauptung? Wie bitte unterscheidet sich das, was du für einen unsichtbaren, ungreifbaren und ewig entweichenden Gärtner nennst, von einem eingebildeten Gärtner oder sogar von einem Gärtner, den es überhaupt nicht gibt?«

Flew gibt zu, dass man genau hinsehen müsse, was man abqualifiziert. Denn oft redet man aneinander vorbei. Der eine etwa spricht über Sex, der andere über Aphrodite. Beides hat miteinander zu tun, weil die Komplexität auch entfernte Phänomene gelegentlich zusammenbringt. Und doch zeigt die Geschichte nach Flew, wie eine Behauptung Zentimeter für Zentimeter widerlegt wird und »den Tod der tausend Qualifikationen« stirbt, die eigentlich tausend Falsifikationen sind. Denn Flew betont, dass es sich doch bei Aussagen wie »Gott existiert«, »Gott erschuf die Welt«, »Gott liebt seine Kinder wie ein Vater« und Ähnlichem um Behauptungen handelt, die meist in einem kosmologischen Kontext auftreten. Wie aber prüft man derartige Behauptungen? Indem man sich fragt, was gegen sie spricht – und versucht, diese Verneinung zu bestätigen. Denn wenn die Behauptung A wahr ist, dann muss ihr Gegenteil ¬A falsch sein. Wenn eine Aussage jedoch so gestrickt ist, dass sie im Grunde nichts verneint: Was bedeutet sie dann überhaupt? In diesem Fall, so Flew, handelt es sich nicht einmal um eine Behauptung.

Auf ebendiese Weise »erodiert« die Aussage des Gläubigen im Gärtnergleichnis. Was also, so Flew, könnte überhaupt geschehen, um einen Satz wie »Gott liebt uns, wie ein Vater seine Kinder liebt« zu widerlegen? Was spricht überhaupt gegen Gott, gegen Gottes Liebe, gegen alles, was mit Gott in Verbindung steht? In gewisser Weise könnte man Theologie definieren als den Versuch, diese Frage überzeugend zu beantworten. Eine Fülle von Thesen und Argumenten wurden in den letzten zweitausend Jahren ersonnen und diskutiert, Argumente, die immer wieder darauf hinausliefen zu zeigen, dass wir eben nicht wissen, aber Gott allwissend ist; dass wir daran leiden, dass unsere Kinder sterben – und uns Gott dennoch liebt wie Kinder; dass Böses auf der Welt geschieht, aber Gott, auch wenn er allmächtig ist, selbst nicht böse ist. Alleine die Diskussion dieser Frage füllt ganze Räume unserer Bibliothek, durch die ich Sie in aller Kürze zu führen versuche. Flews Parabel ist eine Art Geigerzähler, die Verfallszeit von Argumenten prüft. Je radioaktiver sie sind, umso heftiger tickt es und umso heftiger wird die Auseinandersetzung sein. Eine leblose Aussage führt zu keinem nennenswerten Ausschlag mehr. Flew selbst diskutiert seine ursprünglich 1950 veröffentlichte Geschichte in

God, Freedom and Immortality. A Critical Analysis sowie ein Heer
von Theologen und Philosophen nach ihm[9]. Im Grunde ist Flews
Parabel paradigmatisch: Sie ist ein Muster, eine kondensierte
Form und eine (weit verbreitete) Denkweise, eine Struktur von
Argumenten, ja von einer Kultur, von der man, glaube ich, sagen
kann, dass sie zumindest den Westen dominiert. Flews Parabel
bringt das, was Taylor »säkulares Zeitalter« nennt, auf den Punkt.

Normalerweise hört die Diskussion an dieser Stelle auf. Und
damit beginnt entweder die Gleichgültigkeit – oder der Krieg. Es
scheint, als würden Denken und Argumentieren aussetzen. Denn
diese Stelle markiert die Grenze und zugleich die Kampfzone –
eine Gegend, die man nie mehr vergisst und der man nie mehr
wird ausweichen können, wohin man auch geht. Der Gläubige
wie der Skeptiker, der, der Vertrauen hat, und der, der zweifelt –,
sie alle werden diese Geschichte mit sich herumtragen, werden
neue Fragen stellen, neue Antworten versuchen, neue Tests entwerfen und immer wieder frustriert oder euphorisch auf die jeweiligen Ergebnisse reagieren. Ich bin mir durchaus dessen bewusst, dass über dieses Problem seit langem, gleichsam seit Beginn
der Theologie diskutiert wurde. Der Streit zwischen Glaube und
Vernunft wird mit kaum einer anderen Geschichte derart prägnant auf den Punkt gebracht. Es handelte und handelt sich hier
um ein keineswegs harmloses Problem. Im Gegenteil. Die Lösung
oder Auflösung dieses Problems ist heute möglicherweise auf der
Ebene der Argumente und der kognitiven Auseinandersetzung die
größte Herausforderung überhaupt, weil von der Lösung nicht
nur die Satisfaktionsfähigkeit von Theologen abhängt – zumindest dann, wenn sie weiterhin an staatlichen Hochschulen unter-
richten wollen –, sondern viel grundsätzlichere kulturelle Zu-
schreibungen wie »mentale Gesundheit«, »Zurechnungsfähigkeit«
und manches andere. Ich will nicht behaupten, eine Antwort auf
die Flew-Parabel zu haben, die für manche eher wie eine Fluch-
Parabel wirkt. Und doch glaube ich, zwei, drei hilfreiche Bemerkungen machen zu können, die es uns mit einer gewissen Würde
erlauben, auch diesen heißumkämpften Raum in der Bibliothek

einigermaßen mit Anstand wieder verlassen zu können, ohne gleich geächtet zu werden, Leseverbot in der gesamten Bibliothek zu erhalten oder gar im Umkehrschluss die fatale Obsession zu entwickeln beginnen, wie der heilige Thomas von Aquin oder Jorge von Burgos (und einige andere, weniger heilige und keineswegs fiktiven Menschen), die Bibliothek und alle in ihr enthaltenen Schriften zu verbrennen.

Warum Tatsachen nur in ungefährer Annäherung Tatsachen sind

Erinnern Sie sich an unser Experiment in diesem Kapitel? Sie sollten sich erst einen Frosch, dann ein XoXaToTil und schließlich Gott vorstellen. Nun suchen Sie den Frosch, XoXaToTil und Gott. Wo fangen Sie an? Es kann ja durchaus sein, dass Sie sich einen Frosch vorgestellt haben, der geradezu abstrus ist, den es aber gibt. Leider wird er erst nach Ihrem Tod gefunden – dafür aber mit Ihrem Namen versehen. Es gibt Tatsachen, die noch keine sind, weil sie erst nach unserem Tod zu Tatsachen werden. Das bedeutet keineswegs, sich damit zu trösten oder gar herauszureden. Ob es jetzt regnet oder nicht ist keine Frage, die erst nach meinem Tod beantwortet werden kann. Und doch bedeutet es, dass die Erkenntnis gewisser Tatsachen einen Zeitindex hat. Vielleicht erinnern Sie sich an Ihre Kindheit und Ihren Geschmack: Vermutlich haben Sie weder Oliven noch Kapern, noch streng schmeckenden Käse gemocht, essen aber heute das eine oder andere davon durchaus mit Genuss. Zwar sind Tatsachen nicht wie Geschmack veränderlich. Und doch ist das, was Newton einst unter Energie verstand, etwas völlig anderes als das, was Einstein damit verbunden hat. Für Newton wäre es undenkbar gewesen, dass Materie und Energie austauschbar und mehr oder minder frei ineinander konvertierbar sind. Das ist eine Tatsache.

Die Auseinandersetzung um Begriffe und Tatsachen – genauer:

über die Interpretation oder Verwendung von Begriffen und die Deutung von Tatsachen – ist sinnvoll, denn sie kann (aber muss) nicht dazu führen, dass jemand seine Meinung ändert. Wäre der Glauben ohne jeglichen Bezug zu kognitiven Aspekten, dann wäre er völlig von der Welt losgelöst. Das bedeutet nichts anderes, als zu sagen, dass »zu glauben« oder aber »nicht zu glauben« einzig und allein eine Frage der Willkür, der willkürlichen Entscheidung ist. Das widerspricht offensichtlich jedoch nicht nur der Geschichte der Religionen, sondern auch der Geschichte des individuellen Kampfes einzelner Menschen, die keine Mühe scheuen, um herauszufinden, ob das, was sie für wahr halten (und leben), bzw. das, woran sie glauben (an einen Gott, der alle Menschen liebt, oder aber an die Gerechtigkeit, die am Ende siegen wird), tatsächlich Bestand hat. Die Frage ist dann jedoch weniger, ob eine Aussage wahr ist, sondern ob sie Bestand hat, ob sie trägt – und wie lange sie trägt. Jemand, der behauptet, eine blaue Tasse sei grün, aber kurze Zeit später ein blaues Auto als blaues Auto bezeichnet, wird kaum lange ernst genommen werden. Vielmehr wird man bei jemandem, der mit Begriffen derart beliebig umgeht, entweder eine böse Absicht oder eine Form von geistiger Erkrankung vermuten.

Natürlich nutzt der Hinweis auf das, was trägt, wenig, wenn jemand jeder Kritik gegenüber immun ist. Vielleicht lässt sich das, was ich meine, am ehesten vergleichen mit dem Verliebtsein: Man erkennt durchaus, dass der oder die Geliebte ein wenig zu klein (oder groß), ein wenig zu laut, humorlos oder vielleicht auch zu intelligent für einen selber ist – und doch hält man an ihr oder ihm fest. Mag sein, dass der oder die Geliebte sogar geklaut hat – oder noch Schlimmeres getan hat. Doch bedeutet das notwendigerweise, sich so abzukehren, wie sich möglicherweise die Menschen abkehren, die nicht lieben? Zugegeben – das Gleichnis hinkt. Aber was ich meine, ist, dass man einräumen muss, dass man etwas bis zu einem gewissen Grad weiter verteidigt, auch wenn man weiß, dass sich die eigene Meinung vielleicht nicht hundertprozentig beweisen, ja nicht einmal streng genommen widerspruchsfrei durchhalten lässt. Doch muss man umgekehrt wirklich seine Augen allem (und jedem) gegenüber öffnen? Kann man das überhaupt? Würde nicht eine völlige Offenheit allen Tatsachen gegenüber zu einer Leere, einer Auslöschung der Persönlichkeit führen, die nichts, aber auch gar nichts mehr übriglässt als die Möglichkeit, mit den Dingen zu fließen und sich gleichsam mit den Tatsachen den Strom hinuntertreiben zu lassen?

In meinem Buch über Weisheit habe ich auf Nietzsches hellsichtige Einsicht verwiesen, dass eine reine Tatsache keine Tatsache, sondern eine Fiktion ist. Im Frühjahr 1887 bemerkte Nietzsche, dass es keine reine Welt der Fakten geben könne – eine Welt ohne jede Beimischung von Glauben oder Interpretation. Dies sei eine falsche, positivistische Ansicht. Gegen diesen Positivismus, so Nietzsche, »welcher bei dem Phänomen stehen bleibt ›es giebt nur Thatsachen‹, würde ich sagen: nein, gerade Thatsachen giebt es nicht, nur Interpretationen. Wir können kein Factum ›an sich‹ feststellen: vielleicht ist es ein Unsinn, so etwas zu wollen. ›Es ist alles subjektiv‹ sagt ihr: aber schon das ist Auslegung, das ›Subjekt‹ ist nichts Gegebenes, sondern etwas Hinzu-Erdichtetes, Dahinter-Gestecktes [...] Soweit überhaupt das Wort ›Erkenntniß‹ Sinn hat, ist die Welt erkennbar: aber sie ist anders deutbar, sie hat keinen Sinn hinter sich, sondern unzählige Sinne von ›Perspektivismus‹. Unsre Bedürfnisse sind es, die die Welt auslegen: unsere Triebe und deren Für und Wider.«[10]

Natürlich gilt auch für Nietzsches Feststellung über die Welt, die keine reine Tatsache ist, dass sie eine Auslegung, eine Interpretation ist. Doch genau so scheint es sich eben zu verhalten – auch mit der Wissenschaft. Eine genaue Analyse würde hier zu weit, nämlich in ein völlig anderes Feld führen. Ich möchte deshalb auf jenen Teil der Bibliothek verweisen, der sich mit der Frage der Falsifikation und den reinen Tatsachen auseinandersetzt. Dort findet man u. a. die Werke des Wissenschaftshistorikers und Wissenschaftstheoretikers Paul Feyerabend, der ein genauer Beobachter nicht nur der Wissenschaft und der Tatsachen war, sondern auch der Methoden, mit denen die Wissenschaft am Ende ihrer Arbeit im Labor die Tatsachen erreicht. Feyerabend wie auch vor ihm Ludwik Fleck oder Thomas S. Kuhn beschreiben jene Paradigmenwechsel, die im Sinne Nietzsches eines immer wieder zeigen: die absolute Theorie-Getränktheit aller Erfahrungen. Weil die Theorie – die Interpretation oder Einbettung in einen weiteren kognitiven Rahmen oder eine Kultur – immer mit dabei ist, ist es oftmals so schwer, eine Theorie mit Gründen, vor allem aber durch Erfahrung, allein zu Fall zu bringen. Einwände gegen Tatsachen werden auch in der Wissenschaft meist nur mit der Konstruktion einer neuen und »besseren« Theorie beantwortet oder mit dem Hinweis, dass man bereits an einem Instrument arbeite, das zeigen werde, dass das, was man derzeit sieht, eben nicht das ist, was man »wirklich« (nämlich mit anderen, »besseren«) Instrumenten sieht. Das andere, so Feyerabend, ist aber zunächst eben nur das andere – und nicht automatisch auch schon das Bessere. Insofern leben wir in einer Komplexität, die nicht nur Theorien und Tatsachen, Werte, Anschauungen, Erkenntnisse und unser alltägliches Leben zuweilen bis zur Unkenntlichkeit vermischt, sondern auch in einem nicht reduzierbaren, unauflösbaren Pluralismus der Interpretationen. Nietzsches Gedanke scheint mir nach wie vor richtig zu sein. »Die Interpretation ist die einzige Tatsache, von der wir sprechen können« – das Sein der Dinge ist untrennbar mit dem Dasein des Menschen verbunden.[11] Nicht nur Tatsachen sind eine Tatsache – sondern auch ihre Interpretation. Und das bedeutet keineswegs, dass es sich um reine Willkür, um Privatmeinungen und Privatinterpretationen der Welt handelt. Im Gegenteil: Unsere Interpretationen haben wir nur deshalb, weil wir als Kinder bereits in eine Kultur mit gewissen Überzeugungen hineingewachsen sind. Der Tatsache der »Interpretativität« der Welt entspricht ihre Intersubjektivität. Und genau aus diesem Grund kann und soll man über die Welt – über Gott und die Welt – diskutieren. Dabei allerdings zu erwarten, die Diskussion werde eines Tages an ein definitives Ende kommen, ist etwa so, wie auf einen Tisch zu zeigen und zu sagen: »Weiter werden wir nicht kommen. Die Oberfläche des Tisches ist das Letzte, was wir über seine Beschaffenheit aussagen können.« Es gibt immer noch ein kleiner oder größer, weiter, höher, schneller. Und dort, wo es ein solches »mehr« nicht mehr gibt (mathematisch-physikalisch ge-sprochen etwa in der Singularität am Anfang der Welt oder unter-halb der Planck-Länge), lassen sich auch keine sinnvollen Aussa-gen mehr machen (sinnvoll in diesem Fall im Sinne von Ma-thematik und Physik).

Damit ist keineswegs gesagt, dass es keine Tatsachen geben würde – eine Aussage, die offensichtlicher Unsinn ist, da wir uns alle über ganz einfache Tatsachen verständigen können. Äpfel fallen in der Regel nach unten, die Straße wird nass, wenn es regnet, und die Regeln der Mathematik gelten heute so wie mor-gen. Klargeworden dürfte aber sein, dass auch die Feststellung von Tatsachen nicht voraussetzungslos erfolgt, sondern ihrerseits eine Art Gerüst voraussetzt. Es ist, als würden wir ein komplexes Netz über die Dinge werfen, um sie auf diese Weise einzufangen. Alles, was wir haben, sind die Formen des Netzes, nie der Dinge selbst. Umso erstaunlicher ist es, wie leistungsfähig das Erfassen der Muster dieses Netzes ist. Jede Benutzung eines Computers, eines Handys, eines Autos oder Flugzeuges zeigt das. Wir alle sind samt unserer Erkenntnisfähigkeiten, aber auch Erkenntnis-möglichkeiten voll und ganz in das Muster einer Kultur und einer Sprache hineinverwoben. Es gibt keinen Weg, dieses Muster gleichsam von außen, vom Weltraum aus zu beschreiben und so zu tun, als gehöre man selbst einer anderen Spezies an. Wir sind die Tiere, die sich selbst beschreiben können, jedoch nur so, dass sie nie aufhören können, selbst in der grandiosesten Selbstbe-schreibung noch diese Tiere zu sein. Wir sind und bleiben Men-schen – keine Götter. Wie Michael Hampe zu Recht bemerkt: »Biologische, soziologische und kulturwissenschaftliche Tatsa-chen sind das Resultat von Abstraktionen, die aus bestimmten explanatorischen Interessen und theoretischen Perspektiven auf das Leben entstehen.«[12] Wir sollten nicht den Fehler begehen, vor dem der Philosoph Alfred North Whitehead so eindringlich

warnte und den er »fallacy of misplaced concreteness« nannte:
Um Dinge, die uns quälen, erklären zu können, produzieren wir
Erklärungen und Theorien – und gewöhnen uns derart an sie,
dass wir diese Konstruktionen schließlich mit den konkreten Tat-
sachen verwechseln. Dieser Fehlschluss ist nichts anderes als eine
Variante von Nietzsches Ägyptizismus.

Warum wir Gott nicht loswerden (aber anders, als wir denken)

An dieser Stelle kann es gelingen, noch ein wenig tiefer in die
verwirrenden Zusammenhänge zwischen Vernunft, Sprache und
Glauben einzutauchen. Immer wieder lassen wir uns täuschen,
weil die Glaubenssprache den Anschein einer formalisierten, wissenschaftlichen Sprache erweckt, etwa indem sie von Gott als
dem Schöpfer der Welt, von kosmischen Prinzipien und anderem
redet. Doch der Glaube ist kein auf wissenschaftliche Weise for-
malisiertes System. Das Heilige ist nicht das, was die Physik außer
Kraft setzt. Es ist nicht das, was sich der Falsifikation entzieht. Es
ist nicht das, was die Wissenschaft endgültig zerstören würde
(eine Phantasie, die, wenn sie anhält, geradewegs in den Fundamentalismus führt). Es ist etwas anderes, als es mit dem Wesen
des Menschen, mit seiner Fallhöhe und seiner Größe zu tun hat,
die nicht dort am meisten aufscheint, wo der Mensch mächtig
und groß ist, sondern in den Momenten seiner tiefsten Ohnmacht. Theologisch gesprochen: am Kreuz.

Ich kenne keine bessere Beschreibung dessen, was ich meine,
das diese Zusammenhänge deutlich macht, als die Antwort, die
der Philosoph Slavoj Žižek auf die Frage gab, was für ihn das
Heilige sei.

»Wie ich das Heilige erfahren habe? Das war, als ich Jorge
Semprúns Roman *Die große Reise* las, in dem er schildert, wie
er das Eintreffen einer Güterwaggonladung polnischer Juden in

Buchenwald miterlebte. Bei der Ankunft waren alle Gefangenen erfroren, mit Ausnahme von 15 Kindern, die inmitten des Knäuels von Körpern warm gehalten worden waren. Nachdem sie die Kinder aus dem Waggon geholt hatten, ließen die Nazis ihre Hunde auf sie los. Bald waren nur noch zwei Kinder übrig: ›Der kleinere begann zurückzubleiben, die SS-Männer brüllten hinter ihnen, auch die Hunde begannen zu brüllen, der Blutgeruch brachte sie außer sich, aber da hielt der Größere der Jungen im Laufen inne und nahm die Hand des kleineren, der schon stolperte, und sie legten zusammen noch ein paar Meter zurück, die linke Hand des Jüngeren in der rechten des Älteren, bis die Knüppel auch sie niederstreckten und sie nebeneinander mit dem Gesicht zu Boden fielen, ihre Hände auf immer vereint.‹ Es ist die reine substanzlose Oberfläche solcher für die Ewigkeit fixierter Bilder, nicht eine tiefere Bedeutung oder Botschaft, die in der trostlosen Geschichte der Shoah Momente der Erlösung möglich macht: In solchen Momenten, kann man sagen, war Gott, die göttliche Dimension, trotz allem in Buchenwald anwesend. Es lässt sich leicht vorstellen, wie diese Szene verfilmt werden sollte: Während die Tonspur das reale Geschehen vermittelt (die beiden Kinder werden zu Tode geprügelt), bleibt die Kamera auf ihren ineinander verschränkten Händen stehen, die für alle Ewigkeit eingefroren werden. Während der Ton die gewöhnliche Realität wiedergäbe, gäbe das Bild das Heilige wieder. Weder Menschen noch Dinge, sondern allein solche flüchtigen Momente, in denen die Ewigkeit erscheint, verdienen es, das Heilige genannt zu werden.«[13]

»Gott in Buchenwald«, so der Text, ist der Gott der kurzen, flüchtigen Momente. Diesen Gott werden wir nicht los. Gott konkret zu denken heißt nicht, ihn im Universum zu finden als Quelle von Antimaterie, als Ursache vor dem Urknall, als Unbewegten Beweger, sondern heißt vielmehr mit Gerhard Ebeling Gott im Widerspruch zu denken. Es geht nicht um den Gott der Physik, über den Dietrich Bonhoeffer im Gefängnis am 25. 5. 1944 notiert, dass er ihn dennoch beschäftige.[14] Er lese gerade das »Weizsäcker'sche Buch über das ›Weltbild der Phy-

sik««. Deutlich geworden sei ihm dabei, »daß man Gott nicht
als Lückenbüßer unserer unvollkommenen Erkenntnis figurieren
lassen darf; wenn nämlich dann – was sachlich zwangsläufig ist –
sich die Grenzen der Erkenntnis immer weiter herausschieben,
wird mit ihnen auch Gott immer weiter weggeschoben und befindet sich demgemäß auf einem fortgesetzten Rückzug. In dem,
was wir erkennen, sollen wir Gott finden, nicht aber in dem,
was wir nicht erkennen; nicht in den ungelösten, sondern in
den gelösten Fragen will Gott von uns begriffen sein. Das gilt
für das Verhältnis von Gott und wissenschaftlicher Erkenntnis.«
Mit Blick auf Slavoj Žižeks Aussage gilt dies jedoch auch – wenn
nicht sogar in besonderer Weise – für die »allgemein menschlichen Fragen von Tod, Leiden und Schuld«. Auch für diese Fragen,
so schreibt Bonhoeffer, gebe es heute »menschliche Antworten,
die von Gott ganz absehen können. Menschen werden faktisch –
und so war es zu allen Zeiten – auch ohne Gott mit diesen Fragen
fertig und es ist einfach nicht wahr, daß nur das Christentum
eine Lösung für sie hätte.« Die Lösung der tiefsten und quälend-
sten Fragen, der Ausweg aus dem Fliegenglas, das wir nicht sehen
und das uns doch den Weg ins Freie versperrt, ist nicht zwingend
eine christliche Antwort. »Gott ist auch hier kein Lückenbüßer«,
sagt Bonhoeffer. »Nicht erst an den Grenzen unserer Möglichkeiten, sondern mitten im Leben muß Gott erkannt werden; im
Leben und nicht erst im Sterben, in Gesundheit und Kraft und
nicht erst im Leiden, im Handeln und nicht erst in der Sünde
will Gott erkannt werden. Der Grund dafür liegt in der Offenbarung Gottes in Jesus Christus. Er ist die Mitte des Lebens und ist
keineswegs ›dazu gekommen‹, uns ungelöste Fragen zu beantworten. Von der Mitte des Lebens aus fallen gewisse Fragen überhaupt aus und ebenso die Antworten auf solche Fragen (ich denke an das Urteil über Hiobs Freunde!).« Hiobs Freunde waren es,
die ihn mehr noch als das Unglück selbst quälten – hatten sie
doch behauptet, Hiob selber müsse schuld sein an seinem Unglück. Er müsse etwas getan haben, das ihn allererst in eine solche
Lage gebracht und den Zorn Gottes auf sich gezogen hätte. Doch

Hiob hat nichts dergleichen getan. Er ist unschuldig. Und in seiner Unschuld in die Mühlen einer autonomen, kafkaesken Welt geraten, deren Leid durch solche Freunde nur noch vertieft wird.

Bonhoeffer kommt in seiner ausweglosen Lage einen Monat später, am 17. Juli 1944, auf das Thema der »Autonomie der Welt« zurück.[15] Wie Charles Taylor und andere große Theoretiker der Säkularisierung analysiert auch Bonhoeffer, wie diese Entwicklung historisch mit der Theologie – etwa eines Anselm von Canterbury – einsetzt, der »die Suffizienz der Vernunft für die religiöse Erkenntnis behauptet«. Diese Denkweise greift um sich. Machiavelli etwa löst die Politik aus der Sphäre der Moral und begründet die Lehre von der Autonomie der Staatsraison und der menschlichen Gesellschaft, die auch die Nazis auf eine pervertierte Weise für sich in Anspruch nehmen. Die Welt ist ein Mechanismus, der nach seinen eigenen Gesetzen abläuft (»in den Naturwissenschaften beginnt die Sache offenbar mit Nikolaus von Kues und Giordano Bruno«, schreibt Bonhoeffer) oder aber nach eigenen Gesetzen von uns bestimmt wird. Nur Gott gibt es in dieser Welt nicht. Der antike Kosmos ist wie auch der mittelalterliche endlich: eine geschaffene Welt, in der kein Gott zu finden ist (auch wenn es ihn im Mittelalter noch im Jenseits dieser Welt gab). »Gott ist«, notiert Bonhoeffer, »als moralische, politische, naturwissenschaftliche Arbeitshypothese abgeschafft, überwunden; ebenso aber als philosophische und religiöse Arbeitshypothese (Feuerbach!). Es gehört zur intellektuellen Redlichkeit, diese Arbeitshypothese fallen zu lassen bzw. sie so weitgehend wie irgend möglich auszuschalten. Ein erbaulicher Naturwissenschaftler, Mediziner etc. ist ein Zwitter.« Es lohnt, Bonhoeffers Text ausführlich zu Wort kommen zu lassen:

»Wo behält Gott noch Raum?, fragen ängstliche Gemüter, und weil sie darauf keine Antwort wissen, verdammen sie die ganze Entwicklung, die sie in solche Notlage gebracht hat. Über die verschiedenen Notausgänge aus dem zu eng gewordenen Raum habe ich Dir schon geschrieben. Hinzuzufügen wäre noch der salto mortale zurück ins Mittelalter. Das Prinzip des Mittelalters aber ist die Heteronomie in der Form des Klerikalismus. Die Rückkehr dazu aber kann nur ein Verzweiflungsschritt sein, der nur mit dem Opfer der intellektuellen Redlichkeit erkauft werden kann. Er ist ein Traum nach der Melodie: ›O wüßt ich doch den Weg zurück, den weiten Weg ins Kinderland.‹ Diesen Weg gibt es nicht – jedenfalls nicht durch den willkürlichen Verzicht auf innere Redlichkeit, sondern nur im Sinne von Mt 18,3, d.h. durch Buße, d.h. durch letzte Redlichkeit. Und wir können nicht redlich sein, ohne zu erkennen, daß wir in der Welt leben müssen – ›etsi deus non daretur‹. Und eben dies erkennen wir – vor Gott! Gott selbst zwingt uns zu dieser Erkenntnis. So führt uns unser Mündigwerden zu einer wahrhaftigen Erkenntnis unserer Lage vor Gott. Gott gibt uns zu wissen, daß wir leben müssen, als solche, die mit dem Leben ohne Gott fertig werden. Der Gott, der mit uns ist, ist der Gott, der uns verläßt (Mark 15,34)! Der Gott, der uns in der Welt leben läßt ohne die Arbeitshypothese Gott, ist der Gott, vor dem wir dauernd stehen. Vor und mit Gott leben wir ohne Gott. Gott läßt sich aus der Welt herausdrängen ans Kreuz, Gott ist ohnmächtig und schwach in der Welt und gerade nur so ist er bei uns und hilft uns.«[16]

Bonhoeffer sieht in diesem Zusammenhang das herausragende Unterscheidungsmerkmal des Christentums schlechthin – den Unterschied zu allen anderen Religionen. Gott ist kein deus ex machina, kein gewaltiger Schöpfer, der wie ein alttestamentlicher Krieger mit gezogenem Schwert kommt, um seine Feinde zu bestrafen. Wer einen solchen Gott sucht, muss in die Irre gehen – und an ihm irrewerden, denn dass es diesen Gott nicht gibt, weil diese Gottesvorstellung falsch ist, lässt sich leicht zeigen. Es gibt Gottesvorstellungen, die gleichsam »falsifiziert« werden können. Aber zieht sich Bonhoeffer nicht mit der Vorstellung, dass auch in einem solchen Moment der Abwesenheit Gottes wir vor Gott leben, dass Gott kein Gott der Stärke ist, der sich Wissenschaftlern mit Macht im Experiment oder den Nazis mit Macht in ihrem Staat zeigt, vollends zurück in eine Haltung, die immun gegen jede Kritik, jedes andere Denken ist?

Vermutlich würde Flew über diese »Dialektik« der Präsenz Gottes – über seine Anwesenheit selbst im Modus der Abwesenheit – so denken. Existentiell leuchtet die Haltung, so schwer sie zu leben und durchzuhalten ist, durchaus ein. Man kann an den Menschen auch gegen sie festhalten. Man kann eine Liebe bewahren, auch wenn alles gegen sie spricht. Allerdings kann man an einer solchen Haltung der Treue, des Glaubens auch zerbrechen. Die Haltung lebt davon, dass die Trias Liebe, Glaube und Hoffnung eins ist. Scheidet eines der Elemente aus und verglüht, dann wird das prekäre Gleichgewicht zerstört. Zu hoffen bedeutet, sich die Welt kontrafaktisch vorzustellen und sich diese Möglichkeit als mögliche Wirklichkeit vor Augen zu halten. Auch hier gibt es keine letzten Beweise, keine letzten Argumente, die alle überzeugen könnten. Auch hier bedarf es des wiederholten Gangs durch die Bibliothek und durch die frische Luft der Meditation und einer Klärung, die zwar durchaus etwas von einem wissenschaftlichen Prozess hat und doch keine reine Wissenschaft ist. Etwas anderes von einer Bibliothek (einschließlich der Sektion »Gottesbeweise«) zu erwarten als eine gewisse Klärung des Denkens und gelegentliche helle Momente der Erkenntnis, wäre eine Haltung, die dem Aberglauben nahesteht. Die Gefahr, die in der erhofften Entrückung der Erkenntnis besteht, lässt sich ebenso platt wie klar mit Adornos Bemerkung auf den Punkt bringen, dass eine wörtlich genommene Religion, eine theologische Argumentation »à la lettre« Science-Fiction gleicht. So, als führe die Weltraumfahrt, die man analog zu den Gottesbeweisen zuerst in Schriften und Abhandlungen diskutiert und dann mit mathematischer Präzision berechnet hat, geradewegs »in den wirklichen verheißenen Himmel«.[17] Derart »kindische Überlegungen zu den Konsequenzen von Raketenreisen für ihre Christologie konnten die Theologen nicht sich entziehen«. Doch auch die Wissenschaftler treten nur von der anderen Seite aus ins selbe Fettnäpfchen. Der russische Kosmonaut Juri Alexejewitsch Gagarin war der erste Mensch, der die Erde wirklich verließ und verlassen konnte, weil die Kräfte, die Mathematik und die Physik berechnet hatten, den

Flug nicht nur möglich, sondern auch wirklich werden ließen. Gagarin wird (fälschlicherweise, wie man heute weiß) anlässlich des ersten bemannten Fluges um die Erde überhaupt am 12. April 1961 die Bemerkung untergeschoben, dass er dort oben keinem Gott begegnet sei und Gott folglich auch nicht existiere. Wer sich so einen Gottesbeweis oder seine Widerlegung, aber auch den Wirklichkeitsgehalt und die Anwendungsmöglichkeiten theologischer und dogmatischer Lehraussagen vorstellt, sollte am besten gar nicht erst wieder auf der Erde landen. Eine solche Haltung ist Infantilismus. Umso erstaunlicher ist es, dass eine seit Jahrhunderten ausformulierte Kritik daran Religionskritikern – etwa den New Atheists – immer noch Beifall zu bescheren vermag. Und doch ist es am Ende auch nicht die Dichtung, die selbst darüber entscheiden kann, ob ihre Erfindungen, ihre idealistischen Fiktionen das mündige Denken nun widerlegen »oder ob ihr letztes Wort wiederum Symbol – ›nur ein Gleichnis‹ – sei«.[18] Es wäre sicher zu wenig, nach dem Verwerfen der Gottesbeweise Religion als Dichtung zu verstehen, als Form einer Poesie, die aus der Form geraten ist, weil sie vom Geist des Arguments in Bann gehalten wurde. Die Befreiung der Religion ist weder die Wissenschaft noch die Poesie alleine. Doch wie kann sie sich überhaupt befreien?

Mit dem, was Bonhoeffer und Žižek angesprochen haben, scheint es nicht um wirklich gewordene Fiktion, nicht um wissenschaftliche Klärung religiöser Fragen zu gehen, sondern um so etwas wie den religiösen Blick überhaupt. In gewisser Weise sind die Gottesbeweise daher keine Hilfe in wissenschaftlichen Fragen – vielleicht aber ein Hinweis darauf, dass eine Art von Training auch des Denkens nötig ist, ein Einüben und Kultivieren einer mit dem Alltag verwobenen Praxis, die ihre Ausrichtung durch den »religiösen Blick« auf dieselbe Welt erhält, die auch der Wissenschaftler unter Absehung von Gott untersucht. Doch was ist dieser »religiöse Blick«?

Der religiöse Blick

Im Zusammenhang mit der Religionssoziologie von Max Weber erwähnte ich bereits seinen Begriff des »religiös Unmusikalisch-Seins«. Dieser Begriff schlägt eine Brücke zwischen Ablehnung und Anerkennung. Er erkennt an, dass so etwas wie Religion durchaus gut und notwendig sein kann – drückt aber zugleich auch aus, dass er sich selber lieber nicht damit befassen will und es lieber denen überlässt, die dieses Instrument beherrschen und musikalisch gebildet sind. Auch Jürgen Habermas hatte wie Weber an »unmusikalische« Wissenschaftler, Philosophen und Bürger appelliert, sich der Perspektive der Religion nicht völlig zu verschließen, weil sie etwas bewahrt, das notwendig für das Zusammenleben sein könnte. Dies ist sozusagen ein Fingerzeig mit Handschuh: Seht hin, da gibt es etwas, wovon alle profitieren könnten, auch ich, aber damit befassen sollten sich andere. Weber wie Habermas reden, wie Dirk Kaessler treffend formulierte, »nicht aus der Perspektive eigener religiöser Erfahrung, also eines Gläubigen, sondern aus der Reflexion der Praxis anderer, von denen er sich durch sein Sprechen absetzt.«[19] Es gibt Menschen, die von Religion so Gebrauch machen wie von der Musik, die um uns herum ist – und das kann durchaus schön sein (und doch will ich mir gar nicht erst die Mühe machen, das Instrument zu erlernen, denn ich bin unmusikalisch).

Terry Eagleton wies in seinem Buch über Religion darauf hin, dass der Begriff und die Praxis von »Kultur« heute eine Art Nachhall, eine späte säkulare Resonanz des Begriffes der Religion und des Heiligen darstellen. Kultur und nicht mehr Religion ist es, die vielen Menschen in einer bewegten, unsicheren und krisenhaften Zeit inmitten einer herzlosen Welt eine Heimat beschert und ein Herz bewahrt. Eagleton weist als sensibler Fachmann für Literaturwissenschaft und Ästhetik darauf hin, dass viele der heute gebräuchlichen ästhetischen Konzepte im Grunde heimatvertriebene, verdrängte theologische Versatzstücke sind. Das Kunstwerk, schreibt er, das wir als etwas Mysteriöses, völlig Selbständiges, sich Selbst-Bewegtes ansehen, ist gewissermaßen das Bild Gottes in einem agnostischen Zeitalter. Und doch wissen wir, dass Kunst nicht die Rolle einer Ersatzreligion spielen kann. »Kunstwerke können uns nicht erlösen«, sagt Eagleton. »Sie machen uns lediglich sensibler für das, was repariert werden muss.«[20]

In dieser Haltung schimmert die Einsicht von Karl Marx durch, die in Religion nicht das Opium für, sondern das Opium des Volkes sah. In *Zur Kritik der Hegelschen Rechtsphilosophie* schreibt Marx: »Die Aufhebung der Religion als des illusorischen Glücks des Volkes ist die Forderung seines wirklichen Glücks. Die Forderung, die Illusionen über seinen Zustand aufzugeben, ist die Forderung, einen Zustand aufzugeben, der der Illusionen bedarf. Die Kritik der Religion ist also im Keim die Kritik des Jammertales, dessen Heiligenschein die Religion ist.«[21]

Weil wir verkehrt und geknechtet leben, so Marx (und mit Kinderarbeit, mehr als hundert Millionen Wanderarbeitern in China und Verhältnissen der Rechtlosigkeit in vielen Ländern der Welt sind wir auch heute nicht weit vom Marx'schen Elend entfernt), produzieren Staaten und Gesellschaften Religion: »ein verkehrtes Weltbewußtsein, weil sie eine verkehrte Welt sind. Die Religion ist die allgemeine Theorie dieser Welt, ihr enzyklopädisches Kompendium, ihre Logik in populärer Form, ihr spiritualistischer Point-d'honneur, ihr Enthusiasmus, ihre moralische Sanktion, ihre feierliche Ergänzung, ihr allgemeiner Trost- und Rechtfertigungsgrund. Sie ist die phantastische Verwirklichung des menschlichen Wesens, weil das menschliche Wesen keine wahre Wirklichkeit besitzt. Der Kampf gegen die Religion ist also mittelbar der Kampf gegen jene Welt, deren geistiges Aroma die Religion ist. Das religiöse Elend ist in einem der Ausdruck des wirklichen Elendes und in einem die Protestation gegen das wirkliche Elend. Die Religion ist der Seufzer der bedrängten Kreatur, das Gemüt einer herzlosen Welt, wie sie der Geist geistloser Zustände ist. Sie ist das Opium des Volks. Die Aufhebung der Religion als des illusorischen Glücks des Volkes ist die Forderung seines wirklichen Glücks.«

Die Religion ist also das Betäubungsmittel, das sich das Volk sucht, weil es das einzig ihm zur Verfügung Stehende ist. Am Ende aber geht es um Glück. Um einen befreienden, erlösenden Blick auf die Welt, der nicht nur Lug und Trug ist, nicht nur ein Bild, das man vor sich hertragen kann, sondern eine Wirklichkeit, in der man leben kann. Es geht nicht um ferne Erlösung, sondern um ein Glück, das man erleben, fühlen, weitergeben kann. Allein dazu dient die Kritik an den Zuständen und die Kritik an der Religion. »Die Kritik hat die imaginären Blumen an der Kette zerpflückt, nicht damit der Mensch die phantasielose, trostlose Kette trage, sondern damit er die Kette abwerfe und die lebendige Blume breche.«[22]

Und doch ist vielen Menschen heute nicht nur der direkte Weg in die Natur, sondern ebenso in die grüne Kultur verstellt. Was da angeboten, gezeigt, aufgeführt, vorgetragen und gespielt wird, ist zu weit weg, um es ergreifen zu können, zu künstlich, zu aufgesetzt und unverständlich. Wie also soll es dann überhaupt zu einem befreienden, erlösenden Blick auf die Welt kommen, der nicht Lug und Trug ist? Marx hatte seine eigene Vorstellung von dieser Befreiung, deren kümmerliche und pervertierte Gestalt im Kommunismus Stalins mehr Menschen das Leben kostete als der Zweite Weltkrieg. Und noch heute ist in China der Einparteien-Blick auf die Welt keineswegs überwunden. Der Theologe Johann Baptist Metz und andere Vertreter einer Befreiungstheologie schlugen einen anderen Weg ein, die Menschheitsgeschichte als Leidensgeschichte zu verstehen und gerade deshalb als »Medium für erlösende und emanzipierende Befreiungsgeschichte«.

Der religiöse Blick ist, um den berühmten Satz von Adorno vorwegzunehmen, auf den ich nachher noch ausführlich zu sprechen komme, ein Blick auf die Welt, der sie vom Standpunkt ihrer Erlösung her betrachtet und denkt, um das, was er auf diese Weise gesehen hat, lebendig werden zu lassen, d.h. im Leben Gestalt annehmen lassen will.

Mich haben immer wieder die Bilder von Mark Rothko stark bewegt, die ich in verschiedenen Ausstellungen gesehen habe, zuletzt 2008 in Hamburg. Man muss sich auf diese Bilder einlassen. Zugegeben, abstrakte Kunst gefällt nicht jedem. Aber das muss sie auch nicht, damit man die Wirkung spürt. Machen Sie das Experiment, wenn Sie das nächste Mal einem Bild von Rothko begegnen. Zunächst müssen Sie den richtigen Abstand finden – den das Bild Ihnen, das werden Sie feststellen, selber zeigen wird. Beginnen Sie damit, sich so vor das Bild zu stellen, dass es blickfüllend ist. Sie werden eine Spannung spüren, eine Vor- und Zurückbewegung, wie sie vielen monochromen Bildern eigen ist, die nicht aus einer Farbe direkt aus der Tube, sondern in einem langen Prozess aus einer kunstvollen Schichtung von Farben entstanden sind. 1954 bemerkte Rothko zu seinen Bildern: »Die Wiege meiner Gemälde ist Gewalt – die einzig zulässige Balance ist das prekäre Gleichgewicht, kurz vor dem Moment des Zusammenbruchs ... Deshalb bin ich immer wieder überrascht zu hören, daß meine Bilder friedlich wirken: Sie sind ein einziges Zerreißen, aus der Gewalt heraus geboren.« Und gerade deshalb sind diese Bilder, die die Balance gerade noch halten, kraftvoll und schön. Das Zusammenspiel der Farben – und es sind keine Gegenstände, sondern reine Farben, das Material der Malerei selbst, das diese Effekte auslöst – ist es, das »jenes als Schönheit bezeichnete Hochgefühl auslöst«.[23] Für Rothko kam es in der Kunst vor allem darauf an, dieses Gefühl auszulösen, indem die Kunst »von allem schmückenden Beiwerk zu befreien« ist. Es geht darum, den Geist und mit ihm den Menschen zu befreien. Denn Kunst ist, wie Mark Rothko schrieb, eine Form des Handelns.[24] Präziser: eine Form des »sozialen Handelns« – weil jede »echte Kunst zugleich Kommunikation« ist. Weder Sprache noch Musik können die »Funktion jener plastischen Elemente übernehmen, durch die malerische Schönheit erreicht wird«.[25] Mit dieser Schönheit hat es nach Rothko etwas Besonderes auf sich. Sie ist gegenwärtig, fühlbar, bleibt aber in gewisser Weise »wie das alte Ideal eines völlig entrückten Gottes« und wie »die reine Abstraktion für uns vollkommen ungreifbar. Denn wie Gott können wir auch die Abstraktion nur in ihrer Wirkung erkennen. In der Erfahrung der Schönheit leuchtet also gewissermaßen ein Widerschein der Unendlichkeit der Realität auf.«[26]

Keine Sorge. Ich will Sie jetzt nicht mitnehmen in den großen Saal mit den Bildbänden und den vielen Werken zum Thema Kunst und Religion. An dieser Stelle will ich Sie nur aufmerksam machen auf eine Wirkung von Kunst. Und auf die Bemerkung von Rothkos Sohn Christopher über den Umgang mit Bildern wie denen seines Vaters. »Um die Bedeutung eines Gemäldes ganz zu erfassen«, schrieb er, »muss man sich innerhalb der Welt eines Bildes auf ein sinnliches Abenteuer einlassen.«[27]

Nehmen wir nur einmal für einen Moment an, dass die Welt, die Sie umgibt, mindestens so geheimnisvoll ist wie ein Bild, sagen wir, von Mark Rothko. Rothko selbst verwies gerne darauf, dass Bilder erstens geheimnisvoll sein müssten und zweitens davon leben, dass der Betrachter dem Bild im Vorgang des Sehens immer wieder neu begegnet, ja mit dem Bild, dem Kunstwerk, lebt. Angenommen, Sie lassen sich darauf ein. Was ergibt sich daraus? Wie genau sollten wir uns der Welt, die wir sehen, und ihren möglichen Geheimnissen, den Fragen, die sie in uns weckt, nähern? Stellen Sie sich die Welt als das Kunstwerk Gottes vor. Was genau wäre dann die Welt dieses »Bildes«, das Gott (nach welcher Idee, welcher Vorstellung, aus welcher Laune und Verfassung heraus) »gemalt« hat? Anders gefragt: Um welche Welt geht es, wenn es um die(se) Welt geht, die jetzt vor Ihnen liegt?

Man kann von der Betrachtung von Bildern lernen, auch die Welt zumindest für einen Moment als ein solches Bild zu sehen. Ich will nicht sagen, dass dieser Anblick den religiösen Blick auf den Plan ruft. Aber ausschließen möchte ich es auch nicht. Sollte man nicht in gewisser Weise, wenn man das Geheimnis dieser Welt ergründen will, es ähnlich tun wie bei der Betrachtung eines gelungenen, wirklich guten, der Zeit standhaltenden Bildes, indem man sich »innerhalb der Welt des betreffenden Bildes auf ein sinnliches Abenteuer« einlässt? Gibt es überhaupt andere Möglichkeiten? Für die Inder, auch für die Buddhisten, gehört das Denken, das wir im Westen als Bereich der Vernunft so strikt von den Sinnen unterscheiden, ja trennen, selbst zu den Sinnen. Es ist neben den fünf Sinnen Fühlen, Sehen, Hören, Riechen und Schmecken der sechste Sinn. Die Abenteuer des Geistes sind demnach Ausflüge in ein besonderes Reich der Sinne. Nach Rothko sollten wir dem Kunstwerk so begegnen: wie in einem Abenteuer, das durchaus die Spuren von Gewalt, von Auseinandersetzung trägt. Wie ist es mit der Welt, die sich dem gläubigen und religiösen Menschen anders als dem unmusikalischen als das Werk Gottes darstellt, ein Werk, das so großartig, so überraschend und voller Geheimnisse ist, dass es jedes Kunstwerk übersteigt? Und selbst für den ungläubigen Menschen bleibt in der Regel ein großes Geheimnis, das nicht gelöst werden kann: die Frage nach dem Tod und der Vergänglichkeit, der Kontingenz des Lebens. Vielleicht geht es, mit Blick auf den religiösen Blick, weniger darum, die Antwort auf eine Frage zu erlangen, die man klar mit »ja« oder »nein« beantworten könnte, sondern vielmehr darum, sich einer Musik, einem Bild, einer Kraft, einem Gewebe von Erfahrungen, Gefühlen, Überzeugungen, Geschichten, Ängsten, Sehnsüchten und Erkenntnissen auszusetzen. Die Antwort ist vielleicht nur dieses Geschehen selber, der Moment der Begegnung mit dem Bild in der Ahnung, dass dieses Bild ein Ort der Wahrheit ist. Ein hermeneutischer Ort – Sie erinnern sich an das Prinzip von Katze und Maus.

Gläubige bewegen sich in einer Welt, die einen Gott vorsieht, den sie genauso wie alle anderen Menschen nicht direkt sehen können. Dennoch bewegen sie sich in dieser Welt in der Ahnung, dass es Orte gibt, Situationen, in denen »die Wahrheit« aufscheint. Die Erkenntnis, die dahintersteht, ist, dass nicht überall der Ort für das Verstehen einer Wahrheit ist. Wenn man mathematische Wahrheiten verstehen will, muss man sich dieser Wahrheit durch die Logik oder das Kalkül annähern. Man muss sich an einen bestimmten Ort begeben: den der logischen Symbole, Zahlen oder Mengen. Der religiöse Blick oder das religiöse Sehen sind in gewisser Weise Verfahren, das Leben wie ein Kunstwerk zu betrachten – nur nicht rein ästhetisch, sondern religiös. Dieses

Sehen lernt man, wenn überhaupt, nur durch Vergleich. Vielleicht ist es riskant, die Rolle der Religion analog zu der des ästhetischen Sehens zu beschreiben. Sicher ist dieser Gedanke romantisch. Denn die Romantik hatte, mit ihrer Forderung nach einer neuen Mythologie, einer neuen Reflexion und neuen Kunst, wie Hans-Georg Gadamer schreibt, »dem Künstler und seiner Aufgabe in der Welt das Bewußtsein eine neue Weihe« gegeben: »Er ist so etwas wie ein ›weltlicher Heiland‹, dessen Schöpfung im Kleinen die Versöhnung des Verderbens leisten soll, auf die die heillos gewordene Welt hofft.«[28] Was für den Künstler gilt, gilt in analoger Weise für den, der das Kunstwerk betrachtet. Gadamer zeigt, wie die Entwicklung des modernen Bildungsgedankens aus dem Gedanken der Mystik und der Vorstellung der Herzensbildung hervorgeht, die den Prozess der Gestaltung nach einem Bild, dem Bild Jesu, ist. Es ist, in der säkularen Form, die ästhetische Bildung, durch die ein neuer sensus communis, ein Gemeinsinn und gemeinsamer Sinn geschaffen wird. Friedrich Schiller spricht in diesem Zusammenhang von einer Bildungsgesellschaft, in der durch die Kunst mit ihren Gesetzen der Schönheit und des Hochgefühls die Grenzen der Wirklichkeit überflogen werden.[29] Mit Marx könnte dies ein Ort sein, an dem das Leiden der Welt erfahren wird. An der Wirklichkeit dieser Erscheinung wird gerade nicht gezweifelt, sonst verlöre man mit dem Erwachen auch die Wahrheit: Aber sie erscheint in einem neuen Rahmen, einem anderen Licht – weil sie eine Differenz aufhebt. Darin besteht auch analog zum ästhetischen Blick die Qualität des religiösen Sehens. »Alle diese Begriffe wie Nachahmung, Schein, Entwirklichung, Illusion, Zauber, Traum setzen den Bezug auf ein eigentliches Sein voraus, von dem das ästhetische Sein unterschieden sei. Nun lehrt aber der phänomenologische Rückgang auf die ästhetische Erfahrung, daß diese gar nicht aus solchem Bezug denkt und vielmehr in dem, was sie erfährt, die eigentliche Wahrheit sieht.«[30] In diesem Fall wäre ästhetisches wie religiöses Sehen ein Erwachen zur Wahrheit.

Was bleibt? Gottesbeweise und das Licht der Erlösung

Was bleibt nun vom Thema Gottesbeweise, denen es ja um den Erweis einer solchen Wahrheit ging? Was sehen wir mit ihrer Hilfe? »Ein Gottesbeweis«, notierte Wittgenstein 1950, »sollte eigentlich etwas sein, wodurch man sich von der Existenz Gottes überzeugen kann. Aber ich denke mir, daß die Gläubigen, die solche Beweise lieferten, ihren ›Glauben‹ mit ihrem Verstand analysieren und begründen wollten, obgleich sie selbst durch solche Beweise nie zum Glauben gekommen wären. Einen von der ›Existenz Gottes überzeugen‹ könnte man vielleicht durch eine Art Erziehung, dadurch, daß man sein Leben so und so gestaltet. Das Leben kann zum Glauben an Gott erziehen.«[31] Was der Gläubige macht, wenn er einen Gottesbeweis formuliert, ist, die Selbstverständlichkeit des Glaubens in eine (Selbst-)Verständlichkeit des Denkens zu übersetzen. Dieser Übersetzungsversuch kann auf vielfältige Weise misslingen, nicht zuletzt weil das Grundproblem bereits besteht, die argumentative Beweisform zur normierenden und adäquaten Darstellungsform des Glaubens (oder des Selbstverständnisses des Gläubigen) zu erklären.[32]

Argumente sind auf Beweise oder Widerlegungen aus. Doch wie Ingolf U. Dalferth zu Recht feststellt, reagieren Gläubige in der Regel auf das Versagen der Gottesbeweise nicht mit Aufgabe ihres Glaubens, sondern damit, dass sie erneut nach »besseren« Argumenten suchen. »Wenn Du also im Religiösen bleiben willst«, notierte Wittgenstein, »mußt du kämpfen.«[33] Es geht gar nicht um Argumente und Prozesse rationaler Auseinandersetzung, deren Gegenstand Tatsachen sind, Funktionen und Funktionsweisen der Welt. Nicht die Richtigkeit einer Argumentation ist es, um die es in erster Linie geht – auch wenn religiöse Menschen durchaus so argumentieren. Der heiße Kern der Auseinandersetzung ist vielmehr die Frage, was oder wie das gesamte Leben geordnet und geregelt wird oder werden soll.[34] Wenn man das bedenkt, dann nehmen religiöse Auseinandersetzungen, aber auch Diskussionen um argumentative Zusammenhänge wie die Gottesbeweise einen seltsamen Zug an. Denn zuweilen lässt sich nicht mehr genau sagen, worin denn das exakte Gegenteil einer Ansicht – etwa, dass es ein Jüngstes Gericht gibt – eigentlich besteht. Rationale Analyse kann zeigen, dass zwei Kontrahenten durchaus etwas Unterschiedliches denken. Doch was ist damit gewonnen? Es ist, als wolle man verschiedene Gemüts- oder Geisteszustände vergleichen, sagt Wittgenstein. Doch wie vergleicht man sie? Was dient, in analoger Weise, als Maß für die Intensität eines Glaubens? Denn fest steht, dass Gläubige oftmals gegen viel besser etablierte Erkenntnisse etwas riskieren, das sie ohne diesen Glauben keinesfalls riskieren würden. Die Festigkeit des Glaubens spielt dabei eine Rolle. Doch was macht diese Festigkeit aus? Und was unterscheidet sie von Kritikimmunität, Willkür oder schlicht von Blindheit gegenüber bestimmten Aspekten der Wirklichkeit?[35]

Immer wieder geht es darum, das für den Gläubigen Selbstverständliche, das, was er gelernt hat und was regulativ für sein Leben und seinen Gefühlshaushalt ist, in die Selbstverständlichkeit des Denkens zu transformieren. Genau das sollen Gottesbeweise leisten, indem, wie Dalferth schreibt, das Selbstverständliche »in argumentativer Form zur Darstellung gebracht wird, also in Gestalt eines theoretischen Gedankengangs, der von begrifflich bestimmten Prämissen ausgehend auf deduktivem, induktivem oder kulminativem Weg die Glaubens-Selbstverständlichkeiten als gültige oder doch plausible Schlußfolgerungen aus diesen Prämissen zu erweisen sucht«.[36] Paradoxerweise wird gerade das, was selbstverständlich ist, nicht nur in vielfältiger Weise ausgedrückt, sondern auch erlebt. »Die« religiöse Erfahrung ist, mit William James gesprochen, in Wahrheit immer nur als Vielfalt religiöser Erfahrungen wirklich. Geht man dieser realen Vielfalt der Erfahrungen auf den Grund, so zeigt sich, dass gerade das, was selbstverständlich ist, im Prozess der Reflexion bis hin zum wissenschaftlichen Nachdenken als etwas vorgefunden wird, das keineswegs selbstverständlich ist, weil es geworden, also historisch kontingent ist. Mit der Antike schon bricht nach Hans

Blumenberg die Frage auf, ob und warum das Gegebene so beschaffen ist, wie wir es vorfinden.

Die vorgetragenen Argumente selbst – etwa das ontologische Argument für Gott – mögen formal richtig sein. Doch mit derselben formalen Logik lässt sich, wie Dalferth und andere auf einfache Weise gezeigt haben, sowohl die Existenz wie auch die Nichtexistenz Gottes beweisen. Wie richtig die Argumentation auch immer sein mag – am Ende scheitert sie an der Unmöglichkeit, die Existenz oder Nichtexistenz Gottes aus seinem Verhältnis zur Welt ableiten zu wollen. Wie wir anfangen, mit welchen Prämissen wir arbeiten, ist nichts, was die reine Logik vorschreibt. Wir müssen über die reinen Regelsysteme der Logik hinausgehen, müssen zu alogischen Mitteln greifen, um eine erste Voraussetzung zu setzen – was immer auch ein Akt der Willkür ist, so berechtigt er auch sein mag. Ist der Begriff der Existenz Gottes logisch und in sich kohärent und logisch widerspruchsfrei, dann muss es auch der Begriff der Nichtexistenz sein. Man kann es durchspielen, wie man will: »Die theistische und die atheistische Option scheinen gleichermaßen rational zu sein.«[37] Dass das ontologische Argument (Gott ist notwendig existent) sich mit dem kosmologischen Argument verbindet, zeigt nach Meinung vieler Theologen und Philosophen, wie stark seit der Neuzeit der Wunsch des Menschen ist, sein wachsendes Kontingenzbewusstsein zu fundieren. Es gelingt dem Menschen nicht, gegenüber den metaphysischen Fragen gleichgültig zu bleiben (oder zu werden). In ihnen versteckt sich in der Formulierung Adornos ein Horror, »der, verdrängten die Menschen ihn nicht, ihnen den Atem verschlüge. Man könnte zu anthropologischen Spekulationen darüber sich verleiten lassen, ob nicht der entwicklungsgeschichtliche Umschlag, welcher der Gattung Mensch das offene Bewußtsein und damit das des Todes verschaffte, einer gleichwohl fortwährend animalischen Verfassung widerspricht, die es nicht erlaubt, jenes Bewußtsein zu ertragen.«[38] Falls es so ist, wäre der Preis für ein Weiterleben eine Beschränkung des Bewusstseins, das immer auch Bewusstsein vom Tod seines »Trägers« ist. Andernfalls wäre es – unerlöst – nicht zu ertragen. Genau das sind die Motive Kants, doch an der Idee eines Gottes festzuhalten, der gleichsam das paradoxe Zusammentreffen der Parallelen von Geist und Körper, Durst nach Ewigkeit, Gerechtigkeit und Wahrheit und dem Zerfall des Körpers, der gerechten Ordnungen, der Moral im Unendlichen garantiert.

Aus all dem wurde entweder gefolgert, dass der Mensch unmöglich überhaupt Gott denken und etwas über ihn sagen könne; oder dass er zwar etwas sagen und denken könne, doch ohne jegliche kosmologische (physikalische) Bedeutung – denn ein Gottesbegriff kann die Realität der Welt nicht begründen; oder dass Gott am Ende eben nichts Absolutes, Losgelöstes sei, sondern ein Wesen wie alle anderen auch (womit die entscheidende Differenz zwischen Gott und Welt aufgehoben wäre und sich der Begriff selbst ad absurdum geführt hätte). Die Skepsis hat von Anfang an das ontologische (und auch das kosmologische) Argument für bzw. gegen Gott begleitet. Der Grundgedanke eines notwendigen Wesens wird ebenso als inkohärent abgelehnt wie die Versuche, die Selbstverständlichkeit dessen, was geglaubt wird, vernünftig und notwendig für alle Menschen einsehbar zu reproduzieren. Am Ende ist es gerade Gottes Nicht-Selbstverständlichkeit, die kontrafaktische Differenz Gottes zur Welt, die den Gottesbegriff noch plausibel macht und seine Verwendung rettet.[39] Am Ende informieren all diese Pro- und Contra-Argumente nicht über Gott, sondern genau genommen lediglich über die Grammatik, die verschiedenen Verwendungsweisen des Wortes »Gott« und die Frage, wie weit sich diese Verwendung argumentativ dehnen lässt. Für den Gläubigen zählt unter dem Strich ohnehin nur, dass das, was Gott Gott sein lässt, sein eigener, freier Wille zu existieren ist. In der spezifisch christlichen Version dieses Gedankens will Gott sein, weil er in Gemeinschaft mit der Welt, mit uns leben will. Genau dies ist die zentrale reformatorische Definition von Glauben: Gemeinschaft mit Gott. Und präzise an dieser Überzeugung scheiden sich die Geister. Was wäre das genaue Gegenteil dieses Glaubens?

Dass kein Gott existiert – oder dass Gott, falls er existiert, keine Gemeinschaft mit der Welt, mit uns will?

Da auch diese Glaubensüberzeugung unter dem Kreuzfeuer der Kritik bestehen will (und dieses Kreuzfeuer ist eröffnet, seit Christus der christlichen Überlieferung zufolge am Kreuz gestorben und anschließend auferstanden ist), musste ein Denkmodell gefunden werden, das einerseits Gottes Göttlichkeit bewahrt und insofern von der Welt restlos (in allem, was er ist) unterscheidet – ihn zugleich aber auch in Verbindung, in Gemeinschaft mit der Welt treten lässt. Dieses Paradox zu lösen und in ein konsistentes Denkmodell überführt zu haben, ist vielleicht die größte gedankliche Leistung des Christentums. Sie beruht auf zwei Prämissen: Erstens besteht Gottes Selbstverständlichkeit nur deshalb, weil Gott selbst sich den Menschen verständlich gemacht hat und, theologisch gesprochen, Herr über diesen Kommunikationsprozess bleibt. Und zweitens kann er das nur, weil Interpret (Jesus), Interpretandum (der zu verstehende Gott, Gott Vater) und Interpretament (das Medium der Kommunikation, der Heilige Geist) »in personaler Differenziertheit von Vater, Sohn und Geist« eins sind.[40] Die Trinitätslehre ist das Denkmodell, das den Kommunikationsprozess auf eine Weise zu denken erlaubt, die Gott Gott und den Menschen weiterhin Mensch sein lässt – und doch zugleich eine Kommunikation möglich macht. Doch dieses Denkmodell ist nur in dem Maße (selbst)verständlich, in dem es die Gottesbeweise auch sind: als eine in sich logisch widerspruchsfrei darstellbare Konstruktion, deren Wirklichkeit bzw. reale Existenz allerdings nicht zwingend durch Argument, sondern nur durch Glauben bzw. im Glaubens-Leben »gezeigt« werden kann. Gut theologisch formuliert: »Daß Gott existiert, ist keine in allen möglichen Welten geltende Notwendigkeit, sondern eine Wirklichkeit, die sich als Aktivität Gottes einer Intention seines Willens verdankt und damit selbst teleologische Struktur besitzt. Gott existiert nicht einfach, er existiert zu einem bestimmten, von ihm selbst gesetzten Zweck, den er in seiner Selbstoffenbarung als Liebe verdeutlicht hat:

Gott existiert, nicht weil er nicht nicht existieren kann, sondern weil er für uns existieren will.«[41]

Es liegt, wie Wittgenstein gezeigt hat, in der Logik des Wunsches nach wirklicher Erlösung, dass diese Erlösung zugleich eine Gewissheit ist. Und diese Gewissheit ist nicht ein Argument oder eine Kette von Argumenten, die sich an den spekulativen Verstand richten, sondern der Glaube selbst, der gewissermaßen seine eigene Voraussetzung wird.»Der Glaube ist Glaube an das, was mein Herz, meine Seele braucht ... Denn meine Seele, mit ihren Leidenschaften, gleichsam mit ihrem Fleisch und Blut, muß erlöst werden, nicht mein abstrakter Geist. Man kann vielleicht sagen: Nur die Liebe kann die Auferstehung glauben. Oder: Es ist die Liebe, was die Auferstehung glaubt. Man könnte sagen: Die erlösende Liebe glaubt an die Auferstehung; hält an der Auferstehung fest. Was den Zweifel bekämpft, ist gleichsam Erlösung.«[42] Doch die Beseitigung dieses Zweifels garantiert keine universale, keine zwingende logische und allen Menschen zugängliche Wahrheit. Wahrheit besteht in einem Prozess der kontinuierlichen Überprüfung von Hypothesen mit dem Ziel, durch Falsifikation immer weiter voranzuschreiten. Der Glaube hingegen sucht ein Festhalten an einer Erlösung, deren Logik es beinhaltet, zuerst der Aufforderung zu folgen (Sei erlöst!), um dann an der Erlösung festzuhalten.»Halte Deine Erlösung fest – dann wirst du sehen, daß Du an diesem Glauben festhältst. Das kann also nur geschehen, wenn Du dich nicht mehr auf die Erde stützt, sondern am Himmel hängst. Dann ist alles anders und es ist ›kein Wunder‹, wenn Du dann kannst, was Du jetzt nicht kannst. (Anzusehen ist freilich der Hängende wie der Stehende, aber das Kräftespiel in ihm ist ja ein ganz anderes und er kann daher ganz anderes tun, als der Stehende.)«[43]

Was Flew mit seiner Gärtnerparabel unterschätzt hat, ist der Umstand, dass es religiösen Menschen nicht in erster Linie um ein kognitives Projekt geht. Es geht ihnen nicht in erster Linie um Erkenntnis und Wahrheit, sondern um Erlösung – oder zumindest um das Gefühl, erlöst zu sein. Es geht, um das berühmte

Ende von Adornos *Minima Moralia* aufzunehmen, um Philosophie und Wissen – jedoch um eine solche Philosophie und eine solche Erkenntnis, »wie sie im Angesicht der Verzweiflung einzig noch zu verantworten ist«. Dieses Denken »wäre der Versuch, alle Dinge so zu betrachten, wie sie vom Standpunkt der Erlösung aus sich darstellten. Erkenntnis hat kein Licht, als das von der Erlösung her auf die Welt scheint: alles andere erschöpft sich in der Nachkonstruktion und bleibt ein Stück Technik«. Es müssen Perspektiven hergestellt werden, nicht Argumente – Perspektiven, »in denen die Welt ähnlich sich versetzt, verfremdet, ihre Risse und Schründe offenbart, wie sie einmal als bedürftig und entstellt im Messianischen Licht daliegen wird. Ohne Willkür und Gewalt, ganz aus der Fühlung mit den Gegenständen heraus solche Perspektiven zu gewinnen, darauf allein kommt es dem Denken an ... Gegenüber der Forderung, die damit ergeht, ist aber die Frage nach der Wirklichkeit oder Unwirklichkeit der Erlösung selber fast gleichgültig.«[44] Flew überschätzt die Bedeutung der Wahrheit und unterschätzt das dem zuweilen (aber nicht immer) entgegenstehende Verlangen nach Rettung. Woraus? Etwa aus dem Umstand, dass keine innerweltliche Besserung ausreicht, den Toten Gerechtigkeit widerfahren zu lassen. Dass keine innerweltliche Besserung »ans Unrecht des Todes rührte, bewegt die Kantische Vernunft dazu, gegen Vernunft zu hoffen. Das Geheimnis seiner Philosophie ist die Unausdenkbarkeit der Verzweiflung.«[45] Mag Kants Denken und das der Neuzeit noch so sehr um das ontologische Argument kreisen: Es ist das eine, an den »metaphysischen Ideen festzuhalten« – das andere aber, sich zugleich damit auch zu verbieten, vom Gedanken des Absoluten überzuspringen in den Satz, das Absolute sei und existiere.[46] Es ist diese Gefangenschaft der Immanenz, wie Adorno es nennt, gegen die Kant anrennt, eine Gefangenschaft, zu der er, »so redlich wie grausam, den Geist verdammt«, den er bekräftigt, sie zu erkennen.[47] Vermutlich ist die Unausdenkbarkeit der Verzweiflung der harte, wirkliche Kern alles Redens über Gott und aller Argumente. Es mag richtig sein, dass die Frage nach der Wahrheit das Projekt der klassischen Philosophie, der Griechen war – so wie es das Projekt der Wissenschaft geblieben ist. Doch mit dem Christentum, aber auch mit den früheren Religionen wie dem Hinduismus und dem Buddhismus kommt die für viele Menschen wichtigere Frage nach den Möglichkeiten des Glücks und der Erlösung, nach einem Ausweg aus dem Leid ins Spiel. Zum kognitiven Projekt, dessen Grenzen Flews Parabel mit unerbittlicher Härte aufzeigt, tritt das Projekt der geglückten Existenz. Es geht dem Gärtner wie in der Version von John Wisdom um einen Moment der Schönheit und Harmonie, die zu erkennen er in der Lage ist. Es geht um den flüchtigen Moment in Buchenwald. Vielleicht geht es auch, wie bei den Mystikern, um einen kurzen Blick auf alles – einen Blick, in dem sich die Widersprüche versöhnen, um dann wieder in die antagonistische Vielstimmigkeit der Welt zu zerfallen. Die Antwort des Glaubenden auf die Fragen, die das Leben stellt, lautet nicht, ob es den unsichtbaren Gärtner gibt und wie man ihn »fangen«, mit Radioteleskopen hören oder unter einem Mikroskop liegend sehen kann. Die Antwort des Glaubenden lautet, dass all das, was ist, in seiner gesamten Widersprüchlichkeit bezogen ist auf einen nicht darstellbaren, unbegreifbaren Gott (ein Satz, den möglicherweise sogar ein Agnostiker noch akzeptieren könnte) – der restlos, in allem, was er ist, verschieden von der Welt ist und doch die Kommunikation, die Verbindung und Gemeinschaft mit ihr gesucht und gefunden hat.

Nimmt man diesen Faden der Erfahrung auf, den William James für den eigentlichen Schlüssel zur Religion hält, dann wäre die eigentlich »religiöse Erfahrung demnach eine Selbsterfahrung der eigenen Gestimmtheit – und nicht die Wahrnehmung eines (äußeren) Objekts«, gleich ob man es Welt oder Gott nennt.[48] Die Frage ist nicht, wie bei Antony Flew, die nach der Falsifikation einer Existenzbehauptung, sondern die Frage nach dem pragmatischen Test, nach der Bewährung des Glaubens, den man mit James als einen privilegierten Bewusstseinszustand bezeichnen könnte. Robert Musil spricht in diesem Zusammenhang vom »anderen Zustand«, dem Zustand taghehler Mystik, der seine Alltagstauglichkeit unter Beweis stellen muss. »Die kontinentalen Schulen der Philosophie haben meist die Tatsache übersehen, daß das Denken des Menschen und sein Verhalten organisch miteinander verbunden sind«, schreibt William James.[49] »Das einzig verständliche Motiv der Denkbewegung ist, zu einer festen Überzeugung bzw. zur Denkruhe zu gelangen. Erst wenn unsere Gedanken über einen Gegenstand in einer Überzeugung zur Ruhe gekommen sind, können wir von einem festen und sicheren Boden aus in bezug auf diesen Gegenstand tätig werden.«[50] Das Empfinden hat hier dem Denken gegenüber ein Plus. Die Philosophie bleibt, wie die Theologie, eine »sekundäre Tätigkeit. Ich glaube, wir müssen uns mit der traurigen Wahrheit abfinden, daß der Versuch, auf dem Wege der reinen Vernunft die Echtheit religiöser Befreiungserlebnisse zu demonstrieren, absolut hoffnungslos ist.«[51] Wenn Gott eine Realität ist, so James, dann nur, weil das, was einen Effekt in der Welt produziert, eine Wirklichkeit genannt werden muss. In diesem Sinn gilt: »Gott ist wirklich (real), weil er etwas Wirkliches (real effects) hervorbringt.«[52] Die realen Wirkungen betreffen zunächst »die persönlichen Energiezentren der verschiedenen Personen«, schreibt James. Doch gerade diese gläubigen, religiösen Menschen sind davon überzeugt, dass alle Menschen davon betroffen sind, weil alle Menschen gerettet werden wollen. Dass dieses allzu pragmatische Verständnis problematisch ist und Wahnvorstellungen die Türe öffnet, weiß James nur zu genau. Immerhin: Ein Gott, der zu nichts mehr taugt als zu dem, was die Einheitsphantasie religiöser Menschen sich vorstellt, taugt zu keiner »brauchbaren Hypothese«. Dazu wären weitere kosmische Zusammenhänge notwendig. Und genau in diesem Moment beginnt der Glaube, die Dinge nicht nur »in einem rosigeren Licht« erscheinen zu lassen, sondern auch »neue Fakten« zu postulieren.[53] Doch gibt es diesen »eigenen Tatsachenbereich« der Religion tatsächlich?

Diese Frage kann man mit Flew zunächst verneinen. Es gibt keine Erfahrung, die darauf hindeutet, dass etwas geschieht, das nicht hätte geschehen dürfen und eine andere, eine »übernatürliche« Erklärung beansprucht – auch wenn selbst Flew zugeben würde, dass die »wirkliche Welt sicher viel raffinierter gebaut ist, als es die Naturwissenschaft erlaubt«.[54] Worauf es in diesem Zusammenhang ankommt, ist der Umstand, dass es verschiedene Perspektiven auf die Welt gibt: Perspektiven, die durchaus möglich sind. Das Problem besteht darin, sie miteinander rückzukoppeln statt sie wie unteilbare Atome nebeneinander stehen zu lassen.[55] Jede Erfahrung, die sich im Modus der Ernsthaftigkeit und Aufrichtigkeit artikuliert, gilt es zunächst ernstzunehmen, als Realitätserfahrung zu akzeptieren und vorbehaltlos zu prüfen. Hier trifft sich James mit Flew: Nur dasjenige kann ernsthaft diskutiert werden, was der sinnlichen Erfahrung entstammt und in gewisser Weise wieder in sie überführt werden kann.[56] Doch umgekehrt gilt auch, dass das, was erfahren wurde, auch wenn es eine Täuschung war, als Erfahrung real gewesen sein muss. Das Reale, auf das es auch Flew ankommt, muss wissenschaftlich und philosophisch diskutierbar sein. Denn alles wissenschaftlich Diskutierbare ist zugleich auch erfahrbar. Was unerfahrbar ist, gehört nicht zum Gegenstandsbereich der Wissenschaften und, nach James, auch nicht zum Gegenstandsbereich der Philosophie.

Zu verhindern ist dabei, dass im Namen dieses Unerfahrbaren die Wirklichkeit beengt und der Vielfalt der Erfahrungsmodi und Perspektiven keine Bedeutung mehr zukommt. Man könnte diese »perspektivische Verkürzung des Verstandes« (Robert Musil) als eine Pathologie des Realitätsverlustes bezeichnen. In diesem Sinn tritt das Absolute, tritt Gott nicht selten als »De-Realisierer« auf,[57] als Entwerter der menschlichen Erfahrung. Gläubige bringen das, was sein soll, in Anschlag gegen das, was ist. Diese Differenz ist jedoch eine andere als die zwischen dem moralisch Gebotenen und dem, was der Fall ist. Es ist gleichsam ein metaphysischer Imperativ, der gegen die Wirklichkeit verwendet wird – kein ethischer. Trotz dieser Gefahr, mit erfundenen Gärtnern zu argumentieren und dabei den Sinn für das Wirkliche zu verlieren, begeht Flew einen Fehler, wenn er suggeriert, dass die Wirklichkeit ein in sich geschlossenes, homogenes System ist, in dem man das eine klar gegen das andere abgrenzen könnte. In diesem System gibt es im Grunde nur eine – die fallibilistische – Spielregel. Wenn die Welt tatsächlich so einfach und reduktionistisch zu denken wäre, könnte uns die Weltformel vielleicht tatsächlich gelingen. Es könnte sogar gelingen, über sie einen definitiven Konsens aller Wissenschaftler herzustellen. Doch auch diese Weltformel bliebe, wie jede andere Erkenntnis, lediglich eine weiter zu testende Hypothese, die, falls sie sich bewähren würde, die Beste wäre, die wir haben. Und doch ist dieses Bild von der Welt – das Bild der Parabel vom Gärtner – in gewisser Weise höchst naiv. Warum? Weil es nicht die Komplexität und Widersprüchlichkeit der Welt bedenkt. Was genau ist damit gemeint?

7. Gott, Komplexität und die Aufgabe der Theologie

Gott, Komplexität und Russells Teekanne

1952 schrieb der bekannte britische Philosoph, Mathematiker und Literaturnobelpreisträger Bertrand Russell für das *Illustrated Magazin* einen Artikel mit dem Titel »Is there a God?«. Russell hatte sich wiederholt zu Fragen der Religion geäußert – etwa in seiner Schrift *Warum ich kein Christ bin*, in der Vorlesung *Die Existenz und das Wesen Gottes* von 1939 oder in der Streitschrift *Am I An Atheist Or An Agnostic? A Plea For Tolerance In The Face Of New Dogmas* von 1947. Dass sein Artikel über die Frage, ob es einen Gott gibt, so bekannt geworden ist, ist insofern seltsam, als der Text nie veröffentlicht wurde. Was ihn bekannt machte, war jedoch ein Bild, eine Geschichte, die als Geschichte von Russells Teekanne bekannt ist. Es gibt diese Russell-Geschichte heute in einigen Alternativ-Versionen: als Geschichte vom unsichtbaren, pinkfarbenen Einhorn, als Religionsparodie des Physikers Bobby Henderson in Form der Geschichte vom Fliegenden Spaghetti-Monster oder auch als Geschichte vom Drachen in meiner Garage, die aus der Feder von Carl Sagan stammt und im Wesentlichen die Motive von Antony Flew aufnimmt.[1] Im Fall der Geschichte vom Spaghetti-Monster, die die Intelligent-Design-Debatte zwar satirisch, aber argumentativ sehr präzise aufs Korn nimmt, hat der Blog Boing Boing unter http://www.boingboing.net/ eine Million »Intelligent-designte-Dollar« für denjenigen ausgesetzt, der empirisch beweisen kann, dass Jesus Christus nicht der Sohn des Fliegenden Spaghetti-Monsters ist – eine der vielen Denkaufgaben im Umfeld der Suche nach Gott, die, soweit ich weiß, bis heute nicht gelöst ist.

Doch zurück zu Russell. Eingangs seines Artikels stellt er fest, dass die Mehrzahl der Menschen die Frage nach der Existenz Gottes entscheidet je nachdem, wie die Mehrheit der Gruppe und Kultur, in der sie lebt, zu dieser Frage steht. Die Gottesbeweise von Augustinus und Thomas von Aquin stellten dann einen revolutionären Versuch dar, sich unabhängig von einer Meinung zu machen und allein auf Basis einer gleichsam außermenschlichen Vernunft die Frage zu beantworten. Doch die Argumentation wurde in der Folge von den Philosophen der Neuzeit nicht nur untergraben, sondern auch klar widerlegt. Daran ändert auch die Tatsache nichts, dass es, angeregt durch die Evolutionsdebatte, einen neuen, wenig überzeugenden Versuch über die Konstruktion eines »Intelligent Design«-Argumentes gab. Diese Debatte alleine füllt – denken Sie an unsere philosophisch-theologische Bibliothek – inzwischen einen mittelgroßen Raum. Selbst wenn Gott existiert und Schöpfer der großartigen Milchstraße ist, schreibt Russell: Interessiert er sich wirklich für das, was in unserer kleinen Ecke des Universums passiert? Und sollte es wirklich am Ende darauf hinauslaufen, dass wir an Gott glauben sollen, weil es besser für unser Leben – also nützlicher – ist? Die meisten Menschen brauchen eben nicht nur Zuneigung, sondern auch die Zustimmung ihrer Nachbarn und ihres Umfeldes. Es macht sie glücklicher – wie auch immer die Ideologie, Theologie oder Weltanschauung der betreffenden Gemeinschaft ist. Abgesehen davon geht es um Essen, Gesundheit und grundsätzliche Bedürfnisse. Werden sie nicht befriedigt, spielt in der Regel auch die Theologie keine große Rolle mehr. Dass Gott im Übrigen nicht selten andere Menschen mit Krankheiten, Naturkatastrophen und individuellem Unglück straft, spricht nicht notwendig für die Gesinnung in der jeweiligen Nachbarschaft.

Und die Gottesvorstellungen? Die Dogmatiker aller Religionen tun gerne so, schreibt Russell, als würde es die Aufgabe der Skeptiker sein, ihre Dogmen zu widerlegen. Doch wäre es nicht umgekehrt auch eine Aufgabe für die Dogmatiker, ihre Dogmen zu beweisen? Aber das wäre wohl ein Fehler. Russell schreibt:

»Wenn ich behaupten würde, dass es zwischen Erde und Mars eine Teekanne aus Porzellan gäbe, welche auf einer elliptischen Bahn um die Sonne kreise, so könnte niemand meine Behauptung widerlegen, vorausgesetzt, ich würde vorsichtshalber hinzufügen, dass diese Kanne zu klein sei, um selbst von unseren leistungsfähigsten Teleskopen entdeckt werden zu können. Aber wenn ich nun weiterhin auf dem Standpunkt beharrte, meine unwiderlegbare Behauptung zu bezweifeln sei eine unerträgliche Anmaßung menschlicher Vernunft, dann könnte man zu Recht meinen, ich würde Unsinn erzählen. Wenn jedoch in antiken Büchern die Existenz einer solchen Teekanne bekräftigt würde, dies jeden Sonntag als heilige Wahrheit gelehrt und in die Köpfe der Kinder in der Schule eingeimpft würde, dann würde das Anzweifeln ihrer Existenz zu einem Zeichen von Exzentrizität werden. Es würde dem Zweifler in einem aufgeklärten Zeitalter die Aufmerksamkeit eines Psychiaters einbringen oder die eines Inquisitors in früherer Zeit.«[2]

Natürlich hegen wir auch seltsame Vorstellung über den Kommunismus, über unsere Zivilisation, über den Katholizismus, den Protestantismus und vieles andere mehr. Und selbstverständlich wird es immer bestimmte Gegenden geben, in denen die eine oder andere Vorstellung dominiert – so, wie es für alle Theologien eine geographische Dimension gibt. Am Ende des Nachdenkens, so Russell, »gibt es keinen Grund, auch nur irgendein Dogma der traditionellen Theologie zu glauben. Mehr noch. Es gibt keinen Grund, überhaupt zu wünschen, dass diese Dogmen wahr sind. Der Mensch ist, insofern er nicht den Kräften der Natur unterworfen ist, frei, sein Schicksal nach seinem eigenen Willen zu erarbeiten. Die Verantwortung dafür ist seine. Und das ist auch seine Chance.«[3]

Mit Blick auf die Geschichte würde ich hinzufügen: seine oftmals vertane Chance, die angesichts der drohenden ökologischen Krise möglicherweise eine nicht mehr revidierbare vertane Chance ist. Doch nicht das, sondern Russells Teekannen-Beispiel ist es, worum es geht. Russell suggeriert – und das ist auch bei Flew und anderen der Fall –, dass diese Dinge mit fliegenden Untertassen, unsichtbaren Gärtnern und Einhörnern, die Gott weiß was für Wunder bewirken, im Grunde leicht zu handhaben sind. Fragen Sie Ihren Arzt oder Apotheker – und vor allem den Physiker. Er wird Ihnen schon alles erklären, wird Ihnen sagen, wie alles zusammenhängt. Und vor allem wird er Ihnen alles – die Physiker sprechen gerne von der »Theorie von allem« – so erklären, dass Gott darin nicht vorkommt, jedenfalls nicht notwendig, was Ihnen immerhin die Freiheit lässt, sich zusätzlich zur physikalischen Theorie gleichsam literarisch-theologisch Ihre mehr oder minder irrelevanten Gedanken zu machen. Hauptsache, Sie machen sich und Ihre Nachbarn glücklich. Ist alles also Physik – und der Rest Beiwerk? Genau das ist der Irrtum. Und seine Beseitigung läuft auf die Beseitigung der Physik als Ideologie hinaus – was nichts anderes bedeutet als auf die Entwicklung einer anderen (nichtideologischen) Physik. Was ich meine, ist leicht zu verstehen. Nehmen wir Russells Teekanne oder eine beliebige Teetasse. Und nehmen wir weiter an, dass sie nicht irgendwo im Universum kreist, sondern direkt vor Ihnen auf einem Tisch steht. Was sehen Sie dann? Was können Sie über diese Tasse wirklich sagen oder über den Tisch, auf dem sie steht?

Ich will Ihnen die Antwort ein wenig erleichtern und statt Ihrer den Schriftsteller Friedrich Dürrenmatt zu Wort kommen lassen. »Was ich als Wirklichkeit erkenne, diesen Tisch da zum Beispiel, an dem ich schreibe, wird, frage ich, woraus er besteht, zum Holz, durch weiteres Fragen dann zu einer molekularen, endlich zu einer atomaren Struktur, je weiter nach der Wirklichkeit gefragt wird, desto mehr mischen sich Hypothesen in die Antwort, gedanklich subjektiv erstellte Konstruktionen und Begriffe, aber auch die Frage nach dem Zweck, wozu dieser Tisch nun diene, führt uns aus sicheren Antworten zu immer unsichereren ethischen, anthropologischen, kultischen, tiefenpsychologischen Überlegungen, die schließlich nur noch Mutmaßungen

sind, und ohne Vertrauen darauf, daß diese gefundenen und erfundenen, konstruierten und konzipierten Interpretationen in irgendeiner, wenn auch verblüffenden Weise die Wirklichkeit an
sich, die Objektivität (des Tisches da zum Beispiel) zu erkennen
fähig sind (die sein Wesen und seinen Sinn umfassen), ohne dieses ›methodische Vertrauen‹ ist unser Wissen eine Torheit. Was
wir Wirklichkeit nennen, vermögen wir nur durch einen ›Frage-
stopp‹ zu fixieren.«[4]

Tatsächlich ist das, was wir als feste Substanz bezeichnen, nur
auf der begrifflichen Ebene fest. Auf der »realen« (ebenfalls nur
durch ausgewählte Erfahrungen in Form von Experimenten,
durch Begriffe und mathematische Konstrukte erschlossenen)
Ebene der Wirklichkeit ist das, was uns fest scheint, nicht nur ein
atomares Gewirr, sondern am Ende eine Realisationsform von
Energie. Diese Dekonstruktion der Realität durch die Wissenschaften hat der Nobelpreisträger Erwin Schrödinger in seinen
Abhandlungen *Unsere Vorstellung von der Materie* und *Was ist ein
Elementarteilchen* auf unübertroffen anschauliche Weise dargestellt.[5] Am Ende ist gerade die Verwirrung über das Einfache das
Erstaunlichste, aber zugleich auch Realistischste. Ich habe ver-
schiedentlich Physiker danach gefragt, ob sie wirklich klar sagen
könnten, was »Materie« eigentlich ist – also der Stoff, mit dessen
Beschaffenheit und Struktur sie es als Physiker tagtäglich zu tun
haben. Die Antwort war klar und eindeutig: Nein. Man kann es
nicht klar definieren – jedenfalls nicht, ohne sich im Kreis zu
drehen und weitere Begriffe wie Energie, Struktur, Feld etc. hinzu-
zuziehen. Insofern ist eine TOE, eine »Theory of Everything«, von
der die Physiker träumen, tatsächlich ein Traum. Diese Theorie,
die alle bekannten physikalischen Phänomene gänzlich erklären
und verknüpfen würde – und zu diesen gehören auch die Phänomene der Biologie, vielleicht sogar der Soziologie, der Kultur, des
menschlichen Bewusstseins –, ist nicht nur weit davon entfernt,
formuliert werden zu können. Sie ist möglicherweise mit der ihr
zugrundeliegenden Hypothese, dass alles auf einheitliche physikalische Vorgänge und ein Grundprinzip, ein Muster zurückge-

führt werden könnte, auch falsch und damit eine Illusion. Reduktionismus ist, wie der anerkannte Biologe Stuart A. Kauffman, Direktor des Instituts für Biokomplexität und Informatik und Mitbegründer des Santa Fe Institute in seinem Buch *Reinventing the Sacred. A New View of Science, Reason, and Religion* schreibt, selbst kein wissenschaftliches Faktum.[6] Dass es sich so verhält, ist keine hypothetische Frage, wenn man in Betracht zieht, dass es bislang keine vollständig reduktionistische Theorie gibt, die auch nur ansatzweise das leisten könnte, was eine TOE verlangt. Als biologische Lebewesen leben wir in einem anderen als einem (etwa von Newton) vorgestellten Universum. Wir haben es mit einer ungeheuren Komplexität des Lebens zu tun – und mit Systemen, die sich nicht reduktionistisch und linear verhalten, sondern im Gegenteil wie dissipative, nichtlineare und selbstorganisierende Systeme, die sich deutlich jeder voraussehbaren Möglichkeit entziehen.

Es würde zu weit führen (auch wenn es verlockend ist), in das Gebiet der selbstorganisierenden Systeme mit sogenannten emergenten Eigenschaften einzusteigen. Emergent sind Eigenschaften eines Systems, die sich nicht kausal aus den Eigenschaften der Elemente dieses Systems oder aus ihrer Interaktion ableiten lassen. Sie bilden sich spontan. Vertreter der sogenannten starken Emergenztheorie gehen davon aus, dass sich diese Phänomene aufgrund der Unvollständigkeit unserer Beschreibung komplexer Systeme einer grundlegenden Beschreibung und erst recht einem reduktionistischen Zugang entziehen. Wie intuitiv einleuchtend diese Ansicht ist (auch wenn das keinerlei Beweis ist), zeigt sich an der einfachen Tatsache, dass wir zwar genauestens wissen, welche Faktoren Klima (als global-langzeitliches) und Wetter (als augenblickliches Phänomen) bestimmen, aber dennoch nicht in der Lage sind, die exakten Wetterereignisse vollständig zu erklären und vorherzusagen. Neben dem Wetter ist unser Denkorgan ein weiteres gutes Beispiel. Wir wissen, dass unser Gehirn aus Neuronen besteht, und können diese bis auf die molekulare Ebene hinunter präzise beschreiben. Und doch gelingt es

342

uns nicht, von dieser Ebene aus zugleich auch die Innenansicht jenes emergenten Phänomens abzuleiten oder auch nur angemessen zu beschreiben, das diese Neuronen kollektiv hervorzubringen in der Lage sind: unser Bewusstsein. Der Physiker Philip W. Anderson, der 1977 den Nobelpreis erhielt für seine Arbeit über die Struktur der Elektronen in magnetischen und ungeordneten Systemen, veröffentlichte 1972 in *Science* eine berühmte Abhandlung mit dem Titel *More is different*.[7] In dieser Abhandlung zeigte er, dass die sogenannte konstruktivistische Hypothese falsch ist, der zufolge es in komplexen Systemen, wie sie Zellen, Wetterphänomene oder Gesellschaften darstellen, einfache, allem zugrundeliegende Gesetze gibt. Sobald man diese auf hierarchisch organisierte komplexe Systeme oder Vielkörpersysteme anwendet, gerät man in Widersprüche – vor allem, wenn es sich um Systeme handelt, die es mit der Entwicklung von Information zu tun haben wie beispielsweise die DNA. In der Regel verlangen diese Systeme, so Andersons Schlussfolgerung, ihre eigenen Beschreibungen. Diese Voraussage hat sich bei der Erforschung komplexer Systeme bislang durch und durch bewahrheitet. Die Vernunft ist ein Organ, das uns zu wunderbaren Reduktionen und damit auch Erkenntnissen befähigt. Doch darin liegt zugleich auch der Mangel, wenn es darum geht, mit Hilfe der Vernunft intelligente informationsverarbeitende Systeme zu bauen. Zurzeit jedenfalls kann man klar sagen, dass der reduktionistische Versuch, makroskopisches Verhalten (etwa das Verhalten eines Lebewesens oder eines Bienenvolkes) aus der Analyse mikroskopischer Phänomene (etwa der Quantenphänomene) zu erschließen, gescheitert ist. Sollte das je gelingen, ist nach neusten Erkenntnissen jedenfalls neues, zusätzliches Wissen notwendig.[8]

Und Russells Teekanne, die im Weltall umherfliegt und zeigen soll, wie idiotisch die Annahme der Existenz eines Gottes ist? Es scheint, dass es sich auch mit seiner und Flews Vorstellung einer letzten Durchphysikalisierung der Welt keineswegs so einfach verhält, wie es auf den ersten Blick aussieht. Auch die Physik in ihrer reduktionistischen Version scheint uns nicht von der Gottesfrage zu befreien. Dass es so ist, hängt nicht zuletzt mit der weitgehend unverstandenen Komplexität und Zusammengesetztheit der Welt zusammen, die sich auch über große Skalensprünge hinweg (vom subatomaren Bereich der Planck-Länge bis hin zur Lichtjahre umfassenden Galaxie) ergibt. Schaut man genau hin, dann gibt es im strengen Sinn keine voneinander unabhängigen, in sich ruhenden Substanzen oder Ereignisse. Die Wirklichkeit ist ein raum-zeitlicher Prozess, der jedoch nicht von in sich selbst existierenden Ursachen zu in sich selbst existierenden Wirkungen und von dort aus wieder zu Ursachen führt.

Interessanterweise scheint die buddhistische Philosophie in ihrer Terminologie dieser physikalischen Einsicht in die Prozesshaftigkeit der Welt, die auf der Umwandlung von Energie und Materie beruht, erstaunlich nahezukommen. In der asiatischen Tradition spricht man vom bedingten Entstehen (pratītyasamutpāda), auch als interdependentes oder Ko-Entstehen bezeichnet. Nagarjuna, der vielleicht der bedeutendste buddhistische Philosoph ist und in der Zeit von 150 bis 250 n. Chr. gelebt haben muss, führte dieses Konzept zusammen mit einer Theorie der Relativität und des sogenannten Tetralemmas als logischer Figur aus vier Sätzen ein. In seinem berühmten Traktat Mulamadhyamakakarika (Die Lehre von der Mitte) heißt es über die bedingten Ursachen: »Die Erscheinungen erzeugen sich nicht selbst, sie werden auch nicht von etwas anderem erzeugt. Nie werden Dinge gefunden, die durch sich selbst, durch ein anderes, durch beide oder ohne Ursache entstehen.«[9] Auch wenn es so aussieht: Bei näherer Analyse zeigt sich, dass sich die Dinge nicht einfach erzeugen. Doch wie entstehen dann solide, harte Dinge, die die Idee von Beständigkeit und Substanz in uns erzeugen? Wie kann es sein, dass die Welt gehalten wird, und doch am Ende wie ein fliegender Teppich ist, ein Netz ohne Boden?

2005 veröffentlichte der südafrikanische Mathematiker George Ellis, der seit 2007 der Royal Society angehört und zusammen mit dem berühmten Physiker Stephen Hawking die vielbeachtete Studie The Large Scale Structure of Space Time verfasste, einen weiteren bahnbrechenden Artikel in *Nature*, in dem er auf Russells Vorstellung der Welt zurückgreift und diese kritisiert. Ellis' Artikel ist nur eine Seite lang und enthält doch die gesamte Kritik am (immer noch weitverbreiteten) Reduktionismus und an Russells Vorstellung von der Teekanne. Es gibt gegen Russell gleichsam Phänomene, die man nicht einfach beobachten kann – und die doch nicht unwiderlegbar sind, wie Russell in seiner Geschichte behauptet hatte. Ellis zeigt, dass die Welt eine komplexe Struktur über verschiedene Größenordnungen hinweg hat. Jede Ebene oder Dimension bezieht sich dabei auf die andere: Chemie verbindet sich zur Biochemie, diese zur Zellbiologie, diese zur Biologie, Physiologie, Psychologie, Soziologie, Ökonomie, Politik, Religion. So einfach das zu sein scheint, so wenig (wenn überhaupt) hat die Physik zu alltäglichen Dingen wie Büchern, Internet, Gebäuden oder auch Teetassen zu sagen. »Um es mit einer einfachen Tatsache zu umreißen: Es gibt keine physikalische Theorie, die die Natur, geschweige denn die Existenz von Fußballspielen oder Teekannen erklären kann. Zwar ist der menschliche Geist auf Physisches gegründet, aber es gibt derzeit keinerlei Hoffnung, sein Verhalten oder seine Strukturen zu beschreiben aufgrund der zugrunde liegenden physikalischen Gesetze. Selbst wenn wir eine zufriedenstellende physikalische ›Theorie von Allem‹ hätten, bliebe diese Situation davon unberührt: Die Physik würde immer noch versagen, wenn es darum geht, das Ergebnis menschlicher Zwecke zu beschreiben. Alles, was wir hätten, wäre eine unvollständige Beschreibung der Welt, die uns umgibt. Die Physik ist nicht in der Lage, aus sich selbst heraus ein Verhalten zu beschreiben, das adaptiv ist und auf einen Kontext bezogen, etwa einen Biber, der einen Damm baut, oder die Tänze der Bienen.«[10] Das Entscheidende an dieser Sichtweise ist, dass höhere komplexe Phänomene autonome kausale Kräfte haben und funktional unabhängig sind von den Ebenen und Typen von Kausalität, die »unter« ihnen liegen. Es finden also sowohl eine Top-Down-Kausalität (eine Rückwirkung der höheren Ebenen auf die tiefer liegenden) als auch eine Bottom-Up-Kausalität statt, die von den unteren hierarchischen Ebenen die oberen beeinflussen kann (aber nicht immer muss). Deshalb kann die Physik nicht die Ergebnisse komplexer Handlungsweisen etwa der menschlichen Kreativität voraussagen, die in gewisser Weise autonom – innerhalb der Logik oder Struktur ihrer Systemebene – arbeiten. Das klingt, zugegebenermaßen, nach viel Mathematik und Physik. Doch das Ergebnis ist einfach: Es reicht nicht, sich wie in der Parabel vom Gärtner oder von der Teekanne auf klare, reduktionistische Methoden und Gesetze zurückzuziehen, die von der kosmologischen Dimension über die Ebene der Biologie und Soziologie bis auf die Ebene der Quanten hinunterreichen. Komplexität auf diese Weise verstehen zu wollen, sie als durchdeklinierstes Konstrukt anzusehen, das sich aus denselben Prinzipien auf jeder der Ebenen zusammensetzte, wäre grundfalsch. Komplexe Systeme mögen vieles sein. In der Regel aber sind sie eines gerade nicht: reduktionistische Systeme. Es mag durchaus sein, dass man, um in Russells Bild zu bleiben, seltsame Teekannen im Orbit nicht mit optischen Teleskopen erfassen kann. Vielleicht braucht man, um sie zu orten, Radioteleskope, die jene elektromagnetischen Wellen der Teekanne erfassen, die sie in einem bestimmten Spektralbereich aussendet. John Wisdom hatte in seinem Artikel über die Gärtnerparabel darauf aufmerksam gemacht, dass Fakten und rationaler Diskurs alleine oftmals auch nicht weiterhelfen. Man braucht nur an Gerichtsverfahren zu denken. Die Fakten liegen auf dem Tisch. Und doch gibt es eine rationale, methodisch geleitete Diskussion darüber, ob jemand fahrlässig gehandelt hat oder nicht, ob es mildernde Umstände gibt oder nicht. Die Argumentationskette, über die man am Ende zu einem Urteil gelangt, ist keineswegs linear. Denn die einzelnen Daten, die Fakten, lassen, wenn man sie gründlich und damit im Detail studiert, durchaus alternative Deutungen zu. Sie führen somit zu keinem eindeutigen Schluss. Erschwerend kommt nach Wisdom hinzu, dass man alle Elemente eines Bildes, alle Fakten durchaus vor sich auf dem Tisch liegen haben kann – und sieht doch das Muster nicht, das sie bilden.[11] Entdeckungen zu machen ist aus ebendiesem Grund nicht nur eine Frage der Fakten, sondern auch des Verstehens von Mustern. Und doch wäre es eine Aufgabe der Denkanstrengung, an diesem Punkt gleichsam ins gegnerische Lager zu flüchten und alle Aussagen der Religion für nichtkognitiv zu halten. Als würden Religionen alle Anstrengungen und Behauptungen, tatsächlich zu einem besseren Verständnis der Wirklichkeit beizutragen, fallenlassen können!

Könnte es nicht sein, allen Teekannen zum Trotz, dass der gläubige und der ungläubige Mensch andere Muster, andere Strukturen und Zusammenhänge in der Zeit entdecken? Besteht der Witz von Religionen nicht vor allem auch darin, unsere Aufmerksamkeit auf bestimmte Muster des Lebens, auf Strukturen in unserem Leben (und damit auch in der Wirklichkeit) zu lenken, die wir sonst übersehen würden? Es ist kaum von der Hand zu weisen, dass dabei gerade auch Gefühle eine Rolle spielen – etwa die Gefühle, die wir mit Aussagen über Gott verbinden. Die meisten wissenschaftlichen Auseinandersetzungen können wir jedenfalls mit weitaus weniger Gefühl führen – es sei denn, unsere Karriere oder Geld hängen davon ab, was eine Fülle starker Gefühle auf den Plan zu rufen vermag. In diesem Sinn könnte man – mit Wisdom gegen Flew und Russell – sagen, dass Glauben nicht zuletzt auch die Funktion hat, uns bestimmte Dinge, Konstellationen, Muster und Strukturen sehen zu lassen. Religionen wollen sozusagen zur religiösen Musikalität erziehen, die vielleicht von Haus aus nicht besonders ausgeprägt ist – aber eben kultiviert werden kann.

Fatal ist nur, dass sich die Theologie zuweilen wie eine Form der Physik verhält. Sie benimmt sich gleichsam wie ein Religionskritiker und Reduktionist, wenn sie über Gott spricht – und bewirkt damit das Gegenteil von dem, was sie eigentlich will. In ihrer Wut, alles begreifen zu wollen, ähnelt die Dogmatik den Ansprüchen mancher Wissenschaftler, alles verstehen zu wollen und eine TOE zu erschaffen. Dabei lässt die Dogmatik sich, wie Dürrenmatt scharfsichtig bemerkt, in ihrer Wut oftmals von keiner Erfahrung mehr bremsen und schießt damit weit über das

Ziel auch einer Offenbarung hinaus, so weit, »bis die Offenbarung selbst durch die Dogmatik unglaubwürdig wurde. Die Dogmatik tötet Gott, indem sie ihn begrifflich machte, ohne ihn dem strukturellen Denken einverleiben zu können: Eine Gedankenkonstruktion, ins reine Apriori hineingebaut, gehört keinem ›Sein‹ an. Im Gegensatz dazu braucht der Glaube, um Glaube zu bleiben, keine Metaphysik, darum meint ja auch Kant, er müsse das Wissen abschaffen, um dem Glauben Platz zu machen, wobei er mit dem Wissen das metaphysische Wissen meinte … Der Glaube wird durch den Zweifel ins Glaubhafte getrieben, ins Einleuchtende, Begründete, das der Glaube sucht, um sich vor dem Zweifel zu retten, bis er sich ins Begriffliche, Metaphysische, nur noch Logische, aber damit auch ins scheinbar Unwiderlegbare in Sicherheit – aber um den Glauben – bringt. In der Theologie vollzieht der Glaube Selbstmord: Er glaubt zu wissen.«[12]

Glauben, das System Religion oder die Täuschung über die Komplexität der Welt

»Es gibt keine einfachen Verhältnisse«, schreibt Niklas Luhmann mit Blick auf die Evolution nicht nur des Lebens, sondern auch von Gesellschaft, Kultur und Kommunikation.[13] Diese knappe Aussage beinhaltet weitaus mehr, als sie auf den ersten Blick verrät. Und sie ist ein Schlüssel zum Verständnis auch von Religion. Was ist damit gemeint? Und welcher Zusammenhang besteht zum Thema der Komplexität?

Lassen Sie mich kurz etwas zu diesem Begriff sagen, der heute in den Naturwissenschaften eine zentrale Rolle spielt. Über Jahrhunderte hinweg bezeichnete der Begriff complexio in der Rhetorik eine der literarischen Figuren der Wiederholung. Diese besondere Form der Wiederholung setzte sich ihrerseits aus einer Kombination von Anaphern (Wiederholungen einzelner Worte am Anfang eines Verses oder Satzes) und Epiphora (Wiederholungen einzelner Worte am Ende eines Verses oder Satzes) zusammen. Das Thema der Zusammenführung verschiedener formaler Elemente ist also von Anbeginn mit diesem Begriff bedacht. Hinter dieser weit in die Entwicklung der Rhetorik zurückreichende Geschichte hat der Begriff der Komplexität jedoch einen ganz zentralen theologischen Kern. Zentral ist der Begriff complexio deshalb, weil er direkt auf den Schöpfungsbegriff verweist und darauf, wie Gott mit Gottes geschichtlichem Sein oder besser Werden zu tun hat. Gottes Sein zeigt sich nach der biblischen Lehre nicht nur an und für sich, sondern insofern Gott sich in der Welt und in der Zeit zeigt, obwohl Gott selbst als ewig und zeitlos bezeichnet wird. Diese Vorstellung birgt ein Paradox in sich. Wie kann Gottes Göttlichkeit, die am Anfang gleichsam in Gott selbst wie in einem Kern eingeschlossen bzw. eingefaltet ist – die Theologen sprachen damals von complicatio –, sich so entfalten, also werden (theologisch wurde dies explicatio genannt), dass Gott einerseits Gott bleibt, andererseits aber tatsächlich Fleisch, also Welt wird?

Es ist klar, dass der Lehre von der Trinität hier die Schlüsselrolle zukommt, wie ich weiter oben bereits gezeigt habe. Die Lehre von der Dreifaltigkeit ist ein Spezifikum des Christentums, das man wissenschaftstheoretisch und ideengeschichtlich als eine im Laufe der Jahrhunderte entwickelte Lösung des Problems verstehen kann, Gottes Sein und Gottes Werden mit Hilfe der Begriffe griechischer und scholastischer Philosophie widerspruchsfrei zusammenzudenken. Insofern ist der Lehre von der Trinität immer ein Kern des Zweifels immanent gewesen. Nach einem Satz des einflussreichen Scholastikers und Philosophen Thierry von Chartres (1085–1155) entwickelt sich der zeugende Ursprung »per pluralitatis diversitatem possibilitatis«, durch die Vielheit bzw. Pluralität der Möglichkeiten. Diese Vielzahl der Möglichkeiten ist nichts anderes als die »materiae mutabilitas«, die Veränderlichkeit und somit Vielgestaltigkeit der Materie, also der Welt, wie wir sie im Alltag erleben. Theologisch gesprochen sind Materie oder Welt nichts anderes als die von Gott geschaffene Zeit bzw. der von Gott geschaffene Raum, in dem all das, was der göttliche Ursprung in sich enthält, sich im Mannigfaltigen entfaltet und auseinandertritt. Was in Gott bzw. in der göttlichen Einfachheit am Anfang eingefaltet ist (complicatio), wird in der zeitlichen Entfaltung (explicatio) in der Welt sichtbar. Dabei ist es im Sinne der Schöpfungslehre wichtig, dass das, was Welt wird, tatsächlich auch Gottes Schöpfung bleibt, ebenso wie Gott Gott bleibt und nicht etwas durch die Schöpfung seine Göttlichkeit verliert. Um das zu gewährleisten, muss es einen durchgängigen Zusammenhang zwischen Einfaltung (complicatio) und Entfaltung (explicatio) geben. Genau diesen alles verbindenden Zusammenhang bezeichnete man mit dem Begriff der complexio. Komplexität ist also ein notwendiger Zusammenhang, über den sich der »eingefaltete Ursprung« und das erste Prinzip in Gott, in die Welt und die Pluralität der Dinge und Prozesse hinein entfaltet. Der Zusammenhang ist es, der die göttliche Notwendigkeit durch die zeitliche und materielle Entfaltung hindurch wahrt.

Wissenschaftlich gibt es heute eine Vielzahl von Zugängen zur Komplexität, die zunächst nichts mit den alten theologischen Themen zu tun zu haben scheinen. Zwar ist im Hintergrund immer noch das zentrale, das gesamte Mittelalter überschattende Thema des Verhältnisses von Einheit und Vielheit spürbar, aber es geht doch um ganz andere, messbare Prozesse der Einwicklung und Entfaltung. Ein Beispiel sind Strömungen und Bifurkationsprozesse in der Physik und Thermodynamik, aber auch die gesamte Frage der Evolution von Information in der Biologie und Bioinformatik, weiter über die Chaostheorie, die Mathematik oder über die Frage der Entstehung von evolutionären Prozessen in Computern. Die Vorstellung, dass Evolution ein Prozess sei, der aus sich selbst heraus durch die innere Struktur der Materie (hier dringt der ursprünglich theologische Gedanke noch durch) zu immer komplexeren Gebilden führt, wird jedoch heute kritisch gesehen. Vielen erscheint der Gedanke sogar als falsch. Faktisch gibt es ja eine Vielzahl weniger komplexer Systeme wie von Einzellern, die im Umfeld weitaus komplexerer Systeme wie einem Tier oder dem Menschen leben. Diese These von der Zunahme der Komplexität halten viele Forscher für unhaltbar. Warum? Weil – und damit komme ich auf Luhmanns eingangs zitierten Satz zurück – einfache Verhältnisse nicht nur in der Biologie eine Illusion sind. Was uns einfach erscheint, ist in Wahrheit bereits komplex. Um etwas Einfaches zu beobachten, ist, wie sich bei genauerer Analyse zeigt, beispielsweise ein Bewusstsein notwendig, das ein bis heute nicht vollends verstandener komplexer Prozess ist, ein Prozess, der sich aus der emergenten Interaktion einer Vielzahl von ähnlich oder sogar gleich strukturierten Zellen entwickelt hat. Darüber hinaus bedarf es für die Feststellung von Einfachem bereits der Existenz von Sprachen, Kulturen, Gesellschaften, von Menschen, Tieren, Pflanzen, überhaupt von Zellen und Organen jeder Art. Insofern gilt Luhmanns Satz: Es gibt keine einfachen Verhältnisse.

Und doch ist unbestreitbar, dass sich im Lauf der Evolution eine Reihe sehr komplexer Systeme entwickelt hat. Heute beschreibt Komplexität die Dynamik von Systemen, die aus einer Vielzahl von Elementen bestehen, die ihrerseits vielschichtig miteinander verwoben sind. Das Wetter ist, wie gesagt, ein solches komplexes Phänomen ebenso wie ein Fischschwarm oder die molekularen Prozesse in einer Zelle. Etwas abstrakter formuliert kann man sagen, dass Komplexität die Dynamik von pluralistisch organisierten Systemen bezeichnet, die als System jedoch eine strukturelle Einheit bilden. Insofern ist Komplexität nichts anderes als die Dynamik der Evolution von Information. Computersysteme haben wesentlich dazu beigetragen, diese Entwicklung buchstäblich zu sehen. Heute können wir mit Hilfe von Programmen Bilder herstellen, die die Komplexität mathematischer Strukturen zeigen, die ihrerseits die Komplexität der Beziehungen von Kräften oder Teilchen abbilden. Wir können einen Grad der Komplexität und Vernetztheit von Information sehen, den wir vor Erfindung der Computer nicht sehen konnten, weil wir die nötigen Arbeiten weder in der nötigen Geschwindigkeit noch im nötigen Umfang der Berechnungen mit Papier und Bleistift hätten leisten können.

Wichtig ist festzuhalten, dass sich komplexe Systeme von anderen, insbesondere von reduktionistischen Systemen dadurch unterscheiden, dass es nicht gelingt, sie als Ganzes allein durch Zergliederung und die Analyse ihrer Einzelelemente zu beschreiben.[14] Aus ebendiesem Grund, schreibt die Wissenschaftstheoretikerin Sandra Mitchell, »kann die Geschichte, die man in der Sprache der Einzelteile erzählt, unterschiedliche Erkenntnisse für das Verstehen des Ganzen liefern«.[15] Die Annahme, man könne die Gesamtheit der Geschichten durch die Reduktion auf ihre Bestandteile, ihre Elemente und Strukturen beschreiben, ist eine falsche Grundannahme. Dass sie nicht stimmen kann, zeigt eine Reihe von Untersuchungen über das Phänomen der sogenannten Emergenz. Darunter versteht man Eigenschaften von Systemen, die sich auf einer »makroskopischen« Ebene zeigen, aber nicht auf der »mikroskopischen« Ebene auftreten noch aus dieser »unteren« Ebene ableitbar sind. Ein sehr einfaches Beispiel wären Wassermoleküle, die eben in sich nicht »feucht« sind, wie es das Wasser als eine verbundene Vielzahl von Wassermolekülen ist (die im Übrigen einige Seltsamkeiten aufweisen, die mit der Physik des Wassers zu tun haben). Ein weiteres Beispiel sind Neuronen oder Nervenzellen im Gehirn, die nicht denken können wie wir Menschen, auch wenn das Gehirn als unser Denkorgan im Wesentlichen aus ebendiesen Neuronen besteht. Man sagt, dass das Verhältnis zwischen den Eigenschaften bzw. den Ebenen, auf denen die Eigenschaften auftreten, »nichtlinear« ist. Das bedeutet, dass die einfache (lineare) Gleichung »eine Ursache – eine Wirkung« nicht mehr gilt. Hier steht das Essen – also isst das hungrige Lebewesen. Beim Menschen muss das nicht zwangsläufig so sein, denn er kann zwar hungrig sein, doch durchlaufen diese Gefühle eine Schleife von Gedanken und Vorstellungen, die beispielsweise mit Fasten zu tun haben und dazu führen, dass nicht gegessen wird. In komplexen Systemen kommt es zu Rückkopplungen, zu Beschleunigungen und Verlangsamungen durch Verschaltungen und »Schleifen«, die durch die Wechselwirkung von Elementen eines Systems entstehen. Auf diese Weise können sich neue Strukturen bilden. Man spricht in diesem Fall von Selbstorganisation, die nichts Mystisches oder Überirdisches ist, sondern schlicht mit der Struktur von Materie und Energie zu tun hat. Atome können sich nur auf bestimmte Weisen aneinander binden und organisieren – und sie tun das gleichsam von selbst und entwickeln dabei immer komplexere Strukturen. Der Physiker und Chemiker Ilya Prigogine, der Biochemiker und Physiker Manfred Eigen oder der Chemiker und Nanowissenschaftler Jean-Marie Lehn erhielten für ihre Forschungen auf diesem Gebiet jeweils den Nobelpreis. Sie alle stellten fest, dass in komplexen Systemen oftmals durch Außeneinflüsse, manchmal aber auch durch innere Kräfte Brüche und instabile Zustände auftreten können, aus denen dann neue Systemzustände hervorgehen. Diese organisieren sich selbst. Durch Erwärmen von Eis treten Brüche im Kristallgitter auf, die schließlich dazu führen, dass sich ein und dasselbe Element nicht mehr als fester Körper, sondern wie eine Flüssigkeit verhält. An diesem sogenannten Phasenübergang, der den Bruch von einem festen in eine flüssigen Zustand kennzeichnet, sind zeitgleich Millionen und Abermillionen von Atomen beteiligt. Sie alle interagieren – doch auf eine Weise, die auf makroskopischer Ebene zu einem einheitlichen Verhalten führt. Die Komplexitätsforschung ist nach anfänglichem Widerstand der klassischen, reduktionistisch orientierten Wissenschaft zu einer führenden Disziplin geworden, die interdisziplinär diese Phänomene der Strukturbildung beobachtet und analysiert – unabhängig davon, ob diese Prozesse in Zahlenreihen, in Flüssigkeiten und Strömungen, in Kräften und Energien, in Zeitreihen, in Zellen und Lebewesen, in Gesellschaften, Wetterphänomenen, Schwärmen oder in Robotern oder dem Internet auftreten.

Für die Philosophie, aber auch für Wissenschaft und Theologie ist eine zentrale Schlussfolgerung aus der Erforschung von Komplexität, dass es nicht möglich ist, die Komplexität der Welt mit einer einfachen Beschreibung (einer Eins-zu-eins-Beziehung, wie Mitchell sagt) abzubilden.[16] Beschreibungen sind, wie gut sie auch sein mögen, nicht nur Abstraktionen und Idealisierungen, sondern vor allem immer partiell. Das Ganze kann nicht in einer einzelnen Beschreibung abgebildet werden. Natürlich bestehen die Systeme der Welt, die die Wissenschaft zu beschreiben versucht, aus einem System von Beziehungen (Prozessen) zwischen physischen Objekten. Doch es gibt mit Ellis und Mitchell »keine Darstellung, die diesen Prozeß unter dem Gesichtspunkt physikalischer Gebilde vollständig erfaßt«.[17] Eine Beschreibung komplexer Systeme kann nicht alle Wechselwirkungen und (nichtlineare) Rückkopplungen zwischen den einzelnen Teilen oder Zuständen eines Systems erfassen. Doch gerade diese Wechselwirkungen können zu völlig neuen, unerwarteten Eigenschaften der Systeme führen. Wie sich eine Biene im Schwarm verhält, ist nicht aus einer anatomischen Untersuchung einer einzelnen Biene ablesbar. Aus der Verteilung der Elemente im Universum lässt sich nicht ableiten, dass sie sich genau so verteilt haben, dass Galaxien und Sternennebel entstanden, die eine Erde möglich machten, auf der eine Vielzahl von Lebewesen entstehen konnte. All diese Vorgänge und die Eigenschaften der Systeme, die auf diese Weise entstanden sind, lassen sich nicht alleine aus dem Periodensystem der Elemente ableiten. Die Komplexität der Welt bleibt daher bis zu einem gewissen Grad unvollständig und nicht darstellbar. Und dieser Satz beinhaltet, dass auch unsere Kenntnisse, wie wir Menschen mit dieser Komplexität umgehen und in Zukunft umgehen werden, unvollständig bleiben.

Dass ein System sich selbst nicht vollständig abbilden kann, ist unabhängig von der Komplexitätstheorie eine der Grundeinsichten der Systemtheorie. Diese unterscheidet zwischen System und Umwelt. Die Umwelt bleibt ein für das System unmarkiertes Land. Insofern gilt Luhmanns Satz auch hier: Es gibt mit dem Blick aufs Ganze keine einfachen Verhältnisse. Und genau dieser Umstand ärgert, verwirrt und irritiert uns. Deshalb hatte »der Beobachtergott eine kaum zu ersetzende Orientierungssicherheit geboten«, schreibt Luhmann.[18] »Wenn man ihn aufgibt, wird ›Orientierung‹ zum Problem (und zum Modewort).« Bei jeder Beschreibung der Welt als Ganze, so beeindruckend sie auch sein mag, muss man sich vor Augen führen, dass sie bei näherem Hinsehen eine Fiktion ist. So zutreffend sie sein mag, so wenig ist doch eine Beschreibung alleine in der Lage, die Welt – die Komplexität der Welt – in einer einzigen Darstellung oder Formel adäquat wiederzugeben. Doch ist nicht der Gottesbegriff vor allem das: eine Beschreibung der Welt bzw. des Wesens der Welt in einem einzigen Wort? Und wenn es so ist: Was haben wir davon? Eine Menge, wie es scheint. »Denn im Grunde ist Gott vor allem eines«, sagte mir der Systemtheoretiker, Kulturwissenschaftler und Soziologe Dirk Baecker in einem Gespräch. »Eine Beruhigung dafür, dass wir Menschen an der Komplexität der Welt nichts ändern können.« Und man könnte hinzufügen: eine Beruhigung dafür, dass wir diese Komplexität auch nicht einmal wirklich verstehen können. Sie bleibt sozusagen der Einsicht Gottes vorbehalten.

Es ist genau dieser Kontext, wie mir scheint, in dem Religion nach wie vor eine fundamentale Funktion hat – neben ihren vielen anderen Funktionen wie der Legitimation und Durchführung kultischer Handlungen, der Kontingenzbewältigung, der Minderung von Leiden oder der Motivation, ethische Einsichten auch gegen den eigenen Egoismus durchzuführen. Religion schafft die Illusion, durch den Blick Gottes auf die Welt werde alles klar. Und weil alles klar wird, ist es mir selbst auf eine ganz legitime Art und Weise erlaubt, ebenfalls mit einem vereinfachenden Blick auf die Welt zu schauen, der endlich einen Durchblick gewährt – einen Blick durch die verwirrende Komplexität des Lebens und der Welt hindurch auf eine allem zugrundeliegende Einfachheit. Luhmann spricht in diesem Zusammenhang davon, dass hierbei gleichsam zwei Komplexitäten (der von Welt oder Wissenschaft und vom Menschen und der Religion) miteinander verbunden werden. Man reduziert die eine Komplexität, indem man sie auf eine andere abbildet. Doch dieser Taschenspielertrick ist eine Täuschung, denn die Reduktion von Komplexität auf der einen Seite bedeutet ein Anwachsen von Komplexität (des erklärenden Systems) auf der anderen. Anders formuliert: Ein komplexes »System« wie der

Mensch versucht sich ein anderes, noch komplexeres System, nämlich seine Welt, dadurch vorzustellen, dass es ein Modell von sich selbst und dieser Welt bildet. Dieses Modell ist gleichsam das Ergebnis eines zumindest vorübergehend erfolgreichen Kampfes gegen die innere Komplexität des einen Systems (in diesem Fall: des Menschen) und gegen die des äußeren, noch nicht verstandenen und unmarkierten Systems (der Welt). In gewisser Weise stellt das, was wir Komplexität nennen, also ein Maß dar für die Unbestimmbarkeit und den Mangel an Information, den es über die Gesamtkomplexität (Mensch plus Welt) gibt. »Komplexität ist, so gesehen, die Information, die dem System fehlt, um seine Umwelt (Umweltkomplexität) bzw. sich selbst (Systemkomplexität) vollständig erfassen und beschreiben zu können.« Damit wird Komplexität zu einem »Selektionshorizont«, einer Dimension, in der das System versucht, auf seine (noch nicht verstandene) Umwelt und sein unscharfes (weil noch komplexeres) Bild von sich selbst zu reagieren. Was auf diese Weise unscharf erscheint, aber dennoch wahrgenommen wird, kann nun dazu »in Sinnsystemen benutzt werden, um die Komplexität des Systems in das System wiedereinzuführen – als Begriff, als unbekannte und gerade dadurch wirksame Größe, als Angstfaktor, als Begriff für Unsicherheit oder Risiko, als Planungs- und Entscheidungsproblem, als Ausrede«.[19] Es gibt Unscharfes, Komplexes, das zwar nicht genau verstanden, aber in seiner Wirkung als Größe in das System einbezogen wird. Komplexität ist etwas, das das System nicht verleugnen kann. Zwar bleibt die Komplexität eines Systems immer geringer als die der umfassenderen Umwelt. Doch das Interessante daran ist, dass ein System zwar seine eigene und erst recht die Komplexität der Umwelt nicht erfassen kann – dennoch aber genau dieses Nichterfassen im System in sich selbst darstellen und problematisieren kann. Genau das aber macht der Glaubende. Er stellt sich im Kontext der Komplexität seines Selbst, seiner Welt und seines Gottes dar – und thematisiert zugleich sein Nichterfassen all dessen, indem er von der Undarstellbarkeit und Unerkennbarkeit Gottes spricht. Genau in dieser Funktion ist Religion auch für die Moderne wichtig geblieben. Religion dient einer bestimmten Formulierung der Nichterfassung der Komplexität der Welt, die uns alle umgibt, indem sie zumindest den Glaubenden mit der beruhigenden Gewissheit versorgt, dass wir gar nicht alles erfassen müssen, weil Gott sich uns, wie und was auch immer kommt, liebend zuwendet. Die beiden zentralen Dimensionen des Geheimnisses – die Dimension des Todes und der Kontingenz – sind hier mit einem Schlage angesprochen. Aus der Nichterfasstheit der Komplexität wird eine Gefasstheit inmitten einer verwirrenden Vielfältigkeit, ja Widersprüchlichkeit der (inneren und äußeren) Welt. Gott ist dann tatsächlich, wie Dirk Baecker sagte, eine Beruhigung dafür, dass wir Menschen die Komplexität der Welt weder verstehen noch an ihr je etwas ändern können. Robert Musil nannte diesen Sachverhalt die »perspektivische Verkürzung des Verstandes«. Religion könnte man daher als eine solche perspektivische Verkürzung des Verstandes in pragmatischer Absicht (Angstreduktion) bezeichnen. Robert Musil war der festen Überzeugung, dass der Mensch im Verhältnis zu sich selbst und zur Welt in erster Linie ein Erzähler ist. Auch die Bibel ist in diesem Sinn eine gleich aus vier Sichten verfasste Erzählung. Durch die Erzählung – die im Falle der Genesis, des ersten Buches der Thora, weitgehend eine Aufzählung ist – gelingt eine »perspektivische Verschiebung«: das, was die Systemtheorie viel theoretischer als »Reduktion von Komplexität« beschreibt. »Es ist die einfache Reihenfolge«, schreibt Musil im *Mann ohne Eigenschaften*, »die Abbildung der überwältigenden Mannigfaltigkeit des Lebens in einer eindimensionalen, wie der Mathematiker sagen würde, was uns beruhigt; die Aufreihung all dessen, was in Raum und Zeit geschehen ist, auf einen Faden, ebenjenen berühmten ›Faden der Erzählung‹, aus dem nun also auch der Lebensfaden besteht. Wohl dem, der sagen kann ›als‹, »ehe‹ und ›nachdem‹! [...] dieser ewige Kunstgriff der Epik, mit dem schon die Kinderfrauen ihre Kleinen beruhigen, diese bewährteste ›perspektivische Verkürzung des Verstandes‹« ist es, was den Menschen beruhigt und ihm hilft, sein komplexes Leben zu ordnen.[20]

Noch eines haben Erzählungen und Religion gemeinsam. Indem von der Welt erzählt wird, wird ein Erzähler mit bezeichnet, ob er selbst in der Erzählung vorkommt oder nicht. Jede Erzählung geht insgeheim von einer engen Beziehung zwischen dem Ich, dem Erzähler und der erzählten Welt aus – genau wie Philosophie und Religion in ihren großen Erzählungen von Gott und der Welt. In Wahrheit sind beide – das Ich und Gott – Modelle der Welt und Bilder des In- bzw. Außerhalb-der-Welt-Seins. Gott wie auch das Ich haben ihre gemeinsame Wurzel in einer ganz natürlichen Ursache. So wie das Ich die Welt für mich ordnet, so ordnet Gott die Welt für mich und für andere. Diese lineare Orientierung, scheint es, hat sich über alle Kulturen hinweg evolutionär (und das bedeutet sowohl biologisch / neuronal wie auch kulturell und sozial) als eine gewachsene Orientierung in einer linear vorgestellten Welt gebildet, die in Wahrheit nichtlinear ist. Die Schockwellen, die sich seit der Einsicht in die wahre Komplexität der Welt eingestellt haben – eine Komplexität, die wir eben nicht wie eine lineare Gleichung einfangen und beschreiben können –, haben sich über Kopernikus, Darwin, Einstein, Freud und andere bis heute immer mehr verstärkt. »Je näher wir an eine nichtlineare Beschreibung, d.h. an ein tatsächliches Verständnis von Komplexität herankommen, umso widersprüchlicher erscheint uns die (immer noch linear gedachte) Welt. Wir unterstellen der Welt eine Linearität, die wir auch in uns selbst – etwa in der Erfahrung des Ichs – machen, die aber die Welt nicht aufweist. Statt die Komplexität der Welt denken zu können, leiten wir aus der vorgestellten Linearität die – wohltuende, evolutionär durchaus erfolgreiche – Vorstellung eines konstanten Ichs (das ein Kind noch nicht hat) und eines Gottes (den das Universum möglicherweise nicht hat) ab.«[21]

Es ist bemerkenswert, wie die abendländische Entwicklung der Ideen immer neue Spielarten der Verbindung von Ich und Gott hervorgebracht hat. René Descartes wäre ein markantes Beispiel dafür, wie sich diese Allianz durch das Denken zieht. Neurowissenschaftlich könnte man aus heutiger Sicht anmerken, dass das, was wir Ich nennen, vermutlich eine Art Selbstmodell des Gehirns ist. Es spricht vieles dafür, das Ich als ein hochkomplexes, raum-zeitlich organisiertes Erregungsmuster zu interpretieren, das an seiner empirischen »Außenseite« nur schwer messbar ist und sich an der »Innenseite« dennoch unverwechselbar und einmalig an-fühlt – eben wie mein Ich. Und doch scheinen wir weder Gott noch Ich auf eine einfache, lineare Weise darstellen zu können. Wer Ich und Gott wirklich zu denken versucht, läuft Gefahr, an der »normalen« Welt verrückt zu werden. Denn damit eine solche Beschreibung gelingt, müsste man konsequent und radikal einen nichtlinearen Standpunkt einnehmen. Von einer solchen Per-spektive aus betrachtet, erscheint die Welt jedoch als eine ganz andere – etwa weil es nur Beziehungen und relationale Größen, nicht aber feste Identitäten gibt. Dies widerspricht der Alltagser-fahrung zutiefst. Faktisch (und das heißt in diesem Kontext: Wenn wir wirklich kritisch nachdenken und die empirischen Be-funde zum Ausgangspunkt unserer Betrachtungen machen) leben wir in einer für uns unüberschaubaren, komplexen, dynami-schen, nichtlinearen Welt, die sich in vielen Bereichen auf er-staunliche Weise selbst organisiert. In diese komplexe Welt sind wir restlos – in allem, was wir sind – eingebunden. Würde man diese Zusammenhänge von Selbstorganisation und Emergenz auflösen können, bliebe von uns nichts. Wir sind diese Prozesse, die aus der wechselseitigen Abhängigkeit, der Interaktion von Millionen von Elementen, Strukturen und Teilsystemen entste-hen. Sie durch und durch zu analysieren, ist mit den Mitteln des reduktionistischen, linearen Denkens nicht möglich. Dass dies so ist, hat nicht mit einer antireduktionistischen Ideologie zu tun, sondern lediglich mit dem, was die Analyse komplexer Systeme in der Biologie, Chemie, Physik, Informatik oder Mathematik hervorgebracht hat. Mit der Religion hängen diese Phänomene über die »perspektivische Verkürzung« zusammen.

Was macht nun Religion aus? Zum Erstaunen seiner meist agnostisch eingestellten und in Sachen Religion meist völlig un-wissenden Fachkollegen befasste sich Niklas Luhmann als Soziologe und Systemtheoretiker zeit seines Lebens immer wieder mit religiösen Fragen. Der christliche Glauben war etwas, das ihn beschäftigte. Ich habe Luhmann mehrfach erlebt, wie er höchst kenntnisreich, durchaus leidenschaftlich, aber heiter mit Theologen diskutierte und diese nicht selten mit einem überragenden Detailwissen in Fragen beispielsweise der mittelalterlichen Terminologie überraschte. Das im Jahr 1977 veröffentlichte Buch *Funktion der Religion* widmete Luhmann seiner im selben Jahr verstorbenen Frau, »der Religion mehr bedeutete, als Theorie zu sagen vermag«.[22] 20 Jahre später, ein Jahr vor seinem eigenen Tod 1998, überarbeite Luhmann ein Manuskript, das posthum im Jahr 2000 als *Die Religion der Gesellschaft* erschien. Es ist Luhmanns »definitives« Buch zum Thema Glauben, Sinn und Religion. Wie in den anderen Werken, die sich mit der Analyse der Teilsysteme der Gesellschaft wie Wirtschaft, Erziehung, Wissenschaft, Kunst oder Recht befassen, tut sich der Horizont für die Religion bei Luhmann nur innerhalb des großen Kommunikationszusammenhanges auf, in dem der Mensch mit sich selbst, mit anderen und der Natur steht. Mit jedem Atemzug seines Denkens steht der Mensch in einem Zusammenhang der Kommunikation, in der der Religion gleich mehrere Aufgaben zufallen. Religion bedenkt zum einen wie kein anderes System der Gesellschaft den in jedem System grundgelegten Verweis auf Undarstellbares, ja Unbeobachtbares, auf das »Geheimnis«, das mit jeder Unterscheidung oder Grenzziehung und somit in jeder Kommunikation präsent ist. Warum dies so ist, werde ich gleich erklären. Zum anderen hat Religion in ganz besonderer Weise mit dem allgegenwärtigen Problem des Sinns und der Frage zu tun, ob das Leben einen Sinn hat. Drittens ist es die Aufgabe von Religion, uns dabei zu helfen, die Probleme der Kontingenz zu bewältigen, die unabdingbar mit unserem Leben verbunden sind und uns Angst machen. Luhmanns Analyse des Zeitalters der Säkularisierung deckt sich insofern mit der von Charles Taylor, als auch für Luhmann eine Fragmentierung des Lebens eingesetzt hat, die zur Folge hat, dass Religion nur noch eines der vielen Teilsysteme unserer Gesellschaft ist. Genau diese Relativierung, die Religion zu einer Art Wahl macht, kennzeichnet die Säkularisierung. Dennoch ist und bleibt die Religion von allen Teilsystemen der Gesellschaft der drängenden, mit Sehnsucht und Erwartungen in hohem Maße aufgeladenen Frage nach der Einheit des Menschen am nächsten. Und doch kann auch die Religion diese Einheit des Lebens letztlich nur in Paradoxien beschreiben bzw. auflösen.

Ich gebe zu, dass dieser Zusammenhang nicht wirklich leicht zu verstehen ist. Dennoch glaube ich, dass Luhmanns Analyse helfen kann, vieles besser zu verstehen. Nur aus diesem Grund will ich Ihnen ansatzweise ein wenig grundlegende Systemtheorie zumuten. Haben Sie verstanden, wie Systeme überhaupt funktionieren, dann fällt es Ihnen leichter, die besonderen Aufgaben zu verstehen, für die Religion eine Lösung bedeutet. Am Ende stellt auch Religion eine Form der »Organisation« des menschlichen Lebens dar. Sie hat eine Geschichte der Entwicklung und benutzt wie jedes andere Systeme auch einige spezifische Unterscheidungen. Die Religion zieht innerhalb der verschiedenen sozialen oder kommunikativen Systeme ihre Grenzen, um auf diese Weise sich selbst Gestalt zu geben und genau das leisten zu können, was Religion als System eigen ist. Was also macht soziale und kommunikative Systeme aus? Luhmann beginnt mit der einfachen Feststellung, dass jede Weltbeobachtung, unabhängig davon in welchem System sie geschieht, in dieser Welt (und nicht in einem Jenseits von Systemen) stattfindet. Jede sprachliche Äußerung, jeder Gedanke, jede These ist in einem genauen Kommunikations-, Kultur- bzw. Gesellschaftssystem verortet. Auch in der Religion gibt es jemanden, der innerhalb einer in sich vielfältig strukturierten Welt etwas sagt, etwas tut, etwas beobachtet oder etwas – der Religion entsprechendes – denkt.[23] Doch was heißt denken oder handeln? Wer etwas denkt oder wer handelt, macht im Grunde Folgendes: Er zieht auf einem weißen Blatt Papier einen Strich. Damit beginnt alles.

Dieser Strich unterteilt etwas vormals »Ganzes« – die Welt, die in diesem Fall ein Blatt Papier ist – in zwei Teile mit drei Elementen. Es gibt den Strich selbst; ein »diesseits« der Grenze, die er zieht, und ein »jenseits« dieser Grenze, die der Strich markiert. Um überhaupt einen Zugang zur Welt zu bekommen, unterteilen wir sie. Und wir unterteilen sie, indem wir eine Unterscheidung einführen und irgendwo eine Grenze ziehen. Alles, was *innerhalb* dieser Unterscheidung liegt, ist das System. Beispielsweise gehört zu diesem System alles, was lebt – darunter Bienen. Zu den Bienen komme ich, indem ich das, was lebt, immer weiter und damit genauer unterteile. Doch das, was *außerhalb* dieses Systems ist, das von der Grenze (dem Strich) markiert wird, bleibt ein zunächst unmarkierter Raum, der alles Mögliche sein kann. Luhmann nennt ihn die Umwelt des Systems. Diese Umwelt beinhaltet all das, was das System umgibt. Alles also, was *nicht* zu ihm gehört. Dies ist die gesamte Dimension der Dinge, die »da draußen« in Form von Millionen zuweilen noch völlig unerkannten Elementen existieren, die ihrerseits möglicherweise zu einem noch unerkannten Netzwerk verbunden sind und in einem unendlichen Geflecht von Beziehungen zueinander stehen. Doch die Umwelt bleibt zunächst unerkannt. Sie ist gleichsam Kants »Ding an sich«. Wir erkennen nur das, was wir innerhalb des Systems durch Unterscheidungen und weitere Grenzziehungen erschlossen haben. Teilen wir das System etwa entsprechend der Kategorie gerecht/ungerecht oder schön/hässlich auf, dann entstehen auf diese Weise Teilsysteme wie das Recht oder die Ästhetik, die sich nun immer weiter und feiner beschreiben lassen. Zu denken bedeutet, zu unterscheiden. Von diesem einfachen Credo, das seit der griechischen Philosophie unser Denken bestimmt, geht auch Luhmann aus. Das System kann sich also in weitere Teilsysteme untergliedern, je nachdem, welche weiteren Unterscheidungen wir einführen. Wir »machen« diese Unterscheidungen, indem wir uns an einem »Code« ausrichten, einer Art Regel oder binären

Ja/Nein-Entscheidung. So besteht der Code für Wahrheit und Wissenschaft letztlich in einer Unterscheidung zwischen wahr/falsch, während das Rechtssystem auf der Unterscheidung zwischen Recht/Unrecht beruht. Der Code legt die spezifische Grenze, den Unterschied fest, der das System einerseits de-finiert (also zum System macht), es andererseits aber auch »isoliert«. Wenn ich nach der Wahrheit von etwas frage, dann definieren die entsprechenden Kriterien, was dazu gehört und was nicht. Was diesseits der Grenze liegt – also »innen« ist –, ist das *System*; was jenseits der Grenze liegt (die selbst noch zum System gehört), sich also »außen« und außerhalb des Systems befindet, ist die *Umwelt*. Die *Welt* hingegen wäre erst das Ganze, die Einheit von System und Umwelt zusammengenommen.

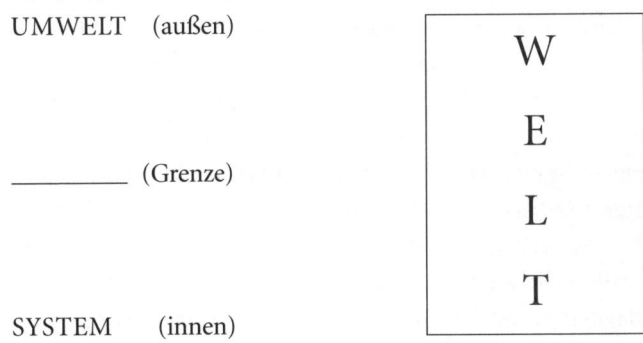

UMWELT   (außen)

_____ (Grenze)

SYSTEM   (innen)

W
E
L
T

Doch diese Einheit von System und Umwelt – die Welt – ist dem Beobachter niemals zugänglich. Was auch immer er beobachtet, beobachtet er innerhalb einer Grenze, die er gezogen hat. Warum das so ist? Weil jeder Mensch, um überhaupt etwas beobachten zu können, um überhaupt denken zu können, eine Grenze ziehen, d.h. eine Unterscheidung treffen muss. Der Beobachter selbst befindet sich dann *innerhalb* der Grenzen seines Systems. Was die Welt, also das Gesamt von Umwelt und System, ausmacht, kann ich nur erschließen, indem ich mehr und mehr Bereiche der noch unmarkierten Umwelt durch eine Unterscheidung markiere und mir auf diese Weise erschließe. Ich hole gleichsam Stück für Stück Umwelt ins System hinein, indem ich weitere Unterscheidungen einführe. Alles, was ich erkenne, kann ich nur »von innen«, innerhalb der Grenzen des Systems, erkennen, das tatsächlich, wie Wittgenstein sagte, nicht nur die Grenze meiner Sprache bestimmt, sondern zugleich auch die Grenzen meiner Welt. Alles, was ich beobachten will, muss ich als Differenz (hier System oder Teilsystem, da Umwelt) denken.

Bildhaft gesprochen wird »die Welt« vom Beobachter also durch das Beobachten selbst in zwei Teile geschnitten – durch eine »Operation« oder Unterscheidung, die durchaus in der Welt stattfindet. Doch mit dieser Unterscheidung ergeben sich *zwei* Seiten und nicht mehr *eine* Welt. Beispielsweise haben wir auf der einen Seite das von mir bestimmte System – sagen wir das System Biene –, während wir auf der anderen Seite der Unterscheidung die unbestimmte Umwelt des Systems Biene finden (den Wald, die Autos, die Flugzeuge, das Wetter, die jedoch nur in einem weiteren System, d.h. durch weitere Unterscheidungen als solche erscheinen können). Die Welt als *Ganzes* wäre also die *Einheit* einer vielfältigen *Differenz*, eines Unterschiedes, von Außen und Innen. Um die Einheit zu erkennen, müsste ich die Grenze auflösen. Doch indem ich das tun würde, vernichtete ich zugleich die Grundlage meines Erkennens. Daher auch die Doppelfunktion des Trennens und des Verbindens durch *eine* Unterscheidung. Genau diese Themen sind es, die mit der Religion und ihrer Funktion zu tun haben. Insofern sind Grenzen nicht zu denken »ohne ein ›dahinter‹, sie setzen also die Realität des Jenseits und Möglichkeiten des Überschreitens voraus«.[24] Die externe Komplexität (der noch unbeschriebene, unmarkierte Raum der Umwelt) wird durch eine weitere Grenzziehung reduziert – ebenso wie das System durch weitere Unterscheidungen ausdifferenziert wird. Diese Grenze zur Umwelt nach außen wird zugleich zur Grenze des Systems nach innen. Im Vergleich zur noch größeren, zunächst unüberschaubaren Dimension der Umwelt – der Komplexität des

»draußen« – habe ich es im Inneren mit einer verringerten und deshalb überschaubareren Komplexität zu tun. Weitere Unterscheidungen oder Grenzziehungen im Inneren reduzieren die Komplexität des Systems Stück für Stück. Luhmann bezeichnet diesen Prozess, der ebenso typisch ist für die Evolution lebender Organismen wie für die Evolution von Gesellschaften oder Kulturen, als *Ausdifferenzierung*. Eine der Folgen dieser Ausdifferenzierung als evolutivem Prozesses ist es, dass Systeme füreinander unbestimmbar werden – sie erkennen nur noch ihre Grenzen, an denen sie Halt machen müssen. Unerkannt bleibt die gesamte Komplexität »hinter« der Grenze, die sich erst durch weitere Unterscheidungen erschließen lässt. Doch zu unterscheiden bedeutet, einen Teil der Umwelt ins System zu holen. Ein System (das System Biene) baut seine Einheit (das »Biene-Sein« aller Bienen) nur auf, indem es sich von seiner eigenen Umwelt (allem was Nicht-Biene ist) unterscheidet. Eigene Umwelt bedeutet, dass das System selbst die Grenze zieht und eine Unterscheidung hervorbringt, indem es anderes ausschließt oder negiert: eben das, was es nicht selber ist und nicht durch sein Sein hervorbringt. Der Wald ist eben nicht die Biene, sondern Teil ihrer Umwelt. Zwar kann der Wald durch die Biene beeinflusst werden: doch sie kann den Wald nicht hervorbringen. Indem die Biene als Biene lebt, unterscheidet sie sich in all ihren Lebensvollzügen von anderen Lebewesen. Erst wenn sie tot ist und sich allmählich wieder in ihre Bestandteile auflöst, verliert sich die Grenze zwischen dem (lebenden) System und seiner Umwelt. Eine Grenze zu ziehen und aufrechtzuerhalten bedarf also einer gewissen Leistung, einer Energie. Ist die Energie gleich verteilt (Entropiegesetz), gibt es nichts mehr zu beobachten. Alles ist dann nur noch ein Rauschen und Flimmern ohne jede Kontur und Unterscheidung.

Religion hat nun mit der Frage zu tun, wie sich das Gesamtsystem der Kommunikation, das nicht durch ein einzelnes System darstellbar ist, zu sich selbst verhält. Wie bekommt ein System einerseits einen Selbstbezug, andererseits aber den Eindruck einer Geschlossenheit, eines Zusammenhangs (in der ursprünglichen

Bedeutung von complexio) hin? Zunächst, indem die Geschlossenheit des Gesamtsystems als ein Nichtkönnen oder Nichtsein formuliert wird. Das System, in dem sich der Mensch bewegt, hat seine Grenzen. Der Mensch hat eine Umwelt, die er nicht kennt – und versucht kennenzulernen, indem er diese »Natur« zu seiner Natur, zur Kultur macht. Doch es ist der Mensch selbst, der wie andere Lebewesen auch die Grenzen seines Systems konstituiert. Die Welt ist immer größer als er. Sie ist das, was jenseits aller Systeme weitergeht. Paradoxerweise erhält das System also gerade dadurch, dass dieses Nichterfahrene, Nichtgedachte präsent ist, seine kommunikative Einheit und Geschlossenheit. Doch gerade aufgrund der Geschlossenheit gibt es etwas Grundsätzliches, anderes, das sich immer entzieht. Es ist wie mit dem Auge, sagt Luhmann. Das Auge kann zwar nur das eine, nämlich sehen (es kann nicht hören, fühlen oder denken). Aber gerade weil es dieses eine kann, kann es die Umwelt – genauer die Grenze des Systems und damit die Umwelt – sehen. Es ist der Verzicht auf das Ganze – darauf, alles zu können –, der das Sehen erst möglich macht, auch wenn das Auge sich selbst nicht sehen kann. Analog kann die Gesellschaft über ihre Umwelt nur kommunizieren – »aber nur deshalb kann sie über sie kommunizieren«.[25] Wie schafft die Gesellschaft dies? Durch einen Trick. Und dieser Trick ist die Religion, in der etwas als existent angenommen wird, das sich des Nachweises seiner Existenz entzieht. Und es muss sich eines Nachweises entziehen, weil es Teil der *Umwelt* und nicht des Systems ist. »Ein Gott, der alles miterlebt und kommunikativ erreichbar ist, aber nicht der Gesellschaft angehört, diese einzige Ausnahme ist eine genaue Copie (sic) der rekursiven Totalität des Gesellschaftssystems selbst, eine Duplikation, die die Welt religiös erfahrbar macht. Auf diese Weise widerspricht die Gesellschaft sich selbst und kann daraus die Sicherheit gewinnen, daß Selbstreferenz nicht sinnlos und daß nicht Identität, sondern Differenz der Anfang ist.«[26] Theologisch gesprochen: Nicht der Mensch steht am Anfang, sondern der vom Menschen restlos verschiedene – d.h. in allem, was er ist und sein kann, verschiedene – Gott.

Er ist es, der die gesamte Welt und den Menschen erschafft, indem er die Welt als etwas setzt, das zu ihm in Relation steht. Deshalb steht nicht die Identität, sondern die Differenz am Anfang. Gott zieht gleichsam einen Strich und sagt: Dies ist Himmel, dies ist Erde. Und weil er die Unterscheidung so trifft, *ist* sie. Gott sagt nicht: »Ich bin die Welt«, sondern: »Dies ist der Himmel, dies die Erde.« Diese Differenz zu Gott ermöglicht die Existenz der Welt. Die Geschichte von der Vertreibung aus dem Paradies ist die mit Schrecken verbundene Erkenntnis des Menschen, dass es einen Unterschied gibt: einen Unterschied nicht nur zwischen ihm und Gott, sondern auch zwischen den Menschen, die »Mann und Frau« sind. War es doch die Differenz, die das Leben des Menschen erst ermöglichte und die immer beim Menschen war, ohne ihn auch nur im Geringsten zu stören, so wird im teuflischen Kippen dieser Differenz das, was Leben ermöglichte, mit einem Mal als Mangel, als Trennung von Gott und damit als Ausschluss gesehen. Und tatsächlich ist es der Mensch selber, der sich durch seine Entscheidung – die Unterscheidung, die er setzt – aus dem Paradies katapultiert. Doch in der Religion fungiert noch der »allem Erleben und Handeln zugedachte Bezug auf Gott als heimliche Selbstreferenz des Gesellschaftssystems«. Nichts, sagt der Gläubige, kann gelingen ohne Gott. In diesem Sinn ist alles sein Werk.[27]

In gewisser Weise macht Religion also das, was im Verständnis von Adorno die zentrale Aufgabe von Philosophie war: »über den Begriff mit dem Begriff hinauszugelangen«.[28] Religion tut dies jedoch nicht mit dem Begriff allein, sondern sozusagen mit dem Vollzug des gesamten Systems. Deshalb ist Religion auch kein Denken und ein gedachter noch kein lebendiger Gott. Nach dem Verständnis des Religionswissenschaftlers Michael von Brück definiert sich Religion durch die beiden Grundelemente der Ekstase (des Hinaustretens des Systems über sich selbst) und der Lösung des Kontingenzproblems. Beides, die Kontingenz und Endlichkeit des eigenen Lebens wie auch die Möglichkeit zur Ekstase, wird in einem »Umgreifenden« geordnet, das den Menschen daher drittens Orientierung ermöglicht, was viertens die Überwindung von Angst möglich macht. Dies ist der allen Religionen gemeinsame »heiße Kern« – im Gegensatz zu den »Eispalästen«, die zwar aus demselben Element geschaffen sind, jedoch mit ihrer starren Dogmatik nicht mehr flüssig sind. Sie können das, was das Leben verlangt, nicht mehr bezahlen. Dogmatik ist das, was man kognitiv auf dem Konto, aber nicht »flüssig« hat, wenn man es braucht. Nur eine »heiße«, flüssige Religion kann in sämtliche Fugen, sämtliche Risse des Alltags dringen und sie füllen. Solange man sich damit begnügt, Gott als den Namenlosen zu bezeichnen – ein Sein, dass Flews Gärtner niemals wird bestimmen können – , gab es kein Problem. Man wusste, dass Gott da ist – aber wusste nicht, wo, ja nicht einmal, wer genau er ist. Hat man allerdings nicht nur einen Namen, sondern – philosophisch und wissenschaftlich versiert – einen Begriff von Gott, »der schriftlich fixiert ist, kann der Begriff Erfahrungen kondensieren, Präzisierungen verlangen, in Konsistenzprobleme führen – kurz all das auslösen, was dann die mittelalterliche Theologie beschäftigen wird«.[29] Und doch bleibt Gott – gerade in der Version des durch die Theologie entwickelten Gottesbegriffs – das Sein, das Wesen, von dem Gläubige überzeugt sind, dass es alles sieht und damit eben auch das, was wir nicht sehen. Insofern, so die Folgerung der Religionen, ist es sinnvoll, sich an diesen Gott zu halten – in Fragen des Lebens, der Moral und der Gesinnung. Weil Gott der ist, der mehr sieht und damit in ein für uns unvorstellbares Jenseits blickt (das sieht, was »nach« der Grenze kommt, die unser »System« festlegt), kann er uns die Angst vor dem »Jenseits der Grenze« nehmen. Mit Hilfe der Gottesvorstellungen schaffen wir es, vom Blick aus dem System heraus auf die Grenze »ein hohes Maß an Indifferenz gegen die Außenseite« zu gewinnen.[30]

Doch all das bezeichnet eine Funktion der Religion. Und weil sie funktioniert – zumindest manchmal – ist damit noch nicht gesagt, dass das, was wir uns unter Gott vorstellen, auch tatsächlich ist. Doch genau aus dieser Spannung, aus dieser Differenz heraus schöpft Religion systemtheoretisch gesprochen ihre Energie. Gottes Existenz liegt jenseits aller Unterscheidungen (die wir brauchen, nicht nur um zu denken, sondern auch um zu leben). Mit Nikolaus von Kues liegt Gottes Existenz nicht nur »außerhalb aller Unterscheidungen«, sondern auch außerhalb »der von Sein und Nichtsein, ja selbst außerhalb der Unterscheidung von Unterschiedensein und Nichtunterschiedensein« – weswegen Gott auch Welt sein kann, ohne seine Göttlichkeit zu verlieren.[31] So schön diese Lösung des Problems ist, weil sie das gesamte Fliegenglas in Frage stellt und gleichsam durch Aufhebung aller Grenzen in der Vorstellung in Nichts auflöst – so wenig können doch die Vertreter einer Kirche darauf verzichten, das Fliegenglas selbst als Haus Gottes, als Kirche und kirchliche Lehre aufzugeben. »Die Kirche muß unterscheiden können, was Gott gefällt, und was ihm mißfällt«, schreibt Luhmann – und trifft dabei den Kern jeder evangelischen oder katholischen Verlautbarung.[32] Damit aber stellt sich – von einer konsequenten Theologie aus betrachtet – die Kirche über Gott, indem sie Gott als Beobachter bei dem beobachtet, was er denkt, entscheidet und be- bzw. verurteilt. Insofern sind Theologen Gottesbeobachter. Die Kontingenz der Welt und das zu bedenken, was über sie hinausgeht, ist ihr »Job«. Dass dieser Job aus dem Blickwinkel jedes anderen Teilsystems innerhalb der Gesellschaft nicht nur unmöglich, sondern gleichsam irre zu sein scheint, ist der Fluch des Säkularen, mit dem man theologisch rechnet. Je stärker der Fluch, umso größer die Gewissheit, auf der richtigen Seite zu stehen. Was die Heiden ärgert, ist nur Torheit und Dummheit. Diese Torheit ist es, die selig macht, heißt es im 1. Korintherbrief (1 Kor. 1, 18–25). Weil wir Gott nicht vorstellen können, ist Gott größer als unsere Vorstellung – wie auch immer sie geartet ist. Auch dies ist eine Antwort auf Flews Gärtnerparabel, sozusagen aus der Perspektive derer, die »lost« sind und in jedem Fall auf dieser mysteriösen Insel überleben wollen in der Hoffnung, man werde sie eines Tages retten und in den wahren Garten mit dem wahren Gärtner führen. Dies zu sagen ist nur möglich, weil man mit den Mitteln des Systems sich über dessen tatsächliche Funktion täuscht: die Funktion, Komplexität zu reduzieren und die Welt »verstehbar«, kognitiv und auch sonst erträglich zu machen. Würde all das, was in der Welt ist, und vor allem all das, was jenseits unserer Grenzen und Filter existiert, ungehemmt und ungebremst auf uns einstürzen (was das Gehirn als Filtersystem der Wahrnehmung verhindert) – wir würden augenblicklich verrückt. Es wäre aus mit dem Garten, der kommt, und mit dem Garten, der ist. Religion als System funktioniert nur, weil Gottes Unbegreifbarkeit und Undarstellbarkeit – wider allen Anschein, wider alle kognitiven Regeln der anderen Systeme – aufrechterhalten wird. Was Flew und Russell sich nicht erklären können, wie man so störrisch sein kann und an der Falsifikationsmöglichkeit von etwas festhält, das längst erledigt ist, erklärt die Systemtheorie aus der Funktion der Religion heraus.

Hegels gelehrte Unwissenheit, das Wissen der Religionen und der Tod

Doch welchen Zweck, welchen Sinn könnte ein solches Denken dann noch haben? Zunächst geht es um die Möglichkeit, sich allem Unwissen, allen Grenzen zum Trotz eine größere Übersicht zu verschaffen. Es geht darum, jene Ordnungen und Muster zu erkennen, die die Naturwissenschaft nicht sieht, nicht sehen kann. Der Gläubige ist ja gerade der Ansicht, dass er oder sie es ist, der bzw. die sich nicht verhexen lässt von vorgefassten Meinungen, fertigen Begriffen oder wohlklingenden Sentenzen. Wäre das nicht die Mühe wert? Wäre es nicht bereits ein Gewinn, wenn man »den Gegenstand weitgehend ohne jede vorgefaßte Idee betrachtet (sozusagen von einem Marsstandpunkt), oder vielleicht richtiger: die normal vorgefaßte Idee, Erklärung, zerstört (durchkreuzt)«?[33]

Ich vermute, dass es ein großer Irrtum ist zu glauben, es würde uns in diesem seltsamen Universum, einem bei Licht besehen höchst komplexen, dynamischen Gebilde, in einem skurrilen, von Tod gekennzeichneten und doch sich ständig weiterentwickelnden Leben, tatsächlich gelingen, die uns bekannte Welt, die Dinge und Vorgänge in »unserem« Universum, in unserem Leben und im Leben anderer Menschen klar zu ordnen, indem wir alles säuberlich voneinander unterscheiden und notfalls auch trennen können. Dieses Unterfangen, alles zu verstehen, ist letztlich ohne Widerspruch nicht möglich. Und doch hält die Religion die Anschauung am Leben, dass es uns (gleichsam mit einer »heiligen« Unwissenheit) gelingen könnte. Dabei ist faktisch alles, was wir sehen, ein höchst komplexes und oftmals unentwirrbares Netz, ein Muster von Dingen, Strukturen und Prozessen. Es gibt, wie Luhmann sagte, tatsächlich keine einfachen Verhältnisse. Körper, Bewusstsein, Religion, Politik, Natur – all das steht in einer komplexen Wechselwirkung zueinander und lässt sich bei gründlicher Analyse nicht gegeneinander isolieren. Wer in dieses Netz der Welt hineingreift in der Hoffnung, nur einen Teil von ihm berühren zu können, verändert es bereits. Jede Bewegung vermittelt sich weiter bis hin zur Mitte, in der die Spinne sitzt, die durch die Bewegung entweder angelockt oder verängstigt wird. Unser gesamtes Leben gleicht einem Teppich, bemerkte Wittgenstein. Sein Muster ist keineswegs immer vollständig, vielleicht, weil wir seine Vollständigkeit nicht immer sehen können. Es wird vielfach variiert – wodurch uns in der Bewegung der Variation manche Ähnlichkeit entgehen mag. Also entsteht der Wunsch, die Dinge zu isolieren und gegeneinander zu immunisieren, um ihre Struktur genau und gleichsam »in sich« zu erfassen. Was uns treibt, ist Platon bis heute wirksamer Traum, endlich die Sache selbst zu sehen, indem wir ihre unveränderliche Idee erfassen. Doch was diese Idee der Idee betrifft, gehen wir nur der Funktion der Grammatik ins Netz. Was wir sehen, sind keine Ideen, sondern lediglich, dass »in unserer Begriffswelt immer wieder das Gleiche mit Variationen« wiederkehrt. Begriffe sollen für Jahrhunderte halten und sind »nicht für einmaligen Gebrauch« bestimmt.[34] Deshalb zielen wir mit unserem Begriffen, mit unseren Erkenntnissen und unserem Wissen scheinbar auf etwas Bleibendes – auf das, was Platon die Einheit des Seins oder die Idee der Dinge nannte. Begriffe wurden erfunden, um uns die Denkarbeit auf diese Weise zu erleichtern. Doch sollten wir umgekehrt der Erleichterung, die wir selbst geschaffen haben, nicht auf den Leim gehen. Begriffe sind nicht säuberlich voneinander zu trennen, so, als gäbe es immer nur diese einzelnen Begriffe, die man dann zusammenführen müsste. In Wahrheit halten wir nicht einzelne Begriffe oder Sätze fest, sondern ein ganzes »Nest von Sätzen«, wie Wittgenstein es nannte.[35] Ein einzelnes »Muster im Teppich ist mit vielen anderen Mustern verwoben«.[36]

Auch dieses Buch, das bei einem Gang durch eine gigantische Bibliothek entstanden ist, stellt nur ein Muster in diesem verwobenen Teppich dar. Die Muster spiegeln Denkschritte im Laufe einer Geschichte wider, Entwicklungen, die weit zurückreichen in die Zeit jenes pan sapiens, der sich im Laufe dieser Geschichte selbst als ein mit Geist begabtes anderes Tier, als Homo sapiens verstand. Und doch ist das Leben gewissermaßen wie ein fliegender Teppich – ohne Boden, ohne ein irgendwo verstecktes Sicherheitssystem. Unser Wissen bildet, wie dieses Geflecht von Mustern auf dem Teppich, »ein großes System. Und nur in diesem System hat das Einzelne den Wert, den wir ihm beilegen ... Das System ist nicht so sehr der Ausgangspunkt, als das Lebenselement der Argumente ... Dies System ist etwas, was der Mensch durch Beobachtung und Unterricht aufnimmt. Ich sage absichtlich nicht ›lernt‹ ... mein Weltbild habe ich nicht, weil ich mich von seiner Richtigkeit überzeugt habe; auch nicht, weil ich von seiner Richtigkeit überzeugt bin. Sondern es ist der überkommene Hintergrund, auf welchem ich zwischen wahr und falsch unterscheide. Die Sätze, die dies Weltbild beschreiben, könnten zu einer Art Mythologie gehören. Und ihre Rolle ist ähnlich der von Spielregeln, und das Spiel kann man auch rein praktisch, ohne ausgesprochene Regeln, lernen ... Die Mythologie kann wieder in Fluß geraten, das Flußbett der Gedanken sich verschieben; obwohl es eine scharfe Trennung der beiden nicht gibt.«[37] Wittgenstein will darauf hinweisen, dass der Fluss unserer Gedanken von einem Flussbett geformt wird. Das System dieser Flussläufe ist älter als wir. Denn wir sind bereits mit einer Sprache aufgewachsen, haben sie erlernt und all das, was mit der Anwendung von Worten und Logik auch an Verhalten verbunden ist. Alles, was wir an Wissen haben, ist zunächst ein Wissen innerhalb der Grenzen dieses Systems, auch wenn es beim Durchschreiten wie die Oberfläche einer Kugel endlos erscheinen mag. Unsere Versuche, dieses System zu beschreiben, ähneln dem Versuch, eine Art Mythologie zu rekonstruieren: eine vorausgehende Vision vom Ganzen, die jedoch bei näherer Überprüfung im Detail immer wieder Veränderungen und Unstimmigkeiten aufweist. Und Gott?

In den vergangenen Jahrhunderten, insbesondere im Zeitalter der Aufklärung, wurde das Ende des Gottesgedankens und schließlich der Tod Gottes verkündigt. Faktisch hat die Religion des Altertums und Mittelalters dem Atheismus moderner Prägung Platz gemacht. Und trotzdem ist das vor langer Zeit bereits angekündigte Ende immer noch nicht vollends eingetroffen. Immer noch gibt es Religion(en). Vor allem aber widerspricht der Fundamentalismus der islamistischen Extremen oder der weltweit oftmals aggressiv missionierenden Erweckungsgemeinden dem prophezeiten Niedergang der Religion. War es also lediglich die in Bezug auf sich selbst kritisch gestimmte, von einer Theologie begleitete Religion, die an ein Ende gekommen ist? Dennoch ist es schwer vorstellbar, dass all die Menschen, die heute noch in Deutschland Kirchensteuer zahlen, dies tatsächlich nur aus reiner Gewohnheit und völlig ohne Grund tun.

Kant war es, der in der Formulierung Hegels »den Glauben an Gott aus der praktischen Vernunft hervorgehend betrachtete«. In welcher Weise geht der Glaube an Gott aus einer Form der menschlichen Vernunft, der menschlichen Praxis, hervor?[38] Auch die erst in den letzten Jahren diskutierte These, dass die Entstehung der Religion als eine naturwissenschaftlich fassbare Komponente der Evolutionsgeschichte des Menschen zu betrachten sei, ist am Ende nur eine moderne Variante dieses Kantischen

Gedankens einer Entstehung der Religion aus dem Geist der Praxis bzw. einer praktischen Vernunft. Stellt Religion eine evolutive, innere »Logik« der Natur dar, eine biologisch-sozial-neurowissenschaftlich notwendige Entwicklung des Menschen? Was bedeutet es, wenn – wie Kant sagt – Gott aus einer solchen praktischen Vernunft hervorgeht, die die gesamte Praxis des Menschen, seine Evolutionsgeschichte einschließt? Nach wie vor scheint sich die Frage nach dem, was der Mensch ist, nicht völlig trennen zu lassen von der Frage nach Gott. Man könnte vermuten, dass dies vielleicht mit dem Umstand zu tun hat, dass jeder von uns individuell die sich über Jahrhunderte entwickelnde Ideen- und Geistesgeschichte (also eine Geschichte der Entwicklung des Bewusstseins des Menschen) in der Zeitspanne seines Lebens nachvollziehen muss. Die »objektiv« geschichtlichen Prozesse müssen gleichsam »subjektiv« ver- und abgearbeitet werden. Beide Prozesse haben nicht denselben Schritt – zumal jede Generation aufs Neue mit »ihren« (alten) Fragen beginnen muss.

Auch Georg Wilhelm Friedrich Hegel hatte sich über die »Modernität« des Vergangenen, über die Verknüpfung von Vergangenem und Gegenwärtigem, von Religion, Naturwissenschaft und Philosophie Gedanken gemacht, die sich in den Vorlesungen über Religion wiederfinden, die er zum ersten Mal im Jahre 1821 in Berlin hielt. In drei weiteren Jahren – 1824, 1827 und in seinem Todesjahr 1831 – entfaltete Hegel seine Gedanken über Religion weiter, indem er ihre Gliederung modifizierte und sie hier und da veränderte. Diese Veränderungen markieren den Fortschritt seines Denkens. 1821 zieht Hegel in seiner Einleitung zur ersten Vorlesung ein Resümee der Entwicklung, das klarer nicht formuliert sein könnte und lohnt, in einem längeren Ausschnitt zitiert zu werden. Hegel schreibt:

»Die Lehre, daß wir von Gott nichts wissen können, daß wir ihn nicht erkennen können, ist in unseren Zeiten zu einer ganz anerkannten Wahrheit, zu einer ausgemachten Sache geworden – eine Art von Vorurteil –, und wer den Gedanken faßt, versucht, mit der Erkenntnis Gottes sich einzulassen, die Natur desselben denkend zu begreifen, so kann er gewärtig sein, daß man gar nicht einmal acht darauf hat, und daß ein solcher Gedanke ein längst widerlegter Irrtum sei, daß darauf gar nicht mehr zu achten sei ... Es hat eine Zeit gegeben, wo alle Wissenschaft eine Wissenschaft von Gott gewesen ist; unsere Zeit dagegen hat das Ausgezeichnete, von allem und jedem – und zwar einer unendlichen Menge von Gegenständen – zu wissen, nur nichts von Gott. Es hat eine Zeit gegeben, wo man das Interesse hatte, den Drang, von Gott zu wissen, seine Natur zu ergründen, wo der Geist keine Ruhe hatte und fand, als in dieser Beschäftigung – wo er sich unglücklich fühlte, dieses Bedürfnis nicht befriedigen zu können und alles andere Interesse zu erkennen für gering achtete. Unsere Zeit hat sich dies Bedürfnis und die Mühe desselben abgetan; wir sind damit fertig geworden.«[39]

Wir wissen heute viel, könnte man Hegel übersetzen. Mehr noch: Wir glauben, alles zu wissen. Wir haben uns sogar neue Gegenstandsbereiche erschlossen und dringen in theoretischen Betrachtungen bis auf wenige Minuten an den Urknall heran. Wir beobachten, was sich nur beobachten lässt – und ziehen kalt und klar unsere Schlüsse, auch wenn diese mit der heißen Leidenschaft einer promiskuitiven Neugier des Forschens gewonnen sein mögen. Und doch wissen wir über die Gegenstände hinaus – nichts. Wir wissen nicht, wie sie zusammenhängen, nicht, was sie eint, nicht, woher sie kommen, und warum das, was ist, überhaupt ist. Gott war der Ausdruck für diese Fragen, die wir heute noch stellen und derzeit als Sinnfragen oder Fragen nach Orientierung qualifizieren. Doch woher soll diese Orientierung kommen? Allein aus der Beobachtung? Was genau sollen wir beobachten, um sie zu gewinnen? Und ist die eine Theorie über die Beobachtung nicht häufig genauso wahr wie ihr Gegenteil?

Tatsache ist, dass die Suche weitergeht. Dass nicht nur wissenschaftlich geforscht, sondern nach wie vor von Gott gesprochen wird. Was ist, aus dem Blickwinkel der Aufklärung, schiefgegangen? Und was hat uns überhaupt dazu gebracht anzunehmen, wir könnten eines Tages tatsächlich fertig sein? Wenn der Mensch, wie Nietzsche behauptet hatte, das noch nicht festgestellte und in diesem Sinne stets unfertige Tier ist: Wie könnte er dann je mit sich und den Fragen, die ihn am meisten bedrängen, fertig sein und in Zukunft fertig werden?[40] Die Antwort liegt im Bewusstsein dieses Tieres verborgen, das zu sich und zu den anderen spricht. In gewisser Weise ging es Hegel um nichts anders als um die Analyse dieses seltsamen Umstandes: dass wir ein Bewusstsein haben. Was wir Geist nennen, zeigt sich im Bereich des Objektivierbaren und wirkt in der Welt – und hat dennoch keine »Substanz«. Hegel zeigte u.a. in der *Enzyklopädie der philosophischen Wissenschaften,* dass auch Gott weder eine solche Substanz ist – und damit wie ein Ding –, noch als Substanz gedacht werden sollte. Stattdessen ist er, wie der Geist, als Subjekt zu denken. Für Hegel sind Kunst, Religion und Philosophie nur unterschiedliche Formen, diesen »absoluten Geist« zu verstehen.[41] Religion ist für ihn die vollendete Gestalt des Geistes und damit die eigentliche Wirklichkeit, die von Anfang an wirkt, jedoch erst im Durchlaufen eines Prozesses der Erkenntnis zu sich kommt. Religion ist also keine Beziehung zu Gott, sondern (darin nimmt Hegel durchaus die Romantik auf) eine Gestalt des Göttlichen selbst. Dieser absolute Geist wirkt von Anfang an – und Philosophie ist nichts als eine genaue, detaillierte Nachzeichnung dieses Prozesses, in dem der Geist durch die Sphären der Natur und des Menschen geht und sich entwickelt. Die höchste Wirklichkeit, die in diesem Durchgang (im Mittelalter hätte man gesagt: in dieser Entfaltung) zu sich kommt, kann kein Objekt neben anderen sein, sondern muss als Subjekt begriffen werden. Soll dieses Begreifen richtig sein, wahr – dann müssen, so Hegel, die verwendeten Begriffe und die Realität des Geistes in eins fallen. Der absolute Geist als Subjekt ist zwar auf anderes bezogen, zugleich aber in diesem Bezug auf anderes auch auf sich selbst. Wie sehr Hegel hier versucht, mit den säkular-romantischen Mitteln zu denken, so sehr zeigt sich doch auch, dass dieses Denken im Horizont der christlichen Religion erfolgte und im Wesentlichen dem trinitarischen Denkmodell des Christentums folgt.[42] Was aber ist mit seiner säkularisierten theologisch-philosophischen Denkweise gewonnen? Geht es tatsächlich einzig und allein darum, zu verstehen, was der Geist ist, dieses seltsame Vermögen des Bewusstseins »in« uns? Ist nicht Hegels »absoluter Geist« als Bezeichnung für die reine Selbstbezogenheit des Geistes, die sich dann in den drei Formen Kunst, Religion und (philosophische) Wissenschaft verwirklicht, nicht ein anderer Ausdruck für eine geradezu narzisstische Selbstbezüglichkeit? Und steht nicht am Ende stets die Auslöschung des individuellen Geistes?

»Der Tod«, schrieb Hegel in der Vorrede zur *Phänomenologie des Geistes*, »wenn wir jene Unwirklichkeit so nennen wollen, ist das Furchtbarste, und das Tote festzuhalten das, was die größte Kraft erfordert. Aber nicht das Leben, das sich vor dem Tode scheut und von der Verwüstung rein bewahrt, sondern das ihn erträgt und in ihm sich erhält, ist das Leben des Geistes. Er gewinnt seine Wahrheit nur, indem er in der absoluten Zerrissenheit sich selbst findet.«[43] Dies ist, wie Hegel sagt, die »Energie des Denkens, des reinen Ichs« – klarzukommen mit der Tatsache des Todes, die zunächst im Tod anderer als noch abstrakte Vorstellung immer mehr zu unserem eigenen Tod, unserer radikalen Vergänglichkeit und Endlichkeit wird. Solange wir leben, bleibt der Tod eine Vorstellung. Doch sie ist erschreckend. Es geht darum, im Angesicht unserer Nichtigkeit, der das Leben in jedem Augenblick widerspricht, zu begegnen – jener endgültigen Auslöschung, von der Thomas Bernhard häufig sprach. Tatsächlich bestimmen und reproduzieren alle psychischen und sozialen Systeme Sinn. Deshalb können Sinnlosigkeit oder sinnlose Sätze nur innerhalb von Sinnzusammenhängen überhaupt begriffen werden. Und doch schließt jeder Sinn seine eigene Negierbarkeit in sich.[44] Aus diesem Grund kann Sinn sich nur als Paradoxie behaupten. Der jeweilige Übergang von Unsinn zu Sinn und in die umgekehrte Richtung »hat seine Risiken und Kosten, mit denen die Religion bittere Erfahrungen hat machen müssen«.[45] Was für Sinn und Sinnlosigkeit gilt, gilt auf analoge Weise auch für die Religion. Das Absolute, von dem behauptet wird, dass es in ihr zur Erscheinung kommt, ist selbst Gegenstand von Interpretationen. Mag Gott noch so endgültig und universal sein: Was er sagt, kann am Ende nur in menschlichem Wort formuliert werden. Auch hier regiert also eine Paradoxie: *Gottes* Wort ist immer nur verständlich als ein Wort des *Menschen.* Die Sprache Gottes ist und bleibt die Sprache der Menschen – so seltsam unzureichend, stumm und zuweilen lautlos sie auch sein mag.

Was aber beobachten wir dann, wenn wir – im Bild von Flew – einen Menschen sehen, der Gott anredet?[46] Die Beobachtung verweist nach Luhmann notwendig auf eine Unterscheidung zwischen Beobachtbarem und Unbeobachtbarem. Wenn wir von Unbeobachtbarem sprechen, so kann dies nur innerhalb einer Differenz im Beobachtbaren geschehen.[47] Denn auch der Prozess des Beobachtens kann nur auf der Seite des Beobachtbaren stattfinden. Die andere Seite dieser Unterscheidung ist uns nie zugänglich; sie ist lediglich ein unmarkierter Raum, das Nicht-Andere – keineswegs aber »Nichts«.[48] Was zunächst als »Nichts« ausgeschlossen bleibt, kann weiteren Operationen und Bestimmungen durchaus zugänglich sein. Es geht also nicht um die eine oder die andere Seite der Beobachtung, »sondern um ihre Form«, wie Luhmann sagt: »um die Unterscheidung selbst«. Wer die Grenze zwischen Beobachtbarem und Unbeobachtbarem (auch Religion ist gebunden an die Sprachcodes, die mit Ja/Nein operieren) überschreitet, macht nichts anderes, als die Grenze selbst innerhalb des Beobachtbaren zu reproduzieren. Und doch vermutet Luhmann, dass dieser Bereich der Unbeobachtbarkeit, »in dem Beobachten und Welt als Voraussetzung des Beobachtens nicht unterschieden werden können, den Ausgangspunkt der Probleme [bildet], die dann als Sinnformen der Religion behandelt und der Evolution ausgesetzt werden«.[49] Für Luhmann steht fest, dass genau jene Sinnformen als spezifisch religiös erlebt werden, deren Sinn »zurückverweist auf die Einheit der Differenz von beobachtbar und unbeobachtbar und dafür eine Form findet«.[50] Religion hat daher zunächst nichts mit Sinnkrise zu tun – auch wenn die Analyse solcher Krisen in der Religions-, Geistes-

und Kulturgeschichte der letzten zwei- oder dreihundert Jahre eine zentrale Bedeutung hat. Ganze Abteilungen der Bibliothek befassen sich mit diesem Thema der Sinnkrise. Die zentrale Frage ist nach Luhmann jedoch, »was unbeobachtet bleibt, wenn so oder so oder auch anders unterschieden wird. Und das Problem der Religion, das sie von allen anderen Weltunternehmungen unterscheidet, ist nur: wie Sinn möglich ist, wenn dies so ist.«[51]

Insbesondere gelten diese Überlegungen für den Sinn des Todes, der alles in Frage stellt. »Es dürfte keine Religion geben, die vermeiden kann, etwas zu diesem Problem zu sagen; und ebensowenig eine Religion, die den Tod einfach passieren läßt, ohne ein Ritual anzubieten, mit dem die Miterlebenden ihr Betroffensein gestalten und sich der sozialen Teilnahme vergewissern können.«[52] Seltsamerweise geht es dem Bewusstsein so, wie es den Überlebenden angesichts des Todes geht: Sie können keinen letzten Gedanken denken »und sich deshalb auch nicht vorstellen, wie ein letzter Gedanke sich gleichsam anfühlen würde«. Der Tod ist sicheres Wissen – dieser Mensch ist gestorben, endgültig – und Unwissen zugleich, weshalb »im Begreifen des Todes das Medium Sinn in Widerspruch zu sich selbst« gerät.[53] Jede Deutung, die sich anschließt, kann nicht leugnen, dass sie eine Deutung ist – und nur eine Deutung, der sich weitere anschließen können. Dieses Nichtwissen zu präzisieren war in gewisser Weise Hegels Versuch sowohl in den *Vorlesungen über die Philosophie der Religion* wie auch in der *Phänomenologie des Geistes*. Für Luhmann sind die entscheidenden Codes, an denen entlang sich Religion (empirisch beobachtbar) entwickelt, die von Immanenz und Transzendenz, wobei Gott klassischerweise in den Hochreligionen die Position der Transzendenz zukommt.[54] Diese Transzendenz hat die Funktion zu beruhigen. Und beruhigen heißt hier: unsere fundamentale Angst, unsere Einsicht in unsere absolute und unhintergehbare Kontingenz zu bekämpfen. Und doch spielt Kontingenz im religiösen Diskurs eine Rolle, denn jede Findung von Sinn ist und bleibt dem Vergleich mit anderen Möglichkeiten ausgesetzt.[55] Man könnte sogar der Vermutung folgen, schreibt Luhmann, »daß die moderne Gesellschaft ›ihre Religion‹, daß sie eine für sie passende Religion noch nicht gefunden hat und folglich experimentierte – teils mit gepflegten Absonderlichkeiten, teils mit Religionskritik (im Sinne der Lehre vom Tod Gottes), teils mit aggiornamento ihrer Dogmen, teils mit der Verschreibung geriatrischer Medizin für ihre Organisation. Oder mit Textfundamentalismus oder mit pluralistischen Angeboten, aus denen jeder sich das für ihn passende aussuchen kann. Oder mit Zusatzlegitimierung wissenschaftlicher Art im Stile des New Age oder mit neurophysiologischen Forschungen, die Meditation und Mescalin, Derwischtanzen und mexikanischen Pilzkult als Varianten möglicher psychoanalytischer Therapien zur Disposition stellen ... Säkularisierung könnte man dann auch als Aufräumaktion, als Planierung des Terrains verstehen, auf dem sich danach zeitangepaßte religiöse Formen entwickeln können.«[56]

Doch wie könnten diese Formen aussehen? Es spricht vieles dafür, dass der christliche Glaube eine Struktur hat, die nicht zu dem, was erwartet wird, passt – ja dem sogar widerspricht. Im Gegensatz dazu wird im säkularen Zeitalter (aber nicht nur dann) von einer Religion jedoch erwartet, dass sie sich gleichsam wie ein Antikörper verhält. Sie soll genau zu dem Schloss oder besser Schlüsselloch passen, das Wissenschaft und Philosophie in einer der wenigen gemeinschaftlichen Aktionen definiert haben. Vernunft und Glaube in Einklang zu bringen heißt also nichts anderes, als einen Rahmen zu definieren, in dem Religion unter dem Segen des Säkularen oder anderer Religionen stattfinden kann. Genau das widerspricht dem Selbstverständnis vieler Religionen – und dem von Luhmann anvisierten Auftrag, neue Formen zu entwickeln, die nicht sofort passen, weil sie eben nicht selbstverständlich sind und den Erwartungen entsprechen. Ist es tatsächlich der Auftrag gläubiger Menschen, die »alten« Religionen lediglich zu verwalten und sie von Generation zu Generation weiterzugeben, statt mit dieser Weitergabe zugleich auch neuen Wein in neue Schläuche zu gießen (Mk 2,22), also neue religiöse Formen zu entwickeln?

Jesus als Gläubiger hat dies vor dem Hintergrund seiner Religion, des Judentums und seiner Zeit (gegen die Römer) getan. Er hat »seine« jüdische Religion im Sinne einer Religion, wie er sie verstand, radikal uminterpretiert. Dass das »neue« Testament viel Mühe darauf verwendet zu zeigen, dass in Jesus das »alte« Testament – die Schriften des Judentums – in Erfüllung gingen, bestätigt diesen Punkt nur: Das Neue ist neu – eine neue Religion – und passt doch nach christlichem Verständnis zum »Alten«, dem Judentum, das diesem Neuen (dem Erscheinen des Sohnes Gottes) nicht gerecht zu werden in der Lage ist. Und doch ist den christlichen Kirchen (und auch dem Islam) heute nichts verhasster, nichts wird für gefährlicher gehalten als eine Vermischung von religiösen Formen, ein Synkretismus, so wie er beispielsweise seit Jahrtausenden in vielen Religionen Asiens blüht – oder auch in den neuen Misch-Religionen Lateinamerikas wie Voodoo, Candomblé oder Santería. Doch kann man (neue) Form und (alten) Inhalt so klar voneinander trennen?

Das Projekt der Entmythologisierung und die Frage, was Theologie eigentlich ist

Ich gebe zu, dass das Buch, das vor mir liegt, entgegen seinem brisanten Inhalt ein wenig vergilbt aussieht – so wie einige der Bücher in der Bibliothek, die man deshalb auch nur mit Zögern, wenn überhaupt, in die Hand nimmt. Dass die Optik wenig über den Inhalt sagt und ein schöner Buchrücken nicht alles ist, beweist dieser Sammelband von Artikeln aus einem Bereich, den man vor 40 Jahren noch »theologische Forschung« nannte. Heute würde kaum ein Theologe ernsthaft den Begriff »Forschung« verwenden, assoziiert man damit doch den Versuch, etwas Neues zu entdecken oder zu enträtseln. Theologen scheinen dagegen immer nur das eine im Sinn zu haben. Im Vorwort zu dem Buch mit dem unverkennbar schlechten Papier der 1940er Jahre heißt es: »Keine Arbeit, die in den Kriegsjahren auf dem Gebiete der neutestamentlichen Wissenschaft erschien, hat eine solche Diskussion ausgelöst wie die programmatische Schrift Bultmanns ›Neues Testament und Mythologie.‹«[57] Vermutlich ist diese Feststellung noch deutlich untertrieben. Keine einzelne theologische Arbeit – die im Übrigen erstmals 1941 erschien, aber ohne größere Resonanz geblieben war – löste im letzten Jahrhundert eine derartige Kontroverse aus wie Rudolf Bultmanns Text, in dem er sein Programm der Entmythologisierung oder besser Entmythisierung des christlichen Glaubens skizziert. Die politische Situation in Deutschland war damals gefährlich – nicht nur für die Kirchen. Die Nazis bekämpften die Religionen, insbesondere das Judentum, aber auch das Christentum. Bultmann sah es als seine theologische Pflicht an, in dieser Zeit die Botschaft des Glaubens wieder für moderne Menschen verstehbar zu machen, damit sie ihre Wirkung entfalten konnte. Bultmann gehörte der bekennenden Kirche an, machte auf Widersprüche zwischen Christentum und Nationalsozialismus aufmerksam, beteiligte sich aber nicht am offenen Widerstand gegen Hitler und sein Regime. Was den Menschen in Bultmanns Augen Schwierigkeiten machte, war nicht nur die Macht und die Mythologie der Nazis, sondern auch die im Christentum selbst versteckte Mythologie.

Bultmann studierte unter anderem in Marburg, wo er 1910 auch promoviert wurde und ab 1921 eine Professur innehatte – so wie der Philosoph Martin Heidegger, der ebenfalls in Marburg von 1923 bis 1928 lehrte und forschte. Beide Denker freundeten sich an, tauschten Ideen aus und lernten im Laufe der Jahre voneinander. Der Briefwechsel zwischen Rudolf Bultmann und Martin Heidegger aus den Jahren 1925 bis 1975 (Heidegger starb im Mai, Bultmann im Juli des Jahres 1976), der erst kürzlich veröffentlicht wurde,[58] wartet immer noch darauf, dass die Schätze in ihm gehoben werden – ein Umstand, der zeigt, dass es immer wieder auch neue Bücher in den Weiten der Bibliothek gibt, die zwar wenig gelesen werden, aber dennoch Bedeutung haben und zuweilen sogar wichtig sind, so wie Bultmanns Text *Neues Testa-*

ment und Mythologie.[59] Mit der Diskussion um die sogenannte Entmythologisierung betreten wir einen Raum, der eine Menge Durchgänge zu anderen Flügeln der Bibliothek hat, die mit Theologie und Philosophie eher indirekt zu tun haben. Weil es um Mythos geht, zweigen vom Bultmann-Raum Durchgänge ab, die über weitere Gänge zu den Bibliotheken der Ethnologen, der Anthropologen, der Kunsthistoriker, der Historiker (insbesondere des Altertums), der Philologen und Literaturwissenschaftler führen. Doch ich will mich darauf beschränken, Ihnen kurz die Kerngedanken Bultmanns zu vermitteln, ohne diese in der nötigen Tiefe kritisch zu durchleuchten.

Bereits der erste Satz zündet wie eine Rakete:»Das Weltbild des Neuen Testaments ist ein mythisches.« Bultmann meint damit, dass sich die Motive der neutestamentlichen Jesus-Erzählung nicht nur auf zeitgeschichtliche Motive der jüdischen Apokalyptik, sondern auch der noch früheren griechischen Gnosis und die gnostischen Erlösungsmythen zurückführen lassen. Mag sein, dass diese vergangenen mythischen Weltbilder Wahrheiten enthalten, die man später neu entdeckt, schreibt Bultmann. Aber sie sind zunächst eben dies – Mythen. Es geht dabei nicht nur um Geister- und Dämonenglauben, sondern vor allem um die Vorstellung, dass es neben der uns bekannten Welt eine weitere,»jenseitige« Welt geben würde, die zu unserer in einem Wechselverhältnis steht. Genau dieses Wechselverhältnis beschäftigte ja später auch Antony Flew. Wenn es ein solches Verhältnis gibt: Wie kommen wir dann mit dieser jenseitigen, zunächst unsichtbaren Welt in Berührung? Lässt sie sich nachweisen, erkennen, zeigen? Mythen behaupten dies – und führen dabei an, dass die jenseitige Welt die Gesetzmäßigkeiten unserer Alltagswelt zu durchbrechen in der Lage ist. Diesseitige und jenseitige Welt befinden sich sozusagen im gleichen Zeit-Raum-Kontinuum und können damit auf die gleiche, letztlich objektive Weise erkannt werden.

Und doch findet sich»im Mythos selbst das Motiv zur Kritik seiner selbst«. Der Grund ist einfach, schreibt Bultmann:»Der eigentliche Sinn des Mythos ist nicht der, ein objektives Weltbild zu geben; vielmehr spricht sich in ihm aus, wie sich der Mensch selbst in seiner Welt versteht; der Mythos will nicht kosmologisch, sondern anthropologisch – besser: existential interpretiert werden« – eine Formulierung, die den Einfluss Heideggers sichtbar macht. Aus diesem Grund ist auch die im Neuen Testament enthaltene Mythologie nicht »auf ihren objektiven Vorstellungsgehalt hin zu befragen, sondern auf das in diesen Vorstellungen sich aussprechende Existenzverständnis«. Es geht Bultmann also nicht darum, Mythologie ein für alle Mal zu eliminieren, sondern sie im Licht der Gegenwart zu interpretieren.

Bultmann ist nicht der Erste, der dies versuchte. Im Grunde haben Theologen sich dieser Aufgabe von Anfang an gewidmet. Sie mussten das auch, wollten sie den christlichen Glauben sowohl an die griechische wie auch die römische, jüdische und andere Welten anschlussfähig halten. Bultmann geht es nicht darum, wie die liberale Theologie oder vor ihr Immanuel Kant, die Botschaft des Glaubens auf bestimmte »religiöse und sittliche Grundgedanken« zu reduzieren, die man im Grunde auch von woandersher und letztlich aus beliebigen Quellen ableiten könnte. Christlicher Glaube ist jedoch kein Idealismus – weder im erkenntnistheoretischen noch im moralischen Sinn. Beides würde einer Dimension der Jesus-Erzählung nicht gerecht, die man zu Recht als »religiös« bezeichnen kann. Denn Religion ist für Bultmann »die Sehnsucht des Menschen über die Welt hinaus, ist Entdeckung einer Sphäre über der Welt, in der nur die Seele, vom Weltlichen sich lösend, weilen kann«. Doch ist nicht eben dies gerade Mythologie? Kann es eine entmythologisierende Interpretation dieser Aussagen geben – Bultmann spricht von der Wahrheit des Kerygmas als dem eigentlichen Kern der christlichen Verkündigung –, die sich auch dem nicht mythologisch denkenden Menschen erschließt?

Die Welt oder griechisch der Kosmos ist nach Bultmann ein Ort, an dem die Vergänglichkeit und der Tod herrschten. Entsprechende Sorgen macht sich der Mensch, der unter der »Knechtschaft der Angst« steht (Röm 8,15). »Demgegenüber wäre echtes

Leben des Menschen dasjenige, das aus dem Unsichtbaren, Unverfügbaren lebt, das also alle selbstgeschaffene Sicherheit preisgibt. Das eben ist das Leben ›nach dem Geist‹, das Leben im Glauben.« Der Glaube macht den Menschen zu einem »neuen Geschöpf«. »Äußerlich ist für den Glaubenden nichts anders geworden, aber sein Weltverhältnis ist ein anderes; die Welt kann ihm nichts mehr anhaben; der Glaube ist der Sieg über die Welt (1 Joh. 5,4).« Bultmann nähert sich damit dem an, was Theologen wie Luther Vertrauen in den rechten Gott nannten – ein Vertrauen, das sich im Alltagsleben bewähren muss und das den Menschen von der Angst um sich selbst, von »dem krampfhaften Sichklammern an das Vorhandene, Verfügbare« befreit und offen für andere macht. Während Mythologie und auch Philosophie ein Seinsverständnis unter Absehung dieser Möglichkeit (die im Glauben zur Wirklichkeit wird) darstellen, ändert sich im Glauben alles – nämlich das Selbstverständnis des Menschen. Das, was die Natur des Menschen ist, schätzen Vernunft und Glaube völlig unterschiedlich ein. Während Vernunft und Philosophie der Ansicht sind, es würde genügen, die Natur richtig zu erkennen, um sie dann auch verwirklichen zu können, bleibt der Gläubige darauf angewiesen, dass ihn ein anderer, dass ihn Gott durch seine Tat frei macht. Der Glaube ist also nicht eine Lehre »über die ›Natur‹, über das eigentliche Wesen des Menschen, sondern eben die Verkündigung dieser freimachenden Tat Gottes, die Verkündigung des in Christus vollzogenen Heilsgeschehens«. So weit, so gut. Klar ist, dass die Haltung des Menschen zu sich selbst eine andere ist, je nachdem, welchem Lager er angehört. Dies ist eine Frage der Entscheidung. »Das Neue Testament redet den Menschen daraufhin an, daß er durch und durch eigenmächtig ist, und daß er deshalb wohl wissen kann, daß er faktisch kein eigentliches Leben hat, daß er aber auch sein eigentliches Leben nicht ergreifen kann, sondern in seiner Eigenmächtigkeit durch und durch [dem Tod] verfallen ist.« Das Hauptproblem mythologischen Denkens besteht für Bultmann also nicht in einer bestimmten, heute überholten und falschen Vorstellung von der Welt, sondern vielmehr in einer Vermengung von diesseitiger und jenseitiger Welt, die nach den Kategorien der diesseitigen gedacht wird. Eben dies ist mythologisches Denken, das einerseits dualistisch ist, indem es Gott und Welt, Diesseits und Jenseits gegenüberstellt, andererseits gleichzeitig aber auch monistisch ist, d. h. Gott und Welt, Diesseits und Jenseits unter einen einheitlichen Zusammenhang und Seinsbegriff stellt. Dies ist es, was ich eben als perspektivische Verkürzung des Verstandes bezeichnete – ein Denken, das den Zusammenhang (wenn es ihn gibt), die complexio der Welt nicht wirklich zu denken in der Lage ist. Entmythologisierung besteht nun in nichts anderem als in einer »Kritik am Weltbild des Mythos«. Genau dieser Prozess macht den Glauben, wie Bultmann sagt, »wissenschaftsfähig«. Doch damit es gelingt, den Glauben wissenschaftsfähig zu machen, bedarf es kritischer Denkarbeit und der »Kunst des Übersetzens«.

Bultmann geht es darum, eine Form des verantwortbaren Redens von Gott zu suchen, die Gott nicht zum Teil der Welt macht und ohne mythologischen Rest auskommt, zugleich aber das Selbstverständnis des Menschen radikal betrifft und zu ändern vermag. Wahre Rede von Gott liegt nach Bultmann nur da vor (und dies ist seine Absage an die Gottesbeweise, die letztlich unter dem Vorzeichen mythologischen Denkens stehen), wo der Mensch nicht abgelöst von sich von der Existenz Gottes spricht, sondern so, dass er sich selbst als Geschöpf versteht und sein Selbstverständnis damit einbezogen ist. Die Form dieser Rede ist nicht mythologisch, sondern analog. Diese analoge Rede (sie begreift letztlich immer nur das von Gott Verschiedene, das den Menschen aber dennoch bestimmt) verdankt sich keiner Erfindung, sondern einem historischen Ereignis. Dies ist und bleibt die zentrale Frage der Theologie Bultmanns: Ob es möglich ist, sich diesem Ereignis, von dem auf vielfältige Weise in den Schriften die Rede ist, auf die sich das Christentum bezieht, anders als im Glauben gerecht zu werden. Ist das, wovon die Rede ist, restlos als mythologisches Denken zu verstehen – oder eben nicht? Es bleibt daher die Frage, »ob die Behauptung, daß der Übergang aus jener in diese Existenz, ob die Befreiung des Menschen von sich selbst zu seinem eigentlichen Leben, nur als eine Tat Gottes begreiflich sei … ob die mythologische Rede nicht einfach den Sinn hat, die Bedeutsamkeit der historischen Gestalt Jesu und seiner Geschichte, nämlich ihre Bedeutung als Heilsgestalt und Heilsgeschehen zum Ausdruck zu bringen«. Kurz: Ist das Heilsereignis selbst, die Befreiung des Menschen, die historisch (und damit empirisch überprüfbar) auf den Menschen Jesus von Nazareth zurückgeht, lediglich ein mythologisches Ereignis?

Zunächst ist es ein geschichtliches Geschehen. Zwar kann man, wie Bultmann an anderer Stelle schrieb, alles, was man historisch über Jesus weiß, auf eine Postkarte schreiben: Aber es ist ein auch durch andere Quellen bezeugter Umstand, dass Jesus gelebt hat. Dass Jesus gekreuzigt wurde, ist kein Glaubensgegenstand, sondern eine historische Tatsache. Die Frage ist, ob dieser Vorgang als ein (objektives) Ereignis zu verstehen ist, in dem Gott sich offenbart hat. Was Gott (oder theologisch gesprochen Kreuz und Auferstehung) heißt, zeigt sich jedoch nach Bultmann nicht im Blick auf eine ohnehin vergangene Vergangenheit, sondern »im konkreten Lebensvollzug des Glaubenden«. Die Rede von der Auferstehung ist dabei zunächst in Einheit mit der Rede vom Kreuz zu verstehen. Sie ist kein »beglaubigtes Mirakel«, sondern selbst Gegenstand des Glaubens. Kreuz und Auferstehung können nicht objektiv, gleichsam als Evidenzen von außen, den Glauben sichern. Am Ende ist »der Auferstehungsglaube nichts anderes als der Glaube an das Kreuz als Heilsereignis« – von dem historisch in der Verkündigung, im Kerygma, die Rede ist. Konsequenterweise muss und kann uns heute dieses Heilsereignis allein durch das Wort (und nur so und nicht durch ein Turiner Grabtuch oder Ähnliches) begegnen. Dabei meint »Wort« den gesamten, umfassenden Kommunikationszusammenhang, in dem Menschen zueinander stehen. Für Bultmann ist klar, dass das Heilsgeschehen kein »mirakelhaftes, supernaturales Geschehen« ist, sondern ein »geschichtliches Geschehen in Raum und Zeit«. Dass es ein radikal verändertes, anderes Seinsverständnis des Menschen gibt, ist ein Faktum. Das Christentum stellt dieses Angebot dar. Die Frage ist, ob man diesem Angebot anders gerecht werden, es anders durch und durch erklären kann, ohne zu glauben. Genau dies ist das eine und messerscharfe Kriterium für die Vernünftigkeit des Glaubens: Nicht die Beweise Gottes, nicht die Mirakel, nicht der Empirismus von Flew. Die Bedingung für die Vernünftigkeit des Glaubens besteht, so paradox es auch klingen mag, gerade darin, dass man sich ihm als Phänomen nur so nähern, ihm nur so gerecht werden kann, dass man glaubt. Die Vernünftigkeit des christlichen Glaubens besteht in dem (mittels Vernunft und Empirie überprüfbaren) Sachverhalt, dass es nicht gelingt, dem Glauben anders (auf andere Weise) als im Glauben gerecht zu werden.

Diese scheinbare Schwäche des Glaubens ist seine eigentliche Stärke. Und weil die Wahrheit des Glaubens nur geglaubt werden kann, d. h. sich nur im Glauben erschließt, kann sie auch nicht von der Vernunft aus oder durch Empirie bewiesen werden. Man kann, so Bultmanns These, dem Selbstverständnis des Glaubens nicht anders gerecht werden, als indem man sagt »Ich glaube«. Die Wissenschaftlichkeit der Theologie als Denkarbeit besteht für Bultmann also nicht darin, den Glauben zu beweisen, ihn also zu begründen, sondern zu zeigen, was der wahre Grund des Glaubens ist. Dadurch bewahrt sie den Glauben, sich selbst falsch zu verstehen (als etwas, das außerhalb des Glaubens zugänglich wäre und bewiesen werden könnte). Die Vernünftigkeit des Glaubens ist seine »Nichtausweisbarkeit«, wie Bultmann sagt: »Der Glaube ist in seiner Bezogenheit auf seinen Gegenstand nicht ausweisbar … Denn die Behauptung seiner Ausweisbarkeit würde ja die Erkennbarkeit und Feststellbarkeit Gottes außerhalb des Glaubens behaupten und damit Gott auf die Stufe der vorhandenen und dem objektivierenden Blick verfügbaren Welt stellen.« Insofern ist Gottes Handeln zwar verborgen – aber (als »ein neues Existenzverständnis«) wirksam. Die Theologen haben für diesen paradoxen Sachverhalt den Begriff der »Heilstatsache« geprägt.

Mir scheint, dass Bultmanns Theologie durchaus in die richtige Richtung weist. Seltsam ist daran, dass eine in sich schlüssige Konzeption (das Kriterium der Nichtausweisbarkeit des Glaubens) derzeit keinerlei Beachtung in der Theologie findet. Man könnte seinen Ansatz, zu dem sich durchaus einiges Kritische bemerken ließe, verknappt (und damit ein wenig unterkomplex) so formulieren: Um des Glaubens willen – glaubt nicht alles, will sagen: alles Mögliche und Beliebige, das, was, wenn ihr es analysiert und einer kritischen Prüfung unterzieht, nichts, aber auch gar nichts mit dem Kern des christlichen Glaubens zu tun hat. Dieser Kern besteht in einem Heilsgeschehen, das den Menschen von der Angst um sich selbst und damit vor der Sorge um immer weitere, »selbstgeschaffene Sicherheit« befreit. Der Glaube ist nach Bultmann keine Weltanschauung. Sein eigentliches Paradox besteht darin, »daß er ein in seinem natürlichen und geschichtlichen Zusammenhang feststellbares Ereignis gleichwohl als Gottes Tat versteht«. Das verstehe nicht, wer will, sondern wer glaubt.

Ich möchte nur kurz eine Konsequenz andeuten, die sich meiner Ansicht nach daraus für die Theologie ergibt. Lange Jahre wurde versucht zu zeigen, dass Theologie eine Wissenschaft wie jede andere ist. Und sie deshalb einen Ort an staatlichen Hochschulen beanspruchen kann. Nun ist es, wie Flew gezeigt hat, ein wenig seltsam, zunächst den Kollegen der naturwissenschaftlichen Fakultäten lang und breit erklären, ja beibringen zu müssen, was Wissenschaft eigentlich ist, um sich dann mit ebendiesen Wissenschaften darüber zu streiten, ob das Aufgabenfeld der Theologie – metaphorisch das Sein, die Existenz Gottes – überhaupt besteht. Die Wissenschaftlichkeit der Theologie bestand am Ende eigentlich in nichts anderem, als sich hier und da überzeugend und auf Augenhöhe mit Naturwissenschaftlern unterhalten zu können, um dann sagen zu können: Das, was ihr da versteht, verstehen wir auch. Aber ihr versteht nicht, was wir verstehen. Dieser etwas seltsame Beweis des Aufgabenfeldes der Theologie ex negativo hat in der Tat einen leicht überheblichen Touch. Sollte die gesamte Arbeit der Theologie (sieht man von philologischer, exegetischer und historischer Forschung einmal ab) alleine darin bestehen, sich mit Naturwissenschaftlern auf eine Weise streiten zu können, die ausreicht, um die Kollegen (seltener Kolleginnen) anderer Fachgebiete davon zu überzeugen, dass man sich ganz tapfer schlägt und deshalb irgendwie zum Club der Denker und Forscher (seltener der Dichter) dazugehören darf?

Diese Liebesmühe, Theologie als Wissenschaft verstehen zu wollen, halte ich für völlig vergebens. Am Ende hat sie die Theologie ihre Glaubwürdigkeit gekostet – allen elaborierten Theoriegebäuden (ich denke etwa an Wolfgang Pannenberg) und Widersprüchen, die sich jetzt sicher erheben werden, zum Trotz. Gibt es eine Alternative? Ja. Indem man Theologie nicht als Wissenschaft von Gott versteht – was bitte sollte das auch sein, würden Antony Flew und Bertrand Russell diesmal völlig zu Recht fragen –, sondern als eine kritische (und nur insofern »wissenschaftlich« zu nennende) Auseinandersetzung mit bestimmten Phantasien. Man könnte auch sagen: mit Möglichkeiten. Theologie ist die fundierte Auseinandersetzung und Kritik dessen, was Robert Musil den Möglichkeitssinn nannte. »Das Mögliche umfaßt jedoch nicht nur die Träume nervenschwacher Personen, sondern auch die noch nicht erwachten Absichten Gottes. Ein mögliches Erlebnis oder eine mögliche Wahrheit sind nicht gleich wirklichem Erlebnis und wirklicher Wahrheit weniger dem Wert des Wirklichen, sondern sie haben, wenigstens nach Ansicht ihrer Anhänger, etwas sehr Göttliches in sich, ein Feuer, einen Flug, einen Bauwillen und bewußten Utopismus, der die Wirklichkeit nicht scheut, wohl aber als Aufgabe und Erfindung behandelt.«[60] Natürlich kommt, darin stimme ich Musil zu, ein Sinn für die mögliche Wirklichkeit viel langsamer ans Ziel als der den meisten Menschen eigene Sinn für ihre wirklichen Möglichkeiten. Diese sind genau das, was sie kennen, sind das, was das für sie »Natürliche« und »Selbstverständliche« ausmacht. Doch vor lauter wirklichen Bäumen sehen sie den Wald des Möglichen nicht mehr. Der Traum des Seins, notiert Musil, ist nur lose über die Materie gestülpt. Genau darin liegt die Möglichkeit zu einer Veränderung nicht nur des Denkens und Bewusstseins, sondern auch des Handelns beschlossen. Es gibt die Möglichkeit, den Reichstag nicht nur als Reichstag zu sehen, sondern ihm wie Christo einen Traum von Stoff überzuziehen, der mit einem Mal die Frage wachruft, was denn eigentlich darunter sei, was die Materie eigentlich ausmacht, die man über Jahre tagtäglich vor Augen hatte. Indem der Möglichkeitssinn über die Wirklichkeit ausgebreitet wird, verlieren wir nicht an Wirklichkeit, sondern gewinnen sie. Allerdings nur unter der Voraussetzung, dass wir uns nicht wie »nervenschwache Personen« aufführen, sondern unseren kritischen Verstand klar, kühl und unbestechlich einsetzen.

Vereinfacht gesagt befindet sich die Religion und mit ihr die Theologie heute in einer dreifachen Klemme. Die Erste besteht in einer Zwickmühle. Religion und Theologie müssen zum einen dem für die Gesellschaft unakzeptablen Fundamentalismus begegnen – und auf der anderen Seite einem von den Institutionen ebenso unakzeptablen Synkretismus. Während der Fundamentalismus die Grenzen demokratisch verfasster Gesellschaftsordnungen bedroht oder sogar explizit gegen die Menschenrechte verstößt, droht ein Synkretismus im Rahmen der fortschreitenden Globalisierung auch des Bewusstseins, eine Vermischung der verschiedenen Glaubensinhalte, Riten, Gebets- und Meditationsformen zu befördern und damit die etablierten Grenzen der Kirchen als dogmatisch verfasste Institutionen zu sprengen. Beides, Fundamentalismus und Synkretismus, führt letztlich zu einer Auflösung der Religion, wie wir sie heute kennen.

Zweitens findet sich Religion heute von zwei Seiten in die Mangel genommen: von einer nur schwer zu beeinflussenden, immer weiter fortschreitenden Naturalisierung des Menschen, der eine ungeheure Zunahme wissenschaftlicher Erkenntnisse entspricht. Auf der anderen Seite sieht sich Religion zunehmend in Konkurrenz zu mentaler Wellness und einer zunehmenden (wirtschaftlich durchaus ausgebeuteten) Flucht in Befindlichkeiten, Gefühle, Esoterik, Beliebigkeit oder schlicht in blindes Engagement. Diesen Spagat zwischen Rationalität und Irrationalität durchzuführen, verlangt eine Kunstfertigkeit ganz besonderer Art, die das Christentum bis heute nicht gelernt hat. Der Buddhismus hingegen begegnet dieser Herausforderung vergleichsweise spielerisch, wenngleich sich streiten lässt, ob zumindest Formen des Mahayanabuddhismus überhaupt Religion genannt werden können.

Drittens droht der Religion das Aus durch eine Auflösung in einen nicht mehr vermittelbaren Individualismus hinein, der sich kollektiv auf der Ebene der Gesellschaft als ein regelloser Pluralismus darstellt. Die Reaktion darauf ist in der Regel eine starre, rigide Durchinstitutionalisierung, die auf die Gleichschaltung aller Glaubenden abzielt. Doch auch das kann keine Lösung sein, insofern der Glaube sich immer wieder in das Leben des einzelnen Menschen übersetzen muss. Ich vermute, dass einer der Gründe, warum William James' bahnbrechendes Buch *Die Vielfalt religiöser Erfahrung* von der deutschen Theologie vor allem deshalb nicht oder kaum beachtet wurde, weil man fürchtete, mit der Anerkennung der Pluralität nicht nur des Phänomens Religion und Glauben, sondern auch der Pluralität des Glaubens innerhalb der Konfessionen selbst alle Formen von Verbindlichkeit zu verlieren. Der Feind ist der Pluralismus der Glaubensformen – eines Pluralismus, den es historisch erstaunlicherweise immer gegeben hat. Diesem Feind begegnet man mit dem Aufruf zu Einheit und Einheitlichkeit, der am Ende nur ein Aufruf zu Buchstabengläubigkeit und zum formalen – und das bedeutet stets auch institutionellem – Gehorsam ist. Man treibt den einen vermeintlichen schlimmen Teufel mit einem noch schlimmeren Teufel aus, mit dem man in den Zeiten der Religionskriege und des Absolutismus eigentlich schon seine Erfahrung hätte machen müssen.

Philosophie als Form kritischen Denkens und Suche nach dem, was der Mensch ist, könnte man wie die Theologie auch als eine kritische Auseinandersetzung mit unseren Phantasien verstehen – nur dass die Phantasien eine andere Richtung haben. Der Umgang mit ihnen, damit, wie unsere Welt beschaffen ist und beschaffen sein könnte, ist indes nicht nur ähnlich, sondern gleich. Es geht um das Auffinden all jener Phantasien, die eben doch noch möglich sind im Kontext einer sich ständig verändernden wissenschaftlichen Erkenntnis. Das bedeutet nicht, dass Philosophie und Theologie nur das nachplappern, was die Naturwissenschaften ihnen vorgeben. Das wäre ähnlich absurd wie zu behaupten, dass es, nur weil die exakten, empirischen Wissenschaften auf dem Vormarsch sind, nur noch Gemälde geben könne, die Laborräume abbilden. Der Phantasie sind ebendiese Grenzen – die auch die Grenzen der Möglichkeiten unserer Kritik sind – nicht gesetzt. In der Theologie, so, wie ich sie verstehe, geht es um eine genaue, gedanklich präzise, in der Auseinandersetzung mit den Wissenschaften gereifte Durcharbeitung unseres Möglichkeitssinns. Insofern hat Theologie es durchaus mit einer bestimmten Art von Phantasien zu tun – etwa denen, die auf Erlösung, Heil oder Gnade als zentrale religiöse Begriffe sich richten. Theologie wäre für mich die gezielte Auseinandersetzung mit möglichen Phantasien in der Absicht, dadurch eine Position zu finden oder möglicherweise auch zu stärken, indem es gelingt, bestimmte andere Phantasien oder Vorstellungen argumentativ auszuschließen. Es gibt ja nicht nur wirkliche Möglichkeiten und mögliche Wirklichkeiten, sondern auch unmögliche Möglichkeiten, die sich jedoch erst beim zweiten Hinsehen als solche erschließen. Theologie wäre dann die systematische Befassung mit immer noch möglichen Möglichkeiten, die unsere Phantasien uns aufzeigen. Insofern ist Theologie auch die Produktion von Alternativen zu der Denkweise und den Lebensformen, die Philosophie und Wissenschaft darstellen und dominieren.

Ich gebe zu, dass auch diese Idee nicht neu und vermutlich nur bei Stanley Cavell und Andreas Hunziker »geklaut« ist. Und doch geht im Sinne Hunzikers nichts über eine solide Auseinandersetzung »mit den Phantasien, die wir uns über unsere Verhältnisse zu Anderen, zur Welt und zu uns selbst machen«.[61] Tatsächlich bin ich zutiefst davon überzeugt, dass unsere Gesellschaft und unsere Kultur viel (aber nicht alles) von einer derartigen

(verbesserten) Auseinandersetzung mit unserem Möglichkeitssinn profitieren würden, die möglicherweise nur von einem über-
troffen wird – von der aktiven, systematischen und nachhaltigen
Kultivierung von Weisheit. In diesem Sinn wäre Theologie tatsächlich ein Versuch oder besser die kritische Auseinandersetzung mit den Dingen, wie sie vom möglichen Standpunkt der
Erlösung her sich darstellen – inmitten einer Welt, darin kann
man der Analyse der Religionen ebenso zustimmen wie dem
Bauchgefühl beim Blick in den Spiegel, die von Vergänglichkeit
und Tod und deshalb – möglicherweise! – auch von Verzweiflung
gekennzeichnet ist. Genau um diese Möglichkeit, die stets eine
Möglichkeit zur anderen Sicht, Denk-, Lebens- und Verhaltens-
weise ist, geht es!

Muss man alles glauben, wenn man glaubt?
Beispiel Leben nach dem Tod

Eines der zentralen Ergebnisse des Nachdenkens über den Glauben im letzten Kapitel war es, nicht einfach alles zu glauben, nur
weil »man« es behauptet. Man – das ist nicht selten nur der
Ortspriester, der je nach Herkunft und Schulung nicht notwendigerweise auch begrifflich und ideengeschichtlich fest im Sattel
sitzt. Man könnte sogar behaupten, dass dies, je nach Gemeinde,
auch nicht seine erste und wichtigste Aufgabe ist. Doch auch das
Lehramt hat seine eigenen – und das bedeutet im Sinne einer
Institutionenlehre machtpolitischen – Interessen. Was bedeutet
es also konkret, nicht alles (und die Jungfrauengeburt ist nur ein
Beispiel) glauben zu müssen? Ein gutes Beispiel ist die Debatte
um das Leben nach dem Tod.

Zunächst bleibt festzuhalten, dass heilige Schriften wie die
Evangelien (so wie andere religiöse Texte auf ihre eigene Weise)
wesentliche Erkenntnisse über den Menschen bieten, auch wenn
diese, wie Bultmann gezeigt hatte, zum Teil auf mythologische

Weise formuliert sind. Die Schriften der Religionen versorgen uns in der Regel nicht nur in einer konzentrierten Form mit einem Wissen, das aus der Erfahrung vieler Generationen hervorgegangen ist, sondern auch mit der Möglichkeit, bestimmte Erfahrungen allererst zu machen. Die Evangelien sind gewissermaßen auf das Performative, das Handeln zielende Texte, die dazu einladen, die eigene Geschichte »analog« zu der Geschichte der Evangelien zu gestalten, d. h. so zu leben, wie sie es vor-schreiben. Die Evangelien sind, unter anderem, Handlungsmodelle. Um sie zu verstehen, müssen sie entfaltet, interpretiert und in die Gegenwart übersetzt werden. Das eigene Leben soll dabei in gewisser Weise zu einer Art Fortsetzung des Jesus-Romans werden, zu einem Fortschreiben der eigenen Geschichte im Sinne der Geschichte Jesu.

Doch das bedeutet keineswegs, dass man alles glauben muss, um überhaupt zu glauben. Dass es beispielsweise im Katholizismus keine Priesterinnen gibt, ist eine historisch gewachsene Festlegung, die ebenso wie der Glaube an die Heilkräfte einer Marienfigur zum Volksglauben (im Fall Mariens) bzw. zu den Ansichten der Gelehrten und Mächtigen (im Falle der Priesterinnen) gehört, nicht aber zum Wesen des christlichen Glaubens. Wenn ich mich von Gott geliebt und angenommen weiß, wenn ich allein durch seine Beziehung zu mir angenommen und rechtfertig bin, dann ist es unerheblich, ob der Gottesdienst, den ich besuche, von einer Frau oder einem Mann gestaltet wird, der oder die nicht anders als ich »Kind Gottes« ist – nur mit dem Unterschied, dass ein Priester bzw. eine Priesterin einen besonderen Dienst an der Gemeinde ausübt.

Eine Frage, die häufig gestellt wird, ist, ob im Christentum der Glaube an ein Leben nach dem Tod notwendig sei. Zunächst muss man festhalten, dass der Glaube an ein Weiterleben nach dem Tod im Judentum bis zu den Makkabäeraufständen wenig verbreitet, ja sogar abgelehnt wurde. Was den Menschen als Person auszeichnet, ist seine Beziehung zu Gott. Diese bedarf, nach jüdischer Auffassung, eines Körpers. Ist dieser zerstört, wird auch die Beziehung zu Gott unterbrochen. Gott ist als der schlechthin

Lebendige, als Gott, der alles geschaffen hat, die Quelle des Lebens. An ihm vorbei ist kein Leben denkbar und keines zu haben. Nach jüdischer Auffassung ist der Mensch wie alles Leben nur als Beziehung zu denken (eine Einsicht, die sich in gewisser Weise mit buddhistischen Vorstellungen deckt, insofern alles, was existiert, nur als Resultat von aufeinander bezogenen Kräften, d.h. als Relation, nicht als eigene, unabhängige Substanz existiert). Ist diese Relation bedroht oder sogar abgerissen, stirbt der Mensch unweigerlich. Scheol, die Unterwelt, ist im Alten Testament nur unpräzise beschrieben. Es heißt, dass dort die Unterschiede verblassen und bedeutungslos werden (Hiob 3,19). In diesem Sinn lässt sich in der Scheol nichts mehr sagen, keine Erkenntnis gewinnen – für die an Unterschieden festzuhalten wesentlich ist. Scheol ist wie die Toten selbst schemenhaft, leer, ein Land des Vergessens (und das heißt: der Gestaltlosigkeit), in dem es nichts, d.h. keine Formen mehr gibt. Aus der Scheol kann nichts und niemand zurückkommen, d.h. erneut Form und Gestalt annehmen. Dies ist die Sicht des Judentums, für das der Tod das Ende des Gottverhältnisses ist. »Die Toten loben den Herrn nicht«, heißt es in Psalm 115 und beim Propheten Jesajas (Jes 38,18f). Leben heißt, ein Verhältnis zu Gott haben. Der Tod aber beendet dieses Verhältnis. Wie sollte da weiterhin Leben möglich sein? Der Mensch kann, insofern er sündigt – und das bedeutet, sein »rechtmäßiges« Verhältnis zu Gott zerstört –, sterben, weil er durch die Sünde in die Verhältnislosigkeit drängt, aus der es ab einem bestimmten Punkt kein Entkommen mehr gibt. Die jüdischen Schriften sind voller Beispiele dafür – voller Gewalt und Tod, der nicht zuletzt auch durch das Handeln Jahwes verursacht wird. »Der tote Mensch ist seinem Gott für immer entfremdet«, hält Jüngel fest. »Und ohne Gott wird alles verhältnislos« – wie auch ohne Körper. Der Tote ist nicht nur den anderen und Gott, sondern auch sich selbst gegenüber verhältnislos geworden.[62]

Und das Leben nach dem Tod? Klar und unmissverständlich sollte man zunächst festhalten: »Ein der ganzen Bibel gemeinsames Verständnis des Todes gibt es nicht.«[63] Die Hoffnung auf ein

Leben nach dem Tod taucht in den jüdischen Schriften zunächst, wenn überhaupt, nur am Rande auf und gewinnt erst in dem Moment Bedeutung, in dem Juden sich selbst für einen aussichtslosen Kampf gegen die Übermacht der Seleukiden und Römer motivieren müssen. Mit den Makkabäeraufständen und ihrem Guerillakrieg um die Macht in Jerusalem wuchs die Sehnsucht nach einem »Danach«. Es ist im Grunde der Gedanke Kants, der hier vorexerziert wird: Wenn du schon für Gerechtigkeit eintrittst und dabei dein Leben lässt, in diesem Leben also keinerlei Lohn erhältst für deine gute Tat, dann muss diese Asymmetrie wenigstens danach, in einem Leben »nach« dem Tod, aufgehoben und damit gerechtfertigt werden. Es ist die apokalyptische Bewegung und die Endzeitstimmung, die die Hoffnung auf ein Leben nach Tod aufkommen lässt.

Man kann diese Bewegung auch anders verstehen: Während sich das Judentum deutlich vom Totenkult der Ägypter absetzt und den ägyptischen Kult um das Weiterleben ablehnt, stellt das Christentum einen Rückgriff auf diese ägyptische Tradition dar, allerdings auf eine Art und Weise, die durch und durch jüdisch und ein wenig griechisch gefärbt ist. Was es mit dem Tod auf sich hat, das wird nach neutestamentlicher Überlieferung erst im Tod Jesu deutlicher, der – und das ist den Juden eine Dummheit und den Heiden eine Torheit – zugleich auch der Tod Gottes ist. Gott stirbt nach christlicher Lehre am Kreuz, weil wir ihn getötet haben. Nicht Gott ist ein Masochist, sondern wir sind im Namen der Ungerechtigkeit Sadisten. Wer uns radikal missfällt, wird getötet: sei es, weil er falsch lebt oder falsch denkt, die falsche Hautfarbe hat, der falschen Kaste oder dem falschen Geschlecht angehört, zu viel besitzt oder einfach zu viel Macht hat. Die Bibel lässt im Alten wie im Neuen Testament keinen Zweifel über die Schrecklichkeit des Todes aufkommen. Es dürfte kaum ein brutalerer Tod vorstellbar sein als der, der nach langsamer und qualvoller Folter wie im Falle Jesu eintritt und noch dadurch verschärft wird, dass selbst die besten Freunde und Anhänger Jesus, den »Anführer des Glaubens«, verlassen.

Es ist nicht nur ein qualvoller, sondern auch ein einsamer Tod, den Jesus stirbt. Die Botschaft des Christentums nach Jesu Tod ist, dass all diese Vorkommnisse uns nicht von der Liebe Gottes trennen können. Das Geschehen des Zum-Glauben-Kommens – die Ausbreitung des Christentums trotz lebensbedrohlicher Verfolgung – ist nichts anderes als Ausdruck dieser Hoffnung. Nach Jesus zu leben bedeutet für die frühen Christen noch vor jeglicher Formulierung von Evangelien, Briefen oder gar Dogmen so zu leben, als lebe er noch mitten unter uns. Deshalb bedeutet im Glauben zu leben »ich lebe, doch nicht mehr ich, sondern Christus lebt in mir« (Gal 2,20). Was über das Leben nach dem Tod gesagt wird, wird in Bildern und Gleichnissen, nicht aber in der Sprache wissenschaftlicher Beschreibung gesagt. Die Sprache auch der Evangelien bewegt sich hier auf der Grenze der Unverständlichkeit und damit auch der Missverständlichkeit. Als Christ zu leben bedeutet, das Leben Jesu vor Augen zu leben. Dieses Leben führte in den Tod – aber auch (und dies ist eine Frage des Glaubens und nicht der Fakten) aus dem Tod heraus in ein Leben nach diesem Tod – eben das Leben, das Christen leben, weil Jesus mitten unter ihnen ist bis heute. Was für die Juden eine (im Wesentlichen kaum geteilte) Erwartung am Ende der Tage war und für die Ägypter eine Gewissheit (ein Leben nach dem Leben), das ist für Christen ein bereits geschehenes Ereignis, dessen Tatsächlichkeit nicht bewiesen, sondern nur geglaubt werden kann. Alles andere, das sich daran anschließt, ist mehr oder minder geschickte theologische Interpretation, um das, was der Glaube behauptet, plausibel zu machen und vor den Einwänden einer ungläubigen und skeptischen Vernunft zu verantworten. Dass Gott das Ende macht und das letzte Wort behält, über die Schöpfung im Ganzen und über jeden Menschen im Einzelnen, ist ein Geheimnis des Glaubens und nicht der Wissenschaft. Viele Theologen, darunter auch Eberhard Jüngel, sprechen sich explizit für eine »Entplatonisierung des Christentums« aus – dies sei eine der wichtigsten theologischen Aufgaben (die allerdings bis jetzt kaum bewältigt worden ist).[64] Von dieser Entplatonisierung ist jedoch wenig zu spüren, denn für die meisten Christen dürfte der Glaube an die Auferstehung ein reales, letztlich wissenschaftlich irgendwann beweisbares Ereignis sein – eine Art realexistierende Idee, die mit der Unzerstörbarkeit und Unsterblichkeit der Seele zu tun hat (für die Platon zusätzlich einige gute, wenn auch nichtbiblische Argumente liefert).

Muss also der, der ein Christ sein will, an ein Leben nach dem Tod glauben? Ja und nein. Wenn man die theologische Literatur zu diesem Thema studiert, wird man nicht umhinkommen, die komplexen Gedankengänge zuweilen doch für hilflose Wortkonstruktionen zu halten, die etwas »herbeireden« bzw. herbeiargumentieren sollen, das sich eben nicht einfach »zeigt«. Die theologische Literatur, die einen ganzen Raum in unserer Bibliothek füllt, ist ebenso faszinierend wie vielfältig. Der Grund für die Vielfalt der Ansätze, Deutungen und Argumente ist leicht einzusehen. Auferstehung ist und bleibt ein Interpretationsgeschehen, nicht etwas, das man einfach sieht, wenn man nur genau genug hinschaut.

Wenn Sie mich also fragen: »Muss ich an ein Leben nach dem Tod glauben, um glauben zu können?«, dann lautet meine persönliche Antwort: Nein. Allerdings gebe ich zu, dass diese Antwort nicht gerade zum Jubeln Anlass gibt. Möglicherweise ist die Antwort nicht die Letzte, die ich gebe. Und wie jede Antwort dieser Art (und das gilt auch für ein beherztes »Ja«) erfordert der Umgang mit ihr eine gewisse Schulung des Geistes. Anders ausgedrückt: Um mit Fragen von derartigem Gewicht zurechtzukommen, wird man vermutlich sowohl von den eiskalten Überlegungen reiner Vernunft als auch von der wohligen Behaglichkeit des ältesten Gewerbes der Welt, der Religion, einen gewissen Abstand nehmen und seinen Geist ebenso wie sein Gefühlsleben trainieren müssen. Mein Rat: Statt auf dogmatische Lehrsätze und die Lehren der Religion zu starren wie das Kaninchen, das vor der teuflischen Schlange der Unorthodoxie Angst hat, ist es befreiender und vor allem auch lohnender, sich mit den Weisheitstraditionen in Verbindung zu setzen. Dort begegnet man nicht festen, in Stein gemeißelten Argumenten, sondern flüssigen, beweglichen Hinweisen, Anregungen und Kulturtechniken, die helfen, gelassen mit den drängenden Fragen umzugehen. Die Flucht in einen Ewigkeitsoptimismus und die Unsterblichkeit der Seele als letzten Rettungsanker aus dieser Welt ist sicher nicht der einzige Weg, um mit der Endlichkeit, dem Älterwerden und schließlich mit dem Sterben und dem Tod der anderen, dann aber auch des eigenen Selbst umzugehen.

Ich erinnere mich gut an ein Gespräch in der Schule im Anschluss an die Lektüre von Camus' eindrucksvollen Romanen *Der Fremde* und *Die Pest*. *Der Fremde* zeigt in gewisser Weise die einzig wahre Form des Atheismus – eine völlige Gleichgültigkeit der Frage gegenüber. *Die Pest* hingegen ist von der leidenschaftlichen Suche nach einer Antwort auf die Frage nach dem Tod bestimmt. Welche Antwort, welche Haltung ist die richtige? Die des Arztes und Atheisten Rieux, der sich »bis in den Tod hinein weigert, die Schöpfung zu lieben, in der Kinder gemartert werden«? Oder die von Paneloux, dem Jesuitenpater, der am Ende – anders als Rieux – stirbt, dessen Predigten jedoch eine wichtige Rolle für die Menschen spielen? Welches ist die »bessere« Antwort auf die augenscheinliche Absurdität und Ungerechtigkeit der Welt, die zu analysieren man weder Atheist noch Gläubiger sein muss? Nach wie vor hat sich meine Antwort auf diese Frage nicht geändert. Sie lautet: Gleich welche Antwort du auf diese Fragen gibst – sie muss sich immer im Leben bewähren. Nicht am Anfang, auch nicht mittendrin wird man in der Lage sein, eine wirklich abschließende Antwort zu geben. Wenn überhaupt, dann erst nach einer Zeit der Bewährung. Auch der Glaube muss sich bewähren – ebenso wie seine Ablehnung. Wir sind an eine solche Haltung deshalb nicht gewöhnt, weil wir heute dazu neigen, derartige Fragen möglichst schnell und theoretisch zu beantworten. Auf derart existenzielle Fragen eine Antwort zu finden ist jedoch nur möglich, wenn man bereit ist, Umwege zu gehen, seine Urteilskraft zu üben, sich selbst und anderen zu widersprechen, kurz: wenn man um eine Haltung ringt, die man in der Regel nicht einfach in die Wiege gelegt bekommt.

Die alte Einsicht von Augustinus und Thomas von Aquin, dass Liebe eine Art Vorbedingung von Wahrheit sei, verdient es, nicht gleich auf den Haufen der überflüssigen, allzu frommen Einsichten gelegt zu werden. Tatsächlich muss man der Welt trotz allen Unglücks, aller Widerwärtigkeiten liebevoll begegnen, um eine ausgewogene Antwort finden zu können. »Love talks with better knowledge and knowledge with dearer love«, heißt es in Shakespeares *Maß für Maß*.[65] Nur auf diese Weise gelingt es, wenn überhaupt, die Dinge zu sehen, wie sie sind, und nicht, wie wir sie zu sehen wünschen. Ein klinischer, kalter Realismus, bemerkt Eagleton, verlangt Tugend – Offenheit gegenüber der Möglichkeit, sich zu irren und falsch zu liegen; Selbstlosigkeit, Bescheidenheit, Großzügigkeit des Geistes, harte Arbeit, Beharrlichkeit, Bereitschaft, zusammenzuarbeiten und gemeinsam statt gegeneinander zu denken, gewissenhaftes Urteil, einen wachen Blick, kurz: all das, was Liebe gemeinhin beinhaltet. Liebe, resümiert Eagleton, ist die letzte Form eines nüchternen, entzauberten Realismus. Und deshalb ist Liebe der Zwilling der Wahrheit.[66] In diesem Sinn gilt es mit Blick auf das, was der Glauben ist – die Annahme seiner selbst vor Gott –, kritisch das zu durchforsten, was die Kirche als zu glaubend anbietet oder sogar fordert. Vieles von dem, was sie behauptet, lässt sich durchaus rechtfertigen, wenn man es theologisch einzusortieren weiß. So ist das Dogma von der Unfehlbarkeit des Papstes, das erst 1870 als eines der Resultate des Ersten Vatikanischen Konzils formuliert wurde und in einer Zeit der politischen Schwächung des Papstes entstanden ist, nur dann zu verstehen, wenn man es im Kontext der Lehre von der Unfehlbarkeit aller Gläubigen im Glauben versteht. Etwas salopp übersetzt könnte man sagen: Da der Glaube etwas ist, auf das in Leben und Sterben Verlass sein soll, kann man hoffen, dass sich genau dieser Glaube bewähren wird. Dass Maria als Jungfrau ein Kind zur Welt gebracht hat, ist biologischer Unfug, aus dem man erst dann einen Sinn ziehen kann, wenn man bedenkt, dass nach christlichem Glauben der Umgang mit Jesus von der Sünde befreit. Marias Unbeflecktheit ist sozusagen das mythologische Ge-

genprogramm zur Erbsünde. Ansonsten sind Mythen von der
göttlichen Zeugung eines Gottmenschen Stilmittel, deren sich
ägyptische Autoren bedient haben, um ihre Göttergeschichten zu
erzählen. Viele derartiger Lehrsätze, die anzuerkennen schwer-
fällt, würden durchaus verständlicher, wenn die Kirche offen und
ehrlich das erklären, verkünden und den Laien zugänglich machen würde, was sie theoretisch hochgeschraubt den Theologen
an den Universitäten beibringt. Die Meinungen und die durchaus
kritischen Interpretationen des Glaubens in all den Jahrhunderten sind – gerade aus den Mündern der Heiligen und der großen
Theologen – weitaus vielfältiger, komplexer und damit widersprüchlicher, als die Kirche ihr Volk heute glauben lässt. Die Einheit des Glaubens ist nicht durch Einfalt, sondern durch Vielfalt
des Denkens herzustellen, auch wenn einige Vertreter gerade der
katholischen Kirche Einfalt und damit Abkehr von der Freiheit
und Weite des Denkens fordern, um Einheit herzustellen.

Säkulare Religion

Es ist meine feste Überzeugung, dass man die gesamte Diskussion
über die Gottesbeweise, über den »neuen« Atheismus, über die
Wirklichkeit des Glaubens und die möglichen Vorteile und Gefahren, die von der Religion ausgehen, besser und klarer verstehen
würde, wenn man von einer Unterscheidung Gebrauch machte,
auf die der Dalai Lama, zuweilen sehr zum Ärger der Angehörigen
seiner eigenen Religion, immer wieder hingewiesen hat. Man
müsse, sagt er mit Blick auf den Buddhismus, eine buddhistische
Philosophie von dem unterscheiden, was man die Religion des
Buddhismus nennen könnte. Die Religion sei eine Privatsache, sei
etwas, das keine allgemeine, universale Geltung für alle Menschen
beanspruchen darf. Etwas anderes ist es mit den allgemein
menschlichen Verhaltensweisen und auch Einsichten, die man
»buddhistische Philosophie« nennen könnte. Sie können unab-

hängig von einer privaten Meinung oder Lebenshaltung »objektiv« wahr oder falsch sein.

Man kann sicher lange darüber streiten, ob beispielsweise der Zen-Buddhismus, der sich in vielem vom tibetischen Buddhismus unterscheidet, im klassischen Sinn überhaupt eine Religion genannt werden sollte. Ich persönlich bin der Ansicht, dass Zen keine Religion, sondern vielmehr eine Form der Übung, der Kultivierung von Geist und Körper ist. Ko'un Yamada Roshi (1907–1989), einer der größten Zen-Meister des letzten Jahrhunderts und vermutlich derjenige, der am stärksten die Zen-Praxis für Nichtmönche sowie die Öffnung des Zen nach Westen, insbesondere dem Christentum gegenüber, vorangebracht hat, wies wiederholt darauf hin, dass es im Zen einzig und allein (durchaus im Sinn von James und Flew) um eine Erfahrung, nicht aber um Dogmen und Rituale gehe. Was diese Erfahrung möglich mache, sei ein umfassendes Training des Geistes und die Kultivierung von Weisheit und Mitgefühl, die in den letzten fünf Jahren erstaunlicherweise beide mehr und mehr in den Brennpunkt des neurowissenschaftlichen Interesses geraten sind. Diese Erfahrung, um die es im Zen gehe, sei, so Ko'un Yamada Roshi, im Grunde nichts Besonderes. Im Gegenteil: Sie sei etwas sehr Allgemein-Menschliches, wenngleich es in der Regel nicht systematisch kultiviert wird. Subjekt und Objekt verschmelzen, die Dualität weicht aus der Erfahrung und es wird, um eine Metapher zu gebrauchen, die ursprüngliche Natur erfahren. Diese Natur kann weder gesehen werden (wie ein Objekt) noch berührt, gehört oder sonstwie wahrgenommen werden. Aus diesem Grund wird sie in der Literatur des Mahayana-Buddhismus, zu dem Zen gehört, als Leere beschrieben. Damit ist lediglich gemeint, dass »hinter« den Erscheinungen kein »Hinter« ist – »kein substanzieller Träger, keine Dinge an sich, keine objektive Realität«. Die Dinge existieren nicht unabhängig für sich, sondern nur in gegenseitiger Beziehung und Abhängigkeit. Die Erscheinungen verweisen auf nichts anderes als auf sich selbst und andere Erscheinungen – und auf nichts außerhalb von ihnen.[67]

In meinem Buch über Weisheit habe ich versucht, die Erfahrung des Erwachens, die im Zentrum der buddhistischen Praxis steht, zu beschreiben. Sie Religion zu nennen wäre, nicht nur nach Ko'un Yamada, kaum korrekt – auch wenn es eine Fülle von buddhistischen Sekten gibt, die man durchaus als Religionen oder Formen von Religion bezeichnen kann. Worauf es bei dem Training ankommt, so der Dalai Lama, ist letztlich die Befreiung vom Leiden und ein Zuwachs an Glück. »Tatsächlich bin ich davon überzeugt, dass die großen Weltreligionen – also Buddhismus, Christentum, Hinduismus, Islam, Judentum, die Sikh-Religion, der Parsismus und so weiter –, aus einigem Abstand betrachtet, allesamt darauf ausgerichtet sind, den Menschen dabei zu helfen, dauerhaftes Glück zu finden.«[68] Die Vielzahl der Religionen kann (aber muss nicht) dazu beitragen, ist aber, wie die Vielzahl der Menschen und der Pluralismus ihrer Perspektiven, etwas Wünschenswertes und Gutes. Und doch ist es notwendig für das Überleben der Menschen, über die jeweiligen formalen Grenzen des eigenen Glaubens hinauszugehen. Eben deshalb ist es notwendig, zwischen Religion und Spiritualität oder geistiger Übung zu unterscheiden. Der Dalai Lama spricht in diesem Zusammenhang gerne von »säkularer Religion« oder »säkularer Meditation«. Während Religion »mit dem Glauben an den Erlösungsanspruch der jeweiligen Glaubensrichtung« zu tun hat, »wozu auch gehört, dass man irgendeine Art übernatürlicher oder metaphysischer Realität als gegeben hinnimmt, etwa das Konzept ›Himmel‹ oder das Konzept ›Nirwana‹«, geht es in der Spiritualität um die reine Übung und Schulung des Geistes. Diese hat, wie immer klarer wird, ganz bestimmte, wissenschaftlich beschreib- und messbare Veränderungen des Bewusstseins zur Folge. Diese Kultivierung des Geistes verbindet sich dann mit Übungen, die mit Mitgefühl, Toleranz, Geduld, Altruismus und Liebe zu tun haben.[69] Dies ist ein wesentlicher Unterschied zum christlichen »Programm«, das vor allem die Entscheidung und den Willen zum Glauben beinhaltet, der stark über kognitive Vorgaben (die Formulierungen der Dogmen) definiert wird, die es anzunehmen gilt. Doch diese Annahme der Dogmen führt noch nicht zu einer Annahme seiner selbst, der anderen Menschen und der Welt – geschweige denn zu Glück oder zu einer Praxis, die sich in der Kultivierung des Geistes durch fortwährende Übung (und eben nicht nur Denken) weiterentwickelt und bewährt.

Seit Jahren legt der Dalai Lama besonderen Wert auf das Gespräch mit den Naturwissenschaften – in einer Offenheit, die sämtliche Versuche der katholischen Kirche etwa in den Schatten stellt. Wie jede Religion so habe auch der Buddhismus bestimmte Konzepte und Vorstellungen hervorgebracht – etwa in Bezug auf die Funktionsweise der Psyche –, die nicht religiöser Natur sind, sondern universale Ansprüche erheben. Diese Ansprüche müssten, wie alle anderen Behauptungen auch, an der Wirklichkeit überprüft werden. Erwiesen sie sich als nutzlos oder falsch, so dürfe man nicht zögern, sie über Bord zu werden – ein Umstand, mit dem sich der Dalai Lama auch in Tibet nicht nur Freunde gemacht hat. In einem Gespräch sagte mir der Dalai Lama, dass eine multireligiöse Gesellschaft wie Indien mit einem demokratischen Fundament sich bei der Erziehung an Schulen nicht an religiösen Konzepten orientieren könne. »Welche Religion sollte man wählen? Es gibt so viele! Also muss es einen säkularen Weg geben. Meine christlichen und muslimischen Freunde im Westen haben oft große Vorbehalte gegen diesen Begriff. Sie missverstehen das, was ich meine, als Ablehnung der Religion. Deshalb gebrauche ich gelegentlich lieber den Begriff ›universelle Werte‹. Sie beruhen auf Common Sense und den modernsten wissenschaftlichen Erkenntnissen und sind völlig frei von jeglichen religiösen Bezügen.« Der Spiritualität, Kultivierung oder dem Training des Geistes liegt, anders als bei der Religion mit Dogmen, Ritualen und anderen Vorstellungen, »im Grunde eine einfache biologische Tatsache zugrunde: Je friedvoller der Geist, desto besser ist das für die Gesundheit. Wut produziert keinen Seelenfrieden, Mitgefühl bringt uns inneren Frieden, weil es das Herz öffnet.«

Nahezu zwei Jahrzehnte hat der Dalai Lama insbesondere in den Konferenzen des Mind and Life Institute in Lousville, USA, das Gespräch und die Auseinandersetzung mit den Naturwissenschaften gesucht. Das Institut, das u.a. aus der Begegnung des Kognitionswissenschaftlers und Neurobiologen Francesco Varela hervorgegangen ist, hat es sich zum Ziel gesetzt, als öffentliche Plattform für eine genaue und kritische Begegnung des Buddhismus mit den Naturwissenschaften zu dienen. Mir scheint, dass es, soweit ich sehen kann, innerhalb der christlichen Welt kein gleichrangiges Forum einer derart offenen, regelmäßigen, aber auch folgenreichen Auseinandersetzung zwischen Wissenschaft, Gesellschaft und Glauben gibt, an der ein hochrangiges Oberhaupt einer der christlichen Kirchen persönlich teilnehmen und vor allem auch mit-diskutieren würde. Anders als in der christlichen, orthodox-jüdischen und islamischen Welt ist dem Buddhismus viel daran gelegen, eine angstfreie, detaillierte und möglichst produktive Auseinandersetzung zwischen den Naturwissenschaften und dem Buddhismus zu suchen.

Es geht also weder um eine Bestätigung noch um eine Ablehnung von Religion, sondern darum, dass es sinnvoll ist, regelmäßige geistige Übungen zu praktizieren, weil sie positive Effekte auf Körper und Geist haben. Es geht dabei nicht um einen blinden Glauben und Dogmen, sondern um Tatsachen. Bei einer Konferenz über Altruismus, Mitgefühl und wirtschaftliche Systeme in Zürich im April 2010 erklärte der Dalai Lama, wie notwendig eine Vielzahl von Traditionen für Millionen von unterschiedlichen Menschen sei, die keineswegs in derselben, sondern in anderen Kulturen und Lebenszusammenhängen aufwachsen. »Wir Buddhisten glauben nicht an einen Gott«, sagte der Dalai Lama, »sind aber vom Gesetz der Kausalität zutiefst überzeugt. Das hat in gewisser Weise eine Ähnlichkeit mit Gedanken von Charles Darwin, die mit dem Konzept der Evolution zu tun haben. Doch auch wenn wir Buddhisten nicht an Gott glauben, so zeigt sich doch, dass in den großen Traditionen, die dies tun und Gott in das Zentrum des Universums stellen, es eine starke Tendenz gibt, aus ebendiesem Grund gegen den Egoismus auch in sich selbst vorzugehen. Gott reduziert gewissermaßen die

Selbstbezogenheit des Menschen. Der Buddhismus versucht denselben Effekt auf eine völlig andere Weise zu erreichen. Worauf es ankommt, ist, mit Blick auf Mitgefühl und die Erkenntnis, dass wir nur gemeinsam weiterkommen und weiterleben können, zu erkennen, dass beide Religionen die Einheit der Schöpfung und die Sinnlosigkeit von Egoismus betonen. Das ist einer der Gründe, warum man Respekt füreinander entwickeln sollte. Mitgefühl ist eben kein Teil nur einer Religion, sondern universal und menschlich. Es gehört keiner speziellen Gruppe von Menschen. Und deshalb müssen wir über diese Zusammenhänge auf eine säkulare Weise denken.« Der Dalai Lama ist durchaus davon überzeugt, dass das Konzept eines Schöpfergottes in sich selbst höchst widersprüchlich ist. Bei dieser Gelegenheit erzählte er von einem christlichen Mönch, mit dem er sich über die Jahre angefreundet hatte. »Trotz aller Unterschiede schätzen wir uns beide sehr. Als er mich eines Tages nach der Bedeutung der Leerheit fragte, wurde ich beinahe wütend und weigerte mich, es ihm zu erklären. Das mag seltsam erscheinen, aber der Grund war einfach: Sein christlicher Glaube erlaubte ihm ein Leben in Glück und mit Mitgefühl für andere. Der Glaube an Gott half ihm genau die Impulse zu beherrschen, die ihn daran hindern, beides zu verwirklichen. Warum sollte ich ihn mit einem buddhistischen Konzept, das dem Zusammenhang einer anderen Religion entspringt, davon abbringen?«

Genau darum geht es. Die Vielfalt der Religionen und der Glaubensformen ist nicht reduzierbar auf eine einzige Erfahrung oder eine einzige, allen zugrundeliegende »wahre« Religion. Der Pluralismus religiöser Systeme und der damit verbundenen Erfahrungen ist nicht reduzierbar. Was man jedoch versuchen kann, ist, die Funktionen, die Religionen haben, zu verstehen und miteinander abzugleichen. Zwar wird ein solcher Vergleich wie alle Vergleiche sehr komplexer Systeme nur näherungsweise zutreffen können. Und doch kann man auf diese Weise erkennen, dass es verschiedene Möglichkeiten gibt, die Angst vor dem Leben und vor dem Tod zu überwinden. Die Formen, mit denen

Gläubige diese Angst zu reduzieren suchen, variieren zwar in den verschiedenen Religionen. Doch mit Blick auf das Glück des Einzelnen und das Zusammenleben aller Menschen kommt es entscheidend darauf an, diese Angst tatsächlich zu reduzieren. Die Vorstellung von einem Schöpfergott mag genau diese Funktion haben, indem sie hilft, die Selbstzentriertheit zu überwinden, die ein wesentlicher Aspekt bei der Entstehung dieser Angst ist. Doch die Angst kann auch auf andere Weise reduziert werden.

In diesem Sinn wäre es von erheblicher Bedeutung für die Zukunft, sich nicht auf Unterschiede in der Dogmatik oder in den Ritualen zu konzentrieren, sondern auf die Fähigkeiten, Verhaltensweisen und spirituelle Übungen, die dazu einladen, besser miteinander auszukommen – und glücklicher zu werden. Denn am Ende geht es vor allem um die Suche nach Glück, die bei zunehmender Enttäuschung nicht nur in Frustration und einen massiven Verlust von Lebensqualität führen, sondern im Extremfall auch in Aggression und Gewalt gegen andere umschlagen kann. Ist es da wirklich zu viel verlangt, Einsicht zu haben in die Widersprüchlichkeit eines Gottesbegriffes, den zu klären vermutlich ebenso wenig gelingen wird wie die Erklärung der Welt durch eine einzige Formel? Ist es zu viel verlangt, die Widersprüche zuzugeben und sich dann auf das zu konzentrieren, was uns gemeinsam hilft, glücklicher und besser miteinander zu leben und eine gemeinsame Zukunft für unsere Kinder zu ermöglichen? Denn eines ist klar: Eine Zukunft ohne Gewalt kann es nur geben, wenn wir das Miteinander, wenn wir Mitgefühl und Weisheit stärken.

Mir scheint, dass es höchste Zeit ist, die scholastischen Diskussionen und kognitiven Spielereien, so verlockend sie auch sein mögen, hinter sich zu lassen und erwachsen zu werden, um sich auf die wesentlichen Dinge, auf Glück, ein besseres Miteinander und eine nachhaltige Zukunftsperspektive zu konzentrieren. In diesem Sinn kann Glaube keine Unterwerfung unter Gott, Kirche oder ein Dogma sein, sondern ist nur als universale Aufgabe zu verwirklichen, der jeder Einzelne gerecht werden muss. Um dies zu erreichen, muss mit Intelligenz und Aufmerksamkeit, mit Mitgefühl und Weisheit die Begrenzung dogmatischer Glaubensvorstellungen überwunden werden.

Zum Ende: Über das sagenhafte Drüben der Erlösung, das Lügen der Dichter und die Weisheit der Religion

Das, was der Fall ist, kann vermutlich in Anspielung auf Wittgensteins berühmten Satz »Die Welt ist alles, was der Fall ist« knapp und klar gesagt werden. Wobei zugegeben das, was der Fall ist, zuweilen nicht nur kompliziert, sondern auch in hohem Maße komplex ist – eine Komplexität, die womöglich die Erkenntnisfähigkeit des Menschen übersteigt. Dieses Übersteigen der menschlichen Urteilskraft gilt sowohl für den Modus des Glaubens wie den der Vernunft.[1] So weit, so gut. Es reicht ja für das Geschäft der Naturwissenschaften voll und ganz, sich mit dem zu befassen, was der Fall ist.

Anders verhält es sich mit dem, was uns zu Fall bringt. Was es ist, woran unser Leben möglicherweise scheitert, ist weniger klar. Es ist kaum auszumachen und liegt auf eine uns seltsam verborgene Weise im Dunklen. Was uns zu Fall bringt, ist, im Unterschied zu dem, was der Fall ist, ein Lebensproblem, das nicht so leicht verschwinden will durch Mathematik oder Erkenntnis physikalischer Gesetze – und selbst nicht durch alle Informationen der Welt, mit denen uns die Naturwissenschaften versorgen. Zwar können wir mit hinreichendem Wissen, mit Regeln und Gesetzen bewaffnet – denn genau das zeichnet die Sprache der Formeln und der Mathematik aus – klipp und klar beschreiben, wie die Dinge fallen. In gewisser Weise sind die Gesetze des Falls symptomatisch für die gesamte Welt der Naturwissenschaften, insofern diese mechanistisch vorgestellt wird. Die Welt, wie sie sich aus der Sicht der empirischen Wissenschaften präsentiert, ist lückenlos und präzise. Es gibt nichts, was nicht fällt. Und nichts, was nicht durch Gesetze und Theorien wie die der Gravitation, der Teilchen und ihrer Wechselwirkung, durch Biochemie oder Evolution beschrieben werden könnte. Aber in unserem Leben?

Eine der wenigen Tatsachen, auf die wir uns alle einigen können – eine Tatsache, die zu verdrängen wir gleichzeitig alles Mögliche und meist auch Unmögliche zu unternehmen bereit sind – ist die, dass wir – unabänderlich! – auf dem Weg in den Tod sind. In gewisser Weise ist unser Leben ein Fall von einer Klippe auf den Boden oder, etwas poetischer, ins Meer. Der Aufprall ist uns gewiss. Die entscheidende Frage ist, was wir in der Zeit tun, in der wir fallen. Wir bewegen uns von der Geburt – und somit von einem Zustand, an den wir keine Erinnerung haben, einem Zustand des Noch-Nicht-Seins, des Noch-Nicht-Wissens und Nicht-Selbst-Verursacht-Habens – hinüber in einen anderen Zustand des Nicht-Mehr-Seins. In beiden Fällen ist dieses Nicht-Mehr begleitet von einem Nicht-Wissen. Während wir am Anfang noch nicht wissen, steht am Ende, wenn all unsere Erinnerungen an unser im Leben erworbenes Wissen und unsere Erfahrungen getilgt werden, ein Nicht-Mehr-Wissen. Wir selbst möchten in diesen Zustand nicht hineingeraten, wollen ihm entkommen – können daran ebenso wenig ändern wie an der Tatsache, dass wir, wenn wir leben, immer schon verursacht worden sind und aus einem Grau der Vergangenheit hervorgegangen sind, an das wir keine präzise Erinnerung haben können. Diese setzt, wie wir aufgrund neurowissenschaftlicher Forschung wissen, erst später mit der Ausbildung bestimmter, für das Gedächtnis wesentlicher Bestandteile des Gehirns ein. Selbst ein anderthalbjähriges Kind kann daher keine Erinnerung haben an das, was es tut – während Sie sich (hoffentlich) an Ihr morgendliches Aufstehen erinnern. Die Philosophen haben in diesem Zusammenhang von einer doppelten Geworfenheit ins Dasein gesprochen – am Anfang und am Ende unseres Lebens.

Die Tatsache der Veränderlichkeit und mit ihr die des Todes ist von so großer Bedeutung, weil sie unser gesamtes Leben unter ein Vorzeichen – ein ungutes Vorzeichen – zu stellen scheint. Es ist wie ein Licht, das allmählich verlöscht. An seine Stelle tritt eine Dunkelheit, die zunimmt. Angesichts der Tatsache der Endlichkeit, d.h. der unabänderlichen Veränderlichkeit allen Lebens, scheint das Reden von Erlösung, die der Glaube verheißt, von einem Zustand der Befreiung von allem Leid, wie in der buddhistischen Vorstellung von Nirvana, sich im besten Fall wie Trost, eher aber noch wie Lüge anzuhören. Selbst die Vorstellung der Erleuchtung oder einer Gemeinschaft mit Gott, auf die in Leben und Sterben Verlass ist, wie das Christentum behauptet, geraten in Misskredit. Und gilt das am Ende nicht sogar für jedes Reden von Geborgenheit?

Mit dieser Frage haben sich auf je eigene Weise u.a. Johann Wolfgang von Goethe, Friedrich Nietzsche und Franz Kafka befasst – als Dichter, Philosophen und Denker. Ihr Ausgangspunkt ist dabei die Sehnsucht nach Erlösung und die Idee (oder in der Sprache der Religion: Verheißung), dass es eine wirkliche Befreiung vom Leiden an der Vergänglichkeit geben könnte. Präziser: Sie haben sich gefragt, ob es einen solchen Zustand gibt, den wir zu erleben in der Lage sind. Denn über ein sagenhaftes Jenseits, ein Erleben nach dem Tod, kann man viel behaupten, ohne je etwas wirklich belegen zu können. Also: Wie verhält es sich mit dem sagenhaften Drüben, dem anderen Zustand, den wir womöglich tatsächlich erleben könnten?

Jeder der großen Religionslehrer und Weisen hat an einer Stelle seiner Unterweisung vom Umgang mit der Lehre selbst gesprochen. Buddha tat dies in einem Gleichnis. Die Lehre gliche einem Floß, behauptete er, mit dem man das andere Ufer erreichen könne. Sie führt in einen anderen Zustand hinüber, einem Floß gleich, das bestens geeignet ist, ans andere Ufer zu gelangen. Wenn dies gelungen ist, bleibt den Nachfahren Buddhas, die die Erfahrung des Überschreitens erst noch machen müssen, zunächst nichts anderes als dieses Floß, an das sie sich nun, da es das Einzige ist, was sie haben, festklammern. Doch das Floß sei lediglich ein Mittel, lehrte Buddha, vom »diesseitigen« Ufer an das »jenseitige« zu gelangen und damit von einem Ort, an dem

Gefahren und Schrecken herrschen, an einen anderen Ort »der Ruhe und Furchtlosigkeit«.[2] Wer dorthin über die Schwelle »großer Wasserfluten« gelangen will – ein Bild für die vielen Turbulenzen, die einem auf dem nicht ungefährlichen Weg begegnen –, jedoch ohne Aussicht auf eine Brücke oder einen anderen, gangbaren Weg, der sammelt eben »Schilfgras, Holz, Zweige und Blätter« und baut sich ein Floß. Drüben angelangt, so Buddha, denkt der Gerettete, der nun glücklich zurückblickt, wie nützlich doch das Floß war, ohne das er den Übergang nie geschafft hätte. »Wie wäre es nun, wenn ich dies Floß auf mein Haupt heben oder auf den Rücken legen würde und dann dorthin ginge, wohin ich will?« Buddha rät davon ab. Ein Floß sollte man, wenn man es benutzt hat, hinter sich lassen – sonst wird es zur Belastung und zum Problem. Nietzsche nannte das, wie gesagt, die Versuchung des »Ägyptizismus«.[3] Wir wehren uns gegen die Veränderlichkeit der teuersten Dinge, zu denen nicht zuletzt auch liebgewonnene Vorstellungen und die Verheißungen und Lehren der Religionen gehören, indem wir sie mumifizieren. Von der Lebendigkeit der Riten, die einst eine neue Erfahrung ermöglichten, bleibt nun ein bloßes Imitieren der Gesten, ein leerer Kult. Dieser »Ägyptizismus« führt kein bisschen weiter auf dem Weg »hinüber«, der ständige Flexibilität und ein je neues Einlassen auf das Werden erfordert. Die Dinge festzuhalten, wo doch alles im Werden ist, ist eine idée fixe, eine Lüge, sagt Nietzsche. Lehnt er damit alle Einsichten und Erkenntnisse, alle Texte als Begriffs-Götzendienst ab?

Das Herzsutra, einer der wichtigsten Texte der buddhistischen Überlieferungen, kurz und höchst prägnant dazu, endet mit einem Mantra, das vor allem in den Ländern, in denen der Mahayanabuddhismus eine zentrale Rolle spielt, häufig rezitiert wird: »Gate Gate Paragate – Parasamgate Bodhi Svaha.« Übersetzt bedeutet das so viel wie »Drüben. Drüben, drüben am anderen Ufer, angekommen am anderen Ufer, Weisheit!« »Svaha« ist ein Ausdruck tiefer Zustimmung und entspricht einem Ausruf wie »Ah!«. Buddha rät, seine Lehre wohl zu bedenken, jedoch auch, sie einmal »drüben« angekommen, konsequent hinter sich zu lassen, weil die Lehre nur die Lehre, nicht aber das andere Ufer selbst ist. Es gilt auch hier, wie überall auf dem Weg, loszulassen und die Dinge nicht zu verwechseln, auch wenn das noch so naheliegt. Die Lehre von der Erleuchtung ist nicht die Erleuchtung selbst: Die Lehre von etwas ist nicht die Erfahrung desselben. Dasselbe scheint für die Erlösung zu gelten. Der Gedanke an die Erlösung ist noch nicht die Erlösung selbst – ebenso wie eine vorgestellte Versöhnung keine wirkliche ist.

Die Frage stellt sich, ob nicht auch diese Rede von der Erleuchtung eine Erfindung und die Sache selbst – wie Freud sagen würde – eine Illusion ist. »Eine Illusion ist nicht dasselbe wie ein Irrtum«, bemerkte Freud. »Für die Illusion bleibt charakteristisch die Ableitung aus menschlichen Wünschen, sie nähert sich in dieser Hinsicht der psychiatrischen Wahnidee, aber sie scheidet sich, abgesehen von dem komplizierten Aufbau der Wahnidee, auch von dieser.« Während die Wahnidee sich durch den Widerspruch gegen die Wirklichkeit auszeichnet, ist »die Illusion nicht notwendig falsch, d.h. unrealisierbar oder im Widerspruch mit der Realität«. Das Problem mit der Illusion ist, dass die Wunscherfüllung Vater des Gedankens ist. Sie verzichtet im Grunde auf jede Prüfung, auf jede »Beglaubigung«, wie Freud es nennt.[4] Wie also verhält es sich mit jenem sagenhaften Drüben, dem anderen Zustand und dem Erreichen des anderen Ufers, das immer wieder Gegenstand nicht nur religiöser und philosophischer Überlegungen, sondern auch dichterischer Entwürfe ist? In einem der großen Texte des modernen Abendlandes, der die Frage nach der Erlösung und damit auch der Erleuchtung, der Erkenntnis zum zentralen Thema hat, in Johann Wolfgang Goethes *Faust*, lauten die letzten Zeilen im fünften Akt, die das Drama mit dem Chorus Mysticus beenden: »Alles Vergängliche/Ist nur ein Gleichnis;/Das Unzulängliche,/Hier wird's Ereignis;/Das Unbeschreibliche,/Hier ist's getan;/Das Ewig-Weibliche/Zieht uns hinan.« Wie auch immer das Weibliche zu deuten ist: Goethe hält daran fest, dass das, was das Vergängliche übersteigt – das andere Ufer sozusagen –, nicht nur sichtbar wird im Gleichnis, sondern auch Ereignis werden kann. Es wird nicht nur gedacht: Es IST hier und jetzt, geschieht sozusagen schon im Fall nach unten, ist nicht eingebildet, sondern wirklich und somit auch im Körper erfahrbar.

Faust II wurde 1832, wenige Monate nach Goethes Tod am 22. März desselben Jahres, veröffentlicht. Rund 50 Jahre später wird Friedrich Nietzsches *Also sprach Zarathustra* erscheinen, ein Werk, an dem der bis heute unterschätzte Philosoph zwischen 1883 und 1885 gearbeitet hatte. Er bezieht sich darin ausdrücklich auf Goethes letztes Werk, an das er nahtlos anknüpft. »Seit ich den Leib kenne«, lässt Friedrich Nietzsche seinen Zarathustra im Kapitel »Von den Dichtern« zu einem seiner Jünger sagen, »ist mir der Geist nur noch gleichsam Geist; und alles das ›Unvergängliche‹ – das ist auch nur ein Gleichnis.« Aus dem Unzulänglichen, weil Vergänglichem, von dem Goethe sprach und dem er das Unbeschreibliche folgen lässt, das »getan« und damit Ereignis wird, macht Nietzsche das Unvergängliche. Das ist insofern konsequent, als erst das Unvergängliche tatsächlich der Zeit enthoben ist, d. h. von Augenblick zu Augenblick in ihr geborgen bleibt. Doch für Nietzsche ist, anders als für Goethe, diese Rede nur ein Gleichnis. »›So hörte ich dich schon einmal sagen‹, antwortete der Jünger; ›und damals fügtest du hinzu: ‹aber die Dichter lügen zu viel›. Warum sagtest du doch, daß die Dichter zu viel lügen?‹«

Es ist klar, dass das, wovon in den großen Texten der Religionen und auch in der Philosophie immer wieder die Rede ist und was als Tröstung, als Anleitung zum guten Leben erscheint und schließlich sogar zur Erlösung führen soll, keineswegs leichthin als reine Dichtung abgetan werden kann – jedenfalls nicht, wenn man es am Selbstverständnis der Religionen misst. Es als Lüge überführen zu können bedeutet jedoch zu zeigen, dass es unwahr ist, dass es nicht mit den Tatsachen übereinstimmt, nicht zu dem gehört, was der Fall ist. Denn nur das, was nicht der Fall ist, aber dem Augenschein zum Trotz als solcher behauptet wird, ist eine Lüge. Ist das, wovon die großen Texte sprechen, das »sagenhafte Drüben«, also im strengen Sinn Lüge?

Zarathustra weicht dieser naheliegenden Frage auf seltsame Weise aus. Er fragt zurück. »›Du fragst warum? Ich gehöre nicht zu denen, welche man nach ihrem Warum fragen darf. Ist denn mein Erleben von gestern? Das ist lange her, daß ich die Gründe meiner Meinungen erlebte.‹« Wer Gründe will, so Zarathustra, der muss sich auf sein Gedächtnis verlassen – das in nichts anderem als einer Folge von Bildern und Worten besteht, gleich ob sie nun niedergeschrieben sind oder nicht. Er habe jedoch nicht vor, sich auf seine Gedanken von gestern festnageln zu lassen. Man müsste dann ja, wie er sagt, ein ganzes »Faß sein von Gedächtnis«. Bei Nietzsche muss – darin Buddha nicht ganz unähnlich – alles frisch sein: allem voran Erkenntnis, Erlösung oder Erleuchtung. Ihm sei es zu viel, seine Meinungen selber zu behalten. Manches fliege einfach wie ein Vogel davon und verselbständige sich, unternehme Reisen in ganz andere Richtungen oder verschwinde. Es geht zu wie in einem »Taubenschlag«, in dem sich mitunter auch ein neues, zugeflogenes Tier befindet, das zittert, wenn man seine Hand darauf legt.

Und doch steht die Frage im Raum: Was ist mit Zarathustra und all dem, was er sagt? Ist nicht auch er ein Dichter (und damit bald von gestern)? Genau das behauptet er. Tatsächlich ist auch Zarathustra wie sein Schöpfer Nietzsche bis zu einem gewissen Grad Dichter. Als solcher spricht er in diesem Fall – und nicht als Wissenschaftler oder Philosoph. Damit führt Zarathustra in ein Paradox. Er gleicht (wie jeder Dichter, der nicht nur dichten und erfreuen will, sondern zugleich mit seiner Dichtung auch etwas behauptet, d.h. einen Anspruch auf Wahrheit im Auge hat) jenem berühmten Kreter des Epimenides, der behauptet, alle Kreter würden lügen. Ist der Satz gelogen, so ist das, was er behauptet, unwahr. Ist er wahr, so ist das, was er behauptet, gelogen, denn er selbst ist Kreter. So oder so: Vom Standpunkt der Logik aus ist das Mindeste, was man feststellen kann, dass die Aussage des Kreters falsch sein muss, weil sie zu einem Selbstwiderspruch führt. Und das ist bereits, nicht nur für einen Logiker, verwirrend genug.

An diesem Selbstwiderspruch ändert sich auch nichts, wenn man ihn wie der Apostel Paulus im Titusbrief 1,22 in einen Satz der Wahrheit überführen will: »Es hat einer von ihnen gesagt, ihr eigener Prophet: ›Die Kreter sind immer Lügner, böse Tiere und faule Bäuche‹. Dies Zeugnis ist wahr.« Auch für den letzten Satz, dass dieses Zeugnis doch wahr sei, gelten dieselben logischen Probleme – Selbstwidersprüche – wie im Fall, dass behauptet wird, alles sei Lüge inklusive dieses Satzes selbst. Paulus entlarvt sich auf andere Weise als der nachdenkliche Zarathustra, weil er sein Ziel klarmacht und unumwunden zugibt: »Es gibt viele, denen man das Maul stopfen muss, weil sie ganze Häuser verwirren und lehren, was nicht sein darf, um schändlichen Gewinns willen.« Paulus, so impliziert der (selbstwidersprüchliche?) Vorwurf, gehört nicht dazu. Doch macht es die Sache besser, dass Paulus einen anderen, seiner Auffassung nach nicht schändlichen Gewinn im Auge hat? Die beste Absicht heilt keine logischen Wunden – es sei denn, man folgt Freuds Rat und verlässt sich, mit allen Konsequenzen, im Widerspruch gegen die Realität auf eine Illusion.

Wie also steht es um die Wahrheit, dass es ein sagenhaftes Drüben, ein anderes Ufer gibt? Zarathustra, der zugab, ein Dichter zu sein, blieb dabei: Die Dichter lügen zu viel. »Glaubst du nun, daß er hier die Wahrheit redete? Warum glaubst du das?«, fragt Zarathustra seinen Jünger, der verständlicherweise nicht recht weiß, was er darauf sagen soll. Muss er nicht Zarathustra zur Not gegen den Anschein glauben? Doch was genau meint Zarathustra überhaupt? Was soll der Jünger glauben, welche Wahrheit annehmen? In die Zweifel des Jüngers hinein schüttelt Zarathustra den Kopf und lächelt. »Der Glaube macht mich nicht selig, zumal nicht der Glaube an mich«, sagt er. »Aber gesetzt, daß jemand allen Ernstes sagte, die Dichter lügen zu viel: so hat er Recht, – wir lügen zu viel.«

Mit diesem Bekenntnis, das in eine Paradoxie und damit in eine Sackgasse führt, wäre der Dialog eigentlich zu Ende. Tatsächlich aber leitet er die Wende ein, die Nietzsches Gedanke nun nimmt. Diese hängt mit einem Misstrauen den Tatsachen und den Vereinnahmungen der Wirklichkeit gegenüber zusammen. Zu lügen bedeutet dann, den offensichtlichen Tatsachen nicht trauen zu wollen und dem Unmittelbaren nicht auf den Leim zu gehen. Nicht zu sagen, was der Fall ist, obwohl man es doch klar wahrnimmt, ist nach gängigem Verständnis eine Lüge. Doch Nietzsche sieht die kreative Kraft des Kontrafaktischen. Die entscheidenden Fragen im Leben lassen sich, ich habe oben bereits darauf hingewiesen, eben nicht klären durch Tatsachen, durch das, was man sieht, durch Informationen darüber, was der Fall ist und was nicht, was eine wahre Aussage und was eine falsche ist. Die entscheidenden Fragen zeichnen sich gerade dadurch aus, dass sie immer noch nicht beantwortet werden können, selbst wenn man alle Tatsachen der Welt zusammen besitzt und alles über sie wissen würde. In gewisser Weise sind die entscheidenden Fragen die, die übrigbleiben, nachdem man alle Fragen beantwortet hat, die durch reine Fakten zu klären sind. Was übrigbleibt sind Fragen wie »Was soll ich hoffen?«, »Wie soll ich mich entscheiden?« oder »Warum lebe ich überhaupt?« »Was ist unser Geist, unser Bewusstsein?« oder »Was macht unser Leben aus?«. Es reicht nicht, erfinderisch Tatsachen umzudenken, etwa indem man wider besseres Wissen denkt. Auf diese Weise entkommt man nicht – und auch nicht, indem man das, was man von großen Autoritäten gehört oder gelesen hat, nachredet. Autoritäten zu folgen, so groß und heilig sie auch sein mögen, verlagert nur das Problem, die Wahrheit zu sagen und das Lebensproblem zu lösen, um einen weiteren Schritt.

Die Dichter hingegen haben, anders als die Wissenschaftler, eine völlig andere Aufgabe als die, Fakten zu präsentieren. »Ach, es gibt so viel Dinge zwischen Himmel und Erde, von denen sich nur die Dichter etwas haben träumen lassen!«, lässt Nietzsche seinen Zarathustra sagen.[5] Dichter sind Träumer. Sie sind Erfinder von Wirklichkeit. Ihr eigentliches Geschäft ist, wie Robert Musil bekennt, der Dichter, zugleich aber auch Philosoph und Wissenschaftler ist, der Möglichkeitssinn. Das Mögliche umfasst

nicht einfach die Träume nervenschwacher Personen, schreibt
Musil,»sondern auch die noch nicht erwachten Absichten Gottes. Ein mögliches Erlebnis oder eine mögliche Wahrheit sind
nicht gleich wirklichem Erlebnis und wirklicher Wahrheit weniger dem Werte des Wirklichseins, sondern sie haben, wenigstens
nach Ansicht ihrer Anhänger, etwas sehr Göttliches in sich, ein
Feuer, einen Flug, einen Bauwillen und bewußten Utopismus,
der die Wirklichkeit nicht scheut, wohl aber als Aufgabe und
Erfindung behandelt.«[6] Denn auch das, was wir für wirklich halten, ist am Ende nichts anderes als eine Erfindung, eine Konstruktion, ein Modell unseres Geistes. Allzu oft verwechseln wir
dieses Modell mit der Welt selbst, verwechseln unsere Vorstellung
von uns mit uns selbst. Die Welt an sich erkennen wir nicht:
Sondern nur das, was wir als unsere Welt von ihr verstehen. Wir
sind es, die ganz im Sinne Kants, das große, weite »Da-Draußen«,
das Ding an sich, zur Welt machen. Dennoch lässt sich mit dem,
was der Wirklichkeitssinn als Sinn für die Tatsachen erschließt,
gut umgehen. Es ist eben einfacher, mit Wirklichkeiten als mit
Möglichkeiten zu hantieren. Wirklichkeit – das ist für viele gleichbedeutend mit dem Zählen von Bäumen. Doch die Summe aller
gezählten Bäume ergibt keineswegs den gesuchten Wald – geschweige denn eine Idee, wie man aus dem Wald, in den man
sich (wirklich!) verirrt hat, wieder herausfindet. Was ein Wald
ist, ist komplexer als die Summe einzelner Bäume. Es ist schwerer
zu erfassen und auszudrücken, als durch Messen und Zählen,
durch Informationen und Tatsachen. Einzelne Bäume mögen in
Festmetern messbar sein. Selbst ihre Qualität als Baumaterial ist
bestimmbar. Aber Möglichkeiten? Sie sind die noch nicht gebore-
nen Wirklichkeiten, sagt Musil. Wie sollte man sie messen? Kein
Wunder, dass die meisten Menschen mit Hilfe des oftmals ver-
kümmerten Möglichkeitssinns langsamer ans Ziel kommen als
mit dem ihnen wesentlich vertrauteren Wirklichkeitssinn. Also
einfach dichten, Lösungen erfinden?

Noch einmal zurück zu Nietzsche und seinem Alter Ego Zarathustra. »Ach, es gibt so viel Dinge zwischen Himmel und Erde,

von denen sich nur die Dichter etwas haben träumen lassen!«, sagte also Nietzsches Zarathustra. »Zumal über dem Himmel: denn alle Götter sind Dichter-Gleichnis, Dichter-Erschleichnis! Wahrlich, immer zieht es uns hinan – nämlich zum Reich der Wolken: auf diese setzen wir unsre bunten Bälge und heißen sie dann Götter und Übermenschen: – Sind sie doch gerade leicht genug für diese Stühle! – alle diese Götter und Übermenschen. Ach, wie bin ich all des Unzulänglichen müde, das durchaus Ereignis sein soll! Ach, wie bin ich der Dichter müde!«[7]

In Bezug auf die letzten Fragen sind wir Dichter, argumentiert Nietzsche. Etwas zieht uns hinan – doch dann statten wir den Himmel nur mit den vergrößerten Abziehbildern von uns selbst aus. Unzulänglich ist dies deshalb, weil es zum erhofften Ereignis führen sollte – aber nicht führt. Es sei denn, das Unzulängliche selbst wäre das Ereignis. Tatsächlich bleibt für Nietzsche das Unvergängliche, das dem Leiden Enthobene, schwer zu Beschreibende und daher im Vergleich mit der Welt der Tatsachen, der Wirklichkeit immer ein wenig Hinterherhinkende und daher unzulänglich Erscheinende von zentraler Bedeutung. Es ist etwas Wesentliches, Entscheidendes. Und es soll, so der Dichter Zarathustra, durchaus Ereignis werden. Denn schließlich ist auch Nietzsches Zarathustra des langen Wartens müde. Die Dichter sollen aufhören! An ihre Stelle soll die Erfahrung, die Sache selbst treten. Das Kapitel, das unmittelbar auf das über die Dichter folgt, trägt entsprechend den verheißungsvollen Titel »Von großen Ereignissen«. Es geht darin um die Erfahrung, zum Leben zu kommen, aus »dem Bauch der Dinge« zu reden, das Herz der Erde zu finden, von dem auch – wenngleich in einer anderen Sprache – das buddhistische Herzsutra spricht. »Glaubt mir«, sagt Zarathustra: »Die größten Ereignisse – das sind nicht unsre lautesten, sondern unsre stillsten Stunden.« Dieser Satz weist zurück in die Richtung der Übung der Meditation, die keine Erfindung der Dichter, keine Theorie, kein Wortgestöber ist, sondern eine tatsächliche Erfahrung, die allen Menschen möglich ist, die »ins Herz der Natur der Dinge« eintreten wollen. Die Möglichkeit, ins Herz der Dinge zu geraten, ist eine wirkliche Möglichkeit – und keine unzulänglich bleibende Fiktion.

Dass mehr in den Texten und Reden vom »sagenhaften Drüben« steckt als nur die Lüge von Dichtern, darauf machte auch der Philosoph Hans Blumenberg in einem Text mit dem Titel »Absolute Metapher« aufmerksam. Man muss, so Blumenberg, das Lügen einfach weiterdenken und das Floß der Dichter nochmals hinter sich lassen, um besser anzukommen. Wenn alles Leben tatsächlich Veränderung ist und man mit Heraklit gesprochen nicht zweimal in denselben Fluss steigen, die Wirklichkeit also nicht festhalten kann – ist es dann nicht merkwürdig, dass man nach einem Bad im Fluss immerhin an dasselbe Ufer zurückkehrt? »Ist man an das Ufer zurückgekehrt, ist es dasselbe, an welcher seiner Stellen auch immer. Da schert es einen nicht mehr, daß es nicht mehr derselbe Fluß ist, in den man ein weiteres Mal steigen würde.«[8]

Ein Zen-Meister wie Zenji Dōgen (1200–1253) würde sicherlich, wie er es in seiner Sutra der Berge und Flüsse tat, an dieser Stelle darauf hingewiesen haben, dass auch Berge sich in Wahrheit durchaus wie Flüsse verändern, wenn man sie mit einer anderen Vorstellung, einem anderen Maß von Zeit betrachtet. Tatsächlich gibt es immer Veränderung, gibt es immer eine Zeit des Fließens und eine des Nichtfließens. Aus diesem Gegensatz entstehen alle Dinge und sind erst wahrnehmbar durch ihn. Die Möglichkeit schärft das Auge für die Wirklichkeit – wie auch die Wirklichkeit das Auge schärfen kann für die Möglichkeiten, die in ihr ruhen, jedenfalls dann, wenn man sie richtig betrachtet. Wer die Welt richtig betrachtet, der erwacht so, wie Buddha einst zur wahren Natur erwachte. Doch diese schien nur fern und jenseitig. In Wahrheit war sie immer da. Daher sagt Dōgen in seiner Sutra, dass auch das Reden von einem Ort, wo Erde und Wasser sind, die Rede von oben und unten, diesseits und jenseits, hier und nicht hier, hier und drüben nur »von uns gedacht und nicht der wirkliche Ort sind, wo Erde und Wasser sind«. Erst wenn man das Denken unterbricht, erkennt man, wie es sich wie ein

Netz über alles legt und zuweilen das Aussehen der Welt verändert, so als halte sich jemand einen Strumpf vors Gesicht, um nicht erkannt zu werden. Für Dōgen gilt daher, inmitten aller hitzigen Debatten um Glauben und Vernunft, hier und drüben, Lüge und Wahrheit vor allem die Haltung des »Nichtdenkens« zu entwickeln und zu kultivieren. Diese Übung der Meditation und Weisheit ist das Herzstück der buddhistischen Überlieferung – so wie möglicherweise die Mystik in jeder Religion die Kraftmaschine ist, die die wackligen Gebäude der Dogmatik mit Leben erfüllt und zuweilen sogar zusammenhält. »Wenn ihr die freie Durchdringung aller Dimensionen der Wirklichkeit angesichts dieser Welt vor euch nicht erlernt und erforscht«, schreibt Dōgen, »dann habt ihr euch noch nicht von Körper und Geist des gewöhnlichen Menschen befreit.« Auch Berge fließen – selbst wenn dies zunächst der Wahrnehmung zu widersprechen scheint. Es gibt nichts Festes. »Der Augenblick, wenn wir die Berge aus der gewöhnlichen weltlichen Sicht heraus sehen, unterscheidet sich fundamental, in Bezug auf das Wissen und die Wahrnehmung, von dem Augenblick, wenn wir den Bergen aus dem Innern der Berge heraus begegnen.«[9]

Doch ist nicht auch das ein Gleichnis? Hilft es, auf eine Erfahrung zu verweisen? Genauer gefragt: Hilft der Hinweis auf eine Erfahrung, die sich in der Meditation einstellen kann, im richtigen Leben? Oder ist all das wieder nur ein Text, der, sei er noch so eindrucksvoll, dennoch nicht von diesem Leben, sondern von einem bloß sagenhaften (also: in Wahrheit nicht möglichen) Drüben handelt?

1931 wurde von Franz Kafka ein Text veröffentlicht, der all das noch einmal aufnimmt, durcheinanderwirbelt und in eine andere Perspektive rückt: Den Text des Herzsutra ebenso wie Goethe, Nietzsche und in gewisser Weise auch Kafkas Zeitgenossen Musil. Der Text heißt »Von den Gleichnissen«.[10]

»Viele beklagen sich, daß die Worte der Weisen immer wieder nur Gleichnisse seien, aber unverwendbar im täglichen Leben, und nur dieses allein haben wir. Wenn der Weise sagt: ›Gehe hinüber‹, so meint er nicht, daß man auf die andere Seite hinüber gehen solle, was man immerhin noch leisten könnte, wenn das Ergebnis des Weges wert wäre, sondern er meint irgendein sagenhaftes Drüben, etwas, das wir nicht kennen, das auch von ihm nicht näher bezeichnet ist und das uns also hier gar nichts helfen kann. Alle diese Gleichnisse wollen eigentlich nur sagen, daß das Unfaßbare unfaßbar ist, und das haben wir gewußt. Aber das, womit wir uns jeden Tag abmühen, sind andere Dinge. Darauf sagte einer: ›Warum wehrt ihr euch? Würdet ihr den Gleichnissen folgen, dann wäret ihr selbst Gleichnis geworden und damit schon der täglichen Mühe frei.‹ Ein anderer sagte: ›Ich wette, daß auch das ein Gleichnis ist.‹ Der erste sagte: ›Du hast gewonnen.‹ Der zweite sagte: ›Aber leider nur im Gleichnis.‹ Der erste sagte: ›Nein, in Wirklichkeit; im Gleichnis hast du verloren.‹«

Kafka verkehrt die Welt. Welche ist nun die wichtigere? In welcher findet der schwerer wiegende Verlust statt? Dichter, Philosophen und Mystiker mögen in ihren Gleichnissen von einem sagenhaften Drüben erzählen. Wenn wir uns ihnen anvertrauen, sagt Kafka, wenn wir ihrem Möglichkeitssinn trauen und dem Gesagten folgen, mehr noch: Wenn wir unser Leben selbst zum Gleichnis werden lassen, dann gelangen wir nach drüben. Dann sind wir bereits da.

Die Idee, selbst Gleichnis zu werden, ist eine zutiefst mystische und christliche Idee. Der Mensch ist für die biblische Tradition das Abbild Gottes. In ihm klingt das Wort nach, das alles ins Werden setzte. Wenn der Mensch dieses Wort wird, wenn er als Glaubender zum Gleichnis Gottes wird – dann verwirklicht er damit eine der zentralen, wenn nicht die zentralste Idee der christlichen Theologie überhaupt. Jesus nachzufolgen bedeutet: Gleichnis Gottes zu werden. Gott, so heißt es, war am Anfang Wort, war Logos. Logos aber ist, in der Formulierung Hegels, »Sache und Sage« in einem.[11] Im Hebräischen bedeutet »dabar« nicht einfach »Wort« im Sinne eines einzelnen Wortes, sondern immer auch Sprache und vor allem Wirklichkeit, d.h. Geschichte und Ereignis. Auch das, was geschieht oder geschehen ist, wird biblisch also zum »dabar«, zum Sein und Sprechen Gottes. Das Sprechen Gottes – »und es werde …« – ist biblisch gesehen keine Lüge. Denn die Welt wurde ja: Sie ist! Wenn Gott also Sprache wird, dann ist das, was der Dichter der Welt sagt, zugleich immer auch wirklich. Auf sein Wort, so die jüdische Tradition, ist Verlass. Die Thora ist im Grunde ein Buch, das sagt: Auf das, was die Dichter und Propheten hier versammelt haben und sagen, ist Verlass, weil darin Gott spricht. Das ist die Verheißung, das Paradies. Insofern wird das »Wort« zuweilen auch in der Bedeutung von »Gottes Gesetz« und sogar »Gottes Verheißung« verwendet: das Wort, das ein Versprechen in sich trägt und dieses Versprechen zugleich wahr macht, indem es Ereignis wird. Die Frage nach der Wahrheit (oder Lüge) stellt sich auf dieser religiösen Ebene noch gar nicht, weil sie die viel grundlegendere ist. Bevor es eine Wahrheit gibt, muss es erst eine Welt geben. Bevor ein Gedanke, ein Wort überhaupt mit der Wirklichkeit übereinstimmen oder im Gegenteil nicht übereinstimmen kann (nur Aussagen über die Wirklichkeit können wahr bzw. falsch sein, nicht die Dinge selbst), muss es eine Wirklichkeit allererst geben! Auch die Lüge macht auf verdeckte Weise von ihr Gebrauch.

Gott jedoch lügt nicht. Er gleicht den Dichtern, indem er diese Wirklichkeit schafft. Im Hebräischen wird für diesen einmaligen Akt ein Wort verwendet, das in dieser Form nur an dieser Stelle des Schöpfungsberichtes verwendet wird. Das Wort ist ebenso einmalig wie die Wirklichkeit oder das Geschehen, das es bezeichnet. Das Wort bara, das seltsamerweise in einer anderen Bedeutung auch abholzen, roden sowie fett machen, mästen bedeutet, tritt nur im Zusammenhang mit dem göttlichen Akt des Schaffens auf. Wenn wir Gottes Wort – das laut christlichem Glauben in Jesus Fleisch geworden ist – vertrauen, dann erschließt sich uns die Wirklichkeit, von der es spricht. Im Grunde ist dieses Wort, das Gott ist, das, was später Sprachphilosophen einen Sprechakt oder ein Sprachgeschehen nannten. In der Aussage »Ich verzeihe dir« geschieht genau das, wovon die Rede ist – und es geschieht nur so. Wenn wir, so lautet der religiöse Kerngedanke des christlichen Glaubens, in unserem Leben in die Nachfolge von Jesus treten, der uns durch sein Leben selbst als Wort und Gleichnis Gottes erscheint, wenn wir also in unserem Leben Jesus und damit seinen Gleichnissen entsprechen, wird das zum Ereignis, wovon Jesus selbst in seinen Gleichnissen erzählt. Jesu zentrale Botschaft war es ja gerade, dass das Reich Gottes kein sagenhaftes Drüben ist, sondern bereits nahegekommen, angebrochen ist. Das Reich Gottes, lehrte Jesus, ist da. Und alle können an ihm Anteil haben, weil alle Kinder (des einen) Gottes sind. Gott der Schöpfer wird durch seinen Sohn, der in Gleichnissen spricht, selber zu einem Gleichnis, das, wenn man ihm folgt, die Wirklichkeit, von der es spricht, in sich trägt.

Löst man diesen Gedanken aus seinem christlichen Kontext – und darum bemüht sich Nietzsche, auch wenn seine Figur des Zarathustra gerade in dem Kapitel von den großen Ereignissen wieder auf Jesus und seine Wiederkehr am dritten Tage nach seinem Tod anspielt –, dann geht es ganz fundamental um den Zusammenhang von Leben und Sprache, Gleichnis und Wirklichkeit. Nicht ein Wortspiel ist das Thema, sondern unsere individuelle Geschichte, die Geschichte unseres Lebens, die immer zur Geschichte, zum Gleichnis und damit zum Ereignis wird. Geschichte hat einen tiefen doppelten Sinn. Sie erzählt – und sie ereignet sich. Darauf spielt auch Kafka an. Das Gleichnis, auch wenn es eine von Dichtern, Mystikern, Weisen oder religiösen Lehrern erfundene (besser wäre es, zu sagen: gefundene) Geschichte sein mag, wird Ereignis und damit tatsächlich zur wirklichen, zu einer erfahrenen und gelebten Geschichte. Diese Geschichte ereignet sich als Geschichte der Erlösung, des tatsächlichen Ankommens am anderen Ufer – nicht vorgestellt, sondern wirklich. Die Geschichte macht in gewisser Weise Geschichte. Insofern liegt der Sinn einer Weisheitsgeschichte, eines Gleichnisses und möglicherweise religiöser Sprache überhaupt im Unterschied zur Sprache der Vernunft, der Wissenschaften, darin, diese Geschichte fortzuerzählen, sie im eigenen Leben im Sinne der Geschichte fortzuschreiben. Das ist es, wie Nietzsche in der *Fröhlichen Wissenschaft* behauptete, was wir machen. Unser Tun ist ein aktives Fortschreiben der Phantasie. Man sollte sich laut Nietzsche nicht einbilden, »vor das große Schau- und Tonspiel gestellt zu sein, welches das Leben ist«. Wer so denkt, »nennt seine Natur eine kontemplative und übersieht dabei, daß er selbst auch der eigentliche Dichter und Fortdichter des Lebens ist«.[12] Vis und vita contemplativa sind nicht zu trennen von der vita activa und der vis creativa. Wir sind es, die die Welt, die den Menschen etwas angeht, erschaffen.

Wer allerdings den religiösen Blick noch nicht hat, wer die Welt noch nicht mit den Augen eines Gleichnisses, einer Geschichte sieht und noch davor steht, vor dem Übergang und Über-Setzen, und verzweifelt sucht, mag Zweifel haben an den Gleichnissen und Geschichten, die von Erlösung und dem sagenhaften Drüben handeln. Wer zweifelt, steht sozusagen auf der ersten Seite des Zitats und muss seinen Geist noch dem Gleichnis übergeben, das ihn, einem Floß gleich, hinüberträgt. Kafka behauptet: Erst wenn du das tust und selbst zum Gleichnis geworden bist (oder, wie Nietzsche sagen würde: Wenn du fortdichtest), dann kommst du drüben an und bist der täglichen Mühe enthoben. »Schön und gut«, wendet Kafkas imaginärer Gegner ein. »Aber eben das ist doch gerade das Gerede! Gerade das ist doch wieder nur ein Gleichnis, wieder eine Lüge, wieder ein billiger Trost. Wo bitte kommst du denn im richtigen Leben an?«

»Du hast gewonnen«, lautet Kafkas konsequente Antwort. »Wenn du so denkst, von deinem Standpunkt der angeblichen Wirklichkeit, des Wirklichkeitssinns aus, und dabei bleibst, dann hast du allerdings gewonnen. Allerdings nur in dieser von dir vorgestellten Version der Wirklichkeit, d.h. in der Perspektive deiner Wirklichkeit und Sprache, von dem aus gesehen, was du für wirklich hältst – und was in Wahrheit nicht minder eine Konstruktion, ein Modell und damit eine prinzipiell fehlbare Wahrheit, ja möglicherweise sogar eine Lüge ist. Vom deinem Standpunkt aus gesehen«, sagt Kafka, »dem Standpunkt des Wirklichkeitssinns aus, ist tatsächlich alles nur Gerede. Vom Standpunkt des Gleichnisses allerdings, aus der Perspektive des Floßes, des Vehikels, das dich rüberbringt und durch das du einzig drüben ankommst und überhaupt ein Drüben sehen und mitteilen, davon sprechen kannst: Von diesem Standpunkt aus hast du verloren.«

All das Reden, Denken, Argumentieren, Gedankenkino und Vernünfteln ist, wie der Buddhismus, die christlichen Mystiker, die Weisheitswege aller Orte auf der Welt lehren, am Ende selbst nicht mehr als ein Fahrzeug, ein Vehikel, um drüben anzukommen, das man am Ende aber hinter sich lassen sollte. In einem seiner Lehrgedichte schreibt der in Japan bis heute hochgeschätzte Dichter und Zen-Meister Ryōkan, der von 1758 bis 1831 lebte und ähnlich wie Kafka in einem Gleichnis über das Gleichnis nachdachte, Folgendes.

»Wegen des Fingers kannst du auf den Mond zeigen.« Ryōkan betont zunächst also die Bedeutung von Gleichnissen und Worten. Nur weil es das Gleichnis, den Finger gibt, kannst du überhaupt verstehen, was Erlösung ist, argumentiert er. »Und nur weil der Finger tatsächlich zeigt, kann jemand dir zeigen, wo der Mond ist.« Ryōkan schreibt weiter: »Wegen des Mondes kannst du den Finger verstehen.« Damit verändert sich die Perspektive grundlegend. Ohne Mond: Was gäbe es da einen Finger, um auf ihn zu zeigen? Nur weil es das andere, das Drüben überhaupt gibt, nur weil der Mond und das, worauf das Gleichnis zielt, existieren, kannst du es überhaupt sinnvoll verwenden. »Mond und Finger sind weder verschieden, noch sind sie gleich. Dieses Bild wird nur gebraucht, um Schüler zur Erleuchtung zu führen. Wenn du einmal wirklich die Dinge siehst, wie sie sind, dann ist da kein Mond mehr und kein Finger.«[13]

Dies ist auch die Sicht von Dōgen. Es ist die Sicht des religiösen Blickes auf die Welt. Man muss die Leiter hinter sich lassen, hatte Ludwig Wittgenstein in seinem berühmten *Tractatus* behauptet. »Es gibt Unaussprechliches« – und es zeigt sich, hatte er behauptet. Es zu sehen ist das, was der religiöse Blick leistet. Auch wenn man am Ende die Erkenntnisse, wenn sie erst einmal formuliert worden sind, als unsinnig bezeichnen muss. Man benutzt Leitern, die man hinterher wegwerfen soll, um »durch sie –

auf ihnen – über sie hinausgestiegen« zu sein.[14] Am Ende zeigt sich ohnehin die Lösung des Problems des Lebens nur in einem restlosen Verschwinden von Frage und Antwort – in der Gegenwart des Hier und Jetzt, die einzuüben jedoch keine Frage der Dichtung und des Lügens, sondern der Übung und Lebenspraxis ist. Weil man die Lösung des Problems des Lebens am Verschwinden des Problems erkennt, sagt Wittgenstein, fällt es vielen Menschen, denen der Sinn des Lebens nach langen Zweifeln klarwurde, so schwer, ihn zu benennen. Sie können nicht sagen, worin dieser Sinn bestand – auch wenn er sich zeigt. Das sagenhafte Drüben ist der dem Leiden an der Vergänglichkeit, am Verzweifeln enthobene Zustand – und zugleich ein Ort, der eine klare Übersicht, eine alles lösende Orientierung im Leben ermöglicht. Nun fließt der Fluss. Veränderung findet weiter statt. Doch sie hat, wie der Tod auch, ihren Stachel verloren.

Diese Kadenz könnte ein Schlussakkord sein – hätte nicht interessanterweise ausgerechnet der skeptische amerikanische Philosoph Richard Rorty, der im Sommer 2007 im kalifornischen Palo Alto starb, einem solchen Verständnis noch einen zusätzlichen Dreh gegeben. In seinen beiden Essays *Philosophie als Übergangsgenre* und *Pragmatismus und Romantik* macht Rorty geltend, dass die Intellektuellen im Abendland drei Stadien durchlaufen haben. »Zuerst haben sie ihre Hoffnung auf Erlösung in Gott gesetzt, dann in die Philosophie, und jetzt erhoffen sie sich Erlösung von der Literatur.«[15] Mag diese Entwicklungslinie zunächst ein wenig übertrieben erscheinen, wird sie durch Rortys detaillierte Analyse, die ich hier nur skizziere, doch sehr plausibel. In der Tat begann der Übergang von der Religion zur Philosophie in der Renaissancezeit und insofern zunächst mit der Wiederbelebung des Platonismus. Die Humanisten stellten sich erneut Fragen, die auch Sokrates in Bezug auf die Götter seiner Zeit gestellt hatte. Die Aufklärung nahm ihren Weg. Doch kurz nach Kant bereits, der den Höhepunkt dieser Entwicklung markiert, setzte nicht zuletzt über Hegel der Übergang zu einer literarischen Kultur ein. »Um die Vorstellung, die Erlösung könne in der Gestalt wahrer Überzeugungen erscheinen, ernst zu nehmen, muss man sowohl glauben, ein nicht erfolgreich begründetes Leben sei nicht lebenswert, als auch glauben, dass beharrliches Argumentieren alle nach Erkenntnis Strebenden zur selben Menge von Überzeugungen führen werde«, schreibt Rorty. Beide Überzeugungen führen in die Irre. Die Kultur, die sowohl Religion als auch Philosophie durch Literatur ersetzt hat, findet »ihre Erlösung weder in einem nonkognitiven Verhältnis zu einer nichtmenschlichen Person noch in einer kognitiven Beziehung zu Aussagen, sondern in nonkognitiven Beziehungen zu anderen Menschen, und zwar in Beziehungen, die durch Vermittlung menschlicher Artefakte wie Bücher und Gebäude, Gemälde und Literatur hergestellt werden.«[16]

Mit Nietzsche wurde der Streit zwischen Philosophie und Dichtung dann erneut auf die Bühne des Denkens gebracht. Doch Nietzsche, der vielleicht kein wirklich systematischer Denker, aber in seinem Denken ein scharfer und pointierter Kritiker und Visionär war, brachte mit seiner Philosophie sowohl die Tradition des deutschen Idealismus (das Innere der Natur ist nicht die Materie, sondern der Geist, zu dem wir direkten Zugang haben) als auch den britischen Empirismus (wir haben direkten Zugang zur Natur durch die Wissenschaften) zu Fall. Wer sagt, dass die Dichter lügen, sagt Rorty, der verrät im Grunde nur seine in Wahrheit nicht haltbare Anschauung, dass es einen unmittelbaren Zugang zur Wirklichkeit gäbe.[17] In Wahrheit ist unsere Welt immer nur unsere Welt, ist Konstruktion oder, etwas schwungvoller ausgedrückt, Dichtung. Alle Theorien sind insofern Dichter-Lüge. Die Frage ist nicht, ob Religion oder Wissenschaft das größere Märchen ist – denn für Nietzsche (und Rorty) sind sie beide Märchen. Die Frage ist vielmehr, welche Nützlichkeit diese beiden Formen von Geschichte haben. »Wir sollten nicht behaupten«, schreibt Rorty, »die Hoffnung auf Erkenntnis des inneren Wesens der Wirklichkeit sei eine Illusion, denn Nietzsche hat recht, wenn er sagt: Sobald wir auf die Vorstellung von einer wahren Welt verzichten, geben wir auch die Vorstellung von einer illusorischen Welt preis. Der Unterschied zwischen einem guten, alten Gedicht und einem besseren, neueren Gedicht ist nicht der Unterschied zwischen einer schlechten Wiedergabe der Wirklichkeit und einer besseren Wiedergabe, sondern es ist der Unterschied zwischen einem kleineren und einem größeren Kreis.«[18] Ein neues Gedicht bringt nützliche Neuheiten und Fähigkeiten ins Spiel. Es erweitert den Kreis unseres Lebens, für das die Vernunft ihre Gründe verlangen mag – jedoch nur innerhalb des ihr von der Phantasie zugewiesenen Spiels. An ein Gedicht mit den Kategorien der Wahrheit herantreten zu wollen, ist jedoch völlig unangemessen. Der »literarischen Kultur« geht es darum, »mit den gegenwärtigen Grenzen der menschlichen Phantasie in Berührung zu kommen« – immer wieder neu.[19] Das Ziel ist, wenn man das so formulieren kann, eine Reifung und Erweiterung dieser Grenzen, des Kreises der Welt – nicht jedoch etwas ausfindig zu machen oder mit etwas in Berührung zu kommen, das nicht von dieser Welt ist, d.h. nicht von Menschen gemacht wäre und im Horizont ihrer Erfahrung auftritt. Mathematik hat ebenso wenig wie empirische Wissenschaft, d.h. eine materialistische Metaphysik, Erlösungspotential, so schön und weitreichend auch alle Erkenntnisse der Welt reichen mögen. Das anzunehmen, verkehrt die wahren Verhältnisse und verkennt die Rolle der Vernunft im Gesamt des menschlichen Lebens. Wissenschaft ist, ebenso wie Metaphysik, ein kontinuierlicher Versuch, Probleme zu lösen: nicht mehr und nicht weniger. Sie ist, wie das Dichten, eine schöpferische Tätigkeit und soziale Praxis – mit teilweise verheerenden Auswirkungen. Doch einen exklusiven Zugang zur Wirklichkeit verschafft auch sie uns nicht. Es bleibt dabei, wie Rorty zu Recht behauptet: »Vernunft ist davon abhängig, dass man im Rahmen von Sprachspielen zulässige Züge macht. Die Phantasie erschafft die Spiele, die anschließend von der Vernunft gespielt werden. Die Vernunft kann den letzten Kreis, den die Phantasie gezeichnet hat, nicht verlassen. In diesem Sinn hat die Phantasie Vorrang vor der Vernunft.«[20]

So bleibt es dabei: Das Unsagbare, das durchaus erfahrbar ist, zeigt sich – daran hielten Mystiker und Weise über die Jahrhunderte und Kulturen ebenso hartnäckig fest wie Dichter und Philosophen seit der Antike bis heute. Dass es sich zeigt, ist das Credo, das im religiösen Blick auf die Welt seine Entsprechung findet. Doch das, was sich zeigt, kann, ebenso wie die damit verbundene Erfahrung, in keiner anderen Weise beschrieben werden als eben doch in (unzulänglichen) Bildern und Gleichnissen über ein »sagenhaftes Drüben«. Weil sie unzulänglich sind, erscheint das Drüben, das ein Hier ist, als sagenhaft – wie ein Märchen. Immerhin stellt die Sprache als verlängerter Arm des religiösen Blicks zu dem, was erfahren werden kann, eine Beziehung her. Dadurch kann sie Gespenster ebenso erzeugen wie vertreiben. Doch die Erfahrung, auf die sie zielt, kann nur reifen, wenn sie kultiviert wird. Diese Übung ist durch nichts zu ersetzen. Vor allem ist sie nicht Dichten und Denken, sondern Praxis – ein Tun, das einen möglichen Ausdruck findet in jener buddhistischen Übung der Weisheit durch das absichtslose »Sitzen im Hier und Jetzt«, das Dōgen oder Ryōkan beschrieben haben. Es gibt in diesem Sinn keine »erlösende Wahrheit«, die sich in einem Wort, einem Satz, einer Lehre einfangen lassen würde. Ein Begriff dafür würde, wenn es ihn gäbe, erzwingen, dass alles zu einem Abschluss gebracht werden kann und es damit gelingen könnte, alles, jedes Ding, jede Person, jede Aussage, jedes Verhalten, jedes Gefühl und Ereignis, »in einen einzigen Kontext einzufügen«.[21] Es gibt jedoch weder diesen einen Kontext quer durch alle Kulturen und Zeiten noch die eine Wahrheit, die erst »hinter« der Wirklichkeit der Erscheinungen auftritt und auf die sich dann »wahre Aussagen«, die keine Dichter-Lügen wären, beziehen könnten. Was es gibt, ist nur die fließende Welt der Erscheinungen und ihre immer neuen Beschreibungen. Was wir in der Welt sehen, haben wir »erfunden«. Doch manche dieser Erfindungen machen uns glücklich oder retten unser Leben. Manche tragen unsere Sorgen über den Fluss und erlauben uns, sie hinter uns zu lassen und in Ruhe und Frieden die fließende Welt zu betrachten und neu zu gestalten. Darin besteht, wenn überhaupt, das Glück der Erleuchtung. Es zu finden ist am Ende, wenn man den Deutungen des religiösen Blicks folgt, eine wirkliche Möglichkeit, die der Vernunft ebenso wenig widerspricht, wie sie ihr entspricht oder entspringt. So eröffnet der religiöse Blick am Ende einen, aber nicht den einzigen Weg zu einer Wirklichkeit, die sich zeigt. Ihn zu gehen ist weise. Und mehr als Weisheit haben, wenn es die Bewältigung des alltäglichen Lebens mit seinen Sorgen und Ängsten angeht, weder Religion noch Vernunft zu bieten.

Anmerkungen

Zum Anfang: Der Ausweg aus dem Fliegenglas

1 Christopher von Bülow, »Auf Neuraths Schiff um die Welt! Vorschlag für eine ›anbindende‹ Ontologie« (2005), http://www.uni-konstanz. de/FuF/Philo/Philosophie/Spohn/vonBuelow/neurath.pdf.

2 Immanuel Kant, *Kritik der reinen Vernunft*, A 307.

3 *Kritik der reinen Vernunft*, A 820.

4 Ludwig Wittgenstein, *Bemerkungen über die Grundlagen der Mathematik*, in: Ders., *Werkausgabe* Bd. 6, S. 332.

5 *Kritik der reinen Vernunft*, A 826.

6 Ebd., A 827.

7 Ebd., A 828.

8 Ebd., 311.

9 Ebd., 825.

10 *Das Neue Testament und frühchristliche Schriften*, übersetzt und kommentiert von Klaus Berger und Christiane Nord, Frankfurt am Main 1999, S. 150.

11 Immanuel Kant, »Was heißt: Sich im Denken orientieren«, A 328 f.

12 *Kritik der reinen Vernunft*, B 294.

13 Ludwig Wittgenstein, *Philosophische Untersuchungen*, in: Ders., *Werkausgabe* Bd. 1, S. 119.

14 Ebd., S. 133.

15 Rolf Wiggershaus, *Wittgenstein und Adorno. Zwei Spielarten modernen Philosophierens*, Göttingen 2001, S. 54 f.

16 Ebd., S. 56.

17 Hans Blumenberg, »Im Fliegenglas«, in: Ders., *Ästhetische und metaphorologische Schriften*, Auswahl und Nachwort von Anselm Haverkamp, Frankfurt am Main 2001, S. 210–249, S. 219. Der Text ist ursprünglich in Hans Blumenbergs Buch *Höhlenausgänge*, Frankfurt am Main 1989, S. 752–792, erschienen.

18 Hermine Wittgenstein, »Mein Bruder Ludwig«, in: Rush Rhees (Hg.),

Ludwig Wittgenstein: Porträts und Gespräche, Frankfurt am Main 1997, S. 221–34, S. 26.

19 Robert Musil, »Das Fliegenpapier«, in: Ders., *Gesammelte Werke* Bd. 7, *Kleine Prosa*, hg. v. Adolf Frisé, Reinbek 1978, S. 476–477.

20 Hans Blumenberg, »Im Fliegenglas«, a. a. O.

21 Ludwig Wittgenstein, *Philosophische Bemerkungen*, in: Ders., *Werkausgabe* Bd. 2, S. 83.

22 Ebd., 83 f.

23 Wittgenstein, *Philosophische Untersuchungen*, a. a. O., § 99.

24 Ebd., § 106.

25 Ebd., § 112.

26 Ebd., § 115.

27 Ebd., § 103.

28 Wittgenstein, *Bemerkungen über die Grundlagen der Mathematik*, a. a. O., S. 245.

29 Blumenberg, *Ästhetische und metaphorologische Schriften*, a. a. O., S. 234, S. 241.

30 Vgl. http://kw.uni-paderborn.de/fileadmin/kw/Institute/Philosophie/Personal/Reichenberger/WiSy2004_reichenberger.pdf.

31 Wittgenstein, *Philosophische Untersuchungen*, a. a. O., Teil II, XI.

32 Ebd.; siehe auch das Originalbild beim Wahrnehmungspsychologen Joseph Jastrow: http://de.wikipedia.org/w/index.php?title=Datei:Duck-Rabbit_illusion.jpg&filetimestamp=20060 329 021 754]].

33 Charles Taylor, *Ein säkulares Zeitalter*, Frankfurt am Main 2009, S. 515.

34 Ebd., S. 516.

35 Ebd., S. 521.

36 Ebd., S. 515, S. 517.

37 Wittgenstein, *Philosophische Untersuchungen*, a. a. O., Teil II, XI.

38 Wittgenstein, *Bemerkungen über die Grundlagen der Mathematik*, a. a. O., S. 333.

39 Ludwig Wittgenstein, *Tractatus logico-philosophicus*, in: Ders., *Werkausgabe* Bd. 1, T 5.6 – 5.6.4.1.

40 Peter Sloterdijk, *Du mußt dein Leben ändern. Über Anthropotechniken*, Frankfurt am Main 2009, S. 47, S. 99, S. 100–105, S. 139, S. 179, S. 197, S. 200 ff, A. 236 ff, S. 250, S. 257.

1. Vernunft und die Grenzen der Erkenntnis

1 Alberto Manguel, *Die Bibliothek bei Nacht*, Frankfurt am Main 2007, S. 49.

2 Ebd., S. 58 ff.

3 Ich gestehe, dass mich immer wieder ein Streit fasziniert, der in Paris
tobte und sich von dort aus über Europa ausbreitete – Jahrhunderte
vor der ebenfalls aus Frankreich stammenden Philosophie der Postmoderne und der damit verbundenen Kritik an der deutschen Philosophie. Zur Hochzeit der Diskussion um Lyotard und Derrida in den
letzten Jahrzehnten des letzten Jahrhunderts galt: Paris und Postmoderne gegen Frankfurt, Frankfurter Schule und die Theorie kommunikativen Handelns. 1270 jedenfalls entbrannte in Paris ein heftiger
Streit über die Vernunft und ihre Grenzen, in dessen Folge Étienne
Tempier, der Bischof von Paris, an der Sorbonne 13 Thesen des Aver-
roismus und Aristotelismus verurteilte. Im Hintergrund stand die
gesamte Macht der Kirche. Ein wichtiger Streitpunkt war die Frage,
ob der Intellekt aller Menschen ein und derselbe sei. Und ob er bis
zum Chef, zu Gott hinaufreichte. Der Bischof jedenfalls verbot die
Ansicht, dass die Vernunft, indem sie sich selbst erkenne, zugleich
auch Gottes Wesen und das Wesen aller Dinge erkennen könne. Zwei
Jahre nach seinen Thesen kam es nach der Wahl des Rektors der
Sorbonne zu einem offenen Bruch an der Pariser Universität. Am
Ende wird ein Machtwort gesprochen: 1277 schreitet die Inquisition
ein. Wie heute noch üblich, erarbeitete eine Theologenkommission
Thesen – 219 an der Zahl –, die an der Aristoteles nahestehenden
»Artistenfakultät« diskutiert wurden. Diese Thesen betrafen im
Grund den gesamten Kosmos des christlichen Denkens, vor allem
aber auch die Frage nach der Erkennbarkeit Gottes und der Möglichkeit, göttliches Wissen zu erwerben. Vor allem aber ging es angesichts
der allmählich sich freischwimmenden Künste und Wissenschaften
um die Frage nach dem Wissenschaftscharakter der Theologie. Der
Atheismusstreit ist eben kein Kennzeichen der Moderne und erst
recht keine Erfindung der Moderne. Spannend ist der Pariser Streit,
weil es wie auch heute im Zusammenhang mit der Frage nach dem
Wissen und den Grenzen des (menschlichen) Wissens in Wahrheit
auch und vor allem um die Frage der Freiheit der Wissenschaften
und das Recht der freien Forschung ging. Es mag heute lächerlich
erscheinen, dass man leidenschaftlich über die Frage stritt, ob die
Seele wirklich unsterblich sei. Dahinter stand jedoch eine weitreichende Frage: Wenn die Seele unsterblich ist und damit den Zusam-
menbruch des Organismus übersteht, wie viele behaupteten, wenn
sie also nichtkörperlich ist – wie soll sie dann beispielsweise in der
Hölle überhaupt durch Feuer gequält werden können? (Näheres bei
Kurt Flasch, *Dietrich von Freiberg: Philosophie, Theologie, Naturfor-
schung um 1300*, Frankfurt am Main 2007.) Wenn die Seele sich nicht
quälen lässt – und zwar aus vernünftigem Grund, warum dann die

Androhung von Höllenqualen, warum Angst und Schrecken verbreiten? Wenn man genügend Geduld hat, wird man entdecken, dass selbst abwegig erscheinende Diskussionen über die Definition der Vernunft immer auch einen gesellschaftspolitischen Zusammenhang haben und indirekt einen Kommentar zu den aktuellen Strukturen der Macht darstellen. Wer heute die Vernunft anders sieht als der wissenschaftliche Apparat, stellt sich mit allen Konsequenzen gegen diesen. Kein leichter Stand – ebenso wenig wie es damals leicht war, die Unabhängigkeit der vernünftigen Methode der Theologie gegenüber zu behaupten und durchzusetzen.

4   Vgl. Joseph Vogl, »Medien-Werden. Galileis Fernrohr«, http://home page.univie.ac.at/claus.pias/doc/vogl_galilei.pdf.

5   »Vernunft: Verstand«, in: *Historisches Wörterbuch der Philosophie*, Bd. 11, Darmstadt 2001, S. 748–863, S. 817.

6   Ebd., S. 815.

7   Ebd., S. 817.

8   Zwei meiner Lieblingsbücher dazu: Dina Emundts, *Kants Übergangskonzeption im Opus Postumum. Zur Rolle des Nachlaßwerkes für die Grundlegung der empirischen Physik*, Berlin 2004, sowie Ernst-Otto Onnasch (Hg.), *Kants Philosophie der Natur. Ihre Entwicklung im Opus postumum und ihre Wirkung*, Berlin 2009.

9   Vgl. Klaus J. Schmidt, »Die Begründung einer Theologie in Kants Kritik der Urteilskraft«, in: Ernst-Otto Onnasch, a. a. O., S. 137–160, S. 149.

10 *Kritik der reinen Vernunft*, A 302.

11 Ebd., B 376 f.

12 Gerd Irrlitz, *Kant Handbuch. Leben und Werk*, Stuttgart/Weimar 2002, S. 234.

13 *Kritik der reinen Vernunft*, B XXI.

14 Ebd., B XIV.

15 Ludwig Siep, *Der Weg der Phänomenologie des Geistes. Ein einführender Kommentar zu Hegels »Differenzschrift« und »Phänomenologie des Geistes«*, Frankfurt am Main 2000, S. 119.

16 Ebd., S. 123.

17 *Hegels Enzyklopädie der philosophischen Wissenschaften (1830). Ein Kommentar zum Systemgrundriß*, hg. von Hermann Drüe u. a., Frankfurt am Main 2000, S. 22.

18 Ebd., S. 376.

19 Ebd., S. 378.

20 Ebd., S. 380.

21 Friedrich Nietzsche, *Menschliches, Allzumenschliches. Ein Buch für freie Geister*, Erster Band, I. Unter Freunden. Ein Nachspiel.

22 Zitate aus: Max Horkheimer, Theodor W. Adorno, *Dialektik der Auf-*

klärung. Philosophische Fragmente, Frankfurt am Main 1969, im Original 1944, Begriff der Aufklärung sowie Exkurs 1.

23 Ebd., S. 60.

24 Theodor W. Adorno, *Philosophische Terminologie. Zur Einleitung*, Bd. 2, Frankfurt am Main 1974, S. 108 f.

25 Theodor W. Adorno, *Negative Dialektik*, Frankfurt am Main 1975, S. 19 f.

26 Adorno, *Philosophische Terminologie*, a.a.O., S. 109.

27 Max Horkheimer, *Zur Kritik der instrumentellen Vernunft*, Frankfurt am Main 2007, S. 49.

28 Jürgen Habermas, »Die Einheit der Vernunft in der Vielfalt ihrer Stimmen«, in: Ders., *Nachmetaphysisches Denken. Philosophische Aufsätze*, Frankfurt am Main 1992, S. 153–186, S. 186.

29 Jean-François Lyotard, *Das postmoderne Wissen. Ein Bericht*, Wien 1986, S. 67.

30 Ebd., S. 90.

31 Ebd., S. 75.

32 Ebd., S. 84.

33 Ebd., S. 103.

34 Ebd., S. 109.

35 Ebd., S 126f.

36 Ebd., S. 128.

37 Jean-François Lyotard, *Das Elend der Philosophie*, Wien 2004, S. 163, S. 12.

38 Terry Eagleton, *Der Sinn des Lebens*, Berlin 2008, S. 12.

39 Ebd., S. 68.

40 Michael Hampe, »Die Theorieunabhängigkeit von Tatsachen und Wahrheiten. Zur Relevanz einer Philosophie des Gewöhnlichen«, in: *Allgemeine Zeitschrift für Philosophie* 34.1/2001, S. 55–77, S. 57.

41 Alfred N. Whitehead, *Prozeß und Realität. Entwurf einer Kosmologie*, Frankfurt am Main 1979, S. 39.

42 Herbert Schnädelbach, »Mit oder ohne Gott? Religion im Streit der Meinungen«, in: Herbert Schnädelbach, Heiner Hastedt, Geert Keil (Hg.), *Was können wir wissen, was sollen wir tun? Zwölf philosophische Antworten*, Reinbek 2009, S. 229–247, S. 234.

43 Whitehead, *Prozeß und Realität*, a.a.O., S. 34.

44 Max Weber, »Die ›Objektivität‹ sozialwissenschaftlicher und sozialpolitischer Erkenntnis«, in: Ders., *Gesammelte Aufsätze zur Wissenschaftslehre*, hg. von Johannes Winckelmann, Tübingen [6]1985.

45 Immanuel Kant, *Gesammelte Werke*, Akademieausgabe Bd. 18, S. 130: 5247. $\chi-\psi$. M 26. E II 1243. Neben und in M § 94.

46 Chris D. Frith, *Making up the World. How the Brain creates our mental World*, Oxford 2007, S. 134, Übersetzung von mir, G. S.

47 Ebd.
48 Vgl. Eckhard Voland, »Die Fortschrittsillusion«, in: *Spektrum der Wissenschaft*, April 2007, S. 108–113.
49 Vgl. Nicholas Rescher, *Philosophical Reasoning. A Study in the Methodology of Philosophizing*, Oxford 2001, Kapitel 1: The Task of Philosophy.
50 John W. Dawson, *Kurt Gödel: Leben und Werk*, Wien/New York 1999.
51 Zit. n. Dawson, *Kurt Gödel*, a. a. O., S. 67.
52 Rupert Lay, *Grundzüge einer komplexen Wissenschaftstheorie. Erster Band. Grundlagen und Wissenschaftslogik*, Frankfurt am Main 1971, S. 201.
53 Ludwig Wittgenstein, *Zettel*, in: Ders., *Werkausgabe* Bd. 8, S. 378, Nr. 447.
54 Josef Mitterer, *Die Flucht aus der Beliebigkeit*, Frankfurt am Main 2001, S. 11, S. 25 f.
55 Colin McGinn, *Die Grenzen vernünftigen Fragens. Grundprobleme der Philosophie*, Stuttgart 1996, sowie Colin McGinn, *The Making of a Philosopher. My Journey through Twentieth-Century Philosophy*, New York 2002.
56 McGinn, *Grenzen*, a. a. O., S. 240.
57 Ebd., S. 239.
58 Ebd., S. 246.
59 Nicholas Fearn, *Bin ich oder bin ich nicht? Neue philosophische Antworten auf ewige Fragen*, München 2010, S. 201.
60 McGinn, *Grenzen*, a. a. O., S. 13 f.
61 Vgl. Fearn, *Bin ich oder bin ich nicht?*, a. a. O., S. 201.
62 Ebd., S. 202 f.
63 Ebd., S. 203.
64 McGinn, *Grenzen*, a. a. O., S. 39.
65 Ebd., S. 39.
66 McGinn, *Grenzen*, a. a. O., S. 42.
67 Ebd., S. 16.
68 Ebd., S. 11.
69 Theodor W. Adorno, *Vorlesungen über Negative Dialektik*. Fragmente zur Vorlesung 1965/66, hg. v. Rolf Tiedemann, Frankfurt am Main 2007, S. 140.
70 McGinn, *Grenzen*, a. a. O., S. 10.
71 Ebd., S 11.
72 Ebd., S. 195.
73 *Kritik der reinen Vernunft*, B 75.
74 Arthur Schopenhauer, *Parerga und Paralipomena*. Kleine philosophische Schriften Band II, in: Ders., *Werke in fünf Bänden nach der*

Ausgabe letzter Hand, hg. v. Ludger Lütkehaus, Band V, Zürich 1988, S. 69 f (und S. 50).

75 Gert Scobel, *Weisheit. Über das, was uns fehlt*, Köln 2008; Klaus Mainzer, *Komplexität*, Paderborn 2008.
76 Wittgenstein, *Philosophische Untersuchungen*, a.a.O., § 84.
77 Ebd., § 142.
78 Ebd., § 68.
79 Ebd., § 68, 70, 71.
80 Joachim Bromand, S. 93 f.
81 Ebd., S. 97.
82 Wittgenstein, *Philosophische Untersuchungen*, a.a.O., § 38.
83 Bromand, a.a.O., S. 106.
84 Wittgenstein, *Zettel*, a.a.O., S. 436 (Nr. 687 f).

2. Sich mit der Vernunft orientieren

1 Johannes Baptist Brantschen, *Zeit zu verstehen. Wege und Umwege heutiger Theologie*, Zürich 1974, S. 254–263, sowie Ernst Fuchs, *Hermeneutik*, Tübingen [4]1969, S. 103–111.
2 Friedrich Nietzsche, *Götzen-Dämmerung*, Die Vernunft in der Philosophie, 5: http://www.nietzschesource.org/texts/eKGWB/GD-Vernunft-5.
3 George Lakoff, Mark Johnson, *Philosophy in the Flesh. The Embodied Mind and its Challenge to Western Thought*, New York 1999, S. 3 ff, sowie S. 527.
4 Wittgenstein, *Philosophische Untersuchungen*, a.a.O., § 464.
5 Ebd., § 573 f; 370 f.
6 Ebd., § 65 ff.
7 Nietzsche, *Jenseits von Gut und Böse*, § 20.
8 Wittgenstein, *Philosophische Untersuchungen*, a.a.O., § 119 f.
9 Anselm von Canterbury, *Proslogion. Untersuchungen*, lat.-dt. Ausgabe von P. Franciscus Salesius Schmitt O.S.B., Stuttgart-Bad Cannstatt [2]1984, S. 110 f.
10 Denzinger, H.: *Kompendium der Glaubensbekenntnisse und kirchlichen Lehrentscheidungen*. Verbessert, erweitert, ins Deutsche übertragen und unter Mitarbeit von Helmut Hoping herausgegeben von Peter Hünermann, Freiburg [37]1991, Nr. 806.
11 Wittgenstein, *Philosophische Untersuchungen*, a.a.O., Teil II, V, S. 287.
12 Ebd., § 66, 68, 69, 79, 122.
13 Ebd., § 122. Damit hängt zusammen, was Wittgenstein in den *Philosophischen Untersuchungen* § 126 und 127 sagt: »›Philosophie‹ könn-

te man auch das nennen, was vor allen neuen Entdeckungen und Erfindungen möglich ist. Die Arbeit des Philosophen ist ein Zusammentragen von Erinnerungen zu einem bestimmten Zweck.«

14 Bertolt Brecht, *Geschichten*, Frankfurt am Main 1962, S. 170.

15 Erwin Schrödinger, *Was ist ein Naturgesetz? Beiträge zum naturwissenschaftlichen Weltbild*, München 1997, S. 102, S. 122 f.

16 Wittgenstein, *Philosophische Bemerkungen*, a. a. O., S. 15. »Ein großes System. Und nur in diesem System hat das Einzelne den Wert, den wir ihm beilegen ... Das System ist nicht so sehr der Ausgangspunkt, als das Lebenselement der Argumente ... Dies System ist etwas, was der Mensch durch Beobachtung und Unterricht aufnimmt. Ich sage absichtlich nicht ›lernt‹ ... mein Weltbild habe ich nicht, weil ich mich von seiner Richtigkeit überzeugt habe; auch nicht, weil ich von seiner Richtigkeit überzeugt bin. Sondern es ist der überkommene Hintergrund, auf welchem ich zwischen wahr und falsch unterscheide. Die Sätze, die dies Weltbild beschreiben, könnten zu einer Art Mythologie gehören. Und ihre Rolle ist ähnlich der von Spielregeln, und das Spiel kann man auch rein praktisch, ohne ausgesprochene Regeln, lernen ... Die Mythologie kann wieder in Fluß geraten, das Flußbett der Gedanken sich verschieben; obwohl es eine scharfe Trennung der beiden nicht gibt.« – Ludwig Wittgenstein, *Über Gewißheit*, in: Ders., *Werkausgabe* Bd. 8, Frankfurt am Main 1989, S. 200 (Nr. 410), S. 141 (Nr. 105), S. 174 (Nr. 279), S. 139 f (Nr. 94, 95, 97).

17 Wittgenstein, *Über Gewißheit*, a. a. O., § 225.

18 Ebd., § 419, 279.

19 Ebd., § 279.

20 Ebd., § 105.

21 Wittgenstein, *Philosophische Bemerkungen*, a. a. O., S. 54.

22 Ebd., S. 4.

23 Martin Heidegger, *Metaphysik und Nihilismus*, in: Ders., *Gesamtausgabe* Bd. 67, Frankfurt am Main 1999, S. 56.

24 Wittgenstein, *Philosophische Bemerkungen*, a. a. O., S. 2.

25 Ludwig Wittgenstein, *Vermischte Bemerkungen*, in: Ders., *Werkausgabe* Bd. 8, Frankfurt am Main 1989, S. 573.

26 Wittgenstein, *Zettel*, a. a. O., S. 442 (Nr. 711).

27 E. Ravasz, et al., »Hierarchical Organization of Modularity in Metabolic Networks«, *Science* 297 (2002), S. 1551; http://www.expasy.org/biomap/images/pathway-1 b.png.

28 Wittgenstein , *Zettel*, a. a. O., S. 407 (Nr. 568).

29 Ebd., S. 407 (Nr. 569).

30 Nietzsche, *Götzen-Dämmerung*, Bd. II, 975, # 5.

31 Ebd.

32 Ebd., # 6.

33 Alle Nietzsche-Zitate dieses Abschnittes sind in der *Kritischen Ge-samtausgabe* im Internet unter http://www.nietzschesource.org/texts/eKGWB/GD-Irrth%C3 %BCmer zu finden.

34 Alle weiteren Zitate: Nietzsche, *Götzen-Dämmerung*, Bd. II, 957 ff, bzw. in der digitalen kritischen Gesamtausgabe http://www.nietz-schesource.org/texts/eKGWB/GD-Vernunft.

35 Hans-Ulrich Wehler, *Geschichte des Westens*, München [2]2010, S. 19, S. 25.

36 Yongey Mingyur Rinpoche, *Buddha und die Wissenschaft vom Glück*, München 2007, S. 134.

37 http://www.nietzschesource.org/texts/eKGWB/GD-Vernunft.

38 http://www.nietzschesource.org/texts/eKGWB/M-I-72.

39 Der Mensch, schreibt Nietzsche, vergisst allmählich, wie es mit ihm steht. Und er fühlt sich der Sprache und ihrem Ägyptizismus gegen-über »verpflichtet, ein Ding als roth, ein anderes als kalt, ein drittes als stumm zu bezeichnen. Er stellt jetzt sein Handeln als vernünftiges Wesen unter die Herrschaft der Abstractionen: er leidet es nicht mehr, durch die plötzlichen Eindrücke, durch die Anschauungen fortgeris-sen zu werden, er verallgemeinert alle diese Eindrücke erst zu entfärb-teren, kühleren Begriffen, um an sie das Fahrzeug seines Lebens und Handelns anzuknüpfen. Alles, was den Menschen gegen das Thier abhebt, hängt von dieser Fähigkeit ab, die anschaulichen Metaphern zu einem Schema zu verflüchtigen, also ein Bild in einen Begriff auf-zulösen; im Bereich jener Schemata nämlich ist etwas möglich, was niemals unter den anschaulichen ersten Eindrücken gelingen möchte: eine pyramidale Ordnung nach Kasten und Graden aufzubauen, eine neue Welt von Gesetzen, Privilegien, Unterordnungen, Gränzbestim-mungen zu schaffen, die nun der anderen anschaulichen Welt der ersten Eindrücke gegenübertritt, als das Festere, Allgemeinere, Be-kanntere, Menschlichere und daher als das Regulirende und Impera-tivische. Der grosse Bau der Begriffe zeigt die starre Regelmässigkeit eines römischen Columbariums und athmet in der Logik jene Stren-ge und Kühle aus, die der Mathematik zu eigen ist. Wer von dieser Kühle angehaucht wird, wird es kaum glauben, dass auch der Begriff, knöchern und 8eckig wie ein Würfel und versetzbar wie jener, doch nur als das Residuum einer Metapher übrig bleibt, und dass die Illusi-on der künstlerischen Uebertragung eines Nervenreizes in Bilder, wenn nicht die Mutter so doch die Grossmutter eines jeden Begriffs ist. Wie die Römer und Etrusker sich den Himmel durch starre ma-thematische Linien zerschnitten und in einen solchermaassen abge-grenzten Raum als in ein templum einen Gott bannten, so hat jedes Volk über sich einen solchen mathematisch zertheilten Begriffshim-

mel und versteht nun unter der Forderung der Wahrheit, dass jeder Begriffsgott nur in seiner Sphäre gesucht werde. Man darf hier den Menschen wohl bewundern als ein gewaltiges Baugenie. Sein Verfahren ist: den Menschen als Maass an alle Dinge zu halten, wobei er aber von dem Irrthume ausgeht, zu glauben, er habe diese Dinge unmittelbar als reine Objekte vor sich. Er vergisst also die originalen Anschauungsmetaphern als Metaphern und nimmt sie als die Dinge selbst. Nur durch das Vergessen jener primitiven Metapherwelt, nur durch das Hart- und Starr-Werden einer ursprünglich in hitziger Flüssigkeit aus dem Urvermögen menschlicher Phantasie hervorströmenden Bildermasse, nur durch den unbesiegbaren Glauben, diese Sonne, dieses Fenster, dieser Tisch sei eine Wahrheit an sich, kurz nur dadurch, dass der Mensch sich als Subjekt und zwar als künstlerisch schaffendes Subjekt vergisst, lebt er mit einiger Ruhe, Sicherheit und Consequenz; wenn er einen Augenblick nur aus den Gefängnisswänden dieses Glaubens heraus könnte, so wäre es sofort mit seinem ›Selbstbewusstsein‹ vorbei.« Nietzsche, *Über Wahrheit und Lüge im aussermoralischen Sinn*, http://www.nietzschesource.org/texts/eKGW B/WL-1.

40 Immanuel Kant, *Logik* (1800). Kapitel III. Begriff von der Philosophie überhaupt, Basis-Ausgabe: Akad. (1905 ff.), S. IX:24. Bis: S. IX:25.

41 Kurt Flasch, *Kampfplätze der Philosophie. Große Kontroversen von Augustin bis Voltaire*, Frankfurt am Main 2008.

42 Nietzsche, *Götzen-Dämmerung*, a.a.O., S. 976, # 6, S. 999, # 16.

43 http://www.nietzschesource.org/texts/eKGWB/GD-Streifzüge, Nr. 46.

44 Ludwig Feuerbach, *Das Wesen des Christentums*, Stuttgart 1980, 1. Kapitel, S. 43, S. 53.

45 Henning Ottmann (Hg.), *Nietzsche Handbuch. Leben – Wirkung – Wirkung*, Stuttgart/Weimar 2000, S. 294.

46 http://www.nietzschesource.org/texts/eKGWB/NF-1887,11[411].

47 Taylor, *Ein säkulares Zeitalter*, a.a.O., S. 508.

48 Ebd., S. 510.

49 http://www.nietzschesource.org/texts/eKGWB/GD-Streifzüge-37.

3. Von der Methode, richtig zu denken, und was daraus folgt

1 Hans Albert, *Traktat über kritische Vernunft*, 3., erweiterte Auflage, Tübingen 1975, S. 11 ff.

2 Ebd., S. 21.

3 Ebd., S. 30.

4 Ebd., S. 33.

5 Ebd., S. 35.
6 Ebd., S. 36.
7 Ebd., S. 38 f.
8 Ebd., S. 43.
9 Ebd., S. 66.
10 Ebd., S. 55.
11 Ebd., S. 76.
12 Ebd., S. 79.

Zwischenspiel: Was man von Lisa Simpson über Kant, die Religion und ihr Verhältnis zur Wissenschaft lernen kann

1 Ingeborg Bachmann, *Das dreißigste Jahr*. Erzählungen, München 1966, S. 22.
2 Zur Episode vgl. »Lisa the Skeptic« bei Wikipedia: http://en.wikipedia.org/wiki/Lisa_the_Skeptic. Vorbild für den Richter aus der Episode »Der Tag der Abrechnung« aus Season 9 ist Robert Heron Bork, Professor für Jura und Bestsellerautor, der zum Katholizismus konvertierte und 1987 unter Ronald Reagan zum Richter für den Supreme Court nominiert, dann aber vom Senat abgelehnt wurde.
3 Immanuel Kant, *Religion innerhalb der Grenzen der bloßen Vernunft*, Vorrede zur zweiten Auflage, S. 14.
4 Immanuel Kant, *Streit der Fakultäten*, A 29.
5 Ebd., A 26.
6 Ebd., A 102.
7 Vgl. Immanuel Kant, *Reflexionen zur Metaphysik. Bemerkungen Kants in seinem Handexemplar von Eberhards Vorbereitung zur natürlichen Theologie*, hg. v. der Akademie der Wissenschaften zu Göttingen, Bd. 18, S. 528.
8 Ebd., Bd. 21, S. 149.
9 Immanuel Kant, *Religion innerhalb der Grenzen der bloßen Vernunft*, Vorrede zur zweiten Auflage, S. 5–8.
10 Kant schreibt wörtlich in der Schlussanmerkung seiner *Grundlegung zur Metaphysik der Sitten*: »Und so begreifen wir zwar nicht die praktische unbedingte Nothwendigkeit des moralischen Imperativs, wir begreifen aber doch seine Unbegreiflichkeit, welches alles ist, was billigermaßen von einer Philosophie, die bis zur Grenze der menschlichen Vernunft in Principien strebt, gefordert werden kann.« Für Kant ist Gott derjenige oder genauer dasjenige Prinzip, dass die Einheit von Tugend und Glückseligkeit garantiert.
11 *Kritik der reinen Vernunft*, B 856.

12 Kant, *Religion innerhalb der Grenzen der bloßen Vernunft*, Viertes Stück, Zweiter Teil (Vom Afterdienst Gottes in einer statuarischen Religion), § 2 (Das dem Religionswahn entgegengesetzte moralische Prinzip der Religion).

13 Zitate aus: *Kants Vorlesungen*, hg. von der Akademie der Wissenschaften zu Göttingen, Bd. V. 2/2. *Vorlesungen über Metaphysik und Rationaltheologie*, Zweite Hälfte, zweiter Teil, Berlin 1972, S. 1323.

4. Glauben als Bedingung von Vernunft und Rationalität

1 http://www.wsp-kultur.uni-bremen.de/summerschool/download% 20ss%202006/Max%20Weber%20%20Wissenschaft%20als%20 Beruf.pdf.

2 Taylor, *Ein säkulares Zeitalter*, a.a.O., S. 922.

3 Ebd., S. 923.

4 Robert Musil, *Der Mann ohne Eigenschaften*, Reinbek [24]1994, S. 102.

5 Taylor, *Ein säkulares Zeitalter*, a.a.O., S. 922.

6 Ebd., S. 922.

7 Eagleton, *Der Sinn des Lebens*, a.a.O., S. 68.

8 Taylor, *Ein säkulares Zeitalter*, a.a.O., S. 925.

9 Ebd., S. 926.

10 Ebd., S. 927.

11 Ebd.

12 Jürgen Habermas und Joseph Ratzinger, *Dialektik der Säkularisierung. Über Vernunft und Religion*, Freiburg im Breisgau 2005, S. 17, S. 26 f.

13 Jürgen Habermas, *Glauben und Wissen*. Friedenspreis des Deutschen Buchhandels 2001, Laudatio: Jan Philipp Reemtsma, Frankfurt am Main 2001, S. 21 f.

14 Ebd., S. 22.

15 Habermas/Ratzinger, *Dialektik der Säkularisierung*. a.a.O., S. 16 f.

16 Ebd., S. 29.

17 Ebd., S. 31.

18 Ebd., S. 35.

19 Michael Tomasello, *Die Ursprünge der menschlichen Kommunikation*, Frankfurt am Main 2009, S. 70.

20 Wittgenstein, *Über Gewißheit*, a.a.O., § 105.

21 Ebd., § 110, 115.

22 Ebd., § 126.

23 Ebd., § 137, 141, 142, 156.

24 Ebd., § 159 f.

25 Ebd., § 480.
26 Ebd., § 166.
27 Ebd., § 205, 204.
28 Ebd., § 308.
29 Ebd., § 508, 509.
30 Taylor, *Ein säkulares Zeitalter*, a.a.O., S. 939.
31 Ebd., S. 944.
32 Terry Eagleton, *Reason, Faith and Revolution. Reflections on the God Debate*, London 2009, S. 137.
33 Niklas Luhmann, *Die Gesellschaft der Gesellschaft*, Frankfurt am Main 1997, S. 47.
34 Niklas Luhmann, *Die Religion der Gesellschaft*, Frankfurt am Main 2000, S. 21, S. 24.
35 Ebd., S. 153.
36 Ebd., S. 24 f.
37 Ebd., S. 147 f.
38 Ebd., S. 151 f.
39 Ebd., S. 16.
40 Ebd., S. 162.
41 Ebd., S. 150.
42 Luhmann, *Gesellschaft der Gesellschaft*, a.a.O., S. 50.
43 Luhmann, *Religion der Gesellschaft*, a.a.O., S. 16.
44 Ebd., S. 16 f.
45 Ebd., S. 22.
46 Max Weber, »Die protestantische Ethik und der Geist des Kapitalismus«, in: Ders., *Religion und Gesellschaft. Gesammelte Aufsätze zur Religionssoziologie*, Frankfurt am Main 2006, S. 23–290, S. 25.
47 Ebd., S. 38.
48 Wittgenstein, *Philosophische Untersuchungen*, a.a.O., § 115.
49 Ebd., § 127.
50 William James, *Die Vielfalt religiöser Erfahrung. Eine Studie über die menschliche Natur*, mit einem Vorwort von Peter Sloterdijk, Frankfurt am Main/Leipzig 1997, S. 86.
51 AA IX, Immanuel Kants physische … , Seite 168; http://virt052.zim.uni-duisburg-essen.de/kant/aa09/168.html.
52 *Kritik der reinen Vernunft*, AA IV, S. 155; http://virt052.zim.uni-duisburg-essen.de/kant/aa04/155.html.
53 Friedrich Nietzsche, *Die Fröhliche Wissenschaft*, http://www.nietzschesource.org/texts/eKGWB/FW-V-343.
54 James, *Vielfalt religiöser Erfahrung*, a.a.O., S. 248.
55 Ebd., S. 249.
56 Taylor, *Ein säkulares Zeitalter*, a.a.O., S. 922.
57 Ebd., S. 922.

58 Robert Bellah, *Beyond Belief. Essays on Religion in a Post-traditional World*, New York/San Francisco 1976.

59 http://www.religionsmonitor.com.

60 Bertelsmann Stiftung, *Religionsmonitor 2008*, Gütersloh; http://www. theology.de/themen/religionsmonitor2008.php sowie http://de.site stat.com/bertelsmann/stiftung-de/s?bst.PDF.rechts.Presse.Nachricht en.JederfuenfteBundes_84470.Hintergrundinforma.Ergebnisseim Ueberb&ns_type=pdf&ns_url=http://www.bertelsmann-stiftung.de/ cps/rde/xbcr/SID-0A000F14−79AC0749/bst/xcms_bst_dms_23405_ 23406_2.pdf.

61 Taylor, *Ein säkulares Zeitalter*, a.a.O., S. 921.

62 Clifford Geertz, »Religion als kulturelles System«, in: Ders., *Dichte Beschreibung. Beiträge zum Verstehen kultureller Systeme*, Frankfurt am Main 1987, S. 44−95, S. 48.

63 René Girard, *Das Heilige und die Gewalt*, Düsseldorf 2006; René Girard, *Das Ende der Gewalt: Analyse des Menschheitsverhängnisses. Erkundungen zu Mimesis und Gewalt*, mit Jean-Michel Oughourlian und Guy Lefort, Freiburg 2009; René Girard/Gianni Vattimo, *Christianisme et Modernité*. Entretiens menés par Pierpaolo Antonello, Paris 2009.

64 Franz-Peter Burkard, »Glaubenssache. Religion innerhalb der Grenzen der bloßen Kulturwissenschaft«, in: *Der blaue Reiter. Journal für Philosophie*, Nr. 27 (2009), S. 26−30, S. 28 f.

65 Eagleton, *Reason, Faith and Revolution*, a.a.O., S. 120 f.

66 Lyotard, *Das Elend der Philosophie*, a.a.O., S. 163, A. 12.

67 Peter Gross, *Jenseits der Erlösung. Die Wiederkehr der Religionen und die Zukunft des Christentums*, Bielefeld 2007.

68 Ludwig Wittgenstein, *Letzte Schriften über die Philosophie der Psychologie*, in: Ders., *Werkausgabe* Bd. 7, § 968, S. 476.

5. Glauben im religiösen Sinn

1 Gerhard Ebeling, *Das Wesen des christlichen Glaubens*, München/ Hamburg, 3. Aufl. 1967, S. 54.

2 Ebd., S. 57.

3 Ebd., S. 63.

4 Ebd., S. 65.

5 Ebd., S. 70.

6 Ebd., S. 79.

7 Ebd., S. 71.

8 Ebd., S. 77.

9   Ebd., S. 78.
10 Rudolf Bultmann / Martin Heidegger, *Briefwechsel 1925–1975*, hg. v. Andreas Großmann und Christof Landmesser. Mit einem Geleitwort von Eberhard Jüngel, Frankfurt am Main / Tübingen 2009.
11 Paul Tillich, *Wesen und Wandel des Glaubens*, Berlin 1961, S. 9.
12 Ebd., S. 12 f.
13 Ebd., S. 15.
14 Ebd., S. 26.
15 Ebd., S. 28 ff.
16 Ebd., S. 39.
17 Ebd., S. 43.
18 Ebd., S. 46.
19 Ebd., S. 44.
20 Ebd., S. 49 f.
21 Ebd., S. 57.
22 Ebd., S. 59.
23 Ebd., S. 89.
24 Ebd., S. 90, S. 94.
25 Ebd., S. 103.
26 Ebd., S. 115.
27 Ebd., S. 116.
28 Ebeling, *Das Wesen des christlichen Glaubens*, a.a.O., S. 78.
29 Ebd., S. 80 ff.
30 Donald Davidson, *Wahrheit, Sprache und Geschichte*, Frankfurt am Main 2008, S. 86.
31 Ebd., S. 86 f.
32 Wittgenstein, *Über Gewißheit*, a.a.O., § 239.
33 Immanuel Kant, *Kritik der Urteilskraft*, B 454.
34 Ebd., B 456.
35 Ebd., B 457.
36 Ebd., B 457.
37 Wittgenstein, *Zettel*, a.a.O., Nr. 717.
38 Einen guten Überblick geben die beiden von Thomas Metzinger herausgegebenen Bücher *Bewußtsein. Beiträge aus der Gegenwartsphilosophie*, Wien / Zürich 1995 S. 323–389, sowie *Grundkurs Philosophie des Geistes*. Band 1: *Phänomenales Bewusstsein*, Paderborn 2006, S. 57- 313.
39 Vgl. Thomas Nagel, *Der Blick von nirgendwo*, Frankfurt am Main 1992. An dieser Stelle wäre eine ausgiebige Analyse angebracht, die jedoch ein eigenes Kapitel erfordern würde. Ich möchte mir daher ausnahmsweise stattdessen eine längere Bemerkung in Fußnotenform erlauben. William James gehört zu den Autoren, die das klassische metaphysische Denken, das sich nicht selten mit eben solchen

unterdrückten Stimmungen und Gefühlen verbindet, konsequent durch eine Art von Empirismus ersetzt hat. Dieser Empirismus oder Erfahrungsbezug bei der Untersuchung von Erfahrungen (und nicht nur von Lehrmeinungen und Dogmen) erlaubt es, zwischen einem »inneren« und einem »äußeren« Empirismus zu unterscheiden. Inzwischen ist die äußere Form der Wahrnehmung von Erfahrung jedoch deutlich die dominantere. Deshalb gibt es, wie Alan Wallace sagt, ein regelrechtes Tabu der Subjektivität, die das mysteriöse, immer noch rätselhafte und nicht erschlossene Niemandsland des Bewusstseins getroffen hat: Vgl. B. Alan Wallace, *The Taboo of Subjectivity. Toward a New Science of Consciousness*, Oxford 2000. Dieser für den Menschen immer noch rätselhafte Landstrich, der für sein (Zusammen-)Leben von entscheidender Bedeutung ist, wird inzwischen weitgehend von den empirischen Naturwissenschaftlern beackert. Sie erhalten die Zuschüsse, wenn es darum geht, die rätselhafte innere Landschaft zu erkunden. Neben den Wissenschaftlern erheben die sogenannten Intersubjektivisten den größten Anspruch auf den Besitz dieses Landes. Ken Wilber weist zu Recht darauf hin, dass die Intersubjektivisten den Anspruch erheben, dass alles, was subjektiv erscheint, in Wahrheit den vorgegebenen Strukturen (der Sprache, der Kultur, der Kommunikationsgemeinschaft etc.) nachgeordnet und damit sekundär ist: vgl. Ken Wilber, *Integrale Spiritualität. Spirituelle Intelligenz rettet die Welt*, München 2007, S. 206. Die amerikanische Ausgabe *Integral Spirituality* hat den wesentlich passenderen Untertitel *A Startling New Role for Religion in the Modern and Postmodern World.* Vergessen wird dabei nicht, dass Reduktionismus und Materialismus nicht die einzigen Formen einer empirischen Erforschung – etwa des Bewusstseins – sind. Geht man dieser Frage nach, so entdeckt man, dass die Vorherrschaft von Reduktionismus und Materialismus nicht nur sehr eng mit der Frage nach den Grenzen von Vernunft und Wissenschaft zusammenhängt, sondern auch mit der Kultivierung einer bestimmten Geisteshaltung, die Peter Sloterdijk sehr treffend als die eines Scheintoten beschreibt, der sich in Urteilsabstinenz und in der Kunst der De-Existentialisierung übt: Peter Sloterdijk, *Scheintod im Denken. Von Philosophie und Wissenschaft als Übung*, Frankfurt am Main 2010, S. 34, 38. Intuitiv ist schnell einsichtig, dass auch die »objektive« Haltung der Wissenschaft gegenüber der Welt nicht nur von gewissen Annahmen über diese »objektive« Welt abhängt, deren Gültigkeit sich mit wissenschaftlichen Mitteln alleine nicht streng beweisen lässt. Weniger selbstverständlich ist, dass die Haltung der inneren und äußeren Welt gegenüber eine Disziplinierung und Kultivierung bestimmte Zustände und Stimmungen erfordert, in die Wissenschaftler sich bringen müssen, um erfolgreich (»objektiv«) arbeiten zu können. Die Form der Kultivierung oder Disziplinierung des Bewusstseins kann jedoch auch, wie die Praxis der sogenannten »Kontemplativen« zeigt, auf ganz andere Weise erfolgen. Auch genau festgelegte meditative Techniken sind Techniken, mit deren Hilfe »objektiv« versucht wird, das Bewusstsein in die Lage zu versetzen, Erkenntnisse zu gewinnen, auch wenn diese zunächst mit einer starken Beteiligung der inneren Perspektive verbunden sind. Dennoch sind die Ergebnisse »intersubjektiv« reproduzierbar – was daran liegt, dass diese Techniken wie auch die Techniken der Wissenschaft letztlich Kulturtechniken sind. William James wies darauf hin, dass es zwar eine große Vielfalt religiöser Erfahrung gibt, es sich dabei aber eben auch um eine Form der Erfahrung handelt, die angemessen zu beurteilen und zu analysieren ein eigenes, sehr komplexes und vielschichtiges Modell der Beurteilung (ein »wissenschaftliches Modell«) erforderlich macht. Warum sollten individuelle Erfahrungen – und erst recht mit dem Blick auf entscheidende Fragen des Lebens – keine Rolle spielen –, insbesondere wenn man willens und in der Lage ist, über diese Erfahrung kritisch zu reflektieren? Ist die Vermutung, dass es hilfreich sein könnte, die Funktionsweise des Geistes auch von »innen«, durch Training und Beobachtung, zu erkunden, tatsächlich so absurd? Es hat Jahrzehnte gedauert, bis die empirisch orientierten Neurowissenschaften eindeutige Belege dafür gefunden haben, dass die Kulturtechniken, die man im weitesten Sinn als meditativ bezeichnen könnte, reale und messbare Veränderungen nicht nur im gesamten Körper, sondern insbesondere im Gehirn verursachen. Diese scheinen, wie neuste Untersuchungen über den Einsatz bestimmter Meditationstechniken zur Kultivierung von Achtsamkeit, Mitgefühl und »compassion« zeigen, auch zu messbaren Veränderungen im Verhalten zu führen. Doch lange Zeit galt eine solche Behauptung wie die, dass Meditation zu einer messbaren Änderung der Funktionsweise des Gehirns und zu einer damit einhergehenden Verhaltensänderung führen kann, als unwissenschaftlich, esoterisch und damit unhaltbar.

40 Wittgenstein, *Philosophische Untersuchungen*, a.a.O., § 664.
41 Ebd., § 693.
42 Blaise Pascal, *Pensées. Über die Religion und über einige andere Gegenstände*, übertragen und herausgegeben von Ewald Wasmuth, Heidelberg 1978, Fragment IV, S. 277.
43 Ebd., Frag. 82.
44 Ebd.
45 Jaques Attali, *Blaise Pascal. Biographie eines Genies*, Stuttgart 2006, S. 304.
46 Pascal, *Pensées*, a.a.O., Frag. 283.

47 Rudolf Bultmann, »Welchen Sinn hat es, von Gott zu reden«, in: Ders., *Glauben und Verstehen*. Erster Band, Tübingen 1933, S. 26 bis 37, S. 26.
48 Pascal, *Pensées*, a.a.O., Frag. 282.
49 Ebd., Frag. 222.
50 Ebd., Frag. 279, 278.
51 Ebd., Vorwort S. 13, 526.
52 Pascal, Fragment 233, hier zit. n.: http://de.wikipedia.org/wiki/Pascalsche_Wette; vgl. auch http://www.zeno.org/Philosophie/M/Pascal,+Blaise/Gedanken+%C3 %BCber+die+Religion/Zweiter+Theil:+Gedanken,+welche+sich+unmittelbar+auf+die+Religion+beziehen/3.+Da%C3 %9F+es+schwer+ist+das+Dasein+Gottes+durch+die+nat%C3 %BCrlichen+Geisteskr%C3 %A4fte+zu+beweisen;+aber+da%C3 %9F+das+Sicherste+ist+es+zu+glauben.
53 Sam Harris, »The Empty Wager«, in: *Newsweek*, 18. April 2007.
54 Martin Luther, *Biblia. Das ist die gantze Heilige Schrifft Deudsch auffs new zugericht*, Bd. 3, München 1974, S. 2258.
55 Ebd., S. 2258.
56 Ebd.
57 Ebd.
58 Ebd., S. 2270.
59 http://www.ekd.de/download/luthers_grosser_katechismus.pdf.
60 http://www.ekd.de/bekenntnisse/grosser_katechismus_1.html.
61 Andreas Hunziker, *Das Wagnis des Gewöhnlichen. Ein Versuch über den Glauben im Gespräch mit Ludwig Wittgenstein und Stanley Cavell*, Tübingen 2008, S. 188 ff.
62 Ebd., S. 208.
63 Wittgenstein, *Philosophische Unterrsuchungen*, a.a.O., § 30.
64 Hunziker, *Das Wagnis des Gewöhnlichen*, a.a.O., S. 204, S. 201.
65 Stanley Cavell, *Philosophy. The Day after Tomorrow*, Cambridge 2005, S. 2.

6. Gottesbeweise, die Gärtnerparabel oder wie Gott den Tod der tausend Qualifikationen stirbt (und möglicherweise dennoch überlebt)

1 Taylor, *Ein säkulares Zeitalter*, a.a.O., S. 1075.
2 Wolfgang Cramer, *Gottesbeweise und ihre Kritik*, Frankfurt am Main ²2010; Ingolf U. Dalferth, *Gott. Philosophisch-theologische Denkversuche*, Tübingen 1992.
3 *Kritik der Urteilskraft*, B 400.

4 Ebd., B 429.

5 Vgl. Felicitas Krämer, *Erfahrungsvielfalt und Wirklichkeit. Zu William James' Realitätsverständnis*, Göttingen 2006, S. 224.

6 http://www.biola.edu/antonyflew/flew-interview.pdf.

7 Antony Flew, *God & Philosophy*. With a New Introduction by the Author, New York 2005.

8 http://people.stfx.ca/wsweet/Flew-Mitchell.pdf sowie http://www.stephenjaygould.org/ctrl/flew_falsification.html.

9 Antony Flew, *God, Freedom and Immortality. A Critical Analysis*, New York 1984.

10 Friedrich Nietzsche, »Nachgelassene Fragmente«, in: Friedrich Nietzsche, *Kritische Studienausgabe*, hg. v. Giorgio Colli und Mazzino Montinari, Bd. 12, Nachlass 1885–1887, München 1999, S. 315.

11 Gianni Vattimo, »Das Zeitalter der Interpretation«, in: Richard Rorty und Gianni Vattimo, *Die Zukunft der Religion*, Frankfurt am Main 2006, S. 49–63, S. 50 f.

12 Michael Hampe, »Die Theorieunabhängigkeit von Tatsachen und Wahrheiten. Zur Relevanz einer Philosophie des Gewöhnlichen«, in: *Allgemeine Zeitschrift für Philosophie* 34.1/2009, S. 55–77, S. 73.

13 http://www.zeit.de/2010/15/Heilig-Zizek, sowie Jorge Semprún, *Die große Reise*, Frankfurt am Main 1981, S. 169 f.

14 Dietrich Bonhoeffer, *Widerstand und Ergebung. Briefe und Aufzeichnungen aus der Haft*, hg. v. Eberhard Bethge, München 1951, S. 154 ff.

15 Ebd., S. 176 ff.

16 Ebd., S. 177 f.

17 Theodor W. Adorno, *Negative Dialektik*, a. a. O., S. 391.

18 Ebd., S. 392.

19 http://www.literaturkritik.de/public/rezension.php?rez_id=13142&ausgabe=200906.

20 Eagleton, *Reason, Faith, and Revolution*, a. a. O., S. 159.

21 http://www.zeno.org/Philosophie/M/Marx,+Karl/Zur+Kritik+der+Hegelschen+Rechtsphilosophie.+Einleitung?hl=opium+des+volkes sowie in den gesammelten Werken Online http://www.mlwerke.de/me/me01/me01_378.htm.

22 Karl Marx, Friedrich Engels, *Werke*, Bd. 1, S. 379.

23 Mark Rothko, *Die Wirklichkeit des Künstlers. Texte zur Malerei*, hg. v. Christopher Rothko, München 2005, S. 131.

24 Ebd., S. 59.

25 Ebd., S. 131.

26 Ebd., S. 131.

27 Christopher Rothko, »Einleitung«, in: Rothko, *Die Wirklichkeit des Künstlers*, a. a. O., S. 11.

28 Hans-Georg Gadamer, *Wahrheit und Methode*, Tübingen ⁴1975, S. 83.

29 Ebd., S. 78, sowie Schiller, *Ästhetische Erziehung des Menschen*, 27. Brief.
30 Gadamer, *Wahrheit und Methode*, a.a.O., S. 79.
31 Wittgenstein, *Vermischte Bemerkungen*, a.a.O., S. 571.
32 Dalferth, *Gott*, a.a.O., S. 216.
33 Wittgenstein, *Vermischte Bemerkungen*, a.a.O., S. 572.
34 Ludwig Wittgenstein, *Lectures and Conversations on Aesthetics, Psychology and Religious Belief*, Berkeley/Los Angeles 1991, S. 54.
35 Ebd., S. 54 f.
36 Dalferth, *Gott*, a.a.O., S. 216.
37 Ebd., S. 222.
38 Adorno, *Negative Dialektik*, a.a.O., S. 388.
39 Dalferth, *Gott*, a.a.O., S. 227.
40 Ebd., S. 241.
41 Ebd., S. 243.
42 Wittgenstein, *Vermischte Bemerkungen*, a.a.O., S. 496.
43 Ebd., S. 496.
44 Theodor W. Adorno, *Minima Moralia. Reflexionen aus dem beschädigten Leben*, Frankfurt am Main 1951, S. 333 f.
45 Adorno, *Negative Dialektik*, a.a.O., S. 378.
46 Ebd.
47 Ebd., S. 381, S. 378.
48 Krämer, *Erfahrungsvielfalt und Wirklichkeit*, a.a.O., S. 133.
49 William James, *Die Vielfalt religiöser Erfahrung. Eine Studie über die menschliche Natur.* Mit einem Vorwort von Peter Sloterdijk, Frankfurt am Main/Leipzig 1997, S. 436.
50 Ebd., S. 437.
51 Ebd., S. 447.
52 Ebd., S. 493, sowie Krämer, *Erfahrungsvielfalt und Wirklichkeit*, a.a.O., S. 130.
53 James, *Die Vielfalt religiöser Erfahrung*, a.a.O., S. 494 f.
54 Ebd., S. 496.
55 Vgl. Krämer, *Erfahrungsvielfalt und Wirklichkeit*, a.a.O., S. 130.
56 Ebd., S. 145.
57 Ebd., S. 239.

7. Gott, Komplexität und die Aufgabe der Theologie

1 http://de.wikipedia.org/wiki/Unsichtbares_rosafarbenes_Einhorn, http://de.wikipedia.org/wiki/Fliegendes_Spaghettimonster, http://en.wikipedia.org/wiki/The_Demon-Haunted_World.

2 »Is there a God?« von Bertrand Russell findet sich bei http://www. cfpf.org.uk/articles/religion/br/br_god.html. Das Zitat stammt von http://de.wikipedia.org/wiki/Russells_Teekanne#cite_note-0.

3 Bertrand Russell, »Why I Am Not a Christian. An Examination of the God-Idea and Christianity«, http://www.positiveatheism.org/ hist/russell0.htm.

4 Friedrich Dürrenmatt, *Labyrinth Turmbau. Stoffe I – IX*, Zürich 1998, S. 624.

5 Erwin Schrödinger, *Was ist ein Naturgesetz? Beiträge zum naturwissenschaftlichen Weltbild*, München 1997.

6 Stuart A. Kauffman, *Reinventing the Sacred. A New View of Science, Reason, and Religion*, New York 2008.

7 *Science* Vol. 177, Number 4047, S. 393–396 (1972).

8 P.-M. Binder, »The Edge of Reductionism«, in: *Nature* Vol. 459, S. 332–334.

9 *Nagarjuna, Die Lehre von der Mitte* (Mula-madhyamaka-karika). Zhong Lun. Chinesisch-Deutsch. Aus dem chin. Text des Kumarajiva übersetzt und mit einem Kommentar hg. v. Lutz Geldsetzer, Hamburg 2010, S. 5.

10 George F. R. Ellis, »Physics, Complexity and Causality«, in: *Nature* Vol. 435, 743 (2005).

11 Wolf-Dieter Just, *Religiöse Sprache und Analytische Philosophie. Sinn und Unsinn religiöser Aussagen*, Stuttgart 1975, S. 115.

12 Dürrenmatt, *Labyrinth Turmbau*, a. a. O., S. 627 f.

13 Niklas Luhmann, *Die Gesellschaft der Gesellschaft*, Frankfurt am Main 1997, S. 446.

14 Sandra Mitchell, *Komplexitäten. Warum wir erst anfangen, die Welt zu verstehen*, Frankfurt am Main 2008, S. 32.

15 Ebd., S. 32.

16 Ebd., S. 44.

17 Ebd., S. 45.

18 Niklas Luhmann, *Die Funktion der Religion*, Frankfurt am Main 1977, S. 184.

19 Niklas Luhmann, *Soziale Systeme. Grundriß einer allgemeinen Theorie*, Frankfurt am Main 1984, S. 51.

20 Robert Musil, *Der Mann ohne Eigenschaften*, Reinbek 1983, S. 648, S. 650.

21 Gert Scobel, *Weisheit. Über das, was uns fehlt*, Köln 2008, S. 436.

22 Luhmann, *Die Funktion der Religion*, a. a. O.

23 Luhmann, *Die Gesellschaft der Gesellschaft*, Frankfurt am Main 1998, S. 1118.

24 Luhmann, *Soziale Systeme*, a. a. O., S. 52.

25 Ebd., S. 557.

26 Ebd., S. 556.
27 Ebd., S. 624.
28 Theodor W. Adorno, *Vorlesungen über Negative Dialektik*, Frankfurt am Main 2007, S. 140.
29 Luhmann, *Gesellschaft der Gesellschaft*, a. a. O., S. 465.
30 Ebd., S. 489.
31 Ebd., S. 929.
32 Ebd., S. 930.
33 Wittgenstein, *Zettel*, a. a. O., S. 442 (Nr. 711).
34 Ebd., S. 407 (Nr. 568).
35 Wittgenstein, *Über Gewißheit*, a. a. O., S. 164 (Nr. 225).
36 Wittgenstein, *Zettel*, a. a. O., S. 407 (Nr. 569).
37 Wittgenstein, *Über Gewißheit*, a. a. O., S. 200 (Nr. 410), S. 141 (Nr. 105), S. 174 (Nr. 279), S. 139 f (Nr. 94, 95, 97).
38 *Hegels Enzyklopädie der philosophischen Wissenschaften (1830). Ein Kommentar zum Systemgrundriß*, a. a. O., S. 393.
39 Ebd., S. 403.
40 http://www.zeno.org/Philosophie/M/Nietzsche,+Friedrich/Jenseits+von+Gut+und+B%C3 %B6se/Drittes+Hauptst%C3 %BCck.+Das+religi%C3 %B6se+Wesen/61–62?hl=festgestellte+tier.
41 *Hegels Enzyklopädie der philosophischen Wissenschaften (1830). Ein Kommentar zum Systemgrundriß*, a. a. O., S. 389 ff.
42 Ebd., S. 395, S. 398 ff.
43 http://www.zeno.org/Philosophie/M/Hegel,+Georg+Wilhelm+Friedrich/Ph%C3 %A4nomenologie+des+Geistes/Vorrede.
44 Niklas Luhmann, *Die Religion der Gesellschaft*, Frankfurt am Main 2000, S. 16 f.
45 Ebd., S. 23.
46 Vgl. Wittgenstein, *Zettel*, a. a. O., Nr. 717.
47 Luhmann, *Die Religion der Gesellschaft*, a. a. O., S. 34 f.
48 Ebd., S. 37.
49 Ebd., S. 31.
50 Ebd., S. 35.
51 Ebd., S. 35.
52 Ebd., S. 48.
53 Ebd., S. 51.
54 Ebd., S. 108.
55 Ebd., S. 109.
56 Ebgd., S. 307.
57 *Kerygma und Mythos. Ein theologisches Gespräch*, Hamburg 1948, S. 5.
58 Bultmann/Heidegger, *Briefwechsel*, a. a. O.
59 »Neues Testament und Mythologie«, in: *Kerygma und Mythos. Ein*

theologisches Gespräch, Hamburg 1948, S. 15–53. Ich sollte, weil es gleichsam zur Wirkungsgeschichte dieses Textes gehört, zumindest am Rande erwähnen, dass Bultmann im Herbst 1944 eine junge Theologin bei sich aufnahm, die später die erste Frau weltweit werden sollte, die in katholischer Theologie (bei Karl Rahner) habilitierte und einen Lehrstuhl erhielt. Diese Frau, Uta Ranke-Heinemann, sollte später, angesteckt von Bultmanns Idee der Entmythologisierung und angespornt von den Werken ihres Lehrers Karl Rahner und ihres damals progressiven Kommilitonen Joseph Ratzinger, auf den sie sich gerne berief, ihren Lehrstuhl in katholischer Theologie verlieren. Über viele Jahre hinweg verkehrte Uta Ranke-Heinemann brieflich mit ihrem ehemaligen Studienkollegen Ratzinger. Ausgerechnet in dem Text, der sie zu Fall bringen sollte, zitierte Ranke-Heinemann ausdrücklich (und aus gutem Grund) das Buch ihres Kollegen Ratzinger. Die Theologin war der Ansicht, die Jungfrauengeburt sei nicht biologisch, sondern theologisch zu verstehen. Solche Meinungen toleriert die katholische Kirche mit dem Atem einer Institution, die weiß, dass Menschen, die solche Meinungen vertreten, sterben, während die Institution selbst noch lange weiterleben wird. Eine Ausnahme gibt es allerdings: Wenn eine solche Meinung zu viel Aufmerksamkeit erhält, ändert sich das Verhalten der Kirche. Diese Aufmerksamkeit wird, wie man sich denken kann, kaum in Fachkreisen erzielt, wohl aber in Fernsehdebatten. So auch in diesem Fall, in dem es um das theologisch mit Sicherheit absolut zentrale Thema der Jungfrauengeburt ging (ein Thema, das bereits die alten Ägypter beschäftigte, denen man diesen Topos und das Genre solcher Geschichten vermutlich verdankt). Um zu zeigen, dass sie auf einer breiteren argumentativen Basis stand, zitierte Uta Ranke-Heinemann auch aus Joseph Ratzingers erfrischend progressivem Buch *Einführung in das Christentum*. In diesem Buch schrieb der spätere Papst: Die »Lehre vom Gottsein Jesu würde nicht angetastet, wenn Jesus aus einer normalen menschlichen Ehe hervorgegangen wäre«. Ratzinger ging damals sogar noch weiter und argumentierte, dass »die Gottessohnschaft, von der der Glaube spricht, kein biologisches, sondern ein ontologisches Faktum« ist: Joseph Ratzinger, *Einführung in das Christentum. Vorlesungen über das Apostolische Glaubensbekenntnis*, München 1968, S. 225. Dass der Kardinal und spätere Papst den Brief seiner ehemaligen Kommilitonin, die ihn um Argumentationsbeihilfe bat, diesmal nicht beantwortete, wird verständlich, wenn man weiß, dass der progressive »Häretiker« Ratzinger (denn einige konservative Theologen hielten seine Lehren wie auch die von Karl Rahner damals tatsächlich für grundfalsch und gefährlich) inzwischen zum Präfekten der Glaubenskongregation aufgestiegen war, was ihn faktisch zum Chef der ehemaligen Inquisitionsbehörde machte. Von einem solchen Spitzenmanager wurde natürlich anderes erwartet, als einer Theologin beizuspringen, die sich auf eine seiner Jugendsünden berief. Dabei ist Ratzingers Buch, das im Gegensatz zu seinen aktuellen »Papstbüchern« das Schicksal meines schlecht aussehenden Bultmann-Buches teilt, nicht nur lesenswert – es enthält auch eine durchaus liberal zu nennende Theologie, an der Konservative sich hier und da noch heute die Zähne ausbeißen können.

60 Musil, *Der Mann ohne Eigenschaften*, a.a.O., S. 16.

61 Hunziker, *Das Wagnis des Gewöhnlichen*, a.a.O., S. 95.

62 Eberhard Jüngel, *Tod*, Stuttgart 1971, S. 100.

63 Ebd., S. 75.

64 Ebd., S. 73 f.

65 Zitiert in Eagleton, *Reason, Faith and Revolution*, a.a.O., S. 121.

66 Ebd., S. 122. Man kann wie die beiden Geschwister Ulrich und Agathe im *Mann ohne Eigenschaften* endlos darüber streiten, ob Liebe blind macht oder sehen lässt – d.h. zur Wahrheitsfindung beiträgt oder sie im Gegenteil unmöglich macht. Es wird immer Liebende geben, die in die Liebe wie in die Sonne blicken und dabei bloß blind werden, während andere das Leben zum ersten Mal staunend erblicken, wenn es von der Liebe beleuchtet wird, und es damit bis auf seine Grundfeste ausloten und erkennen.

67 Vgl. den Kommentar von Lutz Geldsetzer, *Nagarjuna. Die Lehre von der Mitte* (Mula-madhyamaka-karika), a.a.O., S. 126 f.

68 Dalai Lama, *Das Buch der Menschlichkeit. Eine neue Ethik für unsere Zeit*, Bergisch Gladbach 2002, S. 29.

69 Ebd., S. 31.

Zum Ende: Über das sagenhafte Drüben der Erlösung, das Lügen der Dichter und die Weisheit der Religion

1 »Wenn alles fällt, ist nur, was der Fall ist«, in: Hans Blumenberg, *Die Vollzähligkeit der Sterne*, Frankfurt am Main 1997, S. 46–48.

2 »Die Lehre als Floß«, in: Ilse-Lore Gunsser, *Reden des Buddha. Aus dem Palikanon* übersetzt von Ilse-Lore Gunsser, Stuttgart 1976, S. 55 f.

3 Nietzsche, *Götzen-Dämmerung*, a.a.O., Die »Vernunft« in der Philosophie, Nr. 1.

4 Sigmund Freud, »Die Zukunft einer Illusion«, in: Ders., *Kulturtheoretische Schriften*, Frankfurt am Main 1974, S. 164 f.

5 Ganz ähnlich schreibt Heinrich Heine in seinen Aufzeichnungen über die Stadt Lucca: »Die Eidechsen mit ihren klugen Schwänzchen und spitzfündigen Äuglein haben mir wunderbare Dinge erzählt, wenn ich einsam zwischen den Felsen der Apenninen umherkletterte. Wahrlich, es gibt Dinge zwischen Himmel und Erde, die nicht bloß unsere Philosophen, sondern sogar die gewöhnlichsten Dummköpfe nicht begreifen.« Heinrich Heine, *Werke*, Bd. 2, *Reisebilder, Erzählende Prosa, Aufsätze*, Frankfurt am Main 1968, S. 380. Etwas weniger erhaben und positiv gestimmt ließ Goethe seinen leidenden Werther im ersten Buch am 18. August notieren: »der harmloseste Spaziergang kostet tausend armen Würmchen das Leben, es zerrüttet ein Fußtritt die mühseligen Gebäude der Ameisen und stampft eine kleine Welt in ein schmähliches Grab. Ha! nicht die große, seltene Not der Welt, diese Fluten, die eure Dörfer wegspülen, diese Erdbeben, die eure Städte verschlingen, rühren mich; mir untergräbt das Herz die verzehrende Kraft, die in dem All der Natur verborgen liegt; die nichts gebildet hat, das nicht seinen Nachbar, nicht sich selbst zerstörte. Und so taumle ich beängstigt. Himmel und Erde und ihre webenden Kräfte um mich her: ich sehe nichts als ein ewig verschlingendes, ewig wiederkäuendes Ungeheuer.«

6 Musil, *Der Mann ohne Eigenschaften*, a.a.O., S. 16 f. Den Begriff des »anderen Zustandes« – Musil spricht in diesem Zusammenhang auch von taghieller Mystik – verwendet Musil im *Mann ohne Eigenschaften* häufig und beschreibt ihn ausführlich in den beiden Kapiteln, die mit »Heilige Gespräche« überschrieben sind. Der andere Zustand lässt einen ins Herz der Welt geraten. Ohne dass man fromm sein müsste, hat man mit »den Geschäften der Gottergriffenen manches zu tun« (ebd., S. 761). Der andere Zustand steht u.a. als Bezeichnung für das Reich der Liebe und jenen Zustand, den Mystiker erreichen, »in deren Herz Gott so tief eingedrungen ist wie ein Dorn, den keine Fingerspitze fassen können« (ebd., Bd. 2, S. 1233). Und doch ist der andere Zustand für Musil etwas, das höchst real und damit erfahrbar ist.

7 Friedrich Nietzsche, *Also sprach Zarathustra*, in: Ders., *Werke in drei Bänden*, Bd. II, München 1981, S. 382 f.

8 Hans Blumenberg, *Zu den Sachen und zurück*. Aus dem Nachlass herausgegeben von Manfred Sommer, Frankfurt am Main 2002, S. 12.

9 Meister Dōgen, *Shōbōgenzō*, Bd. 1, S. 200 f.

10 Franz Kafka, *Sämtliche Erzählungen*, Frankfurt am Main 1978, S. 359.

11 Zitiert in: Ludwig Siep, *Der Weg der Phänomenologie des Geistes. Einführender Kommentar zu Hegels »Differenzschrift« und »Phänomenologie des Geistes«*, Frankfurt am Main 2000, S. 123.

12 Friedrich Nietzsche, *Die fröhliche Wissenschaft,* in: Ders., *Werke in drei Bänden,* Bd. II, München 1981, S. 176 (Abschnitt 301).
13 Meister Ryōkan, *Alle Dinge sind im Herzen. Poetische Zen-Weisheiten,* Freiburg/Basel/Wien 1999, S. 35.
14 Wittgenstein, *Tractatus logico-philosophicus,* a.a.O., 6.53 ff.
15 Richard Rorty, *Philosophie als Kulturpolitik,* Frankfurt am Main 2008, S. 163.
16 Beide Zitate in ebd., S. 166.
17 Ebd., S. 194.
18 Ebd., S. 207.
19 Ebd., S. 168 f.
20 Ebd., S. 204. Zum Erlösungspotential der Mathematik und der materialistischen Metaphysik vgl. S. 174 und S. 177.
21 Ebd., S. 161. An dieser Stelle beschreibt Rorty den Begriff der »erlösenden Wahrheit«.

Ausführliches Inhaltsverzeichnis